Rainer
Erlinger

HÖFLICHKEIT

Vom Wert
einer
wertlosen
Tugend

S. FISCHER

MIX
Papier aus verantwor-
tungsvollen Quellen
FSC FSC® C083411
www.fsc.org

Erschienen bei S. FISCHER

© 2016 S. Fischer Verlag GmbH,
Hedderichstr. 114, D-60596 Frankfurt am Main

Satz: Dörlemann Satz, Lemförde
Druck und Bindung: CPI books GmbH, Leck
Printed in Germany
ISBN 978-3-10-017028-6

INHALT

Prolog   7

Einleitung   9

DAS AUFHALTEN DER TÜRE
Was genau ist Höflichkeit?   15

DAS KOMPLIMENT
Höflichkeit und Lüge   37

DER ANZUG
Höflichkeit und Mode   60

DAS DUZEN
Die negativen Seiten der Höflichkeit   82

DER HANDKUSS
Höflichkeit zwischen den Geschlechtern   109

DIE GESTE
Kleinigkeiten für das Zusammenleben   132

MAHLZEIT
Höflichkeit im Beruf   157

DAS POSTING
Höflichkeit und Internet 181

DER HÄNDEDRUCK
Höflichkeit und Hygiene 201

DER KNIEFALL
Höflichkeit und Religion 223

WILLKOMMEN
Höflichkeit zwischen den Kulturen 240

DIE PROVOKATION
Begrenzung der Höflichkeit 264

DER TANZSCHRITT
Höflichkeit und Takt 287

Anmerkungen 309
Register 346

PROLOG

Berlin, Deutscher Bundestag, 24.3.2011.
Offizielle TV-Aufzeichnung des Bundestages,
sogenanntes Parlamentsfernsehen.[1]

Der Fraktionsvorsitzende der Linken im Bundestag, Gregor
Gysi, antwortet auf eine Regierungserklärung der Bundeskanzlerin Angela Merkel. Die Kamera erfasst den Redner zu Beginn
seiner Rede nicht, wie sonst meist üblich, von vorne bildfüllend
mit dem Rednerpult am unteren Bildrand, sondern mit einer
Totalen von rechts auf das Rednerpult. Eine Einstellung, die
einen größeren Ausschnitt des Plenarsaals zeigt, die Regierungsbank mit dem leeren Sitz der Bundeskanzlerin im Vordergrund.
Nachdem Gysi zu sprechen begonnen hat, zieht die Kamera
auf und man sieht, dass sich Angela Merkel während der Rede
Gysis mit einem ihrer Kabinettsmitglieder am anderen Ende
der Regierungsbank unterhält und dem Redner den Rücken zu-
kehrt. Auf seine direkte Ansprache hin reagiert die Kanzlerin
und dreht sich um.

Diese direkte Ansprache Gysis ist ungewöhnlich:

> »Frau Bundeskanzlerin, ich muss Ihnen mal sagen, ich finde das
> ein bisschen unverfroren und arrogant. Sie halten hier eine Re-
> gierungserklärung«, die Kamera wechselt auf Gysi frontal am
> Rednerpult, »ich höre Ihnen die ganze Zeit zu, und die Erwide-
> rung aus der Opposition, da stehen Sie auf, laufen rum und hö-
> ren nicht zu.«

Nun wechselt die Regie des Bundestags-TV auf eine Kamera, die Frau Merkel halbnah zeigt, während Gysi fortfährt:

> »Das ist nicht anständig, und das ist arrogant und falsch, wenn ich das mal deutlich sagen darf.«

In der halbnahen Einstellung auf Frau Merkel sieht man, wie sie während dieser Vorwürfe zunächst mit dem Kopf wiegend spöttisch lächelt, dieses Lächeln aber immer verkrampfter wird. Schließlich friert es ein, und Frau Merkel geht durch die Regierungsbank auf ihren Platz und den Redner zu, bis sie sich, wie zur Ablenkung, in einer Übersprungshandlung oder weil sie sich besonnen hat, der Forderung Gysis, auf den Platz zu kommen, doch nicht folgen zu wollen, der damaligen Familienministerin Kristina Schröder zuwendet und sie anspricht.

Die Vorhaltungen von Herrn Gysi sind Frau Merkel sichtlich unangenehm, scheinen sie anzugreifen – und zu treffen.

Eine interessante Beobachtung bei einer Politikerin, die weltweit als kühl, selbst- und machtbewusst gilt. Interessant im Hinblick auf Frau Merkel, interessant aber auch für das Thema hier. Denn der Vorwurf, den Gregor Gysi gegenüber Frau Merkel erhebt, ist schlicht der der Unhöflichkeit. Und dieser schlichte Vorwurf mangelnder Höflichkeit zeigt Wirkung auf eine Politikerin, die wiederholt als die mächtigste Frau der Welt bezeichnet wurde, die laufend mit wesentlich härteren Vorwürfen konfrontiert wird, die es gewohnt ist, immer wieder mit Hitler verglichen und entsprechend dargestellt zu werden. Die also über eine ziemlich dicke Haut gegenüber Vorwürfen verfügen muss.

Die Höflichkeit scheint eine größere Bedeutung zu haben, als man gemeinhin meinen möchte.

EINLEITUNG

Höfliche Menschen haben mehr Sex und mehr Geld. Einer Studie der Universität von San Diego in Kalifornien zufolge haben Singles, die höflich sind, eine um 73 % höhere Chance, Sex zu haben, als ihre unhöflichen Altersgenossen. Eine Untersuchung der Harvard University ergab, dass höfliche Menschen um 32 % höhere Chancen haben, einen Job zu bekommen, um 36 % erfolgreicher bei Beförderungen sind und im Schnitt 22 % mehr verdienen als unhöfliche Menschen mit gleicher Ausbildung und auch sonst vergleichbaren Voraussetzungen.

Wenn es je noch eines Grundes dafür bedurft hätte, höflich zu sein, wären diese beiden Studien sicherlich für die meisten Menschen die letzte Bestätigung: Es lohnt sich, höflich zu sein, ja, es zahlt sich aus im wörtlichen Sinn. In der Tat, diese Studien wären die letzte Bestätigung. Wären, wenn es sie denn gäbe. Es gibt sie jedoch nicht, zumindest nicht so eindeutig. Aber man hat mir gesagt, dass sich Bücher besser verkaufen, wenn sie den Lesern sexuellen Erfolg und Reichtum versprechen. Deshalb war's einen Versuch wert, ebenso wie den Versuch, Werbung für die Höflichkeit zu machen.

Verhilft nun Höflichkeit zu mehr Sex, Erfolg und Reichtum? Das würde ich natürlich gerne feststellen und hier vorbringen. Aber, wie gesagt: Die Datenlage ist widersprüchlich. Genaueres dazu kann man in den entsprechenden Kapiteln »Der Handkuss – Höflichkeit zwischen den Geschlechtern« und »Mahlzeit – Höflichkeit im Beruf« nachlesen.

Nur, wäre es denn wirklich Werbung für die Höflichkeit, wenn höfliche Menschen mehr Sex und mehr Geld haben? Natürlich, möchte man sagen, wer will denn nicht mehr Sex, Erfolg und Geld haben? (Und mehr Bücher verkaufen, die das ermöglichen?) Und wenn man das alles zudem nicht mit Hilfe von Ellenbogen und Egoismus erreicht, sondern durch etwas so gut Beleumundetes wie die Höflichkeit, umso besser!

Das ist aber nur eine Seite der Medaille. Natürlich könnte diese Erkenntnis den einen oder die andere dazu bewegen, höflicher zu sein. Und die Höflichkeit würde damit weiter verbreitet, Unhöflichkeit zurückgedrängt. Allerdings würde man damit der Höflichkeit einen Bärendienst erweisen.

Warum? An dieser Stelle zeigt sich etwas Interessantes: Die Höflichkeit hat zwei Seiten. Einerseits ist es natürlich gut, wenn die Menschen höflicher zueinander sind. Höflichkeit macht das Leben angenehmer, sie ist so etwas wie der Schmierstoff des Zusammenlebens. In einer Welt ohne Höflichkeit wollte man nicht leben. Aber, und das scheint mir eine für das Verständnis von Höflichkeit wichtige Frage zu sein: Will man von jemandem höflich behandelt werden, der das nur tut, weil er Karriere machen und mehr verdienen will? Weil er oder sie in Wirklichkeit nur Sex haben will? Fühlt man sich dabei nicht vielmehr getäuscht? Sogar missbraucht? Das ist die andere, unschöne Seite der Höflichkeit.

Kaum jemand hat diese unschöne Seite der Höflichkeit treffender dargestellt als Paul Klee in seiner Radierung aus dem Jahre 1903: »Zwei Männer, einander in höherer Stellung vermutend, begrüßen sich«.

An den Bärten erkennbar handelt es sich um den österreichischen Kaiser Franz Joseph I. und den deutschen Kaiser Wilhelm II. Erkennbar aber eben nur an den Bärten, denn ansonsten sind sie nackt und weisen keine Zeichen ihrer Stellung und Macht auf. Da deshalb keiner von beiden wissen kann, ob nicht der andere vielleicht eine höhere Stellung innehat, überbieten

Paul Klee, »Zwei Männer, einander in höherer Stellung
vermutend, begrüßen sich«

sie sich in Unterwürfigkeit und Ehrerbietung. Paradoxerweise
zeigt gerade die Tatsache, dass sie sich vorsichtshalber vor dem
nackten Gegenüber übermäßig verbeugen, wie sehr das, wovor
sie sich verbeugen, gerade nicht der Mensch ist, sondern seine
Stellung, die sich an den Kleidern ablesen ließe.

Damit offenbart Klees Radierung noch eine weitere, schwie-
rige, wenn nicht gar dunkle Seite der Höflichkeit: Sie kann leer
sein. Im Grunde ist es das, was hinter dem Vorwurf der wertlosen Tugend steckt: Sie sei nur Form, kein Inhalt. Aber trifft das
immer zu? Oder gibt es unterschiedliche Arten von Höflichkeit? Sind es nicht nur Konvention und Etikette, die leer sind?
Die eben scheitern oder ihre Groteskheit offenbaren wie die
grotesk verbogenen alten Körper der beiden Herrscher, wenn
sie keine Äußerlichkeiten mehr haben, an denen sie sich orientieren können. Hat echte Höflichkeit nicht vielmehr doch einen
Wert? Und können nicht Konvention und Etikette alleine auch
einen Wert darstellen, weil sie als Form Halt geben?

Doch noch einmal zurück zum Titel Schmierstoff des Zusammenlebens, den sich die Höflichkeit übrigens mit der Lüge
teilt. Bezeichnenderweise, will es scheinen. »Im Deutschen lügt

man, wenn man höflich ist«, heißt es in Goethes Faust. Im Alltag ist die Frage »Soll ich höflich sein oder ehrlich?« ausgesprochen und unausgesprochen ein Klassiker, der immer und immer wieder auftaucht. Höflichkeit und Lüge scheinen eine innige Beziehung eingegangen zu sein. Aber ist das so, sind höflich und ehrlich wirklich ein Gegensatz? Kommt man auf diesem Weg nicht zu einer aalglatten Höflichkeit, die sich nur darum bemüht, nirgends anzuecken? Und die man auch nicht haben will? Dazu mehr im Kapitel »Das Kompliment – Höflichkeit und Lüge«.

Wenn man über all dies genauer nachdenkt, merkt man, dass sich diese Gegensätze wie ein roter Faden durch die Beschäftigung mit der Höflichkeit ziehen, offenbar zur Höflichkeit gehören. Nur wenn man sich diesen Gegensätzen stellt, kann man dem Wesen der Höflichkeit näher kommen. Es geht darum, den Wert einer scheinbar wertlosen Tugend zu finden oder zu zeigen, dass sie in Wirklichkeit nicht wertlos ist.

Mit das größte Problem beim Schreiben dieses Buches waren die Beschränkung und die Auswahl. Es wäre kein Problem gewesen, 500 oder 1000 Seiten über Höflichkeit zu schreiben. Die Geschichte der Höflichkeit allein könnte ein mehrbändiges Werk füllen. Schon zum Verhältnis von Sprache und Höflichkeit gibt es eine Vielzahl von Büchern. Und wie umfangreich man über Unterschiede der Höflichkeit in unterschiedlichen Kulturen berichten könnte, wird schnell klar, wenn man die Anzahl der Kulturkreise mit allen Subkulturen auf der Welt bedenkt. Aber auch unser Alltag ist von Höflichkeit durchdrungen – oder ihrem Fehlen. Warum, erkennt man, wenn man sich ihre Natur bewusstmacht: Sie ist eine Tugend des Umgangs, sie regelt die Art und Weise, die Form, in der Menschen miteinander umgehen. Sie ist deshalb so präsent, häufig und vielfältig, wie Menschen aufeinandertreffen. Anders ausgedrückt, immer dann, wenn Menschen aufeinandertreffen, gehen sie auf irgendeine Art und Weise miteinander um, und sei es, dass sie sich aus dem Weg gehen. Auch das berührt die Höflichkeit. Sich zu grüßen ist eine Frage der Höflichkeit, es nicht zu tun, wenn man sich kennt, ebenso. Nur dann eben im Sinne der Unhöflichkeit.

Es gilt auch hier übertragen der bekannte Grundsatz von Paul Watzlawick: Man kann nicht *nicht* kommunizieren. Wie einschlägig dieser Satz für das Thema hier ist, zeigt Watzlawicks Begründung: »Man kann nicht nicht kommunizieren, denn jede Kommunikation (nicht nur mit Worten) ist Verhalten, und genauso wie man sich nicht nicht verhalten kann, kann man nicht nicht kommunizieren.«[1] Höflichkeit ist eine Form des Verhaltens im zwischenmenschlichen Umgang, und deshalb kann man nicht miteinander umgehen, ohne den Bereich der Höflichkeit in irgendeiner Weise zu tangieren. Sei es, dass man sich höflich verhält, sei es, dass man es eben nicht tut.

In diesem Sinne ist unser Leben durchdrungen von Fragen der Höflichkeit, und wenn man es so betrachtet, ist Höflichkeit vielleicht die relevanteste Tugend im täglichen Leben. Zumindest im Hinblick auf ihre Häufigkeit.

Wie also auswählen? Immer wenn man auswählt, wird jemand etwas vermissen. Und es wird immer jemand fragen: Warum hat der Autor dieses weggelassen und jenes aufgenommen? Und es wird sich nicht vermeiden lassen, dass sich die eine oder der andere denkt, die Auswahl war falsch. Damit muss man leben, wenn man auswählt.

Dennoch war mir wichtiger, ein überschaubares Buch zu schreiben als ein möglichst allumfassendes. Was bei einem so großen Thema wie der Höflichkeit vermutlich ohnehin scheitern würde. Vor allem aber würde es, wenn es gelänge, in diesem Umfang kaum mehr jemand lesen wollen. Ich bin der Überzeugung, dass Bücher, die sich beschränken, dem Leser dienen, möglichst umfassende Bücher dagegen vor allem dem Autor.

Bei der Auswahl habe ich mich auch davon leiten lassen, welchen Fragen zur Höflichkeit ich im Rahmen meiner Kolumne »Die Gewissensfrage« im Magazin der Süddeutschen Zeitung begegnet bin. Einige von ihnen werden in diesem Buch auftauchen. Seit nunmehr 14 Jahren beantworte ich in dieser Kolumne Leserfragen zur Alltagsmoral, wie man miteinander umgehen soll. In dieser Zeit habe ich viele tausend Zuschriften erhalten und festgestellt, dass viele von ihnen auch die Höflichkeit betreffen. Auf diese Weise kann sich meine Auswahl daran orientieren, welche Aspekte der Höflichkeit relevant sind. Und zwar speziell für das Zusammenleben, das Miteinander.

Über Höflichkeit ist schon sehr viel geschrieben worden. Noch mehr über ihre kleinen Schwestern Benehmen und Etikette. Benimmratgeber und Etiketteführer gibt es für jeden Bereich und jede Altersgruppe. Wer jedoch bei diesem Buch etwas in der Richtung erwartet hat, wird, fürchte ich, enttäuscht sein. Mein Anliegen ist vielmehr, einen anderen Blick auf die Höflichkeit zu werfen. Sie von Benimm und Etikette einerseits abzugrenzen, andererseits ihre Gemeinsamkeiten und Überschneidungen darzustellen. Um diesen anderen Blick zu ermöglichen, habe ich versucht, die Ränder der Höflichkeit abzugehen. Sie einmal zu umrunden und so von verschiedenen Seiten auf sie zu blicken. Ihre Schwächen zu sehen und ihre Stärken, ihre Höhen und Abgründe. Ich möchte sie auch und gerade von Seiten zeigen, an die man im ersten Moment nicht denkt. Zum Beispiel von ihrem Verhältnis zur Mode her im Kapitel »Der Anzug«, von dem zur Religion im Kapitel »Der Kniefall«. Oder gewissermaßen von ihrer Rückseite her im Kapitel »Die Provokation«. In der Gesamtschau soll dadurch ein plastisches Bild der Höflichkeit entstehen, das hilft, sie besser zu verstehen. Und vor allem, sie mit diesem Verständnis besser anzuwenden.

Doch beginnen will ich mit dem Versuch, die Höflichkeit ein- und abzugrenzen. Und ihr damit Kontur zu verleihen.

DAS AUFHALTEN DER TÜRE

Was genau ist Höflichkeit?

Seine Tage sind gezählt, zumindest soll keine Neuauflage mehr gedruckt werden, aber es gibt ihn noch, in 30 Bänden, und immer noch ist er der Ort, an dem man nachschlagen kann und fundierte Auskunft erhält: der Brockhaus. In seiner letzten Auflage, der 21., in Band 12, erschienen 2006, kann man lesen:

> »Höflichkeit, Form des Umgangs mit den Mitmenschen, die von gegenseitiger Achtung, Rücksichtnahme und der Einhaltung bestimmter gesellschaftl. Konventionen (z. B. Begrüßungsformen als Ausdruck des Anstands und des guten Tons) geprägt ist. Urspr. das rechte Verhalten am fürstl. Hof.«

Diese Definition beinhaltet eine ganze Menge an Begriffen und auch Kriterien: Umgang, Achtung, Rücksichtnahme, Konventionen, Anstand, guter Ton. Damit wird sicherlich vieles abgedeckt, und die Begriffe sind hier auch von Interesse. Sie alle zusammenzunehmen und mehr oder weniger zur Höflichkeit zu vermengen, halte ich jedoch für falsch. Speziell das Vermengen. Im Gegenteil, meines Erachtens muss man versuchen, sie schärfer voneinander abzugrenzen. Nur so kann man das Wesen der Höflichkeit erfassen.

Der Gegensatz

Die beiden Begriffe Achtung und Rücksichtnahme unterscheiden sich zwar, gehen aber doch in dieselbe Richtung, die der Brockhaus auch benennt: auf den Mitmenschen zu. Achtung und Rücksichtnahme sind nicht denkbar ohne diesen Bezug, beide Begriffe benötigen eine Bezugsgröße, hier eben den Mitmenschen, das Gegenüber, den oder die Andere(n) oder wie man sie oder ihn auch immer nennen will. Den Begriff »gegenseitig« halte ich in der Definition übrigens für unglücklich. Höflichkeit kann im Einzelfall sehr wohl einseitig sein und damit auch die ihr zugrundeliegende Haltung.

Daneben nennt der Brockhaus aber auch die »Einhaltung bestimmter gesellschaftl[icher] Konventionen« und dazu ein Beispiel, nämlich die Begrüßungsformen, die er aber wiederum auf etwas bezieht, nämlich »als Ausdruck des Anstands und des guten Tons«. Und hier wird es interessant. An dieser Stelle zeichnet sich nämlich ein Gegensatz ab, den ich für ganz essentiell für das Verständnis von Höflichkeit halte.

Der Gegensatz, den ich meine, ist, um auf die Definition im Brockhaus zurückzugreifen, der zwischen Achtung und Rücksichtnahme auf der einen Seite und der Einhaltung bestimmter gesellschaftlicher Konventionen als Ausdruck des Anstands und des guten Tons auf der anderen Seite. Nach meinem Verständnis ist nur Ersteres, der Komplex um Achtung und Rücksichtnahme, Höflichkeit. Gesellschaftliche Konventionen und guten Ton hingegen würde ich unter dem Begriff Etikette zusammenfassen und davon strikt trennen. Den Begriff Anstand möchte ich komplett außen vor lassen. Warum, das will ich, weil ich dazu weiter ausholen muss, am Ende dieses Kapitels erklären. Siehe »Exkurs über den Anstand«.

Höflichkeit oder Etikette

Betrachtet man die Rücksicht genauer, ist sie nur dann für die Höflichkeit von Bedeutung, wenn sie selbst von der Achtung getragen wird und nicht von anderen Gesichtspunkten im Sinne einer Berücksichtigung. »Mit Rücksicht auf Vegetarier« auf der Speisekarte auch ein fleischloses Essen anzubieten kann höflich sein, wenn man damit deren Einstellung achten will, oder aber reines Kalkül, um den Umsatz zu erhöhen. Beruht die Rücksicht aber auf Achtung, ist sie nur ein Zwischenhalt auf dem Weg zur Achtung, auf den man in der Definition auch verzichten kann. Mir scheint deshalb folgende Definition der Höflichkeit sinnvoll:

> Höflichkeit ist ein Verhalten, in dem sich die Achtung für den Anderen ausdrückt.

Bei all dem, was ich unter dem Begriff Etikette zusammenfasse, geht es hingegen um die Einhaltung gesellschaftlicher oder sonstiger Konventionen und Regeln, das Übliche, das, was »man« gemeinhin tut oder nicht tut.

Diese Trennung ist deshalb nicht nur sinnvoll, sondern absolut notwendig, weil die beiden Begriffe sich in einem Punkt grundlegend unterscheiden, ja diametral entgegenstehen: Die Höflichkeit dient dem Gegenüber, die Etikette dagegen demjenigen, der sich an sie hält, selbst.

Die Abgrenzung der Etikette von der Höflichkeit mag im Einzelfall schwerfallen, weil manches Verhalten, zum Beispiel der Gruß oder – dazu später mehr – das Aufhalten der Türe, von beiden geprägt sein können, dennoch ändert das nichts daran, dass es sich um zwei grundlegend unterschiedliche Begriffe handelt.

Die geschnittene Kartoffel

Um zu überprüfen, ob ich mit meiner Hypothese des Gegensatzes von Höflichkeit und Etikette richtigliege, habe ich deshalb nach Etikette-Regeln gesucht, die möglichst klar und eindeutig dem Bereich der Etikette zuzuordnen sind. Dabei landete ich bei Regeln, die heute vielleicht nicht mehr so wichtig sind, wie sie es einmal waren, die man aber doch in klassischen Benimmratgebern immer noch finden kann: bei Fragen der Tischsitten. Und weil Überlegungen zur unterschiedlichen Verwendung unterschiedlich großer Besteckteile schwierig darzustellen sind, schien mir am Ende eine vielleicht nicht zentrale und hochaktuelle, aber doch immer noch anerkannte Regel besonders geeignet für die Überprüfung hier: Kartoffeln und Knödel darf oder soll man nicht mit dem Messer zerschneiden, sondern soll sie mit der Gabel teilen.

Die einfache, aber hier entscheidende Frage lautet: Ist es denn unhöflich, die Kartoffeln mit dem Messer zu zerschneiden? Man kann sie wohl klar beantworten: Nein, das ist es nicht. Das ist vielmehr irgendetwas zwischen »Das tut man nicht«, schlechte Kinderstube, schlechten Manieren, kein Benimm und Verstoß gegen die Etikette. Wie man es auch immer nennen mag. Unhöflich ist es auf jeden Fall nicht, weil es nichts mit dem Umgang mit Menschen zu tun hat, sondern höchstens mit dem mit Kartoffeln. Und nachdem es der Kartoffel – spätestens in gekochtem Zustand – ziemlich egal sein dürfte, wie sie zerteilt wird, bleibt nur noch einer übrig, dem diese Vorschrift dienen kann: dem, der sich an sie hält.

In diesem Fall lohnt sich ein Blick zurück. Eustachius Graf Pilati von Thassul zu Daxberg schrieb 1900 zu diesem Punkt überaus amüsant in seinen sogenannten Etikette-Plaudereien, in denen er Leserfragen zur Etikette beantwortete:

»Anfrage: ›Wie ißt man Gemüse? Mit dem Messer soll man überhaupt nichts zum Munde führen! Aber es ist doch ein Unsinn, wenn Jemand sagt, es sei unanständig, Gemüse mit dem Messer überhaupt zu berühren?‹

[Antwort:] Zunächst halte ich es für äußerst schroff, zu sagen: ›Dies oder Jenes ist unanständig‹, nur weil es nicht gerade diejenige Art des Benehmens ist, welche für die vornehmste gilt. […] Man behauptet nun, das Gemüse nehme durch das bloße Berühren mit Stahl einen etwas unangenehmen Geschmack an, namentlich die Kartoffel. Wer also eine derartig zart besaitete Zunge hat, der wird das Messer (jedenfalls das Stahlmesser) von der Berührung mit der Kartoffel und anderem Gemüse fernhalten. Wer hingegen eine weniger hochvornehme Zunge besitzt, für den fällt der Hauptgrund fort, weshalb man das Gemüse, z. B. beim Hinaufschieben auf die Gabel, nicht mit dem Messer berühren soll; und ich kenne viele Menschen, welche sich an diese Etikettenregel nicht kehren, und die gleichwohl Anspruch, und zwar auch von ihrer Umgebung anerkannten Anspruch, darauf erheben, als Kenner der Formen zu gelten.«[1]

Graf Pilati arbeitet scharfsinnig zwei Aspekte heraus, warum man sich an Vorgaben der Etikette halten sollte. Zum einen, weil sich hinter ihnen ein Sinn verbirgt oder zumindest einmal verborgen hat – hier, dass das Gemüse und besonders die Kartoffel einen unangenehmen Geschmack vom Stahl des Messers annehmen kann. Zum anderen verweist er auf die Verknüpfung der Einhaltung der »Etikettenregel« und den »Anspruch, und zwar auch von ihrer Umgebung anerkannten Anspruch, darauf [zu] erheben, als Kenner der Formen zu gelten«. Mit anderen Worten: Man hält sich an die Etikette, weil man damit selbst einen besseren Eindruck macht. Diesen Punkt hat Graf Pilati in der nachfolgenden Frage zu einem verwandten Thema noch klarer dargelegt:

»Anfrage: ›Darf man Gemüse mit dem Löffel essen?‹

[Antwort:] Zuchthaus, Gefängnis oder überhaupt irgend eine Strafe steht nicht darauf, wenn man es thut; trotzdem wird man Gemüse nur mit der Gabel essen, wenn man in dem Urteil der Etikette-Menschen möglichst günstig dastehen will. Ein praktischer Grund hierfür ist, daß die Gabel handlicher ist als der Löffel, da ich mit der Gabel den Bissen auch durch Anstechen vom Teller heben kann. Allerdings, wenn ich die Soße, oder gut deutsch gesagt ›Tunke‹ auflöffeln will, dann muß ich mich eben des Löffels bedienen auf die Gefahr hin, von meiner Umgebung im Fache ›guter Ton‹ nicht die allerbeste Zensur zu erhalten.«[2]

Folgenden Halbsatz meinte ich: »trotzdem wird man Gemüse nur mit der Gabel essen, wenn man in dem Urteil der Etikette-Menschen möglichst günstig dastehen will«. Es geht beim Beachten der Etikette offenbar zumindest auch, wenn nicht gar vornehmlich darum, gut dazustehen. Das Auffällige dabei ist nun, dass beide Begründungen, die geschmackliche Beeinträchtigung und gut dastehen zu wollen, etwas gemeinsam haben: Sie dienen nicht dem Gegenüber, sondern ausschließlich dem Handelnden selbst.

Allein mit der Kartoffel

Man kann die Etikette-Regel, Kartoffeln nicht mit dem Messer zu schneiden, oder ebenso Gemüse und Obst, noch näher untersuchen, wenn man sich eine Frage stellt: Sollte man sich an diese Regel auch dann halten, wenn man alleine zu Hause isst? Die Antwort darauf lässt die, man kann gar nicht mehr sagen: Zwiespältigkeit, eher schon Vielspältigkeit der Etikette aufscheinen. Natürlich sollte man auch allein zu Hause auf Form achten. Sich nicht gehen lassen, wie man es auch nennt. »Wer eine Jogginghose trägt, hat die Kontrolle über sein Leben verloren«, lautet ein vielzitiertes Bonmot des Multitalents Karl Lagerfeld,[3] das diese Problematik in Bezug auf die Mode aufspießt. Und tatsächlich ist die Idee, dann, wenn man alleine ist und isst, alle Formen außer Acht zu lassen, unschön. Die geöffnete Dose Eierravioli, deren Blechdeckel noch seitlich nach oben steht und in der die Gabel vom letzten Bissen steckt, ist ein Bild, mit dem man im Film den Gescheiterten darstellt. Allerdings assoziiert man Etikette doch mit Gesellschaft, und es gibt auch das umgekehrte Bild: ein Einzelner, der sich alleine zu Hause ein Essen bereitet, sich in Schale wirft, den Tisch wie zu einem Galadinner eindeckt und dann formvollendet alleine das Menü verspeist. Auch das stellt in gewisser Weise den Gescheiterten dar, den, dem etwas fehlt, den Sonderling, der zu Hause eine komische Inszenierung gibt. Und das Tragisch-Komische an der Inszenierung ist, dass er Üblichkeiten, die allein zu Hause nicht üblich sind, ausführt oder aufführt.

Führt man sich noch einmal den Sinn vor Augen, mit dem die Etikette-Regeln begründet werden und wie es Graf Pilati so eloquent tut, kann es gar keinen Zweifel geben: Wenn die Regel dem Geschmack – dem der Speisen, nicht den persönlichen Vorlieben – dient, dann sollte man es natürlich auch alleine zu Hause so halten, dann hat das nichts damit zu tun, ob man alleine isst oder in Gesellschaft.

Um die Dinge zuzuspitzen, kann man auch hier wieder die entscheidende Frage stellen: Ist es denn unhöflich, die Kartoffeln *alleine zu Hause* mit dem Messer zu schneiden? Die Antwort darauf scheint klar: natürlich nicht. Das mag unklug sein oder unvernünftig, wenn man den guten Geschmack der Kartoffeln schätzt, aber nicht unhöflich. Wem gegenüber auch? Der Kartoffel kann es, wie schon ausgeführt, egal sein. Aber warum sollte es dann in Gesellschaft anders sein? Es ließe sich argumentieren, die Etikette-Regeln beinhalteten die Aussage: »Ihre Gesellschaft und damit Sie sind es mir wert, mich an die Etikette zu halten.« Das würde tatsächlich Höflichkeit beinhalten. Wenn aber der Sinn der Etikette-Regel im Wohlgeschmack der Speisen liegt, beginnt ein Zirkelschluss, der nur eine sinnvolle Erklärung zulässt: Die Etikette-Regeln dienen demjenigen, der sich an sie hält. Und auch die Tatsache, dass man sie vor allem in Gesellschaft wirklich genau beachtet – siehe das eigenartige Bild des einsamen Essers im Frack –, dient in erster Linie dem Verwender: Er zeigt mit ihrer Beachtung, dass er sie kennt und sich zu benehmen weiß. Das scheint mir am Ende der Überlegungen der eigentliche Kern der Etikette zu sein: Sie ist in höchstem Maße selbstbezogen, das Gegenüber wird lediglich als Spiegel, Projektionsfläche und Ziel der Selbstdarstellung benutzt. Das Einzige, was diesen Missbrauch des Gegenübers wieder abschwächt und erträglich macht, ist, dass es in der klassischen Situation, in der die Etikette gepflegt oder zelebriert wird, wechselseitig geschieht: Jeder agiert zugleich als Selbstdarsteller und Claqueur.

Respekt vor dem König

Dennoch scheint es Überschneidungen zwischen Etikette und Höflichkeit zu geben, gemäß der schon genannten impliziten Aussage, dass das Gegenüber es wert ist, sich an die Etikette zu halten. Das Verhalten gegenüber einem König zum Beispiel – dasselbe gilt natürlich auch für eine Königin – ist sicherlich stark von Etikette geprägt. Aber zugleich zeigt es auch den Respekt vor dem König und wäre somit zugleich höflich. Das hält aber einer genaueren Betrachtung nicht stand, vor allem nicht der Überlegung, wem oder was genau der Respekt gilt. Der Respekt vor dem König, der sich in der Etikette ausdrückt, gilt nicht der Person des Königs, sondern seinem Amt und seinem Status. Nun werden die meisten von uns relativ selten Königen oder Königinnen begegnen, aber das Prinzip, das dahintersteht, scheint mir ein allgemeines zu sein. Ich glaube, man kann fast die Regel aufstellen, dass der Respekt, den man jemandem durch Beachtung der Etikette zollt, nicht der jeweiligen Person gilt, sondern der Rolle, welche die jeweilige Person bekleidet oder repräsentiert.

Eine Frage der Ehre

In dem US-amerikanischen Film »A Few Good Men« des Regisseurs Rob Reiner aus dem Jahre 1992, der in Deutschland unter dem Titel »Eine Frage der Ehre« in die Kinos kam, geht es um den Tod des Soldaten William Santiago. Santiago ist auf dem inzwischen aus anderen Gründen berüchtigten amerikanischen Militärstützpunkt Guantánamo Bay auf Kuba ums Leben gekommen, nachdem ihn zwei Kameraden, die jungen Marines Dawson und Downey, vorher körperlich angegriffen haben. Sie werden wegen Mordes vor ein Militärgericht gestellt. Ihr Verteidiger Lieutenant Junior Grade Daniel Kaffee, gespielt von Tom Cruise, hat mit militärischen Dingen wenig am Hut, dementsprechend gering ist auch der Respekt seiner beiden scharf gedrillten Mandanten vor ihm. Im Prozess gelingt es Kaffee, den von Jack Nicholson dargestellten hochdekorierten Stützpunktkommandanten Colonel Jessup in einem dramaturgisch beeindruckenden, vor allem aber von Nicholson grandios gespielten Showdown zum Eingeständnis zu bewegen, dass es sich dabei um einen sogenannten Code Red gehandelt hat, eine von ihm angeordnete, von den Kameraden ausgeführte illegale Bestrafungs- und Disziplinierungsaktion. Jessup wird aus dem Zeugenstand heraus verhaftet, die beiden Angeklagten werden vom Mord freigesprochen, aber unehrenhaft aus der Armee entlassen. Am Ende des Films erklärt Dawson seinem Kameraden Dawney, der nicht versteht, wie das Befolgen eines Befehls des Kommandanten unehrenhaft sein kann, dass es Aufgabe des Militärs ist, Schwächere zu schützen, sie das aber bei dem zu

Tode gekommenen Kameraden Santiago nicht getan hätten. Als Dawson danach den Gerichtssaal verlassen will, spricht ihn sein Verteidiger Lieutenant Kaffee an und sagt, er müsse kein Abzeichen am Ärmel tragen, um Ehre zu haben. Daraufhin nimmt Dawson, der bis dahin dem unmilitärisch denkenden Kaffee den Respekt als Offizier eher verweigert hatte, Haltung an, ruft militärisch scharf: »Ten-hut! There's an officer on deck!« – Achtung! Ein Offizier an Deck!« und salutiert vor Kaffee.

Der Film trieft an einigen Stellen vor der Huldigung des militärischen Ehrbegriffs und der amerikanischen Marines, überzeugt jedoch wegen seiner Dramaturgie und vor allem Jack Nicholsons grandioser Darstellung des markigen, aber glatten und eitlen Kommandanten Jessup. Und auch wenn die Auseinandersetzung mit dem Ehrbegriff ein wenig schwierig erscheint, zeigt die Schlussszene doch genau das, worum es hier geht: Üblicherweise gelten die militärischen Ehrerbietungen gegenüber Offizieren und Höhergestellten deren Stellung und militärischen Leistungen. Speziell Letztere sieht der einfache Marine Dawson bei seinem Verteidiger, dem Offizier Kaffee, nicht und will ihm diesen Respekt nicht zollen. Erst nachdem ihm Kaffee im Prozess gezeigt hat, worum es beim Militär eigentlich geht, den Schutz der Schwächeren, und dabei Mut jenseits der Schlachtfelder bewiesen hat, erkennt Dawson, dass es um den Menschen, nicht um den Soldaten, dessen Rang oder militärische Leistungen gehen soll. Wahrscheinlich, weil er, durch und durch Soldat, keine anderen Ausdrucksmöglichkeiten hat, zeigt er den Respekt, indem er Kaffee besonders zackig als Offizier grüßt und ihm ausdrücklich die Ehrerbietung als Offizier erweist. Und deutet damit zugleich dieses militärisch zeremonielle Verhalten, das ihn, der er unehrenhaft entlassen wurde, nun eigentlich nichts mehr angeht, in eine zivile Ehrerbietung um, die vor diesem Hintergrund dann als die eigentlich richtige erscheint.

Das Ganze ist, wie gesagt, ein wenig zu pathetisch, militär-
verherrlichend und fast schon schmalztriefend, im Grunde geht
es aber im gesamten Film und zugespitzt in der Schlussszene
um den Unterschied zwischen dem Respekt vor der Rolle oder
Stellung, in diesem Fall der militärischen, und der vor dem
Menschen unabhängig von seiner Rolle. Und der dramaturgi-
sche Effekt des Showdowns basiert unter anderem auf der Ent-
tarnung des militärischen Respekts als eines, der ausschließlich
der Rolle, nicht aber dem Menschen gilt.

Der Unterschied zwischen diesen beiden Formen von Respekt ist es, der die Etikette von der Höflichkeit trennt. Wie man
Respekt gegenüber Rang, Stellung oder Rolle bekundet, regelt
die Etikette, in der Höflichkeit aber kommt der Respekt gegenüber dem Menschen unabhängig von alldem zum Ausdruck.
Deshalb stellt sich die Höflichkeit auch umso klarer dar, je weniger sie von anderen Aspekten mitbestimmt oder überlagert
wird, je reiner sie nur dem Erkennen, Anerkennen des oder der
Anderen als Mensch gilt.

Gleichheit bei Hofe?

Die Höflichkeit ist somit eine zutiefst demokratische, noch
mehr egalitäre Haltung. Es geht um den Menschen, nicht um
seine Rolle. An dieser Stelle stößt man jedoch auf ein Problem:
Wie verträgt sich diese Erkenntnis mit den Wurzeln, der Herkunft des Wortes Höflichkeit? Das Wort Höflichkeit leitet sich,
wie der Brockhaus auch anführt – und worauf fast jeder, mit
dem man über das Thema spricht, sehr schnell verweist –, vom
rechten Verhalten am Hof ab. Das wäre aber dann ziemlich das
Gegenteil einer egalitären Haltung, bei der alle gleich gelten.

Inbegriff für Verhalten am Hofe ist das spanische Hofzeremoniell, das am österreichischen Kaiserhof in Wien Verwendung fand, ein besonders ausgefeiltes zeremonielles System der

Etikette, das über die spanische Linie der Habsburger seinen Weg nach Wien gefunden hatte, wo es bis zum Ende der Habsburger-Monarchie 1918 Anwendung fand. Kurz zuvor erläuterte es der österreichisch-slowenische Minister Ivan Ritter von Žolger im Jahre 1917 in einer staatswissenschaftlichen Abhandlung: Das Hofzeremoniell, so Žolger, »dient der Verherrlichung und Ehrung der Würde und erhabenen Stellung der Majestät des Monarchen und zur Bekundung der schuldigen Ehrfurcht gegenüber dem allerhöchsten Erzhause«.[4]

Zwei Dinge scheinen mir bei dieser Beschreibung auffallend. Erstens zeigt sie das zutiefst unegalitäre Wesen des Hofzeremoniells, im Grunde ist es das genaue Gegenteil von egalitär, von der Idee, dass alle Menschen gleich sind. Und zweitens belegt diese Stelle meine These, dass das festgeschriebene Verhalten, die Etikette, nicht dem Menschen gilt, sondern nur seiner Stellung und Rolle. Ritter von Žolger nennt zwei Ziele des Hofzeremoniells: die Verherrlichung und Ehrung der Würde und erhabenen Stellung der Majestät des Monarchen und die Bekundung der schuldigen Ehrfurcht gegenüber dem allerhöchsten Erzhause, also dem Haus Habsburg. Beide Male ist keine Rede von der Person des jeweiligen Monarchen. Es geht nur um die Würde und Stellung der Majestät und die Ehrfurcht vor dem Herrscherhaus, also um den Status und die Rolle. All dies ist mit der Idee der Höflichkeit, wie wir sie heute kennen, nicht vereinbar.

Der Campingbus für alle

Was sagt nun also diese Herkunft des Wortes »Höflichkeit« vom rechten Verhalten am Hof, seine Etymologie, über die Höflichkeit selbst? Herzlich wenig. Warum das so ist, das kann man zum Beispiel an einem Campingbus sehen.

Wer einen Campingbus fährt, tut das oft gerade, um gewissermaßen in seinen eigenen vier Wänden und darin möglichst ungestört zu bleiben. Nur die Allerwenigsten werden in einem Campingbus reisen, damit darin jeder mitfahren oder gar übernachten darf. Darauf könnte man jedoch kommen, wenn man darauf abstellt, dass das Wort »Bus« schließlich nur die Abkürzung für »Omnibus« ist, dessen Name sich von dem lateinischen Wort »omnibus« ableitet, was »für alle« bedeutet.[5] Das unterscheidet den klassischen Bus vom Auto, das nur für den jeweiligen Fahrer gedacht ist, während der Bus eben »für alle« ist. Nur sagt das nichts über die Bestimmung des Campingbusses aus, der seine Form mit dem langen Bus, dem Omnibus, teilt und dorther seinen Namen ableitet, aber nicht dessen etymologische Bedeutung übernimmt. Sich bei der Auseinandersetzung mit der Höflichkeit auf das Verhalten am Hofe zu beziehen ist ungefähr so sinnvoll, wie an einem fremden Campingbus zu klopfen und mit Verweis auf die Herkunft des Wortes Bus einen Schlafplatz einzufordern. Entscheidend ist die Bedeutung, die das Wort heute hat und die man ihm heute gibt. Die Herkunft kann dabei höchstens erhellend wirken, nicht aber ausschlaggebend.

Natürlich ist es auch jenseits der Sprachforschung interessant, woher das Wort »Höflichkeit« kommt, aber eben nur interessant. Es kann helfen einzuordnen, speziell historische Quellen. Den Ansatz von Knigge und Castiglione etwa (S. 169 f.), über die Beherrschung der höfischen Sitten den Zugang zu höheren Ständen, zum Hofe zu ermöglichen. Das Gleiche gilt für das Verhältnis der Höflichkeit zur Etikette. Für die Höflichkeit selbst, ihr Wesen und ihre Bedeutung für das Leben heute, sollte man sich jedoch am heutigen Sprachgebrauch orientieren und nicht allein an der Herkunft des Wortes, die irreleiten kann. Die Höflichkeit hat sich weiterentwickelt, vom Hof emanzipiert. Deshalb wird sie heute in einem »post-courtoisen«, nach-höfischen Sinn verstanden.[6]

Der Paradefall: Das Aufhalten der Türe

Eine Eingrenzung und Abgrenzung des Begriffs Höflichkeit scheint mir am besten möglich, wenn man einen Klassiker aus diesem Bereich genauer betrachtet. Es dürfte einer der Inbegriffe der Höflichkeit sein, vielleicht sogar der Paradefall schlechthin: Man hält jemandem die Türe auf.[7] Es gibt ihn in zwei Varianten, einmal, indem man dem oder der Anderen dabei den Vortritt lässt, und einmal, nachdem man selbst die Tür durchschritten hat, kurz zu warten, bis der oder die Nachfolgende ebenfalls hindurchtritt oder die Türe selbst in die Hand nimmt. Dass das höflich ist, scheint sich schon aus dem jeweiligen Gegenteil zu ergeben. Sich vorzudrängen oder jemandem die Tür ins Gesicht fallen zu lassen ist sicherlich unhöflich. Dennoch lohnt sich ein genauerer Blick; am besten, indem man sich verschiedene typische Konstellationen vorstellt. Wem kann – oder sollte – man alles die Türe aufhalten? Man hält die Türe einer fremden Dame auf, der eigenen Partnerin oder dem eigenen Partner, einem Freund oder lieben Arbeitskollegen, einem Höhergestellten, klassischerweise seinem Chef, jemandem Schwerbepackten, einem Menschen im Rollstuhl oder dem Praktikanten, also einem Untergebenen. Das sollen alles jeweils typische Bilder und Konstellationen sein. Natürlich können alle Genannten jeweils auch Frau sein oder Freunde, die Kategorien können sich also überlappen. Hier aber geht es um das, was die jeweilige Person als Kategorie repräsentiert, und damit im zweiten Schritt um das, was als Grund dafür, die Tür aufzuhalten, bei der jeweiligen Kategorie an erster Stelle steht.

Die einzelnen Kategorien

Beginnen wir bei einem *Menschen im Rollstuhl*. Ihm oder ihr die Türe aufzuhalten scheint geradezu selbstverständlich, es nicht zu tun, eine grobe Verfehlung. Weil es unhöflich wäre? Nein, das geht darüber hinaus. Es wäre unmoralisch. Aber warum? Weil es ein moralisches Gebot ist, die Benachteiligungen, die jemand wegen einer Beeinträchtigung hat, auszugleichen. Ein Mensch, der sich nur im Rollstuhl fortbewegen kann, tut sich bei vielen Gelegenheiten, etwa Stufen, schwerer, Treppen zu erklimmen ist ihm meist unmöglich. Das auszugleichen, durch Hilfe oder bauliche Maßnahmen, ist eine Frage der Gerechtigkeit, nicht der Höflichkeit. Gleiches gilt auch an einer Türe. Viele Türen sind für einen Rollstuhlfahrer ohne fremde Hilfe nur schwer oder gar nicht zu durchqueren. Diesen Nachteil, der durch eine Beeinträchtigung entsteht, auszugleichen ist ebenfalls eine Frage der Gerechtigkeit und nicht der Höflichkeit.

Ähnlich, aber nicht identisch scheint der Fall, wenn man einem *Schwerbeladenen* die Türe aufhält. Etwa jemandem, der einen sperrigen Gegenstand oder zwei Taschen trägt und sich somit schwertut, selbst die Türe zu öffnen. Ich zögere, hier noch von einer Frage der Gerechtigkeit zu sprechen. Man könnte argumentieren, dass es sich immer noch um eine moralische Frage handelt, weil der- oder diejenige Hilfe benötigt und notwendige Hilfe zu leisten ein moralisches Gebot ist. Aber ein echtes moralisches Gebot ist die Hilfeleistung in Notfällen, und von einem Notfall kann man nicht sprechen, wenn jemand mit zwei Tüten in der Hand vor einer Türe steht und es für ihn oder sie nur mühsam ist, ohne freie Hand die Türe aufzudrücken oder gar aufzuziehen und sich durchzuzwängen. Ich glaube, jemandem in so einem Fall die Türe aufzuhalten ist schlicht freundlich. Eine gute Tat, die nicht absolut geboten ist.

Aber auch nichts mit Höflichkeit zu tun hat. Höflichkeit ist ein Verhalten, das den Respekt vor dem Anderen ausdrückt. Hier aber geht es mehr um das konkret Praktische, die Hilfestellung, als um den Ausdruck einer Haltung. Um von Höflichkeit sprechen zu können, müsste dieser Ausdruck des Respekts die treibende Kraft, das Hauptmotiv sein, nicht der Wunsch, einem anderen Menschen das Leben zu erleichtern.

Der Klassiker innerhalb des Klassikers Türe-Aufhalten ist es, das für eine *Dame* zu tun. Sozusagen der Inbegriff des Inbegriffs der Höflichkeit. Weil das galante Verhalten gegenüber einer Dame, das Kavaliertum, als Inbegriff der Höflichkeit gilt, habe ich ihm ein eigenes Kapitel gewidmet (siehe »Der Handkuss«). Hier an dieser Stelle nur so viel: Wenn man einer Frau die Türe aufhält, weil sie eine Frau ist, und das gegenüber einem Mann in der gleichen Situation nicht tun würde, dann gilt dieses Verhalten – es tut mir leid, wenn das hier nicht mehr nur schon fast, sondern tatsächlich banal klingt – nicht der Person der Dame, sondern der Tatsache, dass sie Dame ist. Also ähnlich wie beim Kaiser mit dem Hofzeremoniell gilt es der jeweiligen Rolle und nicht derjenigen, welche die Rolle innehat. Oder aber die Türe für eine Dame aufzuhalten folgt schlicht der alten Regel, dass Höflichkeit einer der Wege weniger ins Herz als vielmehr ins Bett einer Frau ist. Dazu aber wirklich mehr im Kapitel »Der Handkuss«. Für hier soll genügen: Respekt vor der jeweiligen Person drückt sich dabei nicht aus, denn der kann kaum allein vom Geschlecht bestimmt sein.

Und wie steht es damit, dem oder der eigenen *geliebten Partner oder Partnerin* die Türe aufzuhalten? Was ist dabei der Hauptbeweggrund? Die amerikanische Autorin Ayn Rand, die mit ihrer libertären Haltung, ihrem Eintreten für rationales Selbstinteresse und der Ablehnung von Altruismus Millionenauflagen erzielte und auch heute noch großen Einfluss auf das politische Leben der USA hat, wurde einmal in einem Interview damit konfrontiert, wie sich ihre politischen Ideen damit in Einklang bringen ließen, dass sie ihren Mann, den Schauspieler und Künstler Frank O'Connor, finanziell unterstützte, als er beschloss, Malerei zu studieren. Rand beharrte darauf, dass darin kein Widerspruch liege: »Nein, weil, sehen Sie, ich liebe ihn egoistisch. Es ist mein eigenes Interesse, ihm zu helfen, wenn er Hilfe braucht. Ich nenne das kein Opfer, weil ich ein egoistisches Vergnügen daran habe.«[8] Es ist die alte Idee des Egoismus zu zweit, dass alles, was man einem geliebten Menschen – aber auch einem wirklich guten Freund – zuwendet, man sich zugleich selbst zuwendet. Selbst wenn in dem Aufhalten der Türe für den oder die Partnerin ein Respekt vor dieser Person zum Ausdruck kommt, gilt dieser Respekt zugleich wieder dem eigenen Interesse an dieser Person.

Hält man nun seinem *Chef* oder generell einem *Höhergestellten* die Türe auf, kann das natürlich Respekt vor dem jeweiligen Menschen sein. Weil man etwa jedem die Türe aufhält, auch seinem Chef. Es kann aber auch anders sein. Vor etlichen Jahren saß ich im Flugzeug neben zwei Herren mittleren Alters, die sich schnell als ein Gespann aus Vorgesetztem und Mitarbeiter irgendeines Wirtschaftsunternehmens herausstellten. Ich saß am Gang, der Mitarbeiter in der Mitte, der Vorgesetzte auf der anderen Seite am Fenster. Sofort wandte sich der Mitarbeiter in Richtung seines Chefs und versuchte, diesem möglichst viel Platz zu lassen oder zu verschaffen – in einem Flugzeug kein leichtes Unterfangen, speziell der Fensterplatz ist tendenziell recht eng. Der Mitarbeiter tat es trotzdem, indem er sich möglichst weit mit dem Rücken zu mir drängte und sehr beflissen mit dem Chef sprach. Die Armlehne war das Einzige, was mich davor rettete, vollständig aus der Sitzreihe gedrängt zu werden, mit dem Oberkörper aber versuchte es der beflissene Mitarbeiter. Was ich damit sagen will: Seinem Chef Platz zu verschaffen – oder eben die Türe aufhalten – kann aus allgemeinem Respekt geschehen, wenn man aber dabei andere mehr oder weniger rücksichtslos beiseitedrängt – das war im Flugzeug der Fall (hoffentlich kickt derjenige nicht auch an der offen gehaltenen Türe noch schnell ein paar andere beiseite, damit der Chef freie Bahn hat) –, zeigt sich eines: Es ist eventuell reine Unterwürfigkeit oder pure Schleimerei.

Wie aber steht es dann im umgekehrten Fall? Jemand hält seinem Mitarbeiter, Untergebenen die Türe auf. Oder generell einem *»Rangniederen«*, gleich in welchem Zusammenhang, ob formal im Rahmen einer Hierarchie oder informell im Rahmen gesellschaftlicher Üblichkeiten. Lässt man den Fall beiseite, dass das gerade kurz vor einer Mitarbeiterbefragung zur Evaluation von Führungskräften geschieht oder es sich um eine Person handelt, an welcher der oder die Vorgesetzte ein persönlich wie auch immer geartetes Interesse hat, kann es fast nur der Respekt vor der jeweiligen Person sein, der dahintersteckt. Wenn man auf die Typizität des Falles abstellt, ist das der Fall, in dem es sich am ehesten um reine Höflichkeit handelt.

Wenn ein Schüler seinem Lehrer die Türe aufhält, kann das alles Mögliche sein, von Berechnung, Schleimerei, Vorschrift, Etikette, Gewohnheit bis hin zu echter Höflichkeit. Wenn aber ein Lehrer einem Schüler die Türe aufhält oder sogar den Vortritt lässt, kann das fast nur noch Höflichkeit sein.

Oder aber wie im Fall einer befreundeten Lehrerin, mit der ich darüber sprach. Sie meinte, sie halte in der Schule oder auch sonst jedem die Türe auf. Gleich, ob es eine Schülerin oder ein Schüler sei, eine Kollegin oder ein Kollege, ihr Direktor oder ein Besucher. Auch dann, wenn es man es für jeden ohne Ansehung seiner Position macht, für jeden Menschen gleichermaßen, kann eigentlich fast nur Höflichkeit die Grundlage sein.

Nur wenn Grund und Ziel eines Verhaltens nicht die Rahmenumstände, sondern die Person als solche und der Respekt vor ihr sind, handelt es sich um Höflichkeit.

Exkurs über den Anstand

Den Begriff Anstand habe ich bei der Betrachtung außen vor gelassen und möchte ihn hier nur in einem Exkurs behandeln. Warum, das will ich gerne erklären. Vor einiger Zeit zappte ich zu später Stunde, kurz bevor ich zu Bett gehen wollte, durch das Fernsehprogramm. Bei einer der unzähligen NS-Dokumentationen wollte ich schon weiter- oder ausschalten, als ich bemerkte, dass sie anders war als die üblichen. Ich blieb hängen. Der Film hatte gerade begonnen, und 90 Minuten später stand ich zutiefst erschüttert auf. Weniger wegen entsetzlicher Bilder, wie so oft bei diesem Thema, eher im Gegenteil, man sah viele traute Familienszenen. Sondern wegen der Monstrosität des Menschlichen, Unmenschlichen, Allzumenschlichen, die der Film aufdeckte. An Schlaf war nicht mehr zu denken.

Es handelte sich um den Film »Der Anständige« von Vanessa Lapa. Der Film beschäftigt sich mit dem SS-Führer Heinrich Himmler, der als »Architekt der Endlösung« gilt, somit Organisator und treibende Kraft der Ermordung von Millionen von Menschen war. Als amerikanische Soldaten 1945 das Haus seiner Familie in Gmund am Tegernsee besetzten, fanden sie dort private Tagebücher und Briefe und nahmen sie mit. Als ein Teil davon 2014 in Israel aufgefunden wurde, verwendete die Regisseurin Vanessa Lapa sie und weiteres Material aus Archiven und stellte diese privaten Aufzeichnungen und historische Aufnahmen Himmlers bestialischen Taten gegenüber. Das Zitat »Ich fahre nach Auschwitz. Küsse, Dein Heini« lässt vielleicht etwas davon erahnen. Oder der Tagebucheintrag seiner Tochter über eine Fahrt zusammen mit ihrer Mutter ins Konzentrationslager Dachau, zu der sie notiert: »Schön ist's gewesen.«

Die Frage nach der Moral im Nationalsozialismus ist nicht neu, es gibt dazu eine Reihe von hochinteressanten Untersuchungen.[9] Aber die von Vanessa Lapa filmisch sehr gut in Szene gesetzten Kontraste zwischen der heilen Familienwelt und der Sprache Himmlers mit seinen Gräueltaten geben dem Ganzen eine zusätzliche und vor allem stärker fühlbare Intensität.

Man ist erschüttert, wie sehr Himmler mit sich und dem, was er tut, im Reinen ist, und vor allem, wie oft er sich auf den »Anstand« beruft, daher auch der Titel des Films »Der Anständige«. »Man muss im Leben immer anständig und tapfer sein und gütig«, schrieb er etwa 1941 seiner Tochter ins Poesiealbum. Das erinnert an die berüchtigten »Posener Reden« Himmlers, die er vor SS-Offizieren und NS-Funktionären hielt. Auch in diesen Reden beruft er sich perfiderweise auf den Anstand als moralische Grundlage für die Durchführung des planmäßigen Völkermordes:

> »Von Euch werden die meisten wissen, was es heißt, wenn 100 Leichen beisammen liegen, wenn 500 da liegen oder wenn 1000 da liegen. Dies durchgehalten zu haben, und dabei – abgesehen von Ausnahmen menschlicher Schwächen – anständig geblieben zu sein, das hat uns hart gemacht. Dies ist ein niemals geschriebenes und niemals zu schreibendes Ruhmesblatt unserer Geschichte.«

> »Ein Grundsatz muss für den SS-Mann absolut gelten: ehrlich, anständig, treu und kameradschaftlich haben wir zu Angehörigen unseres eigenen Blutes zu sein und sonst zu niemandem. Wie es den Russen geht, wie es den Tschechen geht, ist mir total gleichgültig. (…) Wir Deutsche, die wir als einzige auf der Welt eine anständige Einstellung zum Tier haben, werden ja auch zu diesen Menschentieren eine anständige Einstellung einnehmen, aber es ist ein Verbrechen gegen unser eigenes Blut, uns um sie Sorge zu machen.«[10]

Bei diesen Zitaten kann einem übel werden, und schon nach deren Lektüre, spätestens aber nach Vanessa Lapas Film »Der Anständige« wusste ich, warum ich das Wort und den Begriff »anständig« und »Anstand« zu Recht nicht mag.

»Anstand« war mir schon zuvor nicht sympathisch gewesen, weil er zu sehr nach Benimmbüchern der 50er Jahre klang, wo er noch häufiger vorkam. Was vielleicht kein Zufall ist, führt man sich die damals noch unterbliebene Aufarbeitung des Nationalsozialismus und seiner geistigen Grundlagen vor Augen. Zudem habe ich die Erfahrung gemacht, dass fast immer, wenn jemand das Wort »Anstand« in einer Diskussion oder in einem Leserbrief verwendet, es das einzige und finale Argument darstellt, im Sinne von »Das sagt einem doch der Anstand« oder »Sie haben offenbar keinen Anstand«. Man kann beinahe den Grundsatz aufstellen: Wann immer jemand den Begriff »Anstand« als Argument benutzt, hat er oder sie keine weiteren Argumente und deshalb im Endeffekt gar keine.[11]

Eines hat mir nämlich der Film »Der Anständige« klargemacht: Es war nicht so sehr die Idee, dass das Wort »anständig« durch diesen Missbrauch seitens Himmlers und der NS-Ideologie zu belastet ist, um es noch ohne Bedenken zu gebrauchen. Obwohl das auch eine Rolle spielt. Eckhard Henscheid etwa sprach in einem Interview davon, dass »anständig« von den Nazis zum Wortdreck gemacht worden sei, und verwies auf die Posener Rede von Himmler.[12] Vielmehr zeigt sich darin ein tieferliegendes Problem. Das Wort konnte von Himmler auch deshalb so missbraucht werden, weil es keinen echten Inhalt hat oder einen eigenartigen. »Anständig« beinhaltet, sich an etwas zu halten, zu etwas zu stehen. Und das kann vieles sein. In seiner besten Variante hält man sich an die Moral: Man verhält sich anständig, in einer anderen an die Etikette: Man benimmt sich anständig, und in einer weiteren hält man sich ran: Man macht etwas anständig. Damit verwandt ist die Variante, bei der etwas dem entspricht, wie es sein soll, es hält sich gewissermaßen an die Erwartungen oder Vorgaben. Ein anständiger Schweinebraten ist so, wie ein Schweinebraten sein soll. Einen anständigen Kater hat man nach einer schwer durchzechten

Nacht – die nicht unbedingt anständig gewesen sein muss. Ich bitte um Verzeihung für den mäßigen Wortwitz, aber er lag hier so nahe, weil er die vollkommen unterschiedlichen Bedeutungen des Wortes zeigt. Dieser Kater ist anständig, weil er der Vorstellung von einem Kater besonders gut entspricht. Er hält sich gewissermaßen an die Vorgaben für gute Hangover.

Wenn man von einem »anständigen Geschäftsmann« spricht, kann das, je nach Kontext und wie man es ausspricht, ganz unterschiedliche, ja gegenteilige Bedeutung haben. Spricht man gerade darüber, ob man ihm trauen kann, bedeutet es, er hält sich an moralische Regeln. In einem anderen Zusammenhang kann es heißen, dass er sich nicht in das Tischtuch schnäuzt, weil er die Etikette beherrscht. Aber es kann – ähnlich wie »ordentlicher Geschäftsmann« – auch die Aussage beinhalten, dass er viel Gewinn macht, womöglich gerade weil er wenig moralische Skrupel kennt.

»Anstand« und »anständig« eignen sich daher für Wortspiele, aber nicht dafür, sich anständig auszudrücken.

DAS KOMPLIMENT

Höflichkeit und Lüge

Von dem österreichischen Schriftsteller Roda Roda gibt es eine wunderbare, sehr amüsante Gegenüberstellung:

WIE MAN BEGRÜSST WIRD,
wenn man nach zehnjähriger Abwesenheit wiederkehrt:

In Ungarn:
»Jaj, Allergnädigste sind um zehn Jahre jünger geworden.«

In Wien:
»Kiß die Hand – Gnädigste haben sich aber gar net verändert.«

In Berlin:
»Ja, Frau Oberrejistrator – zehn Jahre sind eben 'ne lange Zeit.«[1]

Das Schöne an dieser karikierenden Beschreibung sind weniger die tatsächlichen Unterschiede zwischen den drei Städten – den Wahrheitsgehalt kann ich nur teilweise beurteilen, es scheint mir aber nicht weit hergeholt –, sondern die drei unterschiedlichen Möglichkeiten, höflich zu sein. Denn man muss zugeben, selbst die Berliner Variante enthält Elemente der Höflichkeit. Auch dort sagt man nicht: »Sie sind aber ziemlich alt geworden!« Das steht zwar dahinter, es zu umschreiben müht sich aber sogar der Berliner. Vielleicht mit der für Berlin typischen Ruppigkeit. Dennoch: Formal höflich ist das, was man in Berlin nach Roda Roda zu der Dame sagt, auch.

Im Grunde sind es drei Abstufungen des Lügens. Und lustigerweise widerspricht ihre Abfolge dem bekannten Diktum Goethes, das fast schon sprichwörtlich für die Höflichkeit geworden ist: »Im Deutschen lügt man, wenn man höflich ist.«[2] Es sieht eher aus, als wäre man in Berlin am ehrlichsten. Aber die drei Abstufungen der Lüge sind auch drei Abstufungen der Höflichkeit. Die höflichste scheint am meisten gelogen. Vielleicht bleibt dann am Ende der Satz: »Man lügt, wenn man höflich ist.«

Aber ist es denn wirklich so? Zugegebenermaßen, im ersten Moment ist man geneigt, dem zuzustimmen. Besonders beim Kompliment. Dass es gelogen oder zumindest mehr oder weniger stark übertrieben ist, scheint für die meisten zum Wesensgehalt eines Kompliments zu gehören. Ich habe die Erfahrung gemacht, dass man, wenn sich jemand für ein Kompliment bedankt, es noch einmal verstärken kann mit dem Satz: Das war kein Kompliment, ich sage nur die Wahrheit. Ohne dass jemals jemand diesen behaupteten Gegensatz zwischen Kompliment und Wahrheit in Frage gestellt hätte.

Das Spiel

Vielleicht liegt das aber auch daran, dass es an dieser Stelle unpassend wäre, mit logischen Argumenten zu kommen. Warum? Weil es in diesem Moment nicht um logische Argumentation geht, sondern um eine Art Spiel. Das ist nicht abwertend gemeint, im Gegenteil. Ich glaube, zum einen hebt man damit das Thema sogar auf eine höhere Ebene. Das Spiel ist ausgefeilter, aufwendiger und schöner als der reine trockene Austausch von Fakten.[3] Es gibt mehrere Ebenen, wie man an den drei Stufen des Kompliments in Roda Rodas Geschichte sieht. Zum anderen aber hilft diese Betrachtungsweise, vieles im Bereich der Höflichkeit besser zu verstehen. Bei Komplimenten sowieso, aber auch in anderen Fällen.

Zum Beispiel kann man den Vorwurf der Lüge in manchen Fällen entkräften, oder besser noch, man kann ihn auf die inhaltlich vorwerfbaren Fälle beschränken, wenn man bestimmte Aspekte der Höflichkeit als Spiel begreift. Ein wenig so wie in folgender Frage, die mich im Rahmen meiner Kolumne zur Alltagsmoral erreichte:

>»Mein Mann war früher sehr sportlich und stolz auf seinen Körper. Seitdem er viel arbeitet, hat er zugenommen, und von der Sportlerfigur ist kaum noch etwas übrig. Das bedrückt ihn. Manchmal fragt er mich, ob ich ihn zu dick finde. Wenn ich ehrlich bin – ja. Auf jeden Fall hat er mir früher besser gefallen. Mache ich allerdings auch nur eine winzige Andeutung in diese Richtung, so ist er zutiefst gekränkt. Deshalb sage ich: ›Nein, natürlich bist du nicht zu dick.‹ Ist das falsch?«[4] Christiane B., München

Was ist daran ein Spiel?, wird nun manch Geplagter fragen. Sei es geplagt von zu vielen Pfunden oder geplagt von den Fallstricken der Beziehungskommunikation. Zu denen eben auch die Höflichkeit gehört. In dem Sinne, dass man oft nicht sagt, was man meint. Doch zunächst zu meiner Antwort.

»Eigentlich scheint die Angelegenheit klar: Bei Ihrer Antwort handelt es sich um eine Lüge, und dass Lügen unmoralisch ist, sollte sich langsam herumgesprochen haben. Doch natürlich gibt es Ausnahmesituationen. Wenn ein Räuber Sie mit vorgehaltenem Messer fragt, ob Sie Wertsachen dabeihaben, dürfen Sie ohne Skrupel ›Nein‹ sagen, selbst wenn Sie am Knöchel eine Rolex tragen. Ob es klug ist, den Ganoven zu verärgern, steht auf einem anderen Blatt; unmoralisch ist es nicht. Wenn derselbe Mann irr mit den Augen rollt und fragt, ob Sie ihn mögen, dürfen Sie wiederum lügen – und diesmal wäre es noch dazu klug.

Die Frage Ihres Partners, ob Sie ihn zu dick finden, ist aber keine solche Ausnahmesituation, es sei denn, er hätte den irren Blick und ein Messer in der Hand. Eine Kränkung zu vermeiden mag in einer Beziehung klug sein, moralisch ist es deshalb noch lange nicht. Trotzdem muss ein objektiv wahrheitswidriges

›Nein‹ nicht immer unmoralisch sein. Dann nämlich nicht, wenn Sie und Ihr Partner sich einig sind, dass es sich um keine echte Frage handelt, sondern um ein Spiel: Er fragt, Sie sagen prompt: ›Du bist nicht zu dick!‹, doch in Wahrheit wissen Sie beide ganz genau, dass 15 Kilo runtermüssen, und zwar so schnell wie möglich.

Ihrem Brief entnehme ich jedoch, dass es kein Spiel ist, sondern bitterer Ernst. Mein Vorschlag deshalb: Versuchen Sie es mit der Wahrheit. Und fügen Sie hinzu, dass Sie Ihren Mann so lieben, wie er ist. Das sollte dann allerdings auch stimmen.«

Der Punkt, um den es hier vor allem geht, ist der des Spiels.[5] Kommunikation kann einerseits direkt, eins zu eins, erfolgen. Dann ist »Bin ich zu dick?« die Frage danach, ob man einen zu großen Körperumfang hat. Vielleicht aber auch, ob man mehr Körperumfang hat, als gut aussieht. Sie kann aber auch verschlüsselt sein. Zum Beispiel eben die Aufforderung, das sofort zu verneinen. Es kann aber auch die Aufforderung sein, sofort zu sagen: »Ich liebe dich.« Entscheidend ist, und das ist es, was ein Spiel ausmacht: Es gelten bestimmte Regeln, andere als sonst im realen Leben. Im Normalfall wird der Inhalt der Kommunikation im Leben durch die übliche Bedeutung der Wörter und der aus ihnen gebildeten Sätze festgelegt. Das sind die üblichen Regeln der Kommunikation. Eben »Bin ich zu dick?« als Frage nach dem Körperumfang. In einem Spiel können nun diese Regeln geändert werden. Dann hat »Bin ich zu dick?« eine andere Bedeutung. Welche Bedeutung es in dieser konkreten Situation genau ist, bestimmen die jeweiligen Spielregeln. Die aber dann allen Beteiligten bekannt sein müssen, sonst klappt es nicht. Stichwort Fallstricke der Beziehungskommunikation. Oder allgemeiner: Stichwort Missverständnisse der höflichen Kommunikation. Ein Punkt, der mir so wichtig erscheint, dass ich auf ihn im Kapitel über die negativen Folgen der Höflichkeit (S. 82 ff.) vertieft eingehen möchte.

Dieses Spiel kann nun das eines abgegrenzten Personen-
kreises sein, klassisch von zweien in einer Beziehung, wie beim
Fall des Mannes, der seine Sportlerfigur verloren hat. Oder aber
ein allgemeines, wenn gesellschaftlich festgelegt ist, dass bestimmte Aussagen oder Gesten eine besondere, andere Bedeutung haben. Und dann befinden wir uns vor allem im Bereich
der Etikette, aber auch dem der Höflichkeit.

Mit freundlichen Grüßen

Oft ist es dann auch ein relativ trockenes, spaßfreies Spiel, ein
Spiel, das diesen Namen fast nicht mehr verdient, vielleicht
spricht man dann auch besser von Ritual. Etwa bei der Grußformel »mit freundlichen Grüßen«. Da es mittlerweile – oder
derzeit, wer weiß, wie sich die Gepflogenheiten weiterentwi-
ckeln werden, siehe dazu auch das Kapitel zur Provokation
(S. 264) – zur Standardgrußformel geworden ist, erwartet niemand mehr echte Freundlichkeit dahinter. Die Philosophin Simone Dietz schreibt dazu in ihrem sehr klugen Buch »Die
Kunst des Lügens« unter der bezeichnenden Überschrift
»Grauzonen der Lüge: Höflichkeit, Werbung und andere kulturelle Eigenheiten«:

> »Wer über einen Adressaten verärgert ist, kann seinen Brief den-
> noch mit ›freundlichen Grüßen‹ beenden – die bekannte Wen-
> dung gilt für die Beteiligten nicht als wahrhaftiger Ausdruck
> eines vom Sprecher empfundenen Gefühls, sondern als Zei-
> chen, dass Konventionen der Höflichkeit befolgt werden.«[6]

Obwohl jemand einen Brief »mit freundlichen Grüßen« beendet und diese Grüße überhaupt nicht freundlich meint, ist es
demnach nicht gelogen. Im Gegenteil, heute ist »mit freundlichen Grüßen« eine Grußformel, die im privaten Bereich eine
Distanzierung anzeigt, also gerade, dass die Grüße nicht freund-

lich gemeint sind. Denn bestimmend ist hier nicht der Wortsinn von »freundlich«, sondern die Spielregeln, wie Grußformeln in Briefen in verschiedenen Situationen zu lauten haben. Dank dieser Spielregeln bedeuten bestimmte Wendungen etwas anderes als sonst im Leben.

Die ehrliche Höflichkeit

Wie die nicht gelogene, sehr ehrliche Höflichkeit trotz anderslautendem Wortlaut aussehen kann, lässt sich einem Comic-Klassiker entnehmen. In *Das Geschenk Cäsars*, einem der Abenteuer von Asterix dem Gallier, erhebt der Gastwirt Orthopädix Ansprüche auf das gallische Dorf, weil er eine Urkunde von Julius Cäsar vorzuweisen hat, in der ihm dieser das Dorf zum Geschenk macht. Die Dorfbewohner unter ihrem Häuptling Majestix erkennen diese Urkunde natürlich nicht an, überlassen Orthopädix jedoch das leerstehende Gasthaus des Dorfes. Bei dessen Eröffnung kommt es zur ersten Begegnung der beiden Frauen von Majestix und Orthopädix, Gutemine und Gelatine, deren Männer wegen Cäsars Geschenk gewissermaßen Rivalen um die Dorfherrschaft sind. Die beiden Damen streiten somit um die Stellung als First Lady. Sie begrüßen sich, jedoch mit deutlicher Abneigung, was der Zeichner Uderzo wunderbar darstellt: Die beiden Frauen stehen mit jeweils erhobenen Kopf, zu Schlitzen verengten Augen und vorgeschobener Unterlippe frontal gegenüber. Beide sagen jeweils »Angenehm, Madame!«, aber die Sprechblasen haben vor einem schwarzen Hintergrund kantige Umrisse wie Eisberge, an ihnen hängen Eiszapfen, und Schnee rieselt auf die Sprecherinnen herab.

Die beiden Damen sind perfekt höflich zueinander, sie begrüßen sich, wie es üblich ist, und wahren die Form. Ihr »Angenehm, Madame« ist vom Wortlaut her falsch, weil es ihnen

Das Geschenk Cäsars

erkennbar gerade nicht angenehm ist, ihre jeweilige Widersacherin zu treffen, aber eingebettet in den Kontext ist es nicht gelogen. Die Schöpfer von Asterix, Goscinny und Uderzo, gelten nicht umsonst als genial. Mit einer kleinen Comic-Zeichnung zeigen sie, wozu man sonst halbe Buchkapitel bräuchte: Höflichkeit und Freundlichkeit sind nicht dasselbe. Und Höflichkeit hat wenig mit Zuneigung zu tun. Obwohl die beiden Damen sich herzlich abgeneigt sind, verhalten sie sich höflich zueinander. Das ist mit das Besondere und Wertvolle an der Höflichkeit: Sie ermöglicht einen zivilisierten Umgang auch dann, wenn man sich nicht mag.

Leider kann ich nicht kommen

Jedoch sind die Dinge nicht immer so klar wie im Comic. Im Gegenteil, wesentlich häufiger dürfte ein anderes Problem sein, auf das Simone Dietz auch hinweist:

> »Doch es gibt Grauzonen, die nicht leicht einzuordnen sind. Ist es eine Lüge, wenn man die Einladung mit der Behauptung absagt, man bedauere ›wirklich‹ sehr, sie nicht annehmen zu können, obwohl man im Grunde froh ist, einem Abend entgangen zu sein, von dem man sich nichts verspricht?«[7]

An dieser Stelle stößt man auf einen wichtigen Punkt. Auch wenn die »gelogene« Floskel vom Spiel umfasst ist, also keine Lüge im engeren Sinne darstellt, gilt das nur für die Floskel, aber nicht für jede Ausschmückung oder Übertreibung. Zu schreiben oder sagen, dass man »leider« absagen muss, ist eine Floskel und gehört zum üblichen Umgang. Zu betonen, wie sehr man es bedauert, aber nicht mehr. Man kann sich auch nach einem langweiligen Fest für die Einladung bedanken, muss aber nicht lang und breit wahrheitswidrig ausführen, wie toll es war.

Die ungarische Begrüßung

Das würde, um wieder zum Roda-Roda'schen Wiedersehen nach zehn Jahren zurückzukommen, gegen die ungarische Variante sprechen (»Jaj, Allergnädigste sind um zehn Jahre jünger geworden«). Dass man nach zehn Jahren zehn Jahre jünger aussieht, ist denn doch eine gewisse Übertreibung und vermutlich schlicht und einfach unwahr. Dennoch würde ich nicht sagen wollen, dass es gelogen ist. Es ist die zweite, schönere, gewissermaßen höhere Variante des Spiels, der Walzer linksherum, das Spiel für Fortgeschrittene. Natürlich stimmt es nicht, das glaubt auch sicher niemand. Das ist ja auch nicht der Sinn. Gesagt werden soll, dass die Dame gut aussieht und dass man ihr ein Kompliment machen möchte. Nicht mehr. Der Rest ist Tanz. Und zwar ein eleganter, auch wenn das Kompliment vielleicht dick aufgetragen ist. Es kommt nur darauf an, dass die beiden Beteiligten diesen Tanz genießen können. Und ich glaube, das funktioniert. Wenn man sich die Szene nur ausmalt, schleicht sich ein leichtes Schmunzeln, ein Lächeln ins Gesicht. Was will man mehr? Es ist so wenig gelogen, wie ein Roman gelogen ist. Autor und Leser wissen, dass er erfunden ist. Und dennoch wissen beide, dass in einem guten Roman auch viel Wahrheit steckt. Wie viel, darüber kann man nachdenken, das ist Teil der Kunst. Und hier ist es Teil der Kunst des Kompliments. Die Dame hat schließlich nicht um einen fachlichen Rat gebeten, ob sie sich einer Botoxbehandlung unterziehen soll.

Die Berliner Variante

Ganz anders hingegen die Berliner Variante (»Ja, Frau Oberrejistrator – zehn Jahre sind eben 'ne lange Zeit«). Auch wenn es formal höflich ist, noch brutaler wäre tatsächlich fast nur, direkt zu sagen: Sie sind aber alt geworden.

Das muss man aber nicht, selbst wenn man strikt bei der Wahrheit bleiben möchte. Mit einer ganz einfachen Erkenntnis: Man kann auch einmal nichts sagen. Auch wenn das manchen schwerfällt und in Berlin vielleicht besonders. Ich halte die Behauptung, man sei unhöflich, weil man nicht lügen will, für eine reine Schutzbehauptung. Die meisten Unhöflichkeiten entstehen nicht, weil jemand nicht lügen will, sondern weil jemand es nicht aushält, nichts zu sagen. Der schlimmste Feind der Höflichkeit ist nicht der Drang zur Wahrheit, sondern der Drang, unbedingt etwas sagen zu müssen.

Natürlich gibt es Dinge, zu denen man nicht schweigen sollte. Aber die neue Frisur einer Bekannten gehört nicht dazu. Bei der neuen Frisur einer guten Freundin kann es anders liegen, falls sie Gefahr läuft, dass ihr niemand sagt, wenn sie misslungen ist. Aber das ist nicht der Regelfall, und darauf will ich gleich im Anschluss zurückkommen.

Doch bei Roda Rodas Geschichte vom Wiedersehen nach zehn Jahren fragt man sich unwillkürlich: Warum sagt der Berliner überhaupt etwas? Gut, in diesem speziellen Fall, weil Roda Roda die Pointe haben wollte. Aber sonst? Wenn man jemanden nach zehn Jahren wiedertrifft, und man ist der Meinung, der- oder diejenige sei gealtert, vielleicht sogar stärker als um zehn Jahre, dann sagt man halt nichts dazu. Oder lobt das Kleid oder die Frisur. Oder man äußert sich zum Wetter. Und wenn das schlecht ist, kann man immer noch sagen: »Wenn Engel reisen, weint der Himmel.«

Der Spielverderber

Höflichkeit als Spiel zu betrachten hat aber noch andere Effekte. Es könnte helfen zu verstehen, warum man von Unhöflichkeit manchmal so irritiert ist und wie man mit ihr umgehen sollte. Nämlich so, wie man in einem Spiel damit umgeht, wenn jemand nicht mitspielt: Ihn außen vor zu lassen. Das empfahl zumindest der Anthropologe und Soziologe Helmuth Plessner schon 1924:

> »Nackte Ehrlichkeit wirkt, wenn nicht ganz besondere Umstände mithelfen, einfach als Spielverderberei, mit der weiter nichts anzufangen ist, als dass man darüber hinweggeht.«[8]

Vielleicht ist das tatsächlich auch heute noch ein gleichermaßen wahrer wie praktischer Gedanke im Bereich der Höflichkeit: Über Unhöflichkeiten sollte man einfach höflich hinweggehen.

Die neue Frisur

Es gibt Fragen, die tauchen im Alltag – und deshalb auch in meiner Kolumne zu Alltagsfragen der Moral – immer wieder auf. Sie scheinen ein zentrales Problem im täglichen Leben darzustellen. Interessanterweise können sie aber auch helfen, zentrale Probleme bei theoretischen Überlegungen gut zu beleuchten. Einer dieser Klassiker ist die neue Frisur, genauer gesagt die Frage: Wie gefällt dir meine neue Frisur? In der Fassung, in der ich sie einmal in meiner Kolumne beantwortet habe, lautet sie:

> »Eine Freundin, die nicht gerade übermäßig mit Selbstbewusstsein ausgerüstet ist, hat sich nach intensiven Überlegungen und Recherchen in diversen Frauenmagazinen dazu durchgerungen, sich ihre langen Haare abschneiden zu lassen. Mit zweifelhaftem Ergebnis! Nun stellt sich mir die Frage, ob ich ihr gegenüber ehrlich zugeben soll, dass mir die neue Frisur nicht gefällt, oder ob ich mich als ehrlicher Freund zu Loyalität und Ermutigung verpflichtet sehen und das Ergebnis somit schönreden sollte.«[9] Alexander S., Hannover

Es gibt sie in verschiedenen Varianten, als Frage nach dem neuen Kleid, dem oder der neuen Partner oder Partnerin oder: Wie findest du mein neues Buch? Und auch »Bin ich zu dick?« vom Anfang des Kapitels ist eine Schwester oder sogar Zwillingsschwester dieser Frage. Und einer ihrer berühmt-berüchtigten Verwandten ist »Und wie gefällt dir mein Geschenk?«, auf die ich noch einmal gesondert zurückkommen möchte (siehe S. 57 ff.).

Diese Frage ist auch in der Theorie so interessant, weil sie das aus meiner Sicht größte Problem der Lüge aufzeigt: den Verlust der Sprache im Sinne des Verlusts der Möglichkeit, wirklich die Meinung des anderen zu erfahren. Wenn man nicht weiß, ob der andere bei seiner Antwort auf die Frage lügt oder nicht, kann man nie erfahren, ob die neue Frisur gut ist oder ob man einem verrückten unfähigen Haarkünstler in die Hände gefallen ist. Man wird es nicht nur nie erfahren, man hat auch gar nicht mehr die Möglichkeit dazu. Khaled Hosseini schreibt in seinem Roman »Drachenläufer«: »Wenn du eine Lüge erzählst, stiehlst du einem anderen das Recht auf die Wahrheit.« Meines Erachtens stiehlt er nicht nur das Recht auf die Wahrheit, sondern sogar die Möglichkeit auf sie. Es kann sein, dass die Frisur vollkommen misslungen ist, es kann aber auch sein, dass sie perfekt passt. Was von beiden zutrifft, kann der Fragesteller, wenn das Lügen erlaubt ist, soweit er die Hilfe anderer dazu braucht, nie herausfinden.

Doch geht es hier nicht in erster Linie um die Lüge, sondern um die Höflichkeit. Im Kapitel zum Verhältnis von Höflichkeit und Lüge ist die Frage nach der neuen Frisur dennoch genauso zentral. Denn sie beleuchtet das Problem: Ist es aus Höflichkeit geboten, zu lügen? Und wenn ja: Woher genau kommt dieses Gebot?

Versucht man darauf eine Antwort zu geben, wäre der erste Impuls: Ja, die Höflichkeit fordert zu sagen, dass die neue Frisur gut ist. Man muss sich nur vorstellen, wie das Gegenteil aussieht: »Mein Gott, wie siehst du denn aus?« Allerdings kann sich an dieser Stelle bereits Widerstand regen: Man muss es doch nicht gleich *so* sagen. Womit man auf dem richtigen Weg ist.

Doch zurück zur Lüge aus Höflichkeit, also zu sagen, dass die missratene Frisur gut ist. Interessant wird es nämlich, wenn man den ersten Impuls infrage stellt, also fragt, ob es denn wirklich höflich ist, zu lügen. Und wenn ja, was genau daran höflich sein soll. Erfordert es der Ausdruck der Achtung des Gegenübers, ihm oder ihr zu sagen, dass eine unvorteilhafte Frisur vorteilhaft ist? Welche Achtung drückt man damit aus? Vielleicht die: Ich achte dich so sehr, dass ich dich nicht verletzen will. Oder dir guttun will.

Das Gesicht wahren

Hinter diesen beiden Sätzen – Ich will dich nicht verletzen oder Ich will dir guttun – steht im Grunde eine der bekanntesten Theorien zur Höflichkeit: die der Vermeidung von gesichtsbedrohenden Akten, face threatening acts, FTAs.

Grundlage dieser Theorie ist das soziologische Konzept des Gesichts, englisch face, das auf den bekannten Soziologen Erving Goffman zurückgeht.[10] Es hat jedoch wesentlich ältere Wurzeln, vor allem in der chinesischen Kultur. Das Gesicht zu wahren ist dort für sich selbst, aber auch im Umgang für das Gegenüber sehr wichtig.[11] Goffman stellte jedoch fest, dass es dieses Prinzip, wenn auch nicht so differenziert und ausgeprägt wie in Asien, ebenso in westlichen Kulturen gibt. Goffman verstand unter Gesicht, face, so etwas wie den positiven sozialen Wert eines Menschen, den jemand für sich beanspruchen kann und der sich auch darin zeigt, wie ihn die Mitmenschen sehen, das öffentliche Selbstbild. Daher auch der Begriff Gesicht, face. Man könnte es auch mit »Image« bezeichnen, so geht es etwa bei den bekannten Begriffen »Imageverlust« oder »Imagepflege« genau darum. Dennoch hat sich im Bereich der Höflichkeit der Begriff Gesicht, face, durchgesetzt.

Auf diesem Konzept des Gesichts, face, aufbauend entwickelten die beiden Anthropologen Penelope Brown und Stephen C. Levinson eine psycholinguistische Theorie der Höflichkeit.[12] Sie unterscheiden ein positives Gesicht, ein Bedürfnis nach Anerkennung, der Wunsch, gemocht zu werden, und ein negatives Gesicht, das Bedürfnis nach Freiheit und Autonomie. Höflich zu sein bedeutet dieser Theorie zufolge, sogenannte face-threatening acts, FTAs, Handlungen, die das Gesicht des Gegenübers bedrohen, zu vermeiden.

Positive und negative Höflichkeit

Dementsprechend unterscheidet diese Theorie auch zwischen positiver und negativer Höflichkeit. Positive Höflichkeit bedeutet, Akte zu vermeiden, die das positive Gesicht, den Wunsch, gemocht zu werden, bedrohen. Das wäre genau der Fall hier bei der neuen Frisur. Jemandem zu sagen, dass er oder sie mit der neuen Frisur nicht gut aussieht, bedroht dessen oder deren Wunsch, sozial als gut aussehend und damit begehrenswert wahrgenommen und anerkannt zu werden. Deshalb vermeidet man, das zu sagen, und es gilt als unhöflich, es zu tun. In diese Gruppe fällt beispielsweise auch die Hemmung, jemanden darauf hinzuweisen, dass er oder sie nicht gut riecht, sei es durch Schweiß- oder Mundgeruch, auch wenn man zunächst zögern würde, das als »positive« Höflichkeit zu bezeichnen.

Negative Höflichkeit hingegen bedeutet, Akte zu vermeiden, die das negative Gesicht, den Wunsch nach Freiheit und Autonomie, bedrohen. Klassiker ist hier, jemanden um etwas zu bitten. Das überrascht zunächst, weil man eine Bitte nicht mit einer Bedrohung verbindet. Es wird jedoch dann verständlich, wenn man sich klarmacht, dass man ja *um etwas* bittet, das heißt, man möchte, dass der Gebetene etwas Bestimmtes tut. Und das schränkt denjenigen in seiner Freiheit ein. Auch wenn es sich nur um eine Bitte handelt. Die »Bitte«, dass man also »bitte« sagt und es auch so bezeichnet, ist schon eine der Strategien, diese Bedrohung des negativen Gesichts, des Wunsches nach Freiheit, abzuschwächen. Typische Situationen sind die Frage nach der Uhrzeit oder die Bitte, bei Tisch das Salz zu reichen.

Die Aufforderung, der andere möge einem die Uhrzeit sagen, würde unhöflich formuliert lauten: Sagen Sie mir die Uhrzeit! Eine klare Einschränkung der Freiheit des anderen. Das könnte man nun durch ein »bitte« abschwächen: »Sagen Sie mir bitte die Uhrzeit!« Im täglichen Leben geht man jedoch noch weiter und vermeidet sogar den Anschein der Aufforderung, indem man sie in eine ganz andere Frage verkleidet: »Wissen Sie, wie spät es ist?« Diese stellt nun keinerlei Bedrohung des negativen Gesichts dar. Und die Bitte nach dem Salz verkleidet man in eine Frage nach der Möglichkeit: »*Könnten* Sie mir bitte das Salz reichen?«

Der Evolutionspsychologe und Linguist Steven Pinker nennt in seinem Buch über die Sprache *Der Stoff, aus dem das Denken ist* Beispiele von Mechanismen, die man in diesem Zusammenhang nutzt. Etwa, indem man eine Bitte mit verschiedenen »Formen des Katzbuckelns«, wie er es nennt, begleitet:

»*Fragen statt Befehlen:* Kannst du mir dein Auto leihen?
Ausdrücken von Pessimismus: Du möchtest mir wahrscheinlich nicht das Fenster zumachen.
Abschwächen des Befehls: Schließ die Tür, falls das geht.
Minimieren der Zumutung: Ich möchte nur ein bisschen Papier ausleihen.
Zögern: Kann ich mir, ähm, dein Fahrrad leihen?
Eingestehen des Übergriffs: Du bist sicher beschäftigt, aber …
Demonstrieren von Widerwillen: Normalerweise würde ich nicht fragen, aber …
Entschuldigen: Es tut mir leid, dich zu stören, aber …
Unpersönliches Formulieren: Rauchen ist nicht gestattet.
Übernehmen einer Verpflichtung: Ich wäre Ihnen ewig dankbar, wenn Sie …«[13]

Vor- und Nachteile

Diese Theorie ist durchaus überzeugend und hat den Vorteil, dass sie in einer ganzen Reihe von Studien, auch aus unterschiedlichen Kulturkreisen, belegt ist. Sie ist auch kein Widerspruch zu der Auffassung von Höflichkeit, die diesem Buch zugrunde liegt, dass Höflichkeit ein Verhalten ist, in dem sich die Achtung für das Gegenüber ausdrückt. Da das Vermeiden von gesichtsbedrohenden Akten mit Mühen verbunden ist, kann in der Tatsache, dass man diese Mühen auf sich nimmt, die Achtung vor dem Anderen zum Ausdruck kommen. Dass das aber nicht unbedingt so sein muss, wird man jedoch gleich sehen.

Daneben scheint mir die Idee, »das Gesicht des Gegenübers zu wahren«, auch ein sehr guter Anhaltspunkt für den Alltag zu sein. Vielleicht für den Alltag ein besserer, weil greifbarer und praktikablerer, als der, die Achtung für das Gegenüber auszudrücken. In vielen, speziell schwierigen, kritischen Situationen, zum Beispiel Auseinandersetzungen oder wenn es um Kritik geht, ist es eine sehr praktikable und nachvollziehbare Überlegung für das eigene Handeln: Es so zu gestalten, dass das Gegenüber »sein Gesicht wahren« kann, also etwa nicht bloßgestellt wird. Vor dem, der handelt, aber speziell auch vor Dritten. Dies hilft, Kritik höflich zu formulieren, zu überlegen, ob Kritik notwendig ist, ob es überhaupt notwendig ist, etwas zu diesem Punkt zu sagen – siehe die Berliner Variante der Roda-Roda'schen Begrüßung. Auch Auseinandersetzungen können damit sachlich gehalten werden.

Die Theorie der Gesichtswahrung hat jedoch meines Erachtens auch einen entscheidenden Nachteil. Sie ist eine psycholinguistische Theorie, die aus der Soziologie stammt und ihren Schwerpunkt in verbaler Kommunikation hat. Sie beschreibt daher vornehmlich und bleibt damit gewissermaßen, wie die Beschäftigung mit dem Gesicht, Image, face nahelegt, an der

Oberfläche. Dementsprechend ist es auch schwierig, mit ihr zwischen Etikette und echter Höflichkeit zu unterscheiden. Und weil es sich bei soziologischen Theorien um Beschreibungen der Ist-Situation handelt, wie es also üblich ist, kann man aus ihnen schlecht oder gar nicht ableiten, wie es vielleicht besser wäre, wie es sein soll. Sie können nur als Grundlage einer Weiterentwicklung dienen, diese aber nicht fördern.

Die Probleme mit der neuen Frisur

Und ich behaupte, dass die Theorie der Vermeidung der gesichtsbedrohenden Akte, obwohl sie sehr gut zu erklären vermag, warum man es nicht sagen möchte, wenn die neue Frisur misslungen ist, bei diesem Fall gleichzeitig als Handlungsleitfaden versagt. Warum? Man vermeidet, indem man es »höflicherweise« nicht sagt, zwar, das positive Gesicht des Gegenübers, also dessen Wunsch nach Anerkennung, zu bedrohen. Man könnte zum gleichen Ergebnis auch mit der Theorie der Achtung kommen, indem man behauptet, die Achtung vor dem Gegenüber würde verbieten, ihm oder ihr zu sagen, dass er oder sie nicht gut aussieht. Dann gäbe es auch keinen Widerspruch.

Das hält jedoch einer genaueren Nachprüfung nicht stand. Eine wirkliche, ernsthafte Achtung des Gegenübers beinhaltet meines Erachtens, ihn oder sie nicht über einen für ihn oder sie wichtigen Aspekt zu täuschen. Und ihn oder sie nicht der Gefahr auszusetzen, sich in der Folge, wenn eine unpassende Frisur beibehalten wird, schlecht darzustellen oder gar lächerlich zu machen. Dann aber kommt es zum Widerspruch der Theorien. Denn diese ernsthafte Achtung des Gegenübers wird durch die gesichtswahrende Lüge gerade verhindert.

Dabei tritt ein weiterer interessanter Aspekt zutage. In der chinesischen Konzeption von Gesicht stellt Kritik nicht nur eine

Bedrohung des Gesichts des Kritisierten dar, sondern auch des Gesichts dessen, der kritisiert. Und wenn man genau nachdenkt, ist diese Idee auch unserer Kultur nicht völlig fremd. Wer einen anderen in gesichtsbedrohender Weise kritisiert, läuft Gefahr, als unhöflicher Tropf angesehen zu werden. Mit anderen Worten, sein positives Gesicht, seine Anerkennung in der Gemeinschaft, wird gefährdet, wenn er es nicht humorvoll oder in einer besonderen Position, etwa aus einer Position der Macht heraus, tut.

Wem nützt das Lügen aus Höflichkeit?

Diese Erkenntnis aber führt in der Überlegung weiter. Könnte es sein, dass man in Fällen wie diesen vielleicht auch oder sogar vornehmlich deshalb lügt, weil man sein eigenes Gesicht wahren will und weniger das des Gegenübers? Dass es darum geht, selbst als verträglicher, angenehmer Gesprächs- und Umgangspartner und sozialer Mensch zu gelten? Und, weil die Bedrohung des eigenen Gesichts unangenehm ist, etwas, was man vermeiden will, man deshalb lügt, weil die Lüge deutlich bequemer ist?

Zumindest deuten wissenschaftliche Untersuchungen in diese Richtung.[14] So zeigte sich in einer Studie im australischen Queensland, dass Menschen, die über ein geringes Selbstbewusstsein verfügten, mit Kritik an einem Text, den sie beurteilen sollten, zurückhaltender waren als solche mit hohem Selbstbewusstsein, besonders dann, wenn die Kritik persönlich vorgetragen werden sollte. Umgekehrt hatte es jedoch keinen Einfluss auf die Kritik, wenn die Versuchspersonen wussten, ob der Kritisierte über hohes oder niedriges Selbstbewusstsein verfügte.[15] Einer amerikanischen Studie zufolge sind es die Menschen, die besonders bedacht auf ihre soziale Akzeptanz sind, die auch dazu neigen, keine Kritik an Kollegen zu üben.[16] Das sind interessante Befunde. Wenn bei der Frage, ob man offen Kritik übt, wirklich der Wunsch im Vordergrund stünde, das Gesicht des Gegenübers zu wahren, müsste die Frage, ob Kritik offen geäußert wird, davon abhängen, wie sehr das Gegenüber von der Kritik verletzt werden könnte. Das würde bedeuten, dass man sich bei Menschen mit geringem Selbstbewusstsein stärker zurückhält. Die Versuche aber haben ergeben, dass nicht das Selbstbewusstsein der Kritisierten den Ausschlag gab, sondern das Selbstbewusstsein derjenigen, die die Kritik äußerten. Das aber lässt fast nur einen Schluss zu: Es geht in erster Linie darum, das eigene Gesicht zu wahren, die eigene Akzeptanz in der Gesellschaft nicht zu gefährden.

Und damit wären wir wieder bei dem Punkt, der bei der Definition der Höflichkeit und ihrer Abgrenzung von der Etikette eine große Rolle gespielt hat: der Frage, wem ihre Einhaltung dient. Es ist eine Verletzung der Etikette, der Konvention, dem Gegenüber zu sagen, dass er oder sie nicht gut aussieht. Und es war eine der Erkenntnisse der Gegenüberstellung von Etikette und echter Höflichkeit, dass die Einhaltung der Etikette vor allem demjenigen dient, der sie einhält. Die Höflichkeit dient jedoch dem Gegenüber. Und genau so ist es auch hier. Es ist zwar unangenehm, jemandem zu sagen, wenn die neue Frisur nicht gut aussieht. Aber wenn es um echte Achtung des Gegenübers geht, in dem Sinne, dass einem das Gegenüber etwas wert ist, kommt man nicht umhin, es zu sagen, wenn man dieser Meinung ist.

Höflichkeit: Nicht ob, sondern wie

Damit eröffnet sich jedoch ein weiteres Problem: Vor meinem geistigen Auge taucht plötzlich eine ganze Reihe von Situationen und Personen auf. Personen, die dazu neigen, ohne jede Rücksicht auf das Gegenüber diesem ihre Meinung ins Gesicht zu sagen. Und etliche Situationen, in denen sie das getan haben. Und diese Personen könnten sich nun darauf berufen, nicht nur authentisch und ehrlich zu sein, sondern auch noch wahrhaft höflich. Das möchte ich auf keinen Fall. Und es wäre auch noch falsch. Denn in den meisten Fällen liegt die Unhöflichkeit gar nicht in der Frage, *ob* man die Wahrheit sagt, sondern *wie*.

Im Falle der Frisur und allen verwandten Fällen kann man sich zum Beispiel schon rein logisch und erkenntnistheoretisch nur dazu äußern, wie man das persönlich beurteilt. Aussagen wie »Das sieht ja schrecklich aus« oder »Das steht dir gar nicht« sind nicht nur verletzend, sondern auch noch falsch. Man kann im Grunde nur sagen: »Das gefällt mir nicht« oder »Ich finde, das steht dir nicht«, was eben nicht nur eine Abschwächung im Sinne der Gesichtsbedrohung darstellt, sondern auch einen Tribut an die Logik. Es würde nicht nur den Rahmen, sondern vor allem das Konzept des Buches sprengen, nun ratgeberartig auszuführen, wie man im Einzelnen formulieren kann oder sollte, um die sinnvolle und notwendige Wahrheit möglichst höflich zu äußern. Deshalb nur ein Beispiel. Im Falle der Frisur würde sich etwa anbieten umgekehrt zu formulieren im Sinne von: Ich sehe dich lieber mit längeren Haaren.

Daneben ist natürlich auch die Frage des Zeitpunkts und der Situation entscheidend. Kritik ist unter vier Augen stets weniger verletzend als in der Öffentlichkeit. Und das mit der Frisur sollte man vielleicht auch besser nicht in der Tür zum Saal des Abschlussballs sagen oder auf dem Weg zum langersehnten Date mit dem Traumprinzen oder der Traumprinzessin, wenn die Nerven ohnehin blankliegen.

Am Ende hängt das richtige, höfliche Verhalten von der konkreten Situation ab und vom Einfühlungsvermögen. Wie auch im Folgenden.

Alle Jahre wieder

Mit gewisser Regelmäßigkeit, wenn die Tage kürzer werden und kälter, wenn der Niederschlag beginnt, weißer zu werden und fester, plingt es bei mir im E-Mail-Eingang. Zuerst, schon fast nach dem Auftreten der ersten Schoko-Weihnachtsmänner und Spekulatius-Packungen in den Supermärkten, also im Frühherbst, kommen die Mails von den Print-Magazinen, denn deren Vorlaufzeit ist länger. Dann, wenn die Weihnachtmärkte öffnen, gesellen sich die Mails der Radio- und TV-Stationen dazu. Der Tenor der Mails ist der gleiche. Man wolle angesichts des nahenden Weihnachtsfestes etwas zum moralisch richtigen Verhalten rund um Weihnachten bringen und hätte da ein paar Fragen an den Experten für Alltagsmoral. Und mit nahezu hundertprozentiger Sicherheit ist sie dabei, die eine Frage: Darf man es sagen, wenn einem ein Geschenk nicht gefällt?

Das verschafft mir den Vorteil, meine Antwort Jahr für Jahr neu überdenken und vertiefen zu können. Und nach etlichen Jahren Nachdenken darüber komme ich mehr und mehr zu dem klaren Schluss: Es kommt darauf an. Das gilt bei dieser Frage mehr als bei vielen anderen. Mehr als sonst ist die Antwort vollkommen situationsabhängig.

Man stelle sich nur ein kleines Kind vor, das entweder etwas gebastelt oder Taschengeld aufgespart und der Mutter eine Scheußlichkeit gekauft hat und sie nun mit großen Kinderaugen freudestrahlend überreicht. Natürlich kann man da nicht sagen, dass es einem nicht gefällt. In dieselbe Richtung kann es bei der herzensguten Großmutter gehen, die sich viel Mühe mit der Auswahl gegeben, aber leider vollkommen danebengelegen hat. Und auch bei der geliebten Partnerin oder dem geliebten Partner können große strahlende Augen beim Überreichen dagegensprechen, dass in diesem Fall die Wahrheit in ihrer vollen Härte angebracht ist.

Zumindest nicht in diesem Augenblick. Denn es gibt andererseits den alten Sepp-Herberger-Spruch »Nach dem Spiel ist vor dem Spiel«, dass man nach einem Fußballspiel immer schon gleich an die darauf folgenden denken sollte. Diesen Spruch möchte ich abwandeln in: »Nach dem Geschenk ist vor dem Geschenk.« Wenn man den ersten Band einer 42-bändigen Dokumentation über Völker im Amazonas erhalten hat und sich nicht dafür interessiert, könnte es stark angeraten sein, das rechtzeitig zu offenbaren. Nach dem zweiten Band wird es nicht leichter.

Zudem scheint es mir, um auf die Definition der Höflichkeit zurückzukommen, eher eine Missachtung, wenn man sich lächelnd, womöglich überschwänglich bedankt und, sobald der Schenker zur Haustüre draußen ist, das Geschenk mit angewidertem Blick in die Mülltonne wirft.

Das Schenken oder das Geschenk

Versucht man eine Abgrenzung, dürfte folgende Grundabwägung dahinterstehen: Wenn es vor allem um die Tatsache geht, dass etwas geschenkt wird, in welchem Zusammenhang und von wem, wenn also die Umstände des Schenkens im Vordergrund stehen, überstrahlt das den geschenkten Gegenstand und man kann über ihn lügen. Wenn jedoch der Gegenstand im Vordergrund steht, ist es sinnvoll, über ihn die Wahrheit zu sagen.

Auch wenn mir das Zurechtlegen von Tatsachen tendenziell suspekt ist, könnte man mit dieser Überlegung sogar noch weiter gehen und argumentieren, dass es sich dann um gar keine Lüge handelt, wenn man die Frage, ob das Geschenk gefällt, bejaht, obwohl man den Gegenstand grauenvoll findet. Denn wenn nicht der Gegenstand des Geschenks im Vordergrund steht, sondern die Umstände des Schenkens, kann man die Aussage, dass »das Geschenk« gefällt, in diesem Fall sogar als richtig bezeichnen. Zumindest mit ein bisschen gutem Willen. Weil »das Geschenk« dann eben in erster Linie die Tatsache und die Umstände des Schenkens sind. Und darüber hat man sich ehrlich gefreut.

Es geht hier wieder einmal mehr um die Reaktion auf die Besonderheiten des Einzelfalls. Ein Prinzip, das mir für die Höflichkeit so zentral scheint, dass ich ihm mit »Der Tanzschritt – Höflichkeit und Takt« ab S. 287 ein eigenes Kapitel am Ende des Buches widme.

DER ANZUG
Höflichkeit und Mode

Mode ist schillernd. Kaum ein Bereich ist so mit Glitter und Glamour verbunden. Mode schillert deshalb schon rein optisch als Gegenstand, als das, was der Mensch trägt. Mode ist aber auch selbst ein schillernder Begriff. Er bezeichnet zum einen soziologisch eine Zeitströmung, die so stark ist, dass sie Regeln aufstellt, regelt, was gerade modern ist, was man derzeit tut und was nicht. Andererseits steht Mode fast synonym für Kleidung und zugleich besonders für bestimmte Kleidung, nämlich die, die der Mode, der Zeitströmung unterworfen ist, also modisch ist, nicht klassisch, modern, nicht unmodern oder gar altmodisch. Oder aber für den Aspekt der Bekleidung, der über das reine Bedecken des nackten Körpers hinausgeht, wie die Professorin für Modedesign Dorothea Mink formuliert:

> »Stehen bei Bekleidung die Funktion und der Nutzen im Vordergrund, so haben die Zeichen der Mode immer eine tiefer gehende menschliche Bedeutung. Mode steht für zwischenmenschliche Kommunikation, Mode steht für den Ausdruck eigener Identität.«[1]

Auch das Verhältnis von Mode in diesem Sinne und Höflichkeit scheint ein schillerndes zu sein. Auf den ersten Blick und Gedanken würde man die Mode, das, was man anzieht, oder mehr noch das, was man anziehen soll, ziemlich klar dem Teil der Höflichkeit zuordnen, den wir hier als Etikette bezeichnen und gerade versuchen von der Höflichkeit abzugrenzen. No brown in town, No brown after five, Smoking nicht vor 15 Uhr, Frack nur nach 18 Uhr oder nach Einbruch der Dunkelheit, Krawatten in Europa von links unten nach rechts oben gestreift, amerikanische hingegen von links oben nach rechts unten. »Also Vorsicht beim Shopping in den USA!«,[2] kann man deshalb im Benimmberater lesen. Die Liste ließe sich fast beliebig verlängern, die Anzahl der Regeln und Vorgaben für die Kleidung scheint der für die Tischsitten in nichts nachzustehen. Ähnlich umfangreich, ähnlich differenziert, ähnlich stirnrunzelnerregend und vor allem ähnlich eindeutig dem Bereich der Etikette zuzuordnen.

Ja, die Mode scheint fast noch mehr zum Bereich der Etikette zu gehören als die Tischsitten. Im Kapitel »Das Aufhalten der Türe« über die Definition der Höflichkeit war eine der zentralen Beobachtungen, dass Höflichkeit dem Gegenüber dient, die Etikette dagegen demjenigen, der sich an sie hält. Und wenn es etwas gibt, was vor allem seinem Träger dient, funktional, aber auch als Schmuck, dann ist es wohl Kleidung, speziell modische Kleidung.

Die sprechende Kleidung

Dennoch behaupte ich, auch echte Höflichkeit und Mode im Sinne von Kleidung können verbunden sein. Wie, das möchte ich anhand von drei Fragen zur Alltagsmoral aus meiner Kolumne zeigen. Bei der ersten ist es am leichtesten ablesbar:

»Von einer Reise brachten meine Frau und ich einem befreundeten Ehepaar ein witziges T-Shirt für den Mann mit, mit der Aufschrift: ›I don't need Google, my wife knows everything‹. Ihm schien es zu gefallen, aber seine Frau bat ein paar Tage später darum, es zurückgeben zu dürfen. Seitdem ziehe ich es selbst regelmäßig an. Darf ich es bei ihrem nächsten Besuch tragen?«[3] Michael S., Nürnberg

Ist es falsch, das T-Shirt mit dem Witz in Anwesenheit der Dame, die es nicht mochte, zu tragen? Meine Antwort lautet: Ja, es ist falsch, weil man damit zum Ausdruck bringt, dass man den Wunsch der Dame, mit diesem Witz nicht konfrontiert zu werden, nicht respektiert. Mehr noch, damit, das T-Shirt, das die Dame zurückgewiesen hat, dann just bei ihrem Besuch zu tragen, setzt noch einmal etwas drauf. Mit anderen Worten, man ist unhöflich zu ihr. Man kann zwar einen Witz über jemanden reißen, wenn er nicht unter die Gürtellinie geht, aber man sollte nicht nachtreten, wenn der- oder diejenige signalisiert hat, dass er oder sie den Witz nicht mag.

Das soll hier jedoch nicht im Mittelpunkt der Überlegungen stehen. Worum es hier geht, ist, dass die Tatsache, das T-Shirt speziell beim Besuch der Dame zu tragen, eine Aussage beinhaltet. Der Fragesteller trägt es ja nicht, weil es gerade kalt geworden ist oder weil er nach dem Duschen vor dem Schrank steht und erschreckt feststellen muss, dass alle anderen T-Shirts und Hemden in der Wäsche sind. Er will die Dame ganz offensichtlich mit diesem Kleidungsstück konfrontieren. Das beinhaltet sogar zwei Aussagen: Einmal ganz plakativ den Spruch, der auf dem T-Shirt steht, den Witz, den die Dame nicht schätzt. Und dazu noch die Aussage: Du wolltest diesen Witz nicht zulassen, ich darf es tragen, meine Frau stört das nicht, du siehst, sie scheint mehr Humor zu haben. Man könnte sogar noch eine dritte Aussage darin sehen: Und ich will dich nun mit alldem konfrontieren, indem ich es just dann trage, wenn du zu Besuch bist.

Das Porno-Outfit

Das ist der entscheidende Punkt: Mode ist Kommunikation.[4] Mit dem, was man trägt, trifft man Aussagen. Bei dem T-Shirt mit Aufdruck ist das offensichtlich. Zu offensichtlich, mögen manche nun entgegnen, ein Kleidungsstück mit Aufdruck ist ein Sonderfall, den man nicht verallgemeinern kann. Man benötigt jedoch keinen aufgedruckten Spruch, um mit Kleidung etwas auszusagen, wie die zweite Frage aus dem Alltag sehr deutlich zeigt, bei der man eine Aussage zwar nicht wörtlich ablesen kann, die aber dennoch ins Auge sticht:

> »Ohne übertrieben eitel zu sein, lege ich bei mir Wert auf ein gepflegtes Äußeres; bei anderen bin ich eher tolerant. Ein guter Freund überschreitet jedoch meine modische Toleranzgrenze: Ultraenge, ultrakurze Glattleder-Mini-Shorts kombiniert er gern mit einem weinrot glänzenden Polyesterhemd oder einem enganliegenden, schwarzen Nylon-T-Shirt. Mir ist dieses Auftreten peinlich, zumal es im Bekanntenkreis schon mehrfach für Irritation sorgte. Folglich habe ich ihn gebeten, dieses ›Porno-Outfit‹ nie mehr in meiner Gegenwart zu tragen. Seitdem trägt er die Sachen noch häufiger und bezeichnet mich als ›Fashion-Faschisten‹. Kann ich meinem Freund gegenüber eine Kleiderordnung aufstellen, oder muss ich seine Fehlgriffe um der Freundschaft willen tolerieren?«[5] Oliver B., Berlin

Zunächst scheint das in erster Linie eine Frage der Toleranz zu sein. Konkret, ob Oliver B. aus Berlin hier die modischen Eskapaden seines Freundes tolerieren sollte oder gar muss. Zumal ja die Mode, das, was ein Mensch trägt, fast wie eine zweite Haut ist, also etwas sehr Persönliches. Und daher scheint es geboten, jedem Menschen selbst zu überlassen, was er oder sie tragen will.

Allerdings ist die zweite Haut eine, die man sich aussuchen kann. Und in dieser Wahlmöglichkeit liegt die Aussage: Welche Kleidung hat man gewählt? Und – lässt man einmal rein funktionale Überlegungen wie Kälteschutz außer Acht – warum?[6] Meines Erachtens liegt die Lösung der Frage genau in diesem Punkt: Die Aussage des Outfits ist hier die der unverhohlenen Reizdarstellung. Auch das wäre im Grunde wieder Sache des Trägers dieser Mode. Aber nicht ausschließlich, denn ein derartiges Auftreten bezieht die Begleitung mit ein. Man müsste nicht tolerieren, wenn ein Begleiter lauthals politische Parolen brüllt, denn mit deren Inhalt würde man auch in Verbindung gebracht; und genauso wenig muss man qua Mode geäußerte Statements akzeptieren, wenn sie, wie hier, optisch gebrüllt werden.

Nicht-Mode

Der Kern auch dieser Alltagsfrage ist: Jede Mode beinhaltet eine Aussage. Je »modischer« die Mode ist, je ausgefallener, je extravaganter, je mehr sie sich von der reinen Funktionalität entfernt, desto mehr. Aber auch eine rein funktionale Mode ist nicht ohne Aussage. Angesichts der Tatsache, dass es üblich ist, sich zu schmücken – seinen Körper nach bestimmten, über die Funktionalität hinausgehenden Kriterien zu bedecken stellt eine der ältesten Kulturtechniken dar –, beinhaltet darauf zu verzichten eine deutliche Aussage. Nämlich die, dass man Funktionalität in den Vordergrund stellt. Vielleicht auch, dass man sich von Üblichkeiten abgrenzen will.

Ein Freund von mir arbeitet im einem sehr exklusiven Segment der Modebranche. Dort ist es üblich, sich, vorsichtig ausgedrückt, auch sehr exklusiv und modisch zu kleiden. Nicht aber mein Freund. Seit vielen Jahren trägt er mehr oder weniger das Gegenteil. Nicht qualitativ, aber optisch: Klassisch geschnittene Jeans der klassischen Jeansmarke schlechthin, weiße Hemden, einfarbige Pullover mit V-Ausschnitt, gegebenenfalls ein klassisch geschnittenes Sakko und je nach Anlass einfache weiße Turnschuhe oder klassische Wildlederschuhe.

Diesen Kleidungsstil könnte man als ausgesprochen unauffällig bezeichnen und durch die Einbeziehung der Klassiker als einen gerade ohne Aussage. Aber wenn ihn jemand trägt, der den ganzen Tag mit teuerster Mode umgeht und von den Menschen in diesem Bereich umgeben ist, ist er mehr als auffallend

und beinhaltet eine sehr deutliche Aussage: Ich will mich mo-
detechnisch nicht positionieren, mich nicht festlegen. Die amerikanische Kulturhistorikerin Deirdre Clemente formulierte
es so: »Es gibt so etwas wie eine unbeeinflusste Modeauswahl
nicht. Anti-Mode ist Mode, weil sie eine Reaktion auf die der-
zeitige optische Kultur darstellt, ihre Negierung.«[7]

Der Schlabberlook

Um Negierung von Mode geht es auch in der dritten Alltagsfrage. Die beiden bisherigen Fälle waren Spezialfälle, sehr be-
zeichnende, die viel erkennen ließen, aber doch Spezialfälle.
Die folgende Frage aber spiegelt eine sehr häufige Situation wider: die Frage, wie »gut« im Sinne von formell man sich bei bestimmten Anlässen anziehen soll oder muss.

> »Zu seinem 75. Geburtstag gab mein Vater ein feierliches Abend-
> essen mit 50 Gästen. Auch wenn keine Kleiderordnung vorgege-
> ben war, trugen alle festliche Kleidung. Nur mein 35-jähriger
> Bruder erschien unrasiert und in Schlabberhose. Ich sagte ihm,
> er hätte sich besser anziehen sollen – er meinte, ich sei spießig,
> Kleidung sei oberflächlich und unwichtig. Erwarte ich zu Recht,
> dass er sich dem Anlass entsprechend kleidet? Oder muss ich to-
> lerieren, dass er Äußerlichkeiten für unwichtig hält?«[8] Willibald
> T., Koblenz

Auch hier geht es wieder um Toleranz gegenüber anderen
Kleidungsstilen. Im Mittelpunkt steht aber ein anderer Aspekt,
nämlich der der Höflichkeit. Zunächst ist es eine Frage der Etikette: Sich zu einem festlichen Geburtstag festlich zu geben,
verlangt die Etikette. Nur, ist es auch eine Frage der Höflichkeit?
Der Vater hat mit einem feierlichen Abendessen für 50 Gäste
offenbar selbst größeren Aufwand für seinen besonderen Tag
betrieben und dafür einen exklusiven Rahmen gewählt. Dann
ist es eine Frage, wie sehr man ihn achtet, sich auch diesem Rah-

men entsprechend zu kleiden, seinetwegen Aufwand zu betreiben. Zumal es keinen großen Aufwand bedeutet, für einen Abend einen Anzug zu tragen. Umgekehrt zeigt diesen Aufwand in einer derartigen Situation nicht zu betreiben eine Geringschätzung des Einladenden. Und falls hinter dem Ganzen ein Konflikt zwischen Vater und Sohn liegen sollte: Für das Ausfechten von Kleidungskämpfen hat die Natur die Pubertät erfunden, die irgendwann einmal zu Ende ist.

Ich glaube, damit trifft man einen der zentralen Punkte des Verhältnisses zwischen Mode im Sinne von Kleidung und Höflichkeit: Eine der Aussagen, die man mit Kleidung trifft, ist die, zu zeigen, wie viel Aufwand man bereit ist für die Situation und damit für das Gegenüber zu betreiben. Darin spiegelt sich die Achtung vor dem Gegenüber wider, und damit gehört, wie man sich kleidet, zu den Verhaltensweisen, die höflich oder unhöflich sein können.

Wie weit geht es dann?

An dieser Stelle entsteht jedoch ein Problem, das der Höflichkeit innezuwohnen scheint: Sie tendiert zur Grenzenlosigkeit. So könnte ein Freund der Mode und formellen Kleidung seinem Gegenüber signalisieren, er oder sie schätze es ungemein, wenn seine oder ihre Umgebung gut oder besonders modisch gekleidet ist. Dann würde es die Höflichkeit erfordern, um den Respekt vor diesem Menschen auszudrücken, sich in dessen Umgebung immer ganz besonders zu kleiden. Und es würde schwer, dafür eine Grenze zu finden. Generell käme man über den Hebel der Höflichkeit zu einem starken Eingriff in die individuelle Freiheit.

Ein typisches Beispiel dafür sind auch die mehr oder weniger witzigen Aufrufe, Stilkritiken, Glossen, Kampfschriften etc. zur männlichen Sommerbekleidung, die mit einer solchen Regelmäßigkeit in allen Medien auftauchen, sobald es draußen warm wird, dass man meinen könnte, sie seien mit den Wespen verwandt. Sowie es draußen länger als drei Tage hintereinander Sonnenschein und über 25 Grad hat, fühlt sich eine Heerschar von Menschen bemüßigt, anderen Menschen zu erklären, was sie anziehen sollen und was nicht. Beliebtestes Ziel: Kurze Hosen und Sandalen bei Männern.[9] Einziges Argument, falls sich die Autorin oder der Autor überhaupt mit derlei Kleinigkeiten aufhalten und sich nicht mit einem wortreich umschriebenen »Das trägt man(n) nicht« begnügen, ist meist: Das sieht nicht gut aus und ist deshalb eine Zumutung für die Umgebung. Gerne noch unterstützt mit der Erklärung, das sehe nur bei wenigen Männern gut aus, deshalb könnten das wahlweise nur bestimmte Landsleute, meist aus südlichen Ländern, junge Männer oder Männer mit sportlichen Figuren tragen. Bei allen anderen sei es eine optische Zumutung.[10]

Abgesehen davon, dass die optische Belästigung von allen Belästigungen die harmloseste ist – man braucht nur wegzusehen –, muss man das fast schon als faschistoid bezeichnen, es lässt an Leni Riefenstahl, Arno Breker und Josef Thorak mit ihrer Verherrlichung des perfekten Körpers denken. Auch ich sehe lieber schöne Körper als nicht so schöne. Aber es käme mir nie in den Sinn, deswegen die Freiheit der Menschen mit nicht so perfekten oder einer bestimmten Ästhetik widersprechenden Körpern beschneiden zu wollen. Menschen mit weniger schönen Körpern haben das gleiche Recht, anzuziehen, was sie wollen, wie Menschen mit schöneren Körpern. (Würden sie mich allerdings fragen, ob ihnen das steht und ob sie es anziehen sollen oder nicht, würde ich ihnen vielleicht abraten oder sagen, dass es nicht so gut aussieht. Das muss diejenigen aber nicht davon abhalten, es dennoch zu tragen. Bei mir persönlich zum Beispiel ist der Wunsch nach einem angenehmen Leben meist größer als meine Eitelkeit.)

Die Wechselseitigkeit der Höflichkeit

Aber an dieser Stelle zeigt sich die Wechselseitigkeit der Höflichkeit. Es mag unhöflich gegenüber den Mitmenschen sein, sie unschönen Anblicken auszusetzen. Aber es ist ebenso unhöflich, von seinen Mitmenschen zu verlangen – und sei es auch über den Umweg der Einforderung von Höflichkeit –, sich zu verhüllen, nur weil es mir nicht gefällt. Der Menschen Wille sei ihr Himmelreich. Und ich bin nicht der Pförtner dort. Die Forderungen der Höflichkeit im Sinne einer Achtung des Gegenübers, die zur Grenzenlosigkeit tendieren, finden ihre Grenzen in den Forderungen der Höflichkeit an das Gegenüber, den Anderen samt seiner individuellen Wünsche zu achten. So ergibt sich ein Gleichgewicht. Das allerdings wegen der Bedeutung der individuellen Freiheit stark in Richtung Freiheit tendiert.

Noch einmal: Etikette und Höflichkeit

So weit, so gut. Jedoch gerät man an dieser Stelle wieder zu der Problematik, die sich durch die gesamte Betrachtung der Höflichkeit zieht: Die Abgrenzung von Etikette und Höflichkeit. Sie erscheint, wie schon mehrfach angesprochen, im Rahmen der Mode besonders schwer, weil es dort viele Vorschriften der Etikette gibt und weil die Mode ja in erster Linie ihrem Träger zu dienen scheint, ein Umstand, der kennzeichnend für die Etikette ist.

Wie sehr dies ineinander übergehen kann, lässt sich an zwei Kleidungsstücken sehen, dem formellen Anzug und dem weißen Arztkittel.

Der formelle Anzug

Der formelle Anzug – mit Krawatte – ist vielleicht das Kleidungsstück, an das man als Erstes denkt, wenn man sich Gedanken über Mode und Höflichkeit macht.[11] Siehe auch die Frage zum Schlabberlook des Bruders beim Geburtstag des Vaters. Wie der Name schon sagt: formell. Dieser Anzug ist derjenige, den ein Mann für formelle Ereignisse trägt und damit der dort geforderten Form genügt. Im Grunde eine Erfüllung der Etikette.[12]

Bekannt wurde in diesem Zusammenhang die Rede des amerikanischen Präsidenten Barack Obama vor dem Brandenburger Tor bei seinem Staatbesuch in Deutschland 2013. Er zog dort vor laufender Kamera entgegen allen Etikette-Vorschriften bei Temperaturen von 36 Grad im Schatten sein Jackett aus und forderte die Zuhörer, die in der prallen Sonne saßen, auf, es ihm gleichzutun: »Vielen Dank für diese außergewöhnlich warmherzige Begrüßung. In der Tat ist es so warm, und ich fühle mich so wohl, dass ich mein Jackett ausziehen werde, und jeder, der dies auch tun möchte, ist herzlich dazu eingeladen. Unter Freunden darf man ruhig etwas zwangloser sein.«[13]

Sicherlich hatte das auch einen inhaltlichen Aufhänger, insbesondere die Betonung »unter Freunden«, dennoch, dass es bei diesen Temperaturen überhaupt notwendig ist, das Ausziehen des Jacketts zu thematisieren, zeigt die Bedeutung, die der formelle Anzug nach wie vor zur Wahrung der Form hat.

Tatsächlich dient der formelle Anzug dazu, denjenigen, der ihn trägt, passend zu kleiden. Und ihn damit gut erscheinen zu lassen. Gleichzeitig ist er aber auch ein Kleidungsstück, das man trägt, um dem Gegenüber seine Achtung zu zeigen. Zum Beispiel wenn man auf eine Hochzeit geht. Beide Aspekte vereint findet man in Situationen wie dem Vorstellungsgespräch oder der mündlichen Prüfung.

Der Anzug wirkt

Ein Anzug wirkt. In einem guten Anzug sieht jeder Mann ein bisschen aus wie James Bond, sagte mir eine Freundin einmal. Es geht jedoch noch einen Schritt weiter, wie wissenschaftliche Untersuchungen zeigen. So überprüfte eine Studie aus dem Jahr 1955 die Bereitschaft von Fußgängern, anderen an einer Kreuzung über die Straße zu folgen, wenn die Ampel auf Rot stand. Und sie fand heraus, dass die Fußgänger besser gekleideten Personen häufiger folgten.[14] Besser, im Sinne von formeller gekleidete Dozenten erreichten bei Studenten bessere Lernerfolge und weniger schlechtes Benehmen.[15] Zudem bewerteten Studenten ihre Dozenten besser im Hinblick auf deren Kompetenz, wenn die Dozenten formell angezogen waren, also Anzug trugen.[16] Und dass eine höhere Glaubwürdigkeit gegenüber Menschen in formeller Kleidung festgestellt werden konnte,[17] überrascht wohl nicht sehr. Nicht umsonst werden Anzüge überall dort getragen, wo es darauf ankommt, dem Gegenüber – oft aus rein geschäftlichen Interessen – Vertrauenswürdigkeit zu vermitteln.

Das Besondere aber ist: In weiteren Forschungen konnte festgestellt werden, dass formelle Kleidung zu tragen neben der Wahrnehmung von außen auch die Selbstwahrnehmung beeinflusst[18] und sogar das Denken. Im Hinblick auf die Selbstwahrnehmung fühlten sich in einer Studie städtische Angestellte kompetenter, wenn sie formelle Kleidung trugen, aber zugleich weniger freundlich und kreativ.[19] Das mag nun nicht so überraschend sein, weil jeder es kennt, dass man sich in unterschiedlicher Kleidung unterschiedlich fühlt. Aber in einer anderen Studie konnte auch eine Auswirkung formeller Kleidung auf das Denken, die Art des Denkens nachgewiesen werden. Studenten, die unter einem Vorwand gebeten wurden, Kleidung, wie sie sie bei einem Vorstellungsgespräch tragen würden, mitzubringen und dann anzuziehen, dachten bei Aufgaben, die ihnen gestellt wurden, ganzheitlicher und weniger eng über Details nach, sie neigten mehr zu abstrakten Überlegungen als die Studenten, welche die Aufgaben in Kleidung absolvierten, wie sie sie auch sonst an der Uni tragen. Zudem konnten die Autoren der Studie nachweisen, dass dieser Effekt über ein Gefühl der Macht vermittelt wurde, das formelle Kleidung ihren Trägern verleiht.[20]

Wem dient der Anzug?

Diese Untersuchungen zeigen, wie ein und dasselbe Verhalten, hier formelle Kleidung zu tragen, sowohl auf das Gegenüber als auch auf den, der handelt, hier die Kleidung trägt, wirken kann. Sie zeigen aber auch, dass es damit zwei mögliche Gründe gibt, sich formell zu kleiden: wegen des Gegenübers als auch wegen des Handelnden.

Mit anderen Worten: Man kann einen Anzug tragen, weil man sich darin sicherer und mächtiger fühlt. Aber auch, weil man das Gegenüber beeindrucken und überzeugen will. Das wäre weit weg von Höflichkeit. Man kann es tun, weil es die Etikette erfordert und man sich richtig kleiden will. Auch das hätte zunächst nichts mit Höflichkeit, wie wir sie hier verstehen, zu tun. Wenn man ihn jedoch trägt, um dem Gegenüber seinen Respekt bei der Aufwartung zu demonstrieren, erfolgt das aus Höflichkeit – wobei dann wieder zu fragen wäre, ob man sich dabei persönliche Vorteile verspricht. Aber die Studien haben gezeigt, dass unabhängig von der Motivation die Effekte stets in alle Richtungen eintreten.

Diese Vielzahl der Effekte, die der formelle Anzug aufweist, vor allem auch, wie sehr er als ein Mittel der Kommunikation, der Etikette und der Höflichkeit auf seinen Träger zurückwirkt, ihm Sicherheit und das Gefühl von Macht verleiht und sogar sein Denken beeinflusst, lässt über einen Effekt der Höflichkeit als formelles Verhalten nachdenken, der wichtig sein könnte: den Schutz nicht nur des Gegenübers, sondern zumindest auch desjenigen, der sich höflich verhält.

Der weiße Kittel

Sosehr er sich auch vom formellen Anzug unterscheiden mag, auch der weiße Kittel des Arztes scheint ein geeignetes Objekt der Kleidung zu sein, um über deren Wechselwirkung mit der Höflichkeit nachzudenken. Und zugleich ebenso ein Modell, um die Beziehungen zwischen Höflichkeit und Etikette zu untersuchen.

Warum? Zunächst würde man annehmen, dass der weiße Kittel primär hygienische Aufgaben zu erfüllen hat. Er soll die Übertragung von Keimen zwischen Patient und Arzt oder Arzt und Patient und damit auch von einem Patienten auf den nächsten verhindern. Er wäre also etwas, das hygienisch für den nötigen Abstand zwischen Arzt und Patient sorgt.

Nun hat sich aber gezeigt, dass die weißen Kittel – neben den Händen der Ärzte, aber der Problematik der Keimübertragung durch Hände ist ein eigenes Kapitel »Der Händedruck« gewidmet – oft die schlimmsten Keimträger und damit auch Keim*über*träger sind.[21] Dennoch hat der Kittel weiterhin seine Bedeutung: als Statussymbol. Das klingt negativ, ist es im Medizinbereich jedoch nicht unbedingt. Mehr noch als beim Business-Anzug geht es auch hier um Vertrauen und zugleich Abgrenzung. Das ist kein Widerspruch, wenn man sich klarmacht, dass die Patienten ihr Leben in die Hände ihres Gegenübers legen und das Gegenüber auch in der Lage sein muss, das zu tragen und zu ertragen. Es ist kein Zufall, dass der Burnout besonders in sozialen Berufen, die genau diese Aufgabe haben, besonders häufig ist. Der Arzt muss daher das Schicksal des Patienten zwar mit der nötigen Empathie begleiten, aber ansonsten möglichst professionell agieren und braucht dabei eine Möglichkeit der Abgrenzung von seinem eigenen Schicksal. Das ist übrigens auch im Interesse des Patienten, der bei aller Wertschätzung der Empathie ein Interesse daran hat, dass sein Problem professionell behandelt wird. Nicht umsonst tragen die Heiler, die Medizinmänner, in vielen archaischen Kulturen Masken.[22] Die Person tritt hinter der Funktion zurück. Ein Phänomen, das gleich anschließend beim »schwarzen Kittel«, der Robe vor Gericht, wiederauftauchen wird. Einen weißen Kittel zu tragen ist somit eine Umgangsform, die dem Träger und dem Gegenüber dient. Folgt der Arzt, der sich daran hält, somit der ärztlichen Etikette, oder tut er es aus Höflichkeit gegenüber dem Patienten? Wieder einmal dürfte es beides sein.

Wem dient der weiße Kittel?

Aber auch der weiße Kittel hat, so wie der formale Anzug, Auswirkungen auf das Denken seines Trägers, wie eine Untersuchung an der Northwestern University in Illinois zeigte.[23] Die Versuchsleiter luden eine Gruppe von Studenten zu einer Untersuchung ihrer Aufmerksamkeit ein. Die Hälfte der Teilnehmer baten sie, dabei einen Laborkittel zu tragen. Zur Tarnung erzählten sie den Studenten, dass die Teilnehmer von früheren Untersuchungen die Kittel wegen Bauarbeiten im Versuchsraum hätten tragen müssen, und damit die Bedingungen gleich blieben, müssten sie nun auch Kittel tragen, obwohl die Bauarbeiten nun abgeschlossen seien. Die andere Hälfte trug ihre eigene Kleidung. Interessanterweise schnitten die Teilnehmer, die Kittel trugen, bei der Untersuchung ihrer Aufmerksamkeit besser ab.

In einem zweiten Experiment wurden andere Versuchsteilnehmer in drei Gruppen eingeteilt. Die Teilnehmer in der ersten Gruppe trugen einen Kittel, den man ihnen als Arztkittel beschrieb, die in der zweiten Gruppe trugen dieselben Kittel, die man ihnen aber als Malerkittel vorstellte, und die in der dritten Gruppe hatten einen Kittel, den man als Arztkittel bezeichnete, vor sich auf dem Tisch liegen. Das Ergebnis: Nur diejenigen, die den Arztkittel trugen, schnitten bei den Aufmerksamkeitsübungen besser ab.

Um zu überprüfen, ob der Kittel auf dem Tisch vielleicht einfach zu wenig Einfluss auf die Teilnehmer hatte, ließen die Versuchsleiter die Teilnehmer in einem weiteren Experiment einen kleinen Essay darüber zu schreiben, welche Bedeutung der Mantel hat, und die Gruppe, die ihn nicht trug, wie sie sich selbst mit dem vor ihnen liegenden Arztkittel identifizieren würden. Die Auswertung der Aufmerksamkeitsuntersuchung erbrachte, dass die Teilnehmer, die sich mit dem vor ihnen liegenden Arztkittel in einem Essay identifizierten, besser abschnitten als die, die den Kittel als Malerkittel trugen, aber schlechter als die, die ihn als Arztkittel trugen, ohne sich speziell Gedanken darüber zu machen, ob sie sich mit ihm identifizierten.

Die Untersuchungen zeigen sehr deutlich: Ein rein äußerliches Verhalten, hier das Tragen eines weißen Kittels als Arztkittel, wirkt auf denjenigen zurück, der sich so verhält. Das ist insofern interessant, als diese Verhaltensweise ursprünglich vor allem zugunsten des Gegenübers wirken sollte. Und sieht man das als Modell für die Höflichkeit, wird immer klarer, wie sehr Höflichkeit, die dem Gegenüber dient, und Etikette, die dem Träger dient, sich zwar unterscheiden, oft aber nicht exakt abgrenzen lassen. Was aber nichts daran ändert, dass die Schwerpunkte unterschiedlich liegen.

Die Robe

Kleidungsvorschriften gelten auch vor Gericht. Zumindest für die dort professionell Tätigen. Insbesondere haben Richter, Staatsanwälte und Anwälte dort Roben zu tragen. Mit Ausnahmen und Verwicklungen, wie zwei Nachrichten zeigen, die sich im Sommer 2015 im Abstand von nur wenigen Tagen in der Presse fanden. Die erste war eher lokaler und justizinterner Natur. Ein Münchner Anwalt klagte gegen den Freistaat Bayern auf Schadensersatz. Er war in einem Zivilprozess vor dem Amtsgericht Augsburg ohne Robe erschienen, der Richter weigerte sich deshalb, die Verhandlung durchzuführen. Der Anwalt musste »unverrichteter Dinge wieder die Heimreise antreten« und wollte den Aufwand dafür ersetzt haben.[24]

Nun ist die Robenpflicht für Anwälte in § 20 ihrer Berufsordnung unter dem Titel »Berufstracht« festgelegt: »Der Rechtsanwalt trägt vor Gericht als Berufstracht die Robe, soweit das üblich ist.« Satz zwei legt allerdings eine Ausnahme fest, die, wie man weiß, wenn man vor Gericht tätig ist, auch allgemein üblich ist: »Eine Berufspflicht zum Erscheinen in Robe besteht beim Amtsgericht in Zivilsachen nicht.« Eigentlich eine klare Angelegenheit, dennoch wies das Landgericht Augsburg die Klage des Anwalts auf Schadensersatz ab mit der Begründung, der Amtsrichter habe richtig gehandelt, es würde dem Gewohnheitsrecht entsprechen, dass Anwälte vor Gericht eine Robe zu tragen haben.

Wer die Gepflogenheiten vor Gericht kennt, wird geneigt sein, das Ganze als Mischung anzusehen zwischen königlich bayerischem Amtsgericht, Selbstverständnis und Selbstbild der bayerischen Justiz und der Bereitschaft, mögliche Fehler im eigenen Haus festzustellen. Vielleicht hat es auch »gemenschelt« zwischen Richter und Anwalt, im Sinne einer wie auch immer gearteten und begründeten Auseinandersetzung und vielleicht auch Abneigung. Der Vorfall zeigt aber, wie ernst die Justiz die Robe nach wie vor nimmt.

Der große Prozess

Wenige Tage später fand sich in der Süddeutschen Zeitung eine weitere Meldung zum Thema Roben. Diesmal aber aus einem der aufsehenerregendsten Prozesse Deutschlands. Allerdings war die Meldung etwas versteckt am Fuße der Wirtschaftsseiten in der Rubrik »Personalien«, bezogen auf den Richter Peter Noll. Noll ist Vorsitzender Richter der 5. Strafkammer am Landgericht München I und als solcher zuständig für den Strafprozess gegen fünf ehemalige und noch amtierende Führungskräfte von Deutschlands größter Bank, der Deutschen Bank, darunter die drei Vorstandsvorsitzenden Rolf Breuer, Josef Ackermann und Jürgen Fitschen, wegen versuchten Prozessbetrugs. Sie sollen sich abgesprochen haben, im Schadensersatzprozess wegen der Pleite des Medienimperiums von Leo Kirch wahrheitswidrig auszusagen.

Fünf Manager, darunter zwei ehemalige und ein damals amtierender Vorstandsvorsitzender von Deutschlands größter Bank wortwörtlich auf der Anklagebank, ein Prozess von etwas größerer Bedeutung als ein Zivilverfahren vor dem Amtsgericht Augsburg. Dennoch bestand, das war der Inhalt der Meldung, der Vorsitzende Richter Peter Noll in diesem Prozess nicht auf den Roben und befreite bei hochsommerlichen Temperaturen in einem stickigen Saal Staatsanwälte und Anwälte wegen der Hitze ausdrücklich vom Robenzwang. Nicht aber sich selbst und seine Richterkollegen: »Wir auf der Richterbank werden uns nicht leger geben.«[25]

Der Sinn der Robe

Wenn man überlegen will, was das mit Höflichkeit zu tun hat, muss man sich zunächst Gedanken über Ursprung und Sinn des Robenzwangs im Prozess machen – jenseits der klassischen Rechtsgeschichte. Der holländischen Kulturhistoriker Johan Huizinga schrieb dazu in seinem bekannten Buch »Homo ludens«: »Die Richter treten noch immer aus dem ›gewöhnlichen Leben‹ heraus, ehe sie Recht sprechen. Sie hüllen sich in den Talar, oder sie setzen eine Perücke auf.«[26] Und erweiterte diese Überlegung ausdrücklich auch auf Anwälte. Die Roben sollen zeigen, dass der Angeklagte, Kläger oder Beklagte hier nicht jemandem gegenübersitzt, der einfach so über ihn Recht spricht, über sein weiteres Leben entscheidet. Die Ernsthaftigkeit und Professionalität des Verfahrens spiegelt sich wider in einer besonderen, der Profession entsprechenden, sie auszeichnenden Bekleidung. Dies ist der große Unterschied zu den Geschworenen oder Schöffen, die gerade als Laien agieren sollen, als Mitbürger, die sich eben nicht vom Angeklagten abheben und deshalb auch keine Roben tragen.

Die Robe ist somit weniger Ehrerweisung gegenüber dem Gericht, das wäre selbstbezogen – und wieder finden sich Parallelen zur Etikette –, sondern zeigt eher den Respekt vor demjenigen, über den oder die Recht gesprochen wird. Sie ist also ein Zeichen der Höflichkeit ihm oder ihr gegenüber.

Das scheint mir auch das Interessante an der Meldung über die Entscheidung des Vorsitzenden Richters Peter Noll im Prozess gegen die Deutsche-Bank-Vorstände zu sein. Trotz der Hitze hat Noll sich und seine Richterkollegen ausgenommen: »Wir auf der Richterbank werden uns nicht leger geben.« Diese Richter werden am Ende Recht sprechen über die Angeklagten, eventuell den Stab über sie brechen, sie gegebenenfalls ins Gefängnis schicken, ihnen einen Teil ihres Lebens nehmen. Bei ihnen ist dieses Zeichen des Respekts wichtiger als bei den anderen Prozessbeteiligten, die sonst Robe tragen, den Staatsanwälten und Anwälten.

Kleidung auf dem diplomatischen Parkett

Im Juni 2015 ging eine weitere Meldung zum Thema Kleidung im sozialen Kontext durch die Presse. Zunächst durch die iranische, dann vor allem die europäische, der Anlass fand jedoch weltweites Interesse bis hin zur New York Times. Eine Gruppe von Abgeordneten des EU-Parlaments war auf Einladung iranischer Abgeordneter in Teheran und wurde dort unter anderem vom iranischen Parlamentspräsidenten Ali Laridschani empfangen. Unter ihnen war auch Marietje Schaake, eine sechsunddreißigjährige holländische Abgeordnete. Sie trug eine eigenwillige Interpretation der iranischen Kleidungsvorschriften für Frauen: Leggins, ein eher eng anliegendes schwarzes Oberteil mit Reißverschluss und einen um den Kopf drapierten blauschwarzen Schal, unter dem ihre blonde Locken ein wenig hervorschauten. Offiziell hatte sie damit die Vorschriften eingehalten, dennoch protestierten konservative Hardliner im Iran dagegen, fragten, ob Frau Schaake nicht zwischen einem Schlafanzug und Kleidung für einen offiziellen Anlass unterscheiden könne. Dem Parlamentspräsidenten wurde vorgeworfen, er habe zugelassen, dass in seiner Anwesenheit »Menschenrechte und islamische Werte« verletzt worden seien. Zugleich gab es Kritik daran, dass der österreichische Abgeordnete Josef Weidenholzer einen Rucksack über seiner Schulter getragen habe, während er dem Parlamentspräsidenten die Hand schüttelte. Dieses Verhalten sei von manchen im Iran als respektlos angesehen worden und habe, so wurde behauptet, Beobachter und Medien schockiert.

Konfrontiert mit den Vorwürfen, entgegnete Schaake, dass

sie sich von den Frauen auf den Straßen Teherans habe inspirieren lassen, die entsprechende Outfits trügen – was auch schon Gegenstand von Parlamentsdebatten im Iran gewesen war. Zudem habe sie auch viele positive Rückmeldungen von iranischen Frauen erhalten, die selbst entscheiden wollten, welche Kleidung sie trügen.[27]

Anlass der Aufregung war eindeutig die Kleidung von Frau Schaake gewesen, vermutlich ein Ausfluss der eigenartigen Fixierung vieler Religionen auf die Regulierung der Sexualität, besonders der weiblichen, die immer wieder festgestellt wird.[28] Die Kritik an Herrn Weidenholzer kam da nur im Schlepptau. Aus Sicht der Höflichkeit würde ich es jedoch genau andersherum sehen: Das Verhalten von Herrn Weidenholzer war deutlich unhöflicher als das von Frau Schaake.

Deren Auftritt kann man als Teil einer politischen Agenda ansehen. Sie ist als liberale Abgeordnete in ein wenig liberales Land gereist und hat die Vorschriften dort bis an die Grenze liberal ausgelegt. Aber nicht weiter, als es auch Frauen im Land selbst machen. So gesehen, wäre es fast schon heuchlerisch, wenn sie als liberale Abgeordnete der Europäischen Union, für die die individuelle Freiheit zum Kerngehalt der politischen und moralischen Werte gehört, beim Besuch eines tendenziell unfreien Landes die Vorschriften dort im engen Sinne der Konservativen eingehalten hätte. Dennoch hat sie sich als Besucherin an die dort geltenden Vorschriften gehalten, hat sie respektiert. Und damit auch dem Parlamentspräsidenten ihren Respekt erwiesen, indem sie sich verhüllter gekleidet hat, als sie es sonst tun würde. Ihr Auftritt ist in gewissem Sinne eine Provokation, man könnte also darüber streiten, ob sie eine Unhöflichkeit darstellt. Die Provokation wäre jedoch innerhalb der politischen Auseinandersetzung gerechtfertigt und zudem nicht einmal eine echte Provokation, weil sich Frau Schaake an die Regeln gehalten hat. Weil das ein wichtiger

Punkt ist, mehr zu den Mechanismen der Provokation und ihr Verhältnis zur Höflichkeit im Kapitel »Die Provokation – Begrenzung der Höflichkeit« ab S. 264.

Porno-Outfit

Es bleibt jedoch ein Einwand: Vielleicht haben die iranischen Sittenwächter in der Kleidung von Frau Schaake ein »Porno-Outfit« gesehen, was an die entsprechende Frage zur Alltagsmoral am Eingang des Kapitels denken lässt. Zu der Situation dort besteht jedoch ein großer Unterschied: Die Europaabgeordneten im iranischen Parlament waren offiziell als Politiker eingeladen, wozu die Frage der Freiheit zumindest nach europäischen Verständnis untrennbar gehört. Der Freund des »Porno-Outfit«-Trägers hingegen wollte ihn rein privat treffen, muss es also nicht hinnehmen, mit Statements konfrontiert zu werden, die ihm zudem zugerechnet werden können. Im Gegensatz dazu ist bei einem Treffen von Parlamentariern zweier so unterschiedlicher Körperschaften wie dem Iran und der Europäischen Union vollkommen klar, dass auch eine durch Mode getroffene Aussage nicht dem Gegenüber zugerechnet werden kann.

Schlabberlook

Der österreichische Abgeordnete Josef Weidenholzer dagegen hat bei der Begrüßung des Parlamentspräsidenten seinen Rucksack über der Schulter getragen, wie er es vermutlich auch sonst macht. Zumindest wäre das bei einem Professor für Soziologie, der Weidenholzer ist, nicht wirklich fernliegend. Nur, und das ist das Entscheidende beim Thema Mode und Höflichkeit, wenn man einen Rucksack zur Mode im weiteren Sinne rechnet, hat er damit zum Ausdruck gebracht, dass er seine Üblichkeit, Bequemlichkeit und Praktikabilität auch bei der Aufwartung bei einem Parlamentspräsidenten an erste Stelle setzt, eben gerade keinen Aufwand treibt, sich nicht anders gibt als sonst. Und das drückt bei einem Anlass wie dem Empfang durch einen hochrangigen Vertreter eines Staates tatsächlich mangelnden Respekt aus. Herr Weidenholzers Verhalten war deshalb wesentlich unhöflicher als das von Frau Schaake. Sein Verhalten ist eher dem des Sohns im Schlabberlook beim festlichen Geburtstag des Vaters am Anfang dieses Kapitels vergleichbar.

DAS DUZEN
Die negativen Seiten der Höflichkeit

Von Zeit zu Zeit rauscht ein Fundstück durchs Internet, taucht plötzlich, innerhalb weniger Tage, auf einer Vielzahl von Seiten auf. Vor einigen Jahren war das ein »Anglo-EU Translation Guide«[1] in Form einer Tabelle. Also eine Anleitung zur Übersetzung vom Englischen ins, ja, Europäische, eigentlich in die Sprache der EU, der Europäischen Union. Nur dass es diese Sprache nicht gibt, dementsprechend bleibt der Guide auch im Englischen, und die meisten Seiten, die den Guide posteten, taten dies auch unter der Überschrift: »What the British say – And what they really mean«, Was die Briten sagen und was sie wirklich meinen. Ergänzt durch eine Spalte: Was andere verstehen (siehe nächste Seite).

Man könnte darüber nun schmunzeln und das Ganze unter den Besonderheiten der Britischen Inseln abheften. Würde nicht dahinter – wie hinter fast jedem guten Witz – eine tiefere Wahrheit stecken. Der Literaturwissenschaftler und Linguist Harald Weinrich formulierte sie in einem Vortrag über Höflichkeit so: »Wenn von zwei Ausdruckformen, die in einer Situation zur Wahl stehen, die eine scharf und die andere schwach konturiert ist, so gilt immer die schwach konturierte Form als die höflichere.«[2]

Die Briten gelten allgemein als ausgesprochen höflich, im Grunde ist der englische Gentleman der Inbegriff der Höflichkeit. Der gesamte Band »Asterix bei den Briten« dreht sich – abgesehen von Anspielungen auf schlechtes Essen: Wildschwein in Pfefferminzsauce und lauwarme Cervisia, d.h. Bier – um diese Eigenheit. Und wenn man sich die Tabelle aus dem Netz ansieht (siehe hier Seite 84), erkennt man schnell, dass die britischen Formulierungen allesamt sehr höflich sind. Vergleicht man sie mit dem, was die Briten damit wirklich sagen wollen, findet man Weinrichs Regel bestätigt: Die höflichen Formulierungen sind weniger direkt, weniger scharf konturiert als das, was dieser Tabelle zufolge damit von den Briten gemeint wird. Und das Problem entsteht dadurch, dass die weniger höflichen oder gar – aus Sicht der Briten, auch das wird in »Asterix bei den Briten« immer wieder thematisiert – unzivilisierten Kontinentaleuropäer die höfliche, weniger scharf konturierte Formulierung der Briten wörtlich nehmen. Die Höflichkeit, hier vertreten durch die stets höflichen Briten, scheint ein steter Quell der Missverständnisse zu sein.

Amüsant oder gefährlich?

Dass dieses Problem der unterschiedlichen Einordnung von höflichen Formulierungen nicht immer so amüsant ist wie bei dem Fundstück aus dem Netz oder dem Asterix-Band, kann man an folgendem Dialog erkennen:

»Kopilot: Schauen Sie mal, wie das Eis da hängt, äh, da hinten, sehen Sie das? (…) Sehen Sie die Eiszapfen und all das da hinten?
Kapitän: Ja.
Auf das Enteisen folgt eine lange Wartezeit.
Kopilot: Junge, das ist doch, das ist eine total sinnlose Sache, der Versuch, diese Dinger zu enteisen, das gibt einem ein trügerisches Gefühl der Sicherheit, mehr nicht.
Kurz nach der Starterlaubnis bringt der Kopilot seine Bedenken ein weiteres Mal zum Ausdruck.
Kopilot: Wir sollten noch mal die Oberflächen checken, denn wir haben hier jetzt eine ganze Weile rumgestanden.

WHAT THE BRITISH SAY	WHAT THE BRITISH MEAN	WHAT OTHERS UNDERSTAND
I hear what you say	I disagree and do not want to discuss it further	He accepts my point of view
With the greatest respect …	I think you are an idiot	He is listening to me
That's not bad	That's good	That's poor
That is a very brave proposal	You are insane	He thinks I have courage
Quite good	A bit disappointing	Quite good
I would suggest …	Do it or be prepared to justify yourself	Think about the idea, but do what you like
Oh, incidentally / by the way	The primary purpose of our discussion is …	That is not very impotrant
I was a bit disappointed that	I am annoyed that	It doesn't really matter
Very interesting	That is clearly nonsense	They are impressed
I'll bear it in mind	I've forgotten it already	They will probably do it
I'm sure it's my fault	It's your fault	Why do they think it was their fault?
You must come for dinner	It's not an invitation, I'm just being polite	I will get an invitation soon
I almost agree	I don't agree at all	He's not far from agreement
I only have a few minor comments	Please re-write completely	He has found a few typos
Could we consider some other options	I don't like your idea	They have not yet decided

Der anglo-europäische Übersetzungsführer

Kapitän: Wir heben in einer Minute ab.

Das Flugzeug ist schon beim Startlauf, da fällt dem Kopiloten auf,
dass mit den Triebwerksanzeigen etwas nicht stimmt.

Kopilot: Das kann doch nicht stimmen, oder? (Pause von drei
   Sekunden.) Nein, das kann nicht sein …

Kapitän: Doch, das stimmt, das ist 80.

Kopilot: Nee, ich glaube nicht, dass das stimmt. (Pause von sieben Sekunden.) Na, vielleicht doch.«[3]

Der Dialog fand statt am 13. Januar 1982, als eine Boeing
737–222 der Air Florida auf dem Flughafen von Washington
nach dem Enteisen auf ihren Start warten musste. Das dauerte
so lange, dass sich erneut zu viel Eis und Schnee am Flugzeug
anlagerte und auch ein Instrument einfror. Der Kopilot hatte
das bemerkt und versucht, seine Einschätzung dem Kapitän
mitzuteilen. Dabei vermied er es, wie man dem Dialog entnehmen kann, das Problem und damit die Tatsache, dass der Kapitän es wohl nicht bemerkt oder falsch eingeschätzt hatte, zu direkt anzusprechen. Das Ergebnis war, der Kapitän blieb bei
seiner Fehleinschätzung, das Flugzeug startete zwar, kam jedoch über den Steigflug nicht hinaus und stürzte nach 1,4 km in
den Potomac River, nachdem es mit einer Brücke kollidiert
war. 78 Menschen kamen ums Leben.[4]

Leider war das kein Einzelfall. Bei einer Untersuchung der
Unfälle von Zivilflugzeugen in den Jahren 1978 – 1990 stellte
das National Transportation Safety Board der USA fest, dass
bei über 75 Prozent davon eine Kommunikationspanne dieser
Art, ein sogenannter »monitoring/challenging error«, beteiligt
war.[5] Die Probleme waren zwar erkannt worden, jedoch hatten die Crew-Mitglieder zu indirekt auf sie hingewiesen. Warum? Das scheint offensichtlich: Die indirekte, weniger scharf
konturierte Kommunikation ist die höflichere, stärker gesichtswahrende.

Um dem auf den Grund zu gehen, untersuchte die bei der

NASA arbeitende Soziolinguistin Charlotte Linde systematisch Sprachaufzeichnungen aus dem Cockpit vor Flugzeugunfällen und bei entsprechenden krisenhaften Situationen in Flugsimulatoren. Dabei stellte sie fest, dass der Kapitän Vorschläge eines Mitglieds der Crew häufiger missachtete, wenn sie abgeschwächt formuliert waren, als es bei direkt formulierten Vorschlägen der Fall war.[6] Interessanterweise, wenn auch wenig überraschend, zeigte sich in einer anderen Untersuchung, dass die Kopiloten gegenüber dem Kapitän wesentlich häufiger höfliche Andeutungen als Kommunikationsmittel verwendeten, als es umgekehrt der Fall war. Dieser Unterschied war in Situationen mit geringem Risiko ausgeprägter, dennoch blieben die indirekten Andeutungen, »hints«, auch in Situationen mit hohem Risiko das häufigste Kommunikationsmittel der Kopiloten, um eine von der des Kapitäns abweichende Meinung auszudrücken.[7]

Der Grund liegt aus Sicht der klassischen Höflichkeitstheorie auf der Hand: Es ist für einen Kapitän eine wesentlich größere Gesichtsbedrohung, von einem Untergebenen auf einen Fehler hingewiesen zu werden als umgekehrt. Dass der Kapitän einen Mitarbeiter auf einen Fehler hinweist, ist deutlich weniger gesichtsbedrohend, schließlich gehört es ja gewissermaßen zum Konzept: Unter anderem genau dafür, es besser zu wissen, ist schließlich der Kapitän Kapitän.

Es zeigt sich aber auch ein zweiter verhängnisvoller Mechanismus, eine geradezu paradoxe Besonderheit der Höflichkeit: Offenbar neigen die Menschen umso mehr zu höflichen Umschreibungen, je wichtiger die Situation ist, je mehr auf dem Spiel steht. Der Verhaltensforscher Jean-François Bonnefon formulierte das zusammen mit Kollegen in einem Artikel zum Risiko von höflichen Missverständnissen so:

»Solange die geteilte Information trivial ist, gibt es keinen dringenden Grund, Höflichkeit einzusetzen, und wir können es uns leisten, direkt zu sein. Aber wenn eine Information verletzend oder peinlich wird, wenn sie gleichzeitig anderer Leute Fehler, deren schlechte Entscheidungen oder schlechte Aussichten beinhaltet oder wenn sie die Offenlegung von Tatsachen verlangt, über die man lieber schweigen würde, wird diese Information nicht länger geradeheraus mitgeteilt, sondern stattdessen in höflicher Form. Je sensibler die Information ist, desto ausgefeilter die Höflichkeitsstrategie, die angewendet werden muss.«[8]

Also gerade dann, wenn sichere, klare und unmissverständliche Kommunikation besonders wichtig wäre, wird sie aus Gründen der Höflichkeit eher indirekter und weniger klar. Und es steigt die Gefahr von Missverständnissen mit dann besonders verhängnisvollen Folgen.

Der zu höfliche Arzt

Das betrifft nun nicht nur die Besatzung an Bord eines Flugzeugs oder Feuerwehrleute, sondern zum Beispiel auch die Medizin. Diese sogar doppelt. Auf der einen Seite wieder in Notfallsituationen oder bei unterschiedlichen Auffassungen. Dass das gerade in der Medizin ein Problem ist, liegt daran, dass die Medizin, speziell in Krankenhäusern, extrem hierarchisch ist und viele Vorgesetzte, insbesondere Chefärzte der alten Schule, keinen Widerspruch dulden. Dass sie innerhalb der Hierarchien nach unten häufig auch keinerlei Höflichkeit kennen, sondern umgekehrt Unhöflichkeit und persönliche Abwertung praktizieren und geradezu zelebrieren, steht auf einem anderen Blatt. Ebenso, dass dies in Deutschland wesentlich stärker ausgeprägt ist als in anderen Ländern, zum Beispiel Großbritannien oder den USA. Allerdings ist die ausgeprägte Hierarchie im Krankenhaus auch deswegen ein Problem, weil es, anders als etwa bei Fluggesellschaften, kaum strukturierte Vorgehensweisen für die Zusammenarbeit im Team gibt. Außer dem klassischen Chefarztprinzip: Der Chef schafft an.

Die Verschleierung der Gesprächsinhalte durch Höflichkeit ist in der Medizin jedoch noch an einem anderen Punkt von Bedeutung: im Gespräch zwischen Arzt und Patient. In einer Studie konnten Wissenschaftler aus Chicago und Mannheim feststellen, dass Patienten das Wort »probably – wahrscheinlich« ganz unterschiedlich interpretierten, je nachdem, ob es sich um eine ernsthafte oder weniger schlimme Diagnose handelte, die ihnen als »wahrscheinlich« mitgeteilt wurde. Wer mitgeteilt bekommt, dass er oder sie »wahrscheinlich« Krebs habe, glaubt, dass die Diagnose mit einer höheren Wahrscheinlichkeit zutrifft als bei jemand, der erfährt, dass er »wahrscheinlich« eine Erkältung hat. Der Grund dafür liegt wieder in der Höflichkeit: Schlechte Nachrichten stellen einen gesichtsbedrohenden Akt dar, deshalb nimmt man unwillkürlich an, dass sie möglichst höflich, also abgeschwächt mitgeteilt werden. Das »wahrscheinlich« wird deshalb bei der Krebsdiagnose weniger als Einschränkung der Diagnosesicherheit, sondern mehr als Versuch einer höflichen Abschwächung der ansonsten sicheren schlechten Nachricht aufgefasst.[9]

Einige oder alle

Entsprechende Befunde konnten auch in anderen Bereichen des Lebens erhoben werden. Zum Beispiel für die Aussagen, man habe wahrscheinlich Geld verloren oder gewonnen, man würde wahrscheinlich scheitern oder falschliegen. Immer wird »wahrscheinlich« bei einer negativen Aussage mehr als höfliche Einschränkung denn als echte Angabe einer eingeschränkten Sicherheit aufgefasst. Oder auch die Aussage »Einige (some) Zuhörer mochten Ihren Vortrag«. Die Versuchspersonen interpretierten »einige – some« ganz anders als bei der Aussage »Einige (some) Zuhörer hassten Ihren Vortrag«. Während bei der positiven Aussage eher angenommen wurde, dass es tatsächlich »einige«, also nicht alle waren, die den Vortrag mochten, glaubten bei der negativen Aussage wesentlich mehr, es seien vielleicht alle gewesen – und nur aus Höflichkeit habe man die Aussage mit »einige« abgeschwächt.[10]

Diese Ergebnisse sind fast schon erschreckend. Die Höflichkeit, die ja eigentlich das Miteinander und damit auch die Kommunikation verbessern soll, erschwert in Wirklichkeit die Kommunikation. Zumindest im Hinblick auf die Klarheit und Sicherheit ihrer Inhalte. Noch dazu tut sie das umso stärker, je wichtiger die Inhalte sind. Und dieser Effekt weist noch eine zusätzliche Besonderheit auf: Die Klarheit der Kommunikation wird nicht nur dann beeinträchtigt, wenn sich jemand aus Gründen der Höflichkeit zu vorsichtig ausdrückt, sondern auch schon dann, wenn es sich um eine Situation handelt, in der höfliche Abschwächungen nur angebracht sein könnten. Allein die Tatsache, dass es die Höflichkeit gibt und dass sie bestimmte Verhaltens- und Ausdrucksweisen erfordert, vermindert die Klarheit der Kommunikation. Unabhängig davon, ob jemand nun tatsächlich höflich ist oder nicht.

Crew Ressource Management: CRM

Diese Befunde konnten natürlich nicht einfach nur Befunde bleiben, sondern mussten Anlass dafür sein, Abhilfe zu schaffen, speziell um die Sicherheit in Flugzeugen und anderen Gefahrensituationen, etwa bei der Feuerwehr, zu verbessern. Die Fluggesellschaften, und nicht nur sie, bedienen sich dabei einer Methode, die Crew Ressource Management, kurz CRM, genannt wird. Bei ihr wird ein bestimmtes risikominderndes Verhalten für die Besatzung vorgeschrieben und eingeübt. Wie das aussehen kann, zeigt eine US-amerikanische Broschüre über CRM bei der Feuerwehr. Für das Problem, dass Widersprüche zu höflich und indirekt angesprochen werden, findet sich dort ein Grundsatz mit einem interessanten Ansatzpunkt: Es wird nicht eine möglichst direkte Kommunikation vorgeschrieben, notfalls auf Kosten der Gesichtswahrung, sondern versucht, die Gesichtswahrung beizubehalten. Aber nicht auf Kosten der Klarheit, sondern indem der Konflikt von der persönlichen auf eine sachliche Ebene gebracht werden soll. Mit einem insgesamt sehr klugen Prinzip: »The principal key to conflict resolution revolves around ›what is right, not who is right.‹[11] – Der wichtigste Schlüssel zur Konfliktlösung dreht sich darum, »was richtig ist, nicht, wer recht hat«.

Daneben wird aber auch ein fester Ablauf für den Konfliktfall vorgegeben:

> »Die Entscheidung eines Vorgesetzten zu kritisieren kann sehr quälend sein. Wie geht man als Untergebener vor, wenn man seinen Vorgesetzten darauf hinweisen möchte, dass er drauf und dran ist, einen Fehler zu begehen? Die Lösung besteht darin, sich zum Fürsprecher der eigenen Position zu machen. Diese Fürsprache ist am effektivsten, wenn man sich der auf Zustimmung abzielenden Aussageform bedient. (…) Diese Aussageform besteht aus fünf Teilen:
> - Eröffnung, die den Namen des Angesprochenen beinhaltet (›Dave‹, ›Captain‹, ›Chief‹)
> - Formulierung der Bedenken als offen eingestandenes Gefühl (›Ich glaube, wir steuern da auf ein Problem zu …‹)
> - Benennung des Problems, das sich nach eigener Meinung ergeben könnte (›Sieht aus, als würde das Gebäude gleich ganz in Flammen stehen‹)
> - Lösungsvorschlag (›Ich finde, wir sollten die Trupps darin sofort evakuieren‹)
> - Bitte um Zustimmung (›Meinen Sie nicht auch?‹)«[12]

Ist diese Art der Kommunikation nun höflich oder nicht? Meiner Meinung nach ist sie es, denn sie zeigt Achtung für den so Angesprochenen. Würde man rein die Höflichkeitstheorie nach Brown und Levinson betrachten, könnte man hingegen Zweifel hegen. Natürlich ist ein versteckter Hinweis »Oh, da sieht es aber bedrohlich aus« gesichtswahrender für den Vorgesetzten. So ähnlich wie der Kopilot des abgestürzten Flugzeugs in Washington dezent – und letztlich vergeblich – den Kapitän auf das Eis an den Tragflächen hingewiesen hatte. Andererseits erkennt man im Vorgehen nach CRM den Angesprochenen als Vorgesetzten an und spricht ihn als Person mit Namen an. Im Grunde beinhaltet diese Art der Kommunikation sogar mehr Achtung als ein Vermeiden jeglicher noch so kleiner Kritik. Lässt sich das Bild eines Vorgesetzten, der durch eine sachliche, begründete andere Meinung in seiner sozialen Stellung, seinem Gesicht im Sinne der Höflichkeitstheorie bedroht würde, wirklich mit Achtung vor ihm in Einklang bringen? Im Grunde zeigt das Vermeiden jeglichen Widerspruchs aus Gründen der Gesichtswahrung des Vorgesetzten wenig Achtung vor der Person, gewährt die Achtung allein der Funktion und Rolle. Und denkt eher hierarchisch als höflich.

Exkurs: Gewaltfreie Kommunikation

Ist das alles nun interessant, anekdotisch unterhaltsam, oder hat es auch einen praktischen Nutzen? Nur ein relativ geringer Teil der Leser arbeitet vermutlich in Berufen, die regelmäßig kritische Situationen vergleichbar einem brennenden Haus, einem medizinischen Notfall oder einem Flugzwischenfall beinhalten.

Ich glaube, es ist dennoch für jedermann von Nutzen. Das Grundprinzip, das hinter dem Vorgehen steckt, das im CRM für Konfliktsituationen vorgesehen ist, kann man sich auch sonst praktisch nutzbar machen. Es erinnert an eine andere Methode, die im täglichen Leben sehr sinnvoll sein kann: die Gewaltfreie Kommunikation nach Marshall B. Rosenberg.[13]

Ich habe ein wenig gezögert, das Thema an dieser Stelle zu behandeln, weil es sich nicht um eine negative Folge der Höflichkeit handelt. Da die Gewaltfreie Kommunikation aber dazu dienen kann, negative Folgen der Höflichkeit abzuwenden, habe ich beschlossen, sie hier in einen Exkurs aufzunehmen.

Gewaltfreie Kommunikation als besondere Methode? Dagegen könnte man einwenden, dass ja Höflichkeit per se, und denkt man an die Höflichkeitstheorie der Vermeidung von gesichtsbedrohenden Akten, vielleicht sogar per definitionem gewaltfrei ist. Das mag richtig sein, doch gebe ich zu bedenken, dass zum einen die Vermeidung von gesichtsbedrohenden Akten primär an der Oberfläche bleibt und es darunter brodeln kann. Siehe die superfreundlichen, lächelnden amerikanischen Servicekräfte und den Klassiker mit dem berühmten Kern Wahrheit, dass sie zum Ausgleich Gästen, die sie nicht mögen, in der Küche auf die Burger spucken. (Dazu mehr im Kapitel über die Geste ab S. 132.)

Oder das Muster des plötzlichen Explodierens, sehr beliebt in Beziehungen: nach wiederholten indirekten, »höflichen« Hinweisen dann plötzlich der Riesenstreit. Ein Witz, der immer wiederauftaucht, ist der bis zur Trennung führende Streit, der sich an der nicht zugeschraubten Zahnpastatube entzündet. Dass nicht die Zahnpastatube selbst der Grund eines ernsthaften Zerwürfnisses in einer Beziehung sein kann, scheint dabei naheliegend. Dennoch hält sich der Witz, vermutlich weil er kein Witz ist, sondern lediglich ein zugespitztes Bild der Realität. Zwischen »Ach, schraub doch bitte die Zahnpastatube zu« und »Du faules Schwein lässt immer alles rumliegen und kümmerst dich um gar nichts« liegen aus Sicht der Höflichkeitslinguistik Welten, im praktischen Leben dagegen nur ein schmaler Grat. Weil die nette Aufforderung, die sich an der Höflichkeit

orientiert und die Gesichtsbedrohung der direkten Aufforderung vermeidet, nur an der Oberfläche gewaltfrei ist. Ebenso
wie das Schweigen, um einer Konfrontation auszuweichen.
Der Ärger und die Gewalt aber stauen sich darunter auf. Bis sie
sich schließlich ihren Weg bahnen. Und sei es den zum Schei-
dungsanwalt.

Das versucht die Gewaltfreie Kommunikation zu vermeiden.
Man muss ihren psychologischen oder auch ganzheitlichen
Über- oder Unterbau nicht unbedingt vollständig mögen oder
übernehmen, mir scheint jedoch, dass sowohl die zugrundeliegenden Erkenntnisse als auch die praktischen Umsetzung
enorm hilfreich sind. Und ein Ausdruck echter Höflichkeit.

Komponenten der Gewaltfreien Kommunikation

Nach all diesen einführenden Bemerkungen: Worum geht es
bei der Gewaltfreien Kommunikation? Sie besteht aus vier
Komponenten: Beobachtung, Gefühle, Bedürfnisse und Bitte.[14]
In einem Satz lässt sich die Gewaltfreie Kommunikation so zusammenfassen: »Wenn ich *a* sehe, dann fühle ich *b*, weil ich *c*
brauche. Deshalb möchte ich jetzt gerne *d*.«[15] Das ist nun sehr
verkürzt, deshalb will ich die einzelnen Komponenten – auch
wieder kurz – vorstellen.

Beobachtung

»Beobachtung« meint den Punkt, den man ansprechen will,
meist ein Verhalten des Gegenübers. »Beobachtung« ist dabei
wörtlich zu verstehen, Beobachtung ohne Bewertung, das ist einer der Kerne der Gewaltfreien Kommunikation. Ein typischer
Satz, mit dem sonst oft ein Gespräch über ein Verhalten beginnt, lautet: »Ständig lässt du deine Sachen herumliegen.«
Kommt vielleicht manchem bekannt vor, sei es ausgesprochen
oder angesprochen. Das beinhaltet jedoch schon eine Bewer-

tung. Was ist ständig: immer, im Wortsinn? Also ohne jede Ausnahme? Häufig? Immer wieder einmal? In bestimmten Fällen? Im Grunde sagt es nur aus, dass es für den Sprecher zu oft war, was eine Bewertung darstellt. Zudem beinhaltet die Formulierung schon einen mehr oder weniger deutlichen Vorwurf, einen Angriff, im Grunde Gewalt. Als reine Beobachtung müsste man sagen: »Hier liegen gerade folgende Gegenstände, die du nicht weggeräumt hast.« Eventuell, wenn man das genau weiß, auch: »Das war diese Woche schon (dann und dann) der Fall.«

Gefühle

Nun drückt man aus, was diese Beobachtung in einem auslöst. Zum Beispiel: »Das ärgert mich« oder »Ich fühle mich dadurch nicht respektiert«.

Bedürfnisse

Anschließend kommt das Bedürfnis, das hinter dem Gefühl steckt und das durch die beobachtete Handlung verletzt oder nicht erreicht wird. »Weil ich Ordnung mag und mich nur in einer ordentlichen Wohnung wohlfühle.«

Bitte

»Deshalb bitte ich dich, die Sachen, die du benutzt, danach wieder wegzuräumen.« Oder: »Deshalb bitte ich dich, dass wir uns zusammen überlegen, wie wir meinen Wunsch nach Ordnung und deinen Wunsch nach Lockerheit so zusammenbringen können, dass wir beide damit zufrieden sind.«

Praktikabel und höflich?

Das klingt zugegebenermaßen ziemlich kompliziert und vielleicht auch ein wenig lebensfremd. Das mag auch daran liegen, dass ich es hier sehr verkürzt darstellen musste. Aber auch wenn man sich intensiver damit beschäftigt, ist es nicht einfach, sich im täglichen Leben so auszudrücken. Und es ist mühsam, sich die Komponenten klarzumachen. Zunächst die Beobachtung ohne Bewertung, dann die eigenen Gefühle und Bedürfnisse. Und schließlich, eine klare Bitte zu äußern. Pauschale Vorwürfe mit »ständig«, »immer«, »nie« und dergleichen sind deutlich schneller formuliert. Und sie entsprechen vermutlich oft wesentlich mehr der eigenen Gemütsverfassung, wenn man sich gerade wieder einmal geärgert hat.

Und man kann auch darüber streiten, ob diese Art der doch recht aufwendigen Kommunikation wirklich praktikabel für das tägliche Leben ist. Ich glaube aber, dass man schon aus ihrem Prinzip sehr viel mitnehmen kann. Allein die Unterscheidung zwischen Beobachtung und Bewertung halte ich für extrem wertvoll. Und mehr noch die Erkenntnis, dass in der Bewertung oft ein massiver versteckter Vorwurf liegt. Dass aber auch nichts (mehr) zu sagen ziemlich viel Aggression beinhalten kann, zum Beispiel bei einem »verdammenden Schweigen«. Wenn man sich nur dieser Dinge bewusst wird, hat man für den Umgang miteinander schon viel gewonnen. Speziell wenn es um einen Umgang im Sinne einer echten Höflichkeit geht.

Echte Höflichkeit

Die Gewaltfreie Kommunikation, besonders wenn man sie in ihrer Reinform praktizieren will, aber auch, wenn man sich lediglich ihre Prinzipien bewusst und sich zunutze machen will, bleibt dennoch aufwendig. Darin zeigt sich jedoch auch, dass sie ein Ausdruck echter Höflichkeit ist. Wenn man diesen Aufwand für die Kommunikation mit jemandem betreibt, wenn man versucht, seine eigenen spontanen, affektgeladenen Ausbrüche im Sinne von »Nie räumst du auf!« oder »Ständig kommst du zu spät« zurückzustellen, um stattdessen in einen konstruktiven Austausch zu treten, der auch die Interessen des Gegenübers berücksichtigt, zeigt man damit die Achtung für dieses Gegenüber. Mit anderen Worten: Man ist höflich.

Ende Exkurs

Doch zurück zu den negativen Folgen der Höflichkeit, bei denen es im täglichen Leben zwei Klassiker gibt. Noch dazu sind das Situationen, bei denen man auf Anhieb wenig mit negativen Folgen rechnet: Duzen oder Siezen und das Anbieten des Sitzplatzes in Bus und Bahn.

Das Duzen

Siezen und Duzen, genauer gesagt ihre Abgrenzung, gehören zumindest hierzulande zu den typischen Themen, wenn es um Höflichkeit geht. Zum einen deshalb, weil viele Ausländer, speziell aus dem englischen Sprachraum, damit Probleme haben. Vielleicht aber auch deshalb, weil die Höflichkeit als Wissenschaftsgebiet traditionell bei den Linguisten angesiedelt ist und die sprachliche Untersuchung der Höflichkeit an diesem Phänomen kaum vorbeigehen kann und auch nicht will. Schließlich kann man es sowohl historisch als auch sprach- und kulturvergleichend mit großem Erkenntnisgewinn erforschen.[16] Auch in Sprachräumen, in denen die Unterscheidung nicht oder nicht mehr üblich ist, wie dem Englischen. Denn auch dort kennt man die Unterscheidung, jedoch eher aus der Sprachgeschichte; so findet sie sich noch in den Dramen des britischen Nationaldichters Shakespeare. Nur nebenbei bemerkt, entspricht die Standardform im Englischen, das »you«, nicht dem »du« sondern dem »Sie«, so dass sich im Englischen nicht alle duzen, sondern siezen. Die alte Form für »du«, das »thou«, hat sich außer bei Shakespeare und in manchen Dialekten zum Beispiel noch bei der klassischen Zitierung der Zehn Gebote erhalten, bei denen es etwa heißt »Thou shalt not kill« für »Du sollst nicht töten«. Anders in Schweden, dort hat sich vor allem in den 1960er und 70er Jahren innerhalb weniger Jahre ein Wandel vollzogen, bei dem das höfliche »Ni« fast vollständig durch das »du« ersetzt wurde. Dort duzt man sich also tatsächlich, nicht nur bei Ikea. Lediglich der König blieb ausgenommen.

T-V-distinction

International bezeichnet man das Phänomen als T-V-distinction, T-V-Unterscheidung, nach den lateinischen »tu« und »vos« für »du« und »ihr«, also zweite Person Singular und Plural. Sie findet sich in einer Vielzahl von Sprachen. Im Deutschen ist die Verwendung von »Ihr«, der zweiten Person Plural, in diesem Zusammenhang veraltet und durch die dritte Person Plural, »Sie«, ersetzt.

Man nennt diese Form oft »Höflichkeitsform«, was darauf hinweist, dass man sie verwendet, wenn man höflich sein will. Auch hier gilt die schon einmal zitierte Feststellung Harald Weinrichs, dass, wenn zwei Ausdruckformen zur Auswahl stehen, die schwächer konturierte Form immer als die höflichere gilt. Weinrich führt das noch genauer aus:

> »Auf dieser Regel beruhte auch im Grunde schon der unterschiedliche Höflichkeitswert der Anrede mit *du* und mit *Sie*. Denn die Singularform ist gegenüber der Pluralform durch größere Konturenschärfe ausgezeichnet. Man kann also der soeben genannten Regel bezüglich der Anredeformen die konkretere Fassung geben: wenn von zwei Ausdrucksformen, die in einer Situation zur Wahl stehen, die eine im Singular und die andere im Plural steht, so ist immer die Pluralform die höflichere.«[17]

Ein Lob des Siezens

An dieser Stelle sollte ich vielleicht etwas klarstellen: Ich bin ein großer Freund des Siezens. Vor allem in geschäftlichen, beruflichen, öffentlichen und allen nicht wirklich persönlichen oder vertrauten Situationen. Ich finde die Konstellation mit dem Siezen angenehm. Sie ist klar, und weil das Siezen im Deutschen – zumindest noch – die Standardformulierung ist, beinhaltet es keine Aussage zum Verhältnis mit dem Gegenüber. Eine Aussage, die man vielleicht auch gar nicht treffen will, weil man sich nicht gut genug kennt. Zudem halte ich, gerade in beruflichen und geschäftlichen Umständen, den bekannten Satz für sehr treffend und wichtig: »Es ist leichter, du Arschloch zu sagen als Sie Arschloch.«

Das ist nun ein relativ drastisches, wenngleich doch wahres Beispiel. Viel subtiler ist jedoch eine Methode, die manche Vorgesetzte, speziell in jugendlich umschriebenen oder sich jugendlich verstehenden Umfelder verwenden. Sie kombinieren den mit dem gegenseitigen Duzen verbundenen Ausdruck der Gemeinschaft oder gar Freundschaft mit der dennoch unnachgiebigen Verwendung der hierarchischen Macht, z. B. in Formulierungen wie »Das finde ich nicht gut, lass das doch«. Das klingt freundlich bis freundschaftlich, ist aber dennoch eine Anweisung. Dadurch wird zum einen die Machtausübung verbrämt, zum anderen eine Gegenargumentation oder gar ein Widerspruch erschwert. Denn die Entgegnung kann ja trotz des freundschaftlich-gemeinschaftlichen Tons nicht auf dieser Ebene erfolgen (»Find ich aber gut«), weil das tatsächliche und auch ausgeübte Machtgefüge ja nicht freundschaftlich, sondern hierarchisch ist. Geschieht die Entgegnung jedoch sachlich und hart, wird sie als für den freundschaftlichen Umgangston unangemessen empfunden. Denn die Härte des Widerspruchs muss in der Form des Widerspruchs ausgedrückt werden, während die Härte der Anordnung von oben in der Struktur liegt, deshalb keinen Ausdruck in der Form erfordert und freundschaftlich erfolgen kann.

Andererseits gibt es nicht nur Machtmenschen, die, sei es gelernt oder aus natürlichem Instinkt, Machtverhältnisse derart subtil ausspielen. Und dann kann es beim Duzen gerade in beruflichen oder geschäftlichen Situationen sehr schnell zu der Situation kommen, dass eben doch auf eine Anordnung statt ihrer Ausführung ein zumindest übertragenes oder gedachtes »Du Arschloch« folgt.

Insgesamt gesehen bin ich deshalb der festen Überzeugung, dass viele Probleme durch die Klarheit des gegenseitigen Siezens vermieden werden können.

Die Unhöflichkeitsform

Nun bin ich allerdings abgedriftet, denn das sind ja nun Vorzüge und gerade keine negativen Folgen der Höflichkeit in Form des Siezens. Die negativen Folgen zeigen sich jedoch an anderer Stelle des Duzens oder Siezens, an Stellen, deren Harald Weinrich von der »sogenannten« Höflichkeitsform des Siezens spricht.

Wann das der Fall sein kann, zeigt eine Anekdote, die Friedrich Torberg in seinem Buch »Die Erben der Tante Jolesch« erzählt, dem Fortsetzungsband von »Die Tante Jolesch«, einem meiner Lieblingsbücher, das jedem wärmstens ans Herz gelegt sei. Im Fortsetzungsband nun erzählt Torberg eine Anekdote über den Vater des österreichischen Schriftstellers Fritz von Herzmanovsky-Orlando:

> »Vater Herzmanovsky war Sektionschef im Unterrichtsministerium, und als rangältestem Beamten fiel ihm anlässlich der Übernahme des Ministeriums durch Baron Gautsch die Aufgabe zu, den neuernannten Chef zu begrüßen. Er unterzog sich die-

ser Aufgabe umso bereitwilliger, als er gemeinsam mit Gautsch das k. k. Theresianum besucht hatte, dessen Schüler nach Absolvierung ihrer exklusiven Lehranstalt in freundschaftlichem Kontakt blieben und einander selbstverständlich auch weiter duzten.

›Mein lieber Gautsch‹, begann er also vor versammelter Beamtenschaft seine Begrüßungsansprache, ›es ist mir eine besondere Freude, dich als unseren Chef willkommen zu heißen. Ich versichere dir, dass wir nach besten Kräften bemüht sein werden, dir deine Tätigkeit zu erleichtern.‹ Und nach ein paar weiteren passenden Sätzen schloss er in herzlichstem Ton: ›Nicht nur als dein rangältester Mitarbeiter, auch als ein Theresianist dem anderen wünsche ich dir in deinem neuen Amt Erfolg und alles Gute.‹

Die Herzlichkeit war, wie sich zeigte, fehl am Ort. Der andre Theresianist räusperte sich und ließ es bei einer durch und durch knappen Erwiderung bewenden:

›Mein lieber Sektionschef‹, näselte er, ›ich nehme Ihre freundlichen Worte gerne zur Kenntnis und hoffe auf eine gedeihliche Zusammenarbeit mit Ihnen und Ihrem Stab. Danke verbindlichst.‹

Betretenes Schweigen lastete im Raum. Wie Herzmanovsky fils angab, war die Stille so groß, dass man deutlich zwei Fliegen summen hörte. Dann ergriff Herzmanovsky père nochmals das Wort zu der folgenden, noch knapperen Gegenrede:

›Lieber Gautsch, gestatte mir noch einmal das trauliche Du. Leck mich im Arsch.‹

Sprach's, drehte sich um und ging in Pension.«[18]

Die Anekdote zeigt, dass der Entzug des Du ein unfreundlicher, ja geradezu feindlicher Akt sein kann. Weil das Du mit Freundschaft verbunden sei, schreibt der Linguist Heinz Leonhard Kretzenbacher auch mit Berufung auf diese Anekdote, und er führt das auf das Freundschafts-Du der Goethezeit zurück, werde die Rückkehr zum Sie als schwere Beleidigung aufgefasst, »wodurch sich die ›Höflichkeitsform‹ Sie in eine ausgesprochene ›Unhöflichkeitsform‹ verwandelt«.[19]

Trifft das allgemein zu? Ich glaube, im Grunde ja, aber nicht ganz. Auch wenn Kretzenbacher mit seinem Befund im Grundsatz recht hat, scheint mir das speziell bei dieser Anekdote nicht den Kern zu treffen und vielleicht auch generell heute nicht mehr unbedingt so zu sein. Der Kern der Unhöflichkeit des Baron Gautsch gegenüber Herzmanovsky beim Entzug des Du liegt meines Erachtens nämlich nicht in der Aufkündigung einer ohnehin nur institutionalisierten Ehemaligen-/Alumni-Freundschaft, die mit einer echten Freundschaft kaum vergleichbar ist, sondern in der Tatsache, dass der nun zum Minister aufgestiegene ehemalige Mitschüler offenbar gerade wegen seiner Beförderung nun das Du als unpassend empfindet und das auch noch öffentlich in grober Form ausdrückt. Dieser Affront gegenüber dem ranghöchsten Beamten und ehemaligen Mitschüler ist die eigentliche Unhöflichkeit, auf die Herzmanovsky dann auf diese wunderbare Weise reagiert, die das Kunststück vollbringt, eine ausgesprochen elegante Beleidigung zu sein. Würde man die Rollen nämlich vertauschen, der Untergebene also den neuen Minister bei der Ansprache siezen, ihm also umgekehrt das Du entziehen, was ja in Bezug auf die Ehemaligen-Freundschaft dasselbe wäre, bliebe von der Unhöflichkeit nur mehr wenig übrig.

Distanzierung

Entsprechendes muss auch für das heute wesentlich üblichere Duzen gelten. Weil das Du heute viel verbreiteter und kein Zeichen einer echten Freundschaft mehr ist, kann sein Entzug auch nicht die schwere Beleidigung darstellen, von der Kretzenbacher mit Verweis auf das Freundschafts-Du der Goethezeit spricht. In vielen Situationen ist das Du heute die unreflektierte Standardanrede. Wenn nun aus einer solchen Situation heraus jemand zum Sie übergeht, liegt darin zwar eine Distanzierung, aber mehr im

Sinne einer Differenzierung als in einer persönlichen Zurückweisung. Wenngleich natürlich die Distanzierung, auch wenn sie im Sinne einer Differenzierung erfolgt, eine Distanzierung bleibt.

Der Ausschluss aus der Gemeinschaft

Das größere Unhöflichkeitspotential liegt deshalb heute nicht im Entzug der Freundschaft durch den Übergang zum Siezen, sondern im Ausschluss aus einer Gemeinschaft oder der Zuschreibung eines Alters. Wenn es, wie heute vielerorts, üblich ist, sich in einer Gruppe oder einer Situation zu duzen, liegt im Siezen ein Ausschluss aus dieser Gruppe. Das muss nicht despektierlich sein, im Gegenteil. Wenn sich etwa auf einer Baustelle alle untereinander duzen, der Architekt aber gesiezt wird, schließt ihn das zwar aus der Gemeinschaft auf der Baustelle aus, aber im klassischen Sinne der Höflichkeit, weil man ihm dadurch die Achtung ausdrücken will.

Herr Mendel

In dem schon wärmstens empfohlenen Buch »Die Tante Jolesch« – es ist eben auch deshalb eines meiner Lieblingsbücher und wird Ihnen so wärmstens ans Herz gelegt, weil es nicht nur unterhaltsam ist, sondern auch sehr klug – findet sich auch dazu eine Anekdote. Torberg berichtet von einem Herrn Mendel, der ganz feudal ohne Sorgen auf einem Gutshof aufgewachsen war, den seine Familie seit Generationen als Domäne von den Fürsten Liechtenstein in Böhmen gepachtet hatte. Dieser Herr Mendel nun hatte es sich zur Gewohnheit gemacht, jeden Morgen vor dem Frühstück über seine Felder zu reiten und nach dem Rechten zu sehen und, zurück vom Ritt, dann mit seiner Frau zu frühstücken. Immer gleich, bis zu dem Tag, von dem Torberg berichtet:

»Eines Morgens nun, als Frau Mendel ins Wohnzimmer trat, sah sie ihren Gatten, den sie noch auf dem üblichen Ausritt glaubte, am Schreibtisch sitzen und einen Brief schreiben. Ihre überraschte Frage beantwortete er mit einem ›Ksch‹ nebst der dazugehörigen Handbewegung, wie sie im allgemeinen beim Verscheuchen von Haustieren Anwendung findet. Erst als er den Brief beendet und verschlossen hatte, setzte er sich zum Frühstück nieder.

›Was ist los?‹, fragte Frau Mendel, nun schon etwas dringlicher. ›Was hast du da für einen Brief geschrieben?‹

Herrn Mendels Antwort kam ruhig, bedächtig und unwidersprechlich:

›Ich habe der Liechtensteinischen Domänenverwaltung die Pacht gekündigt. Wir übersiedeln in die Stadt.‹

›Warum, um Himmels willen?‹

›Wie ich heute aufs Feld gekommen bin, hat mir der šafář [der Vorarbeiter] nicht ‚Küss die Hand, gnädiger Herr‘ gesagt, sondern ‚Guten Morgen, Herr Mendel‘. Es ist vorbei.«[20]

Torberg schreibt, die Geschichte spiele 1910 oder 1911 und er habe sie in das Buch aufgenommen, weil sie einen einmaligen Fall von politischem Instinkt darstelle. Es geht hier zwar nicht um Duzen oder Siezen, aber ebenfalls um die Form der Anrede. Und was Torberg mit dem politischen Instinkt meint, ist, dass Herr Mendel aus der Anrede »Guten Morgen, Herr Mendel« gegenüber dem zuvor üblichen »Küss die Hand, gnädiger Herr« eine Aufnahme in dieselbe Gruppe erblickte, in der sich der Vorarbeiter befindet, oder zumindest eine wesentlich nähere, als es vorher der Fall war. Was, und das zu erkennen war die Leistung des politischen Instinkts, bedeutete: Die Zeit des Feudalherrn war zu Ende gegangen. Hier soll die Geschichte als Beleg dafür dienen, wie sehr die Anrede die Zugehörigkeit zu einer Gruppe ausdrückt, sei es als Einschluss oder Ausschluss.

Der unhöfliche Ausschluss

Wieso aber nun die Unhöflichkeit im Siezen? Das liegt daran, dass es heutzutage immer mehr Situationen gibt, in denen es darum geht, Mitglied einer Gemeinschaft zu sein, dieses Dazugehören Teil des Konzepts der jeweiligen Situation ist. Typischerweise kann das in Kneipen, Bars, Lokalen oder Clubs der Fall sein, oder in bestimmten Läden, die ein modernes, unkonventionelles Image pflegen. Aber auch in immer mehr Situationen in der Öffentlichkeit, zum Beispiel in Parks, bei Freizeitveranstaltungen und dergleichen. Wer dort, wo sich die üblichen Besucher untereinander duzen oder vom Personal geduzt werden, womöglich als Einziger gesiezt wird, fühlt sich ausgeschlossen. Und er oder sie wird das, wenn das Personal oder die anderen Besucher einander ansonsten duzen, auch tatsächlich sein. Wenn es nun an diesen Orten unter anderem um das Erlebnis einer Gemeinschaft geht – und sei es nur als Imagepflege aus wirtschaftlichen Gründen –, liegt im Siezen tatsächlich der Ausdruck des Nichtdazugehörens zu dieser Gemeinschaft. Und wenn man die Mitgliedschaft in der Gemeinschaft als etwas Besonderes, Erstrebenswertes auffasst, liegt darin auch eine Verweigerung der damit verbundenen Achtung. Eine Unhöflichkeit der »sogenannten« Höflichkeitsform.

Ü30

Schmerzhaft ist das für den Ausgeschlossenen vor allem deshalb, weil es in den meisten Fällen auch noch mit der Frage des Alters zusammenhängen dürfte. Und obwohl im Siezen aufgrund des Alters im Grunde ein Ausdruck der Höflichkeit liegt, liegt darin in einer Zeit, in der zunehmend nicht das Alter, sondern die Jugendlichkeit Grund für Bewunderung darstellt, zugleich eine Verweigerung dieser Bewunderung und damit eine gewisse Kränkung. Wohl hauptsächlich der Eitelkeit, aber womöglich sogar der Ausdruck geringer Achtung. Etwa im Sinne des 68er-Spruches »Trau keinem über 30« oder der – überraschend ähnlichen – Aussage des Baccalaureus im zweiten Teil von Goethes Faust, in der Szene, aus der auch die bekannte Zeile »Im Deutschen lügt man, wenn man höflich ist« stammt: »Hat einer dreißig Jahr vorüber, / So ist er schon so gut wie tot.«

Der Sitzplatz in der U-Bahn

Das leitet über zum zweiten Klassiker der negativen Folgen der Höflichkeit, der auch mit dem Alter verknüpft ist: das Anbieten des Sitzplatzes in öffentlichen Verkehrsmitteln. Einem oder noch mehr einer Älteren den Platz frei zu machen und anzubieten scheint ein typischer Fall von Höflichkeit, manche sprechen sogar von dem Prototyp.[21]

Vielleicht aber nicht mehr so ganz. Während ich an diesem Buch schrieb, wurde ich – selbst stehend – Zeuge einer Begebenheit in einer Berliner Straßenbahn. Eine enddreißigjährige Mutter stieg mit ihrem ungefähr fünfjährigen Sohn ein. Alle Sitzplätze waren besetzt, der Sohn ließ verlauten, er wolle sitzen. Daraufhin stand eine deutlich über sechzigjährige Frau auf und bot den beiden ihren Sitzplatz an. Zu meiner Überraschung nahmen Sohn und Mutter erfreut und ohne Zögern an, die Mutter quittierte den Gefallen der älteren Dame wie selbstverständlich mit einem kurzen Nicken. So ändern sich die Zeiten. Die Begebenheit ereignete sich allerdings auch in dem für seine selbstbewussten Mütter bekannten Stadtviertel Prenzlauer Berg.

Dennoch bereitet gerade der Prototyp des Aufstehens für Ältere Probleme im Alltag, aber nicht unbedingt so, wie man vielleicht meinen möchte, dass im Zuge einer allgemeinen Rücksichtslosigkeit niemand mehr aufsteht, sondern ganz anders, wie eine Anfrage im Rahmen meiner Kolumne zeigt:

»Als sich in der vollbesetzten U-Bahn eine etwa 60 Jahre alte Frau in meine Nähe stellte, wollte ich (37 Jahre) aufstehen, um ihr meinen Platz anzubieten. Dann habe ich es doch nicht getan, da ich ihr damit unterstellen würde, dass sie so gebrechlich und alt aussieht, dass man ihr einen Platz anbieten muss. War das richtig?«[22] Andreas G., München

Zunächst muss man sich überlegen, dass Älteren den Platz zu überlassen zwar ein klassisches Gebot der Höflichkeit ist, aber auch der Moral: Man macht ihn frei für jemanden, von dem man annimmt, dass er oder sie nicht (mehr) gut stehen kann; ein Unterfall des klassischen Hilfegebots. Dagegen hat der junge Mann verstoßen, wenn er sitzen geblieben ist.

Allerdings hat das einen Haken, der in der Formulierung »von dem man annimmt« liegt. Man muss sich über die betreffende Person ein Urteil bilden, sie kategorisieren, typisieren, labeln: jung oder alt, hilfsbedürftig oder nicht. Dieses Urteil kann im Widerspruch zur Persönlichkeit und des Selbstbildes des- oder derjenigen stehen und sie oder ihn deshalb verletzen. Die Soziologin Iva Fidancheva nennt das in ihrem Buch mit dem bezeichnenden Titel »Die verletzende Macht der Höflichkeit« eine »Verletzung durch Mislabeling« und führt dazu als Paradebeispiel das Problem des Aufstehens für Ältere an. Sie weist jedoch auch darauf hin, dass das Kategorisieren anderer trotz aller negativen Aspekte die Interaktion erleichtert, weil man nur »begrenzte Verarbeitungskapazitäten« habe und die Einschätzung im täglichen Leben »überschnell« erfolgen müsse.[23] Mit anderen Worten: Man kommt im Alltag gar nicht darum herum, andere in Schubladen zu stecken, auch auf die Gefahr hin, ihnen dabei unrecht zu tun.

Dennoch zeigen die Gedanken, die sich der Fragesteller macht, dass er die Dame in mehrfacher Hinsicht respektiert: als ältere Mitbürgerin, als Person, der, wenn nötig, Hilfe zusteht, aber auch als individuellen und verletzlichen Menschen. Natürlich kann er sich, wenn er das alles beachtet und abwägt, am Ende immer noch irren, etwa weil die Dame hilfsbedürftiger oder aber verletzlicher ist als gedacht. Nur wäre ein derartiger Irrtum zwar bedauerlich, aber nicht vorwerfbar.

Die Probleme der Höflichkeit

Allerdings zeigt der Fall auch zwei grundlegende Probleme der Höflichkeit: Als Verhalten des Umgangs erfordert die Höflichkeit angesichts der Menge und Geschwindigkeit der Begegnungen, die man täglich hat, eine solche Menge an höflichen oder zumindest die Vermeidung von unhöflichen Verhaltensweisen, dass eine individuelle Entscheidung fast nicht möglich ist. Dem kann man mit Kategorisierungen begegnen. Auf der einen Seite mit Kategorisierungen der Situationen, was man aber böse als Schubladendenken bezeichnen könnte. Auf der anderen Seite mit Kategorisierungen der Verhaltensweisen. Das aber wäre die Etikette. Und die kann eben zwar für eine Vielzahl von Fällen richtig sein, im Einzelfall dann aber falsch.

Es kann jedoch auch dann ein Problem auftreten, wenn man die Kategorisierung vermeidet. Auch wenn man sich konkret Gedanken macht und versucht, Situation und Person im Sinne einer echten Höflichkeit gerecht zu werden, kann man sich schlicht irren. Sei es bei der objektiven Einschätzung oder aber weil das Gegenüber das subjektiv anders wünscht. Greift man die Einordnung von Iva Findancheva als »Verletzung durch Mislabeling« auf, kann das bedeuten, dass man die Person tatsächlich falsch eingeordnet hat, weil man ihr Alter falsch eingeschätzt hat oder auch schon bei jüngeren Menschen meint, aufstehen zu müssen. Oder es wäre zwar objektiv sinnvoll, für jemandem in diesem Alter aufzustehen, diese spezielle Person möchte das aber für sich nicht, weil sie nicht so gesehen werden will. Natürlich sollte es immer um das konkrete Gegenüber gehen. Nur kann niemand in die Köpfe seiner Mitmenschen hineinsehen, am Ende kann man sich nur bemühen und versuchen zu erfassen, wie man sich bei dem speziellen Gegenüber verhalten sollte. Diesen Ansatz halte ich für sehr wichtig, deshalb will ich darauf im letzten Kapitel »Der Tanzschritt – Höflichkeit und Takt« ab S. 287 noch einmal vertieft eingehen.

Auf die Kolumne zum Aufstehen in der U-Bahn hin habe ich eine Reihe von Zuschriften bekommen. Nur eine war eine allgemeine Feststellung, dass es wohl eine Selbstverständlichkeit sei, generell für eine Dame aufzustehen. Die anderen Zuschriften jedoch, alle von Lesern, die angaben, selbst älter zu sein, 70, 75 und mehr, beinhalteten unisono eine Aussage: Sie würden es gar nicht schätzen, einen Platz angeboten zu bekommen. Ein Siebzigjähriger schrieb sogar, er sei »schockiert« gewesen, als ihm eine junge Frau ihren Platz anbot: »Ist es schon so weit?«

Die netteste Zuschrift aber kam von einer siebenundachtzigjährigen Dame, die mit der wunderbaren lebensklugen Feststellung schloss:

> »Aber es ist so: Ich stehe lieber, als durch das Platzanbieten an mein Alter erinnert zu werden. Die Eitelkeit altert langsamer als der Körper ...«

DER HANDKUSS

Höflichkeit zwischen den Geschlechtern

In einer Episode der wunderbaren amerikanischen Comedy-Serie »The Big Bang Theory« geht einer der vier Protagonisten, Leonard Hofstadter, zum ersten Mal, nachdem sich seine Freundin Penny von ihm getrennt hat, wieder mit ihr zusammen ins Kino – nach mehrfachen wechselseitigen Beteuerungen, dass es sich um kein Date handelt, sondern sie nur als normale Freunde einen Film ansehen wollen. Im Foyer des Kinos kommt es zu folgendem Dialog:

»Penny: Oh, wenn wir uns beeilen, schaffen wir es in den neuen Jennifer-Aniston-Film.

Leonard: Oh, ja klar. Ja, es läuft aber auch ein phantastischer Dokumentarfilm über den Bau eines Staudamms in Südamerika.

Penny: Okay, aber Jennifer Aniston ist in dem Jennifer-Aniston-Film. Und sie baut keinen Damm.

Leonard: Ja, dagegen komme ich nicht an. Ich hole die Karten.

Penny: Okay.

Leonard (geht zum Ticketschalter, dreht sich dann aber um und kommt zurück): Eine Sache nur. Weißt du was? Es wird Zeit, dass ich mal den Film aussuche, den wir uns ansehen.

Penny: Wieso? Du hast schon viele Filme ausgesucht.

Leonard: Nein. Du hast sie ausgesucht, und es war immer dieselbe Art von Film. Anderthalb Stunden im Strandhaus im Regen, und dann besinnt sich die Frau und erkennt, dass die Liebe längst an ihrer Seite war.

Penny: Ich bitte dich, das ist ein toller Film, und er fängt in zehn Minuten an.

Leonard: Aber ich hasse diese Filme.

Penny: Das ist nicht wahr.

Leonard: Doch, allerdings. Der einzige Grund, warum ich mitgegangen bin, ist, weil du sie sehen wolltest und weil ich Sex wollte. Noch heute kann ich kein Sandra-Bullock-Filmplakat sehen, ohne gleichzeitig Langeweile und Erregung zu empfinden.

Penny: Okay. Wie oft hast du so getan, als ob dir etwas Spaß macht, nur um Sex mit mir zu haben, als wir noch zusammen waren?

Leonard: Na ja, jedes Mal.

Penny: Ist nicht dein Ernst.

Leonard: Oh, kommt dir das bekannt vor? Ich würde wirklich liebend gern mit dir Sommerschuhe kaufen gehen. Wandern? Das wär ja klasse. Es ist zwei Uhr nachts. Na klar fahr ich mit nach Korea-Town, um Karaoke mit deinen Freunden zu singen. Wer will das nicht?

Penny: Also, wir waren zusammen. Wir hätten so oder so Sex gehabt.

Leonard: Wirklich? Du hättest mit mir geschlafen nach einem anderthalbstündigen Film über einen Staudamm?

Penny: Nein, das macht keine Frau.

Leonard: Siehst du? Und jetzt das Gute an der Sache. Wir gehen als Freunde aus, das ist kein Date, Sex ist kein Thema mehr. Also lass uns doch heute mal ansehen, wieso Strom aus Wasserkraft für die Umwelt vielleicht doch nicht so gut ist, wie alle denken. Entschuldige, Spoiler-Alarm.

Penny: Na schön. Gut.

Leonard: Danke. (Dreht sich um Richtung Kasse, dann aber gleich wieder zurück) Ach, die Karten kosten elf Mäuse.

(Leonard hält Penny die nach oben offene Hand hin, Penny schaut fragend.)

Leonard: Ist kein Date.

(Penny schaut genervt resigniert und nimmt ihre Tasche von der Schulter, um an ihr Geld zu kommen.)«[1]

Worum genau dreht sich der Dialog? Wo genau liegt der Witz? Geht es dabei einfach um eine asymmetrische Beziehung? Bei der ein Partner dem anderen Partner jeden Wunsch erfüllt? Unabhängig davon, wer nun welches Geschlecht hat? Oder mehr um typisches Verhalten zwischen Männern und Frauen, um nicht zu sagen, Geschlechterklischees? Vermutlich beides, aber der Schwerpunkt scheint mir doch auf Letzterem zu liegen: dem typischen Verhalten zwischen Männern und Frauen.

Das Schöne an diesem Dialog ist, dass er spielt – mit Klischees aber auch mit den Figuren und der Situation.[2] Penny und Leonard bewegen sich zwischen zwei Konstellationen: Auf der einen Seite das gut eingespielte Paar, das sich aber getrennt hat, obwohl sie aneinanderhängen und versuchen, Freunde zu bleiben oder zu werden. Auf der anderen Seite ein sich (wieder) annäherndes Liebespaar mit dem Klischee der schönen, aber nicht gebildeten Blondine und dem intelligenten, aber unattraktiveren Mann, einem Nerd, der im Gegensatz zur Blondine aber als Wissenschaftler an der Universität Geld verdient. Und jeder der beiden versucht, in dieser Gemengelage das Beste für sich herauszuholen oder zu bewahren. Das tun sie, indem sie Gepflogenheiten bei Paaren, je nachdem, ob sie für ihn oder sie angenehm sind oder nicht, möglichst unhinterfragt beibehalten oder eben in Frage stellen und ändern wollen.

Der Dialog lässt die beiden Konstellationen aufeinanderprallen und deckt dadurch auf, dass vieles, was zwischen Männern und Frauen gemeinhin als selbstverständlich und höflich gilt: die Frau darf den Film auswählen, und der Mann zahlt, zwar vielleicht selbstverständlich sein mag oder zumindest üblich, aber womöglich doch keine Frage der Höflichkeit ist. Es sei denn, man versteht unter Höflichkeit den Weg zum Sex.

Wer ficken will, muss freundlich sein

Das ist gar nicht so abwegig, wie es zunächst klingen mag. In den USA kennt man das Sprichwort: »The keys to getting laid – be nice and polite«, übersetzt: Der Schlüssel, um Sex zu haben – Sei nett und höflich. Und hierzulande hat »Wer ficken will, muss freundlich sein« aus dem Song »Liebe ist für alle da« der Band Rammstein[3] einen für eine Textzeile ungewöhnlich großen Bekanntheitsgrad erlangt. Vermutlich ist es nicht falsch, diese Zeile irgendwo zwischen Zitat, geflügeltem Wort und modernem Sprichwort anzusiedeln. Soziobiologen bezeichnen derartige Informationen, die sich von selbst verbreiten, als Meme, und »Wer ficken will, muss freundlich sein« scheint ein sehr erfolgreiches Mem zu sein, mit anderen Worten, es hat einen Nerv getroffen.

Wie sehr, kann man auch am Promi-Klatsch erkennen. So konnte man lesen, dass der ehemalige britische Fußballer, nunmehriges Ober- und Unterwäsche-Model, Unternehmer, Celebrity-Tausendsassa und Vorzeigevater David Beckham sich laut Medienberichten um seinen sechzehnjährigen Sohn Brooklyn und dessen erste Dates mit Mädchen auf besondere Weise sorgte: Er setzte sich ein paar Tische weiter und passte auf, dass nichts passiert – was auch immer damit gemeint sein mag in einer Sushi-Bar. Daneben aber gab er, wie er einem Celebrity-Magazin mitteilte, seinem Sohn unter anderem folgenden Ratschlag: »Frauen mögen es, wenn man ihnen die Türe aufhält.«[4] Da ist es wieder, das Aufhalten der Türe, eine Grundgeste der Höflichkeit. Insofern ist es natürlich erfreulich, wenn Herr Beckham diese an seinen Sohn weitergibt. Interessant ist aber die Begründung. Nicht, weil man damit einem anderen Menschen zeigt, dass man ihn wahrnimmt und sich für ihn Zeit nimmt, sondern »weil es Frauen mögen«. Es ist vielleicht eleganter formuliert, in gewissem Sinne auch jugendfreier – ob das heute gegenüber einem 16-Jährigen notwendig ist, sei dahingestellt –, aber im Grunde ist es nichts anderes als die praktische Umsetzung von »The keys to getting laid – be nice and polite«. Und wirft damit die Frage auf, ob diese Höflichkeit wirklich eine Höflichkeit ist. Oder etwas anderes, zum Beispiel Galanterie, und wenn ja, wo denn die Unterschiede liegen.

Wer zahlt?

Ein Aspekt davon, die Gepflogenheit, die auch in dem Dialog von Leonard und Penny eine Rolle spielt, wurde jüngst wissenschaftlich genauer untersucht: Dass der Mann beim Date fast automatisch für die Frau bezahlt. Eine großangelegte Studie, die 2013 auf dem Jahrestreffen der American Sociological Association präsentiert wurde und speziell in den USA ein großes Medienecho auslöste, wollte wissen, wie sehr diese Regel heute noch gilt. Deshalb wurden über 17 000 Teilnehmer in den USA online danach befragt, wer bei Dates tatsächlich bezahlt und wer zahlen sollte.[5] Das Ergebnis: 84 % der befragten Männer und 58 % der befragten Frauen berichteten, dass die Männer für die meisten Ausgaben aufkämen, nicht nur beim ersten Date, sondern auch später. Allerdings gab es eine zunehmende Bereitschaft und Erwartung, dass mit zunehmender Dauer einer Beziehung die Kosten geteilt würden: bei einem Viertel innerhalb des ersten Monats, bei je einem weiteren Viertel in den beiden folgenden Monaten und dem zweiten Vierteljahr der Beziehung. Beim verbleibenden Viertel zahlten die Männer auch nach über sechs Monaten noch alles.

Ohne hier mit Zahlen langweilen zu wollen, aber ein weiteres Ergebnis der Studie scheint mir noch sehr aufschlussreich: 57 %, also über die Hälfte der Frauen gaben an, sie würden anbieten, mitzuzahlen. Das klingt nach einer modernen Entwicklung, würden nicht 39 %, also über zwei Drittel davon, hoffen, die Männer würden das zurückweisen. Und 44 % der Frauen störte es, wenn Männer von Frauen erwarten, dass sie sich beim Zahlen beteiligen. Umgekehrt fanden 64 % der Männer, dass Frauen sich beteiligen sollten, und 44 %, also fast die Hälfte der Männer sagten, sie würden aufhören, mit einer Frau auszugehen, wenn sie sich nie beteiligt. Aber 76 %, also über drei Viertel aller befragten Männer berichteten, dass sie sich schuldig fühlten, wenn sie das Geld einer Frau akzeptieren. Man sieht, das Ganze kann kompliziert werden, die Aussagen, die transportiert werden – oder von denen man meint, dass sie transportiert werden –, können doppeldeutig sein.

Worauf lässt man sich ein?

Einen der für die Überlegungen hier interessantesten Gedanken hat meines Erachtens eine kanadische Professorin, Elice Chenier, beigetragen. Gegenüber einer kanadischen Zeitung sagte sie zu dem Thema: »I tell my students that dating practices are a reflection of the world around us – if you want chivalry, it's important to understand what you're buying into.«[6] Übersetzt: »Ich sage meinen Studenten, dass die Praktiken beim Dating eine Reflexion der Welt um uns herum sind – wenn Sie galantes Verhalten wollen, ist es wichtig zu verstehen, auf was man sich damit einlässt.«

Worauf man sich einlässt? Das scheint doch bei einem Date klar zu sein. Könnte man meinen. Chenier aber meint spezielle Aspekte, die damit verknüpft sein können. Der eine ist die Rollenverteilung. Die große Studie mit den über 17 000 Teilnehmern hatte nämlich auch ergeben, dass Beziehungen, die damit beginnen, dass der Mann beim Date bezahlt, eher in eine klassische – oder überkommene, je nach Betrachtungsweise – Partnerschaft münden, die eine klare Alpha/Beta-Dynamik aufweist, bei der der Mann als der Versorger angesehen wird.[7]

Das mag nun manche Frau so mögen, ich wage jedoch zu behaupten, dass das mit einem der derzeit drängendsten Probleme der Gleichberechtigung von Mann und Frau in entwickelten Ländern zusammenhängt: der Tatsache, dass Frauen für gleiche Arbeit im Schnitt weniger verdienen als Männer, auch Gender Pay Gap oder geschlechtsspezifisches Lohngefälle genannt.[8] Es beträgt nach offiziellen Statistiken der Europäischen Kommission EU-weit etwa 16 Prozent, in Deutschland sogar über 22 Prozent.[9] Mit dem Effekt, dass später auch die Renten von Frauen im Schnitt geringer ausfallen und deren Armutsrisiko, speziell das der Altersarmut, höher ist. Ich bin davon überzeugt, dass die Selbstverständlichkeit, mit der Frauen die finanzielle Verantwortung beim Rendezvous an den Mann abgeben, nicht ohne Folgen bleibt. Kann man wirklich annehmen, dass ein typisches Rollenverhalten, das Männer und Frauen beim Daten, also in einem Feld pflegen, das ihnen wichtig ist und dann auch noch den finanziellen Aspekt betrifft, keine Verbindung zur und Auswirkungen auf die Stellung der Frau im sonstigen Leben hat?

Treating

In genau diese Richtung geht nämlich auch die Entstehung dieser Gepflogenheit in den USA. Um die Wende vom 19. zum 20. Jahrhundert begannen junge unverheiratete Frauen auszugehen, um sich zu amüsieren. Da sie aber sehr wenig verdienten und zudem, anders als die jungen Männer, ihren Verdienst zu Hause vollständig abgeben mussten, hatten sie kein Geld dafür. Deshalb ließen sie sich von den Männern zu den typischen Vergnügungen wie Kino, Theater, Tanzen oder Getränken einladen. Zum Teil hingen sie sogar dort herum und warteten auf Männer, die sie einluden – und sich irgendeine Form von Gegenleistung erhofften, erwarteten oder sogar offen aushandelten.[10] Der Ausdruck dafür war »Treating«, eine Bezeichnung, die heute vor allem dafür verwendet wird, Wählerstimmen durch Essen, Getränke oder andere Vergünstigungen zu ergattern. Die Nähe dieser beiden Varianten zu Korruption bzw. Prostitution ist unverkennbar, und die Übergänge dazu sind fließend.

Übergriffe

Es gibt jedoch noch einen anderen, noch problematischeren Aspekt, den der Sexualität, genauer gesagt der sexuellen Übergriffe. Verschiedenen Studien[11] zufolge erwarten Männer mehr Zustimmung zum Sex, wenn sie vorher alleine bezahlt hatten, als wenn die Rechnung aufgeteilt wurde. Das ging aber noch einen Schritt weiter: Die Teilnehmer einer Studie sollten für verschiedene Situationen bewerten, in welchem Ausmaß ein Mann gerechtfertigt ist, der bei einem Date Geschlechtsverkehr mit der Frau gegen deren Willen hat. Das erschreckende Ergebnis war: Das Verständnis der Versuchsteilnehmer für erzwungenen Sex war höher, wenn sie gelesen hatten, dass die Männer vorher beim Date alleine bezahlt hatten.[12] Man muss es noch einmal klar sagen, weil es ungeheuerlich scheint: Ende des 20. Jahrhunderts und Anfang des 21. Jahrhunderts gehen, diesen Studien zufolge, amerikanische College-Studenten in einem signifikant höheren Anteil davon aus, dass die Frauen den einladenden Männern etwas schulden und nichteinvernehmlicher Sex, also eine Vergewaltigung der Frau, eher zu rechtfertigen ist, wenn die Männer zuvor die Rechnung im Restaurant bezahlt haben. Derartige Einstellungen gehen laut der großen Online-Studie glücklicherweise zurück, man kommt aber nicht darum herum, sich zu überlegen, ob das alles wirklich nicht in den klassischen Regeln der Galanterie, im Englischen spricht man von »chivalry«, Ritterlichkeit, enthalten ist.

Ich küsse Ihre Hand, Madame

Ein bekanntes Lied aus diesem Feld – der Galanterie – ist »Ich küsse Ihre Hand, Madame« von Fritz Rotter und Ralph Erwin. Bekannt wurde es in der Interpretation von Richard Tauber, in der es auch als eine der ersten Tonspuren der deutschen Filmgeschichte 1929 in dem gleichnamigen Film von Robert Land mit Marlene Dietrich und Harry Liedtke vorkam. Ein sogenannter Gassenhauer, auch später in der Interpretation der Comedian Harmonists, heute in der von Max Raabe. Die erste Zeile, gleichlautend mit dem Titel, kennt man, der gesamte Text aber ist weniger bekannt, obwohl es sich im Hinblick auf die Überlegungen hier lohnt, ihn genauer anzusehen:

> Ich küsse Ihre Hand, Madame,
> und träum', es war Ihr Mund.
> Ich bin ja so galant, Madame,
> und das hat seinen Grund.
> Hab' ich erst Ihr Vertrau'n, Madame,
> und Ihre Sympathie,
> Wenn Sie erst auf mich bau'n, Madame,
> Ja dann, Sie werden schau'n, Madame,
> Küss' ich statt Ihrer Hand, Madame,
> Nur Ihren roten Mund.[13]

Es ist interessant, wie klar hier in humorvoller Form ausgesprochen wird, was zumindest auch hinter der Galanterie steht: den Weg für mehr zu ebnen. Und es scheint immer schwieriger, dieses Verhalten der Höflichkeit, zumindest der Höflichkeit, wie wir sie hier verstehen, zuzuordnen.

Der ratlose Kavalier

Was bedeutet das nun alles? Ein befreundeter Autor, mit dem ich über das Thema sprach, meinte zu mir, es sei heutzutage ziemlich schwierig auf diesem Feld. Im Gegensatz zu früher, als es klar war, wie man sich als Mann richtig gegenüber einer Frau zu benehmen hatte, komme es heute ganz darauf an, was nun die konkrete Frau, der man gegenübersitzt, haben wolle. Denkt sie traditionell, will also den Kavalier der alten Schule, oder denkt sie feministisch und lehnt das alles mehr oder weniger radikal ab? Man wisse gar nicht mehr, wie man sich verhalten solle. An dem Abend entgegnete ich, dass das nun einmal die Kehrseite der Freiheit sei: Keine oder weniger Regeln zu haben beinhaltet automatisch oder notgedrungen, je nachdem, wie man es bewerten will, dass einerseits die Variationsbreite zunimmt, anderseits man ohne die Regeln sich selbst überlegen muss, wie man sich verhalten soll oder will und die Konsequenzen daraus tragen muss. Es sei ein typisches Beispiel für das TANSTAAFL-Prinzip: There ain't no such thing as a free lunch. So etwas wie ein kostenloses Mittagessen gibt es nicht. Nicht einmal die Freiheit gibt es umsonst und ohne Nebenwirkungen.

Am nächsten Tag dachte ich noch einmal darüber nach und gelangte zu der Überzeugung, dass das nicht nur eine Frage der Freiheit ist. Ich glaube, es ist noch viel mehr eine Folge des richtigen Verständnisses von Höflichkeit. Wenn man Höflichkeit ernst meint und sich darin der Respekt vor dem Gegenüber ausdrückt, beinhaltet das auch, dass man die Individualität des Gegenübers respektiert. Die klassische Galanterie arbeitet mit Stereotypen, im Endeffekt muss sich, damit sie funktionieren kann, das Gegenüber dem Stereotyp anpassen, oder noch härter ausgedrückt, die Stereotypen machen sich ihr Ziel passend. Das gilt generell für jegliche Etikette: dass sie die Individualität vernachlässigt, bei der Galanterie scheint es mir jedoch besonders ausgeprägt. Sie lebt von Rollenbildern, eigentlich ist sie nichts anderes als eine lebensweltliche Anwendung von Rollenbildern.

Und bei gleichgeschlechtlichen Dates?

In der großen medialen Diskussion der Studie mit den über 17 000 Befragten gab es in den USA einen Beitrag, der eine andere Facette beleuchtet und dadurch hilft, insgesamt Licht in die Sache zu bringen. Im National Public Radio NPR befragte die Reporterin Shereen Marisol Meraji dazu Steven Petrow, auch bekannt als Mr Manners, der eine Kolumne über Höflichkeit (Civilities) in der Washington Post hat und die Webseite www.gaymanners.com betreibt: »Steven Petrow's Gay and Lesbian Manners. The definitive site« – eine Webseite für Benehmen im schwulen und lesbischen Bereich. Petrow meint, in der gay community gebe es keine Traditionen, wie ein »gentleman« eine »lady« trifft, auf die man sich beziehen könne. Deshalb seien die Regeln anders. Und gerade das könne Heterosexuellen helfen, Sinn in die Unübersichtlichkeit zu bringen, die mit den sich verändernden Geschlechterrollen einhergeht. »Hört alle zu«, sagt er, »wer zuerst an der Türe ist, bitte die Tür für sich selbst und für die Person, die hinter einem ist, öffnen.« Und für das Bezahlen könne man auch etwas bei den gleichgeschlechtlichen Paaren abschauen: »You invite, you pay.« Wer einlädt, zahlt. Und das gelte nicht nur für die formelle Einladung, sondern auch dafür, wer vorgeschlagen hat auszugehen, das Restaurant oder den Film ausgesucht hat und dergleichen. Aber nicht als feste Vorschrift, sondern als Anhaltspunkt. Und es mache sich immer gut, als Eingeladener oder Eingeladene anzubieten, selbst zu bezahlen oder das Trinkgeld zu übernehmen.[14]

Das Entlarven der Rollen

Das Interessante am Blick auf den gleichgeschlechtlichen Bereich ist, dass sich Rollen leichter als solche identifizieren lassen. Wenn von zwei Männern oder zwei Frauen immer derselbe oder dieselbe zahlt, kann das an sehr ungleichen finanziellen Verhältnissen liegen, oder aber es zeigen sich klare Rollenverteilungen. Im heterosexuellen Bereich fällt das nicht weiter auf, weil es die Üblichkeiten und Traditionen gibt, aber wenn man genauer nachdenkt, hängen auch die wieder mit Rollen zusammen. Wer bei einem Date bezahlt oder bezahlen soll, lässt sich schlecht mit dem biologischen Geschlecht, der Form und Funktionsweise primärer oder sekundärer Geschlechtsmerkmale und körperlichen Fähigkeiten begründen. Es ist, anders ausgedrückt, keine Frage von »Sex«, dem biologischen Geschlecht, sondern von »Gender«, der gesellschaftlichen Geschlechterrolle.

Noch deutlicher wird das, wenn man andere typische Ausformungen der kavaleresken Etikette betrachtet und sie sich im gleichgeschlechtlichen Bereich vorstellt: Etwa dass einer oder eine von beiden dem oder der anderen in den Mantel hilft oder, noch klassischer, den Stuhl zurechtrückt. In den Mantel helfen kann noch praktisch sein, etwa wie die Türe aufhalten oder den Vortritt lassen. Wenn aber die Konstellation, wer wem in den Mantel hilft, immer gleich ist, wird etwas offensichtlich, was das Zurechtschieben des Stuhles beim Hinsetzen noch deutlicher zeigt: Hier werden Rollen gespielt. Das kann man gerne tun, generell sollten Menschen das tun, was sie gerne tun, und wenn zwei sich darin einig sind, umso mehr. Aber wer immer das tut, sollte sich klar sein, dass es Rollen sind, die sie spielen.

Die Gender-Diskussion

Allerdings finde ich eines interessant: Zwar kann man von Zeit zu Zeit etwas zum Verhalten zwischen Männern und Frauen im Sinne der Galanterie oder des Kavaliertums lesen. Zum Beispiel dann, wenn eine dieser Studien erschienen ist, auf die sich dann die Medien stürzen. Oder wenn man sich mit Höflichkeit beschäftigt und unweigerlich auf derartige Fragen stößt. So beginnt in einem modernen Buch zum richtigen Benehmen, einem »Knigge«, das Kapitel »Etikette im Alltag« und damit das gesamte Buch mit der Frage »Hat die Dame ausgedient?«.[15] Das Verhalten gegenüber der Dame scheint der Inbegriff der Höflichkeit zu sein. Oder schien. Viel häufiger aber begegnet man alldem heute im Zusammenhang damit, was man mit Gleichberechtigung jenseits des Rechts, mit den Ausdrücken »Gender-Mainstreaming« oder kurz »Gender« umschreiben könnte.

Orkan Wiebke

Im Jahr 1998 kam es in Deutschland zu einer Diskussion um das Verhältnis von Männern und Frauen, genauer gesagt um die Verwendung von Männernamen und Frauennamen. In einem Bereich, der eigentlich wenig mit Geschlechtern und ihren Unterschieden zu tun hat: die Meteorologie. Seit 1954 hatte das Meteorologische Institut der FU Berlin auf Anregung der damaligen Studentin und späteren ZDF-Fernsehmeteorologin Karla Wege den Hoch- und Tiefdruckgebieten, die das Wetter in Mitteleuropa beeinflussten, Namen gegeben.[16] Der besseren Übersichtlichkeit halber den Hochdruckgebieten Männernamen, den Tiefdruckgebieten Frauennamen. Die Außenwirkung beschränkte sich aber mehr oder weniger auf das damalige West-Berlin. Erst nach der Wiedervereinigung und durch die Orkantiefs »Vivian« und »Wiebke« etablierten sich die Namen zum Standard in den Medien. Bis im Jahre 1998 eine Diskussion aufkam, in dieser Regelung könnte eine Diskriminierung von Frauen liegen, weil die Tiefdruckgebiete, die mit schlechtem Wetter verbunden sind, stets Frauennamen tragen. Die Meteorologen hielten dagegen mit der Begründung, dass die Sichtweise Tiefdruckgebiet = schlechtes Wetter falsch, weil rein auf Freizeitgesichtspunkte ausgelegt sei.[17] Zwar stimme es, dass Niederschläge nur unter Tiefdruckeinfluss fielen, das sei aber nicht unbedingt schlecht: »Ohne Tiefs und ohne Regen hätten wir hier Wüste.«[18] Sie konnten sich allerdings nicht durchsetzen, und seit 1998 erhalten nun im jährlichen Wechsel Tiefdruckgebiete in geraden Jahren weiterhin weibliche Vornamen und Hochdruckgebiete männliche, in ungeraden Jahren verfährt man jedoch umgekehrt.

Warum ändern?

Was war es nun genau, das dazu geführt hat, die jahrelange Übung aufzugeben, Hochdruckgebieten Männernamen und Tiefdruckgebieten Frauennamen zu geben? Rein objektiv betrachtet ist das eine sinnvolle Regelung, sie steigert die Übersichtlichkeit, man kann aus dem Namen schon ablesen, ob es sich um ein Hoch oder Tief handelt.[19] Eine Frage der Gleichberechtigung im strengen Sinne kann die Namensvergabe nicht sein, weil sich aus der Bezeichnung von Wettergebieten keine Rechte ableiten lassen, mithin auch keine rechtlichen Benachteiligungen. Ob es sich um eine Diskriminierung handelt, darüber könnte man streiten. Eine klassische Diskriminierung im Sinne einer Benachteiligung oder Herabsetzung liegt wohl auch nicht vor, es könnte sich allenfalls um eine symbolische oder sprachliche Diskriminierung handeln, weil schlechte Eindrücke mit weiblichen Namen und damit vielleicht mit dem Weiblichen allgemein assoziiert werden: »Nachdem Adam uns mit paradiesischer Wärme und Sonnenschein verwöhnt hat, wird Eva (oder gar Xanthippe) viel Regen, Kälte und Sturmschäden bringen.«

Eine Frage der Höflichkeit

Ich würde jedoch das Ganze am ehesten als eine Frage der abstrakten Höflichkeit ansehen. Auch wenn die Meteorologen betonen, dass Hochdruckgebiete und Tiefdruckgebiete für sie keine Wertung enthalten, für den »Wetterverbraucher«, der keine Landwirtschaft betreibt und nicht deshalb vielleicht auf Regen hofft, sind die Zuordnungen zu gutem oder schlechtem Wetter eindeutig. Und insofern ist es, selbst wenn es keine direkten Auswirkungen hat und man über die symbolische Wirkung streiten kann, ganz einfach ein Zeichen von Respekt zu sagen: Eine Festlegung, das, was ein Großteil der Bevölkerung mit schlechtem Wetter und damit einem weniger schönen Leben assoziiert, mit einem bestimmten Geschlecht zu verbinden ist diesem Geschlecht gegenüber negativ. Und deshalb unhöflich.

Diese Betrachtungsweise hat mehrere Vorzüge. Zum einen erspart sie die Diskussion oder gar den Streit, ob wirklich eine Diskriminierung vorliegt. Ob eine symbolische Diskriminierung wirklich existiert und ob sie Grund genug ist, eine einfache und deshalb an sich sinnvolle Regelung komplizierter zu machen. Vor allem kehrt sie die Stoßrichtung um: Es geht nicht mehr darum, dass diejenigen, die sich belastet fühlen, in diesem Fall Frauen, gegen etwas kämpfen müssen. Die Höflichkeit ist nichts, was man einfordern muss, sondern sie sollte von denen ausgehen, die handeln. Ihr größter Vorteil aber ist, dass sie eine belastete und feindselige Diskussion, das Gefühl, zu etwas genötigt zu werden, was man vielleicht nicht wirklich einsieht – wie etwa die Verteidigungen der Meteorologen gezeigt haben – in etwas Positives umwandelt: Wer ist nicht gerne höflich? Vermutlich jeder, ganz besonders ein Kavalier der alten Schule.

Kavalier der alten Schule

»Kavalier der alten Schule«. Ein Ausdruck, der selbst ein wenig antiquiert klingt, man hat ein Bild vor Augen, das eines grauhaarigen Mannes im Anzug, vielleicht ein kleiner, gepflegter weißer Schnauzbart, wahrscheinlich ist es am Ende doch immer Johannes Heesters. Dank seiner stets gleichen Auftritte in diesem Sinne bis kurz vor seinem Tod in Alter von 102 Jahren wurde er es für jeden, und das über mehrere Generationen hinweg. Hier aber führt der Ausdruck weniger zu Johannes Heesters als vielmehr zu einem besonders interessanten Phänomen. Es ist der Kavalier der alten Schule, bei dem man besonders erwartet, dass er speziell zu Frauen höflich ist und sein will oder, wie er vielleicht sagen würde: ihnen den Hof macht.

Das zentrale Problem oder die zentrale Frage dabei ist jedoch: Wem macht ein Kavalier dieser klassischen Art den Hof? Zu wem ist er höflich? Diese Frage mag auf den ersten Blick komisch erscheinen, wenn der Kavalier sich gegenüber einer Dame als Kavalier verhält. Aber wenn man genauer nachdenkt, ist die Frage keineswegs komisch, sondern mehr als berechtigt. Denn in diesen Fällen scheint mir die Antwort ebenso klar wie ernüchternd: Es ist nicht die jeweilige Person, der der Kavalier gegenübersteht, zu der er höflich ist, es ist die Rolle, die sie spielt, ihre Rolle als Frau. Bei der klassischen Kavalierhaftigkeit geht es um die Frau als solche, die Weiblichkeit insgesamt, nicht aber um das Individuum, die einzelne Person, zu welcher der Kavalier höflich ist, seine Register zieht.

Der große Unterschied, der die Galanterie von der echten

Höflichkeit unterscheidet, ist der Blickwinkel. Der galante Kavalier sieht die Frau, wie *er* sie sieht, als Frau, die seinem Bild der Frau entspricht. Bei der echten Höflichkeit hingegen kommt es darauf an, wie die jeweilige individuelle Person gesehen und behandelt werden will. Verhalten ist dann höflich, wenn darin der Respekt für die andere Person zum Ausdruck kommt. Und der Respekt beinhaltet den Respekt dafür, wie diese Person ist und sein will.

Der Kavalier will sich kavalierhaft verhalten, wie ein Kavalier. Diese Beschreibung beinhaltet schon die Selbstbezogenheit. Es ist dabei ein wenig wie bei der Etikette: Ihre Befolgung dient weniger dem Gegenüber, sondern ist Selbstzweck im doppelten Sinne. Die Etikette wird um ihrer selbst willen eingehalten und um dessentwillen, der sich an sie hält. Bei Galanterie, Kavalerie und Hofmachen ist es auch eines von diesen beiden oder aber der Zweck der Eroberung.

Wohlwollender Sexismus

Daneben gibt es einen Aspekt, der ähnlich wirkt wie die Frage, wer beim ersten Date bezahlt, und deren Auswirkungen auf die finanzielle Selbständigkeit und Gleichbehandlung der Frau: der sogenannte wohlwollende Sexismus und seine Auswirkungen auf die Gleichberechtigung der Frau. Wohlwollender Sexismus klingt wie ein Widerspruch in sich, doch die psychologische Forschung unterscheidet seit vielen Jahren zwischen wohlwollendem und feindseligem Sexismus – benevolent and hostile sexism – und erforscht deren Auswirkungen auf die Stellung und vor allem auf das Selbstbild und die Selbsteinschätzung von Frauen. Sexismus ist zunächst lediglich eine Ungleichbehandlung von Personen aufgrund ihres biologischen Geschlechts, also nur deswegen, weil sie Mann oder Frau sind. Feindseliger Sexismus erscheint klar: Es ist das Vorurteil, dass Männer kompetenter sind als Frauen und deshalb einen höheren Status und mehr Macht verdienen. Dagegen verwahren sich wohl die meisten Frauen, und sich als Mann entsprechend zu äußern oder zu verhalten kann man kaum als höflich oder kavalierhaft bezeichnen. Beim wohlwollenden Sexismus ist das dagegen nicht mehr so klar. Unter ihm versteht man Geschlechterstereotypen, die oberflächlich positiv erscheinen: Frauen sollten beschützt werden, und man sollte sich um sie kümmern, Frauen seien das »bessere Geschlecht«, weil sie spezielle Qualitäten haben, die Männern fehlen, z. B. eine höhere moralische Sensibilität und mehr Kultur, und Männer seien angewiesen auf ihre Liebe.[20] Spielt man vor seinem geistigen Auge durch, mit welchem Verhalten Männer diese Stereotype ausdrücken, landet man sehr schnell beim klassischen Kavalierverhalten. Das Interessante an den psychologischen Studien zu diesem Thema ist nun, dass sie wissenschaftlich belegen können, welche Auswirkungen dieses Verhalten auf die Frauen hat, die ihm ausgesetzt waren. Die Ergebnisse sind überraschend, vor allem aber erschreckend: Die Frauen, die mit wohlwollendem Sexismus konfrontiert wurden, schnitten danach nicht nur in den Ergebnissen eines Einstellungstests schlechter ab, auch ihre Selbsteinschätzung und autobiographische Erinnerung hatte sich in Richtung Inkompetenz verschoben.[21]

Der Wolf im Schafspelz

Das Besondere daran war: Nur der wohlwollende Sexismus hatte diese Effekte, nicht aber der feindselige. Das vermeintlich besonders frauenfreundliche Verhalten, das stereotype Besonderheiten des weiblichen Geschlechts hervorhob, und dazu genügte die lobende Erwähnung »spezifisch weiblicher« Fähigkeiten wie Moralkompetenz, Kultiviertheit und Geschmack,[22] schwächte Frauen in ihren Leistungen, aber auch in ihrer Selbstwahrnehmung. Die Konfrontation mit harten abwertenden Vorurteilen hatte diese Wirkung nicht. Das vermeintliche Kompliment war hier der Wolf im Schafspelz, gegen den sich die Frauen weniger wappneten. Und zu guter Letzt zeigte eine andere Studie, dass Frauen den wohlwollenden Sexisten zwar untypisch, aber besonders liebenswert fanden.[23] Den Galan, der auf Eroberung aus ist, wird diese Information erfreuen. Sein Verhalten scheint erfolgreich zu sein, wissenschaftlich bestätigt. Aber kann man vor diesem Hintergrund wirklich allen Ernstes behaupten wollen, dass dieses galante, klassisch kavalierhafte Verhalten gegenüber Frauen höflich ist, echten Respekt ausdrückt?

Die kollektive Wirkung

Diese Wirkungen finden sich nicht nur individuell, sondern auch gesellschaftlich. Neuere Forschungen haben ergeben, dass feindseliger und wohlwollender Sexismus gesellschaftlich unterschiedlich wirken: Während feindseliger Sexismus, weil man sich gegen ihn empört, kollektive Aktivitäten in Richtung auf sozialen Wandel – Abbau der Diskriminierung von Frauen und Ungleichbehandlung der Geschlechter – fördert, tut wohlwollender Sexismus das nicht, sondern unterminiert diese Aktivitäten umgekehrt sogar, hilft also, den Status quo der Ungleichbehandlung beizubehalten. Die Studie trägt den provokanten Titel: »Yet Another Dark Side of Chivalry« – Noch eine dunkle Seite der Galanterie.[24] Die Autoren – genauer gesagt sind es eine Autorin und ein Autor, was sich sprachlich schwer ausdrücken lässt, aber das ist eine andere Geschichte[25] – hatten dabei die Auswirkungen der Galanterie untersucht. Meines Erachtens sind die Ergebnisse aber nur ein Ausschnitt aus einem allgemeinen Prinzip: Höflichkeit tendiert generell dazu, den Status quo zu erhalten.[26] Dieser Aspekt scheint mir so wichtig, dass ich ihm ein eigenes Kapitel widmen will, mit Hilfe der Betrachtung eines der Gegenspieler der Höflichkeit, der Provokation (siehe ab S. 264).

Die Dame im Regen

Bedeutet das nun, dass man um der Höflichkeit willen auf die Höflichkeit verzichten muss? Genauer gesagt, um der allgemeinen Höflichkeit willen auf die konkrete verzichten? Die Dame im Regen stehen lassen, bis man selbst an der Autotüre ist und das Auto aufsperrt? Oder nicht den Fahrradreifen aufpumpen wie in folgender Anfrage im Rahmen meiner Kolumne:

> »Neulich forderte mich eine Bekannte auf, ihr den Fahrradreifen aufzupumpen – weil ich doch als Mann mehr Kraft hätte. Das widerspricht aber absolut meinem Verständnis der Emanzipation, deswegen lehnte ich mit dieser Begründung ab. Sie fand einen anderen Mann, der ihr half und bezeichnet mich seitdem als ›Nicht-Gentleman‹. Hätte ich ihr helfen müssen?«[27] Mark P., Berlin

Wenn man die Höflichkeit und die Gleichberechtigung richtig versteht, gibt es in diesem Fall kein Problem. Sicherlich stellt anderen zu helfen ein moralisches Anliegen dar, die Förderung der Gleichberechtigung ebenso. Und einen Konflikt könnte man darin sehen, wenn die Hilfe einerseits moralisch geboten ist, aber andererseits die Gleichberechtigung unter ihr leidet, weil sie überkommene Rollenbilder fördert.

Nur, ist das in diesem Fall so? Tatsächlich gibt es körperliche Unterschiede zwischen den Geschlechtern, und in vielen Fällen sind Männer kräftiger als Frauen. Wenn es also darum ginge, einen schweren Schrank zu tragen, könnte die Situation eintreten, dass manche Frau ihn nicht heben kann, ein danebenstehender Mann dagegen schon. Ob es für den Mann klug wäre, solche Lasten zu heben, nur um sich als Kavalier zu erweisen, steht auf einem anderen Blatt; das sollte er am besten mit seinem Orthopäden besprechen. Und auch ein Reifenwechsel am Auto kann manche Frau tatsächlich kräftemäßig überfordern. Das Aufpumpen von Fahrrädern fällt jedenfalls nicht in diese Kategorie; rein körperlich können das Männer wie Frauen. Männliche Hilfe gleicht dabei also nicht Unterschiede aus, sondern bedient Geschlechterrollen in einer Inszenierung. Und obwohl das im Augenblick der Frau zugutekommt, kann es allgemein negativ sein, weil es falsche Klischees zementiert.

Und damit wäre man an dem entscheidenden Punkt angelangt. Der Soziologe Erving Goffman etwa meinte, »dass die wichtigste Errungenschaft der Frauenbewegung nicht die unmittelbare Verbesserung der Lebensumstände vieler Frauen ist, sondern die Schwächung derjenigen dogmatischen Überzeugungen, die ehemals die geschlechtsspezifische Arbeits- und Einkommensteilung untermauert haben.«[28]

Das spräche im Grunde dafür, konkrete Hilfe aus allgemeinen Gesichtspunkten zu unterlassen und, in übertragenem Sinn, die Frau im Regen stehen zu lassen. Nur, wer so denkt, bleibt dem Denken von vor etlichen Jahrzehnten verhaftet. Gleichberechtigung und Gender-Diskussion sind jedoch inzwischen glücklicherweise weiter und ermöglichen eine entspanntere Sichtweise. Beiden Beteiligten sollte heutzutage klar sein, dass sie in einer derartigen Situation Rollen spielen, die man reflektieren und vielleicht sogar humorvoll auflösen kann. Und wenn sie das tun, droht der Gleichberechtigung kein Schaden, und man kann sowohl helfen als auch die Rollen mit echtem Spaß im Sinne von Vergnügen und Witz (mit)spielen.

Wissen, worauf man sich einlässt

Hier schließt sich der Kreis zu der großen amerikanischen Studie und der Aussage der kanadischen Professorin Elice Chenier: »If you want chivalry, it's important to understand what you're buying into.[29] – Wenn Sie galantes Verhalten wollen, ist es wichtig zu verstehen, auf was man sich damit einlässt.« Natürlich kann man galant sein, ich persönlich halte es auch für schön. Aber alle Beteiligten sollten sich klar sein, was es bedeutet und was es beinhaltet: ein Rollenspiel. Es spricht weder etwas dagegen, freundlich zu sein, dem oder der Anderen zu helfen, Mühsalen abzunehmen, noch bei einem Date zu versuchen, das Gegenüber für sich zu gewinnen. Aber wenn das Verhalten nur dazu dient, eine Rolle zu bedienen, ist es in dieser Hinsicht nicht höflich, sondern zielgerichtet auf das eigene Interesse. Und allen Beteiligten sollte klar sein, worauf sie sich dabei einlassen.

Der unhöfliche Kavalier

Man muss es am Ende deutlich formulieren: Wer Frauen gegenüber galant ist, sich aber darüber lustig macht oder gar aggressiv reagiert, wenn jemand geschlechtsneutral angesprochen und behandelt werden will (siehe das Beispiel »Profx.« S. 277), ist vielleicht ein Kavalier im alten Sinne, aber in Wirklichkeit ein unhöflicher Klotz. Weil seine Galanterie dann entweder zielgerichtet ist – in Richtung auf Eroberung – oder einer Rolle gilt, die der Kavalier bei der Person ihm gegenüber erwartet und – die Weigerung, zu akzeptieren, wenn jemand aus diesem Rollenspiel ausbrechen will, beweist es – sogar aufzwingen will. Es ist gerade kein Respekt, sondern der Ausdruck von fehlendem Respekt, wenn man die Entscheidung des Gegenübers nicht respektiert, als was und wie er oder sie oder was auch immer sich sieht und behandelt werden will. Und Frauen tun gut daran, sich dieses Verhalten entweder zu verbitten, um nicht in die unbewusste Falle des wohlwollenden Sexismus zu tappen, oder aber, noch schöner, sich das Spiel klarzumachen und es bewusst und vor allem in voller Kenntnis seiner Mechanismen mitzuspielen.

Anders formuliert: Das, was man unter Ritterlichkeit versteht, sich für die Dame aufzuopfern, seine eigenen Bedürfnisse hintanzustellen, war vielleicht in früheren Zeiten die Verteidigung vor Bedrohungen oder eben das klassische Verhalten des Kavaliers, dem meist Schutz oder der Wunsch nach Eroberung zugrunde lag. Wenn es aber um den eigentlichen Kern geht, dann sollte dahinter die Idee stehen, die eigenen Bedürfnisse gegenüber denen der oder des Angebeteten hintanzustellen. Und das bedeutet heute eben, zu akzeptieren und zu respektieren, wie das Gegenüber behandelt werden will. Kurz: Der echte Kavalier von heute setzt sich für Gendermainstreaming ein und für Intersextoiletten. Auch und gerade, wenn er es nicht einsieht. Denn das ist die echte Höflichkeit, in der der Respekt für das Gegenüber zum Ausdruck kommt. Hingegen liegt man damit, jemanden so zu behandeln, wie man selbst findet, dass er oder sie behandelt werden sollte, wenn man Glück hat, richtig, und wenn man Pech hat, vollkommen falsch. Im Grunde aber ist es primär paternalistisch und bevormundend. Höflich wird ein Verhalten erst dann, wenn man sich daran orientiert, was die jeweilige Person möchte. In gewissem Sinne ist es die übertragene Idee, dem anderen den Vortritt zu lassen, aber eben nicht bei etwas so Banalem wie dem Durchgang durch eine Tür oder eine andere Engstelle, sondern den Vortritt seiner oder ihrer Gedanken und Präferenzen.

DIE GESTE
Kleinigkeiten für das Zusammenleben

Das Leben ist ein Dialog. Manchmal stellen sich die interessantesten Erkenntnisse erst im Austausch ein. Wenn man die Reaktionen auf die ersten Äußerungen einbezieht. So erging es mir vor einiger Zeit bei einer meiner Kolumnen.

Mich hatte folgende Leserfrage erreicht:

> »Überall, wo es ein Wartezimmer oder Wartestühle gibt, wird man zum Sitzen aufgefordert mit den Worten: ›Sie dürfen noch kurz Platz nehmen.‹ Mir als Kunde oder Patient kommt das immer etwas unangebracht und herablassend vor. Früher hieß es: ›Bitte nehmen Sie doch Platz.‹ Bilde ich mir das nur ein, oder zeigt sich da neuerdings eine gewisse Arroganz?«[1] Josef F., Gräfelfing

Ich zögerte zunächst, ob ich sie zur Veröffentlichung auswählen sollte. Sie erschien mir ein wenig sehr speziell und vonseiten des Fragestellers auch ein bisschen sehr empfindlich. Ich habe mich dann aber doch dafür entschieden, weil ich die Überlegung, was da wohl dahinterstecken könnte, interessant fand. Ich antwortete, dass der Fragesteller Opfer eines sprachlichen Unfalls geworden sei, aber aus anderen Gründen, als er meine. Gemäß der Höflichkeitstheorie der Vermeidung gesichtsbedrohender Akte von Brown und Levinson (siehe oben S. 49 ff.) versuche man, wenn man höflich sein will, Aufforderungen möglichst indirekt zu formulieren, damit das Gegenüber sich nicht in seiner Freiheit und Autonomie, seinem negativen Gesicht bedroht fühlt. Deshalb verkleide man diese Aufforderungen oft in eine Frage oder manchmal auch unsinnig, weil eben tunlichst vermieden werde, ihr eigentliches Ziel zu formulieren. Ich belegte das mit den zwei bekannten Beispielen: »Können Sie mir das Salz geben?« bedeutet nicht »Sind Sie in der Lage, mir das Salz zu geben?«, sondern »Bitte geben Sie mir das Salz«. Und »Wissen Sie, wie spät es ist?« ist eben keine Frage nach dem Wissen mit der korrekten Antwort »Ja«, sondern eine Bitte, die Zeit mitzuteilen.

Und so ähnlich würde ich es eben auch in diesem Fall sehen. »Sie dürfen noch kurz Platz nehmen« sollte man deshalb nicht wörtlich als anmaßende Erteilung einer Erlaubnis auffassen, sondern als – sprachlich etwas unglücklichen – Versuch, eine direkte Aufforderung, die ja trotz »bitte« etwas von einer Anordnung hat, zu vermeiden. Deshalb liege darin auch keine Arroganz, sondern im Gegenteil das Streben nach Höflichkeit.

Was dann geschah, hat mich überrascht. Wie gesagt, ich hatte gezögert, die Frage auszuwählen, weil sie mir zu speziell erschien. In den Tagen nach der Veröffentlichung erreichte mich jedoch eine ungewöhnlich hohe Zahl von Lesermails. Aber nicht mit dem Inhalt, dass der Fragesteller zu empfindlich sei, sondern fast unisono mit dem Tenor: Diese Unart, zu sagen »Sie dürfen noch kurz Platz nehmen«, sei den Mailschreibern auch schon aufgefallen und übel aufgestoßen, ich hätte unrecht, das sei kein Versuch, höflich zu sein, geschweige denn tatsächlich höflich, es sei, wie der Fragesteller schon geschrieben hat, schlicht arrogant.

Das Wespennest

Ich war überrascht, schließlich hatte ich zweimal, am Anfang und am Ende, geschrieben, dass »Sie dürfen noch kurz Platz nehmen« sprachlich verunglückt sei, ein Unfall, ein unglücklicher Versuch. Also nichts Gutes, nichts, was man anstreben sollte, sondern im Grunde falsch. Wenn das dennoch zu vielfachem deutlichen Widerspruch führte, schien ich unwissentlich in eine Art Wespennest gestochen zu haben. Denn eines habe ich als Autor gelernt: Zwischentöne werden speziell dann nicht wahrgenommen, wenn das Thema Emotionen auslöst. Und das scheint hier der Fall zu sein. Nur inwiefern und warum? Auch darauf gaben die meisten Zuschriften eine Antwort. Sie ließen zwei Punkte erkennen: zum einen angestauten Groll über das Warten in Arztpraxen und Krankenhäusern. Zum anderen aber das Gefühl, dort nicht richtig behandelt zu werden. Nicht im medizinischen Sinne, sondern im menschlichen. Und das ist doch, worum es hier, bei der Höflichkeit, geht: den Anderen richtig zu behandeln, mit seinem Verhalten zu zeigen, dass man den Anderen achtet.

Das Beispiel der sprachlich missglückten Warteaufforderung zeigt eines sehr deutlich: Es sind oft nur Kleinigkeiten, um die es dabei geht, hier eben die Formulierung, Platz zu nehmen. Zumal diese Formulierung »Sie dürfen noch kurz Platz nehmen« auch kein gebrülltes »Setzen!« darstellt. Und dennoch fühlen sich offensichtlich viele dadurch zurückgesetzt, missachtet. Und dies ziemlich sicher, ohne dass denjenigen, die diesen Satz verwenden, klar wäre oder je klar würde, was sie damit anrichten. Außer sie lesen nun diese Zeilen.

Umgekehrt bedeutet das aber auch, wie viel man durch Kleinigkeiten dieser Art, zum Beispiel die richtige Formulierung einer solchen Aufforderung, positiv erreichen, das Miteinander verbessern kann. In diesem Fall kostet es wirklich überhaupt nichts, es dauert auch keine Sekunde länger, eher umgekehrt. Ich bin ein neugieriger Mensch, deshalb habe ich es mit einer Stoppuhr getestet: Zu sagen »Bitte nehmen Sie doch Platz« erfordert meinen Versuchen zufolge sogar eine halbe Sekunde weniger Zeit als »Sie dürfen noch kurz Platz nehmen«. Aber selbst ein »Wenn Sie wollen, können Sie so lange noch Platz nehmen« würde den Betriebsablauf nicht wirklich aufhalten.

Lernen von den Champions

Vielleicht kann man in diesem Zusammenhang von den Champions lernen. High Class Champions in puncto Umgang. Wie zum Beispiel Luxushotels. Die Ritz-Carlton-Hotels haben es sich auf die Fahnen geschrieben, ihren Gästen einen besonderen Service zu bieten. Ihr Motto lautet »We are Ladies and Gentlemen serving Ladies and Gentlemen«. Die Nähe dieses Mottos zum Prinzip der Achtung des Gegenübers ist unverkennbar.

Einer der Wege, auf denen Ritz-Carlton versucht, seine Gäste wie Ladies und Gentlemen zu behandeln, ist laut eigener Angaben »a warm and sincere greeting«.[2] Das beinhaltet den »10/5 way«, auch als »10/5 rule« bekannt. Diese Vorgabe für die Mitarbeiter besagt, wenn man weniger als 10 Fuß, also ungefähr drei Meter von einem Gast entfernt ist, soll man Blickkontakt aufnehmen und lächeln, und wenn man weniger als 5 Fuß, also eineinhalb Meter entfernt ist, soll man den Gast grüßen, »Hello« sagen.

Nun kann man sich das gut vorstellen in der durch dicke Teppichböden gedämpften ruhigen Atmosphäre im Gang eines Fünf-Sterne-Hotels, wo die Angestellten von Zeit zu Zeit auf einen ihrer distinguierten Gäste treffen. Und es passt auch zur Idee eines solchen luxuriösen Hotels, bei dem ja die Idee des Willkommens, Wohlfühlens und Sich-zu-Hause-Fühlens nicht nur zum Markenkern dieser Hotels, sondern zur Kernleistung des Hotels generell gehört. Lässt sich das über die nicht vorhandene Schwelle der noblen Drehtüre am Eingang ins reale Leben übertragen? Ritz-Carlton hat es nicht nur versucht, sondern bietet genau das im Rahmen einer Schulungsgesellschaft an. Speziell auch, und damit kommen wir wieder zur Aufforderung zum Platznehmen zurück, für den medizinischen Bereich.[3]

10/5 way im Krankenhaus

Allerdings kann man sich den Kontrast kaum größer vorstellen zwischen der Atmosphäre eines Fünf-Sterne-Hotels und der Betriebsamkeit eines Krankenhauses. Dementsprechend war die Skepsis groß, als Ochsner Health System, Betreiber mehrerer großer Krankenhäuser in Louisiana, den 10/5 way für seine über 11 000 Mitarbeiter einführte. Ebenso groß war und ist allerdings das Erstaunen über die Auswirkungen. Die Anzahl der Empfehlungen, der Erstbesuche von Patienten und der Zufriedenheit der Patienten stieg merklich und in Zahlen nachweisbar.[4] Es scheint wirklich eigenartig: Die Zufriedenheit der Patienten mit ihrer Behandlung in einem Krankenhaus steigt, aber nicht, weil die medizinische Behandlung verbessert wurde, neue, bessere Geräte angeschafft, die medizinische Qualifikation der Mitarbeiter erhöht oder mehr Personal im ärztlichen oder pflegerischen Bereich eingesetzt wurde. Nein, die Zufriedenheit der Patienten mit ihrer Behandlung im Krankenhaus steigt, weil die Mitarbeiter angehalten wurden, allen Patienten in die Augen zu schauen und sie zu grüßen.

Je länger man darüber nachdenkt, umso weniger überrascht das allerdings. Ein Krankenhaus kommt dem, was man als »totale Institution« bezeichnet, zumindest sehr nahe, einer Einrichtung, in der alle Bereiche des Lebens mehr oder weniger kontrolliert werden.[5] Generell ist ein Patient im medizinischen Bereich oft verunsichert, verängstigt und versteht wenig, was mit ihm geschieht. Zudem werden Patienten meist den organisatorischen Abläufen untergeordnet statt umgekehrt. Ein Patient fühlt sich sehr schnell zum Fall reduziert, an dem noch eine Person hängt. Legendär sind Ausdrücke wie »Der Magen in Zimmer 5« oder »Die Galle auf Zimmer 12«. Gerade in einer derartigen Situation ist ein Mensch für Höflichkeit, also ein Verhalten, in dem die Achtung vor ihm oder ihr als Person und nicht nur als medizinischer Fall zum Ausdruck kommt, besonders empfänglich. Und genau darum geht es bei dem 10/5 way: Der oder die Andere wird wahrgenommen, und man zeigt ihm oder ihr, erst durch den Blickkontakt, dann durch das Grüßen, dass man ihn oder sie beachtet und achtet.

Die Queen in Irland

Gesten des Respekts können aber auch anders aussehen und auf einer ganz anderen Ebene stattfinden, fast möchte man sagen, am anderen Ende des Spektrums der Alltäglichkeit, verglichen mit Blickkontakt und Grüßen. So etwa beim Staatsbesuch der britischen Königin Elizabeth II. in Irland im Jahre 2011. Es war der erste Besuch eines englischen Monarchen seit 100 Jahren und der erste überhaupt seit der Gründung der Republik Irland. Das erscheint überraschend für den nächsten Nachbarn und das einzige Land, mit dem das United Kingdom via Nordirland eine Landgrenze hat. Es hat aber historische und religiöse Gründe. Irland ist mehrheitlich katholisch, die Queen ist das Oberhaupt der Church of England, die Kämpfe zwischen den Konfessionen sind – innerhalb der Europäischen Union ein Anachronismus sondergleichen und vollkommen unverständlich – bis heute blutig, wenn auch in den letzten Jahren (nicht Jahrhunderten!) glucklicherweise eine Beruhigung eingetreten ist. Dennoch schwelt der Konflikt weiterhin, und im Gefühl der Iren ist die jahrhundertelange geringschätzige Behandlung durch England fast schon ähnlich wie in einer Kolonie tief verwurzelt. Der Besuch war daher ein einschneidendes Ereignis, wie sehr, kann man vielleicht auch daran ablesen, dass es mehrere Anschlagswarnungen gab und tatsächlich Bomben gefunden wurden und entschärft werden mussten.

Umso höher bewerteten daher fast alle Beteiligten und Kommentatoren die kleinen Gesten, die Queen Elizabeth zeigte. Der britische Guardian titelte: »Irish eyes are smiling: show of respect turns Queen into runaway favourite – Irische Augen lächeln: Eine Darbietung des Respekts macht die Queen in zum besonderen Liebling«. Wie sah diese »show of respect« aus? Es war eine Reihe von kleinen Gesten. Als die Queen das Flugzeug verließ, trug sie einen grünen Hut und einen grünen Mantel, die Nationalfarbe Irlands. Beim Staatsbankett begann sie ihre Rede mit einem Satz auf Gälisch: »A Úachtárain agus a chairde – Herr Präsident und Freunde.« Dabei trug sie eine Brosche in Form einer Harfe, dem Wappen und Staatssymbol Irlands. Die Queen legte zwar auch einen Kranz nieder, gedachte der Iren, die im Kampf um die Unabhängigkeit (im Endeffekt von ihr) gefallen waren, und wählte wohlabgewogene Wort des Bedauerns für die unglückliche Geschichte. All dies aber war klassische Diplomatie und Politik – und machte weit weniger Eindruck als ihre Gesten des Respekts. »Für sich genommen banale Gesten«, schrieb Christian Zaschke später darüber in der Süddeutschen Zeitung[6] und betonte, dass kein Premierminister in dieser Weise hätte Zeichen der Versöhnung setzen können. Es waren eben Zeichen des Respekts und damit Höflichkeit, kleine Gesten, mit denen sie die Sympathie der Iren erwarb, möchte man hinzufügen.

Einen Kaffee bitte

Doch wieder zurück von gekrönten Häuptern in den Alltag und zu einer Geschichte, die ich erlebt habe. Vor mittlerweile etlichen Jahren unterhielt ich mich mit einem Bekannten, der in einem Berliner Café oder einer Kneipe oder wie man es auch immer nennen möchte, arbeitete. Seine Schicht war vorüber, wir saßen zusammen am Tresen. Das Gespräch kam auf das Verhalten von Gästen, und irgendwann sagte mein Bekannter, dass zu jeder Bestellung ein »bitte« gehöre. Ich hatte darüber noch nie explizit nachgedacht und versuchte, mich an mein übliches Bestellverhalten zu erinnern. In einem solchen Fall ist es meist schwierig, sein übliches Verhalten im Nachhinein festzuhalten, wenn man darauf noch nie besonders geachtet, sich aber nun darüber unterhalten hat. Ich kam jedoch zu dem Schluss, dass ich üblicherweise im fragenden Konjunktiv bestelle mittlerweile, besser gesagt, bestellte: »Könnte ich einen Kaffee haben?« Der Freund bestand jedoch darauf, dass auch in diesem Fall ein »bitte« zu folgen habe: »Könnte ich einen Kaffee haben – bitte.«

Zunächst kam mir das komisch vor: Die Kombination der an sich schon höflichen Form der Frage im Konjunktiv mit einem expliziten »bitte« schien mir ein bisschen zu viel. Ich hatte aber auch prinzipielle Bedenken, ob in einer Geschäftsbeziehung – und eine solche ist die Bestellung in einem Café – tatsächlich ein »bitte« angebracht sei. Bittet man wirklich um etwas? Schließlich steht der Bestellung eine Bezahlung gegenüber und nicht ein danke, wie bei anderen Bitten, etwa das Salz gereicht oder Platz zum Vorbeigehen zu bekommen.

Die Wirkung des »bitte«

Mittlerweile gebe ich meinem Bekannten jedoch recht. Und zwar weil das Wort »bitte« die Gesamtkonstellation nachhaltig verändert. Man bezahlt zwar für den Kaffee, und man bezahlt auch denjenigen, der ihn bringt, für die Dienstleistung. Man macht durch das kleine Wort »bitte« jedoch klar, dass man für diese Handlung bezahlt, nicht aber für die Person. Die Person als solche bleibt auch in der Situation, in der sie »bedient«, vollkommen zweifelsfrei eine Person wie jede andere, eine Person, der gegenüber man sich verhält wie gegenüber jeder anderen Person, mit der man Kontakt hat. Und bei der man selbstverständlich auch »bitte« sagen würde, wenn man etwas haben will – mit anderen Worten »um etwas bittet«.

Das »bitte« trennt Funktion und Person und schützt damit die Person. Gleich in welcher Funktion, gleich welche Tätigkeit jemand ausübt, das »bitte« – und entsprechend ein »danke« – lässt ihn oder sie Person bleiben, ein Mensch wie jeder andere, genauso wie derjenige, der oder die bedient wird.

Das »bitte« ist die Vergewisserung der Gleichheit als Mensch, der Gleichwertigkeit. Dabei ändert es nichts an den technischen äußeren Umständen. Es führt nicht dazu, dass man sich – weil alle gleich sind und deshalb nicht einer den anderen bedienen sollte – den Kaffee selbst holen sollte. Oder sich nur schlecht fühlen, weil man sich bedienen lässt. Im Gegenteil, durch die Klärung, dass man sich auf menschlich gleicher Ebene befindet – was nichts an den wirtschaftlichen und Arbeitsverhältnissen ändert –, wird das Gesamtverhältnis entspannt und geklärt.

Beim Bestellen »bitte« zu sagen hat daneben aber noch einen anderen Effekt: Es verbessert die Stimmung. Nahezu unwillkürlich sieht man dabei dem Gegenüber in die Augen und lächelt – und der oder die im Service lächelt zurück.

Geste oder Zeichen?

Streng genommen handelt es sich bei diesen Gesten auch gar nicht um Gesten, denn darunter versteht man eine nonverbale Kommunikation durch Bewegungen, insbesondere der Arme und Hände oder des Kopfes. Neben Nicken, Kopfschütteln und der Verbeugung dürfte wohl der Daumen nach oben als Zeichen der Zustimmung, dank seiner Verwendung bei Facebook im Sinne von »Like« – Gefällt mir, mittlerweile einer ihrer weltweit bekanntesten Vertreter geworden sein.

So gesehen sind Formulierungen, ein Begrüßungssatz auf Gälisch oder die Verwendung des Wortes »bitte« keine Gesten der Höflichkeit im engeren Sinne, sondern vielleicht eher Zeichen oder Symbole. Aber um zu betonen, dass es sich bei dem, worum es mir hier geht, oft um Kleinigkeiten handelt, die anders als ein Zeichen, das meist im Mittelpunkt einer Handlung steht, die eigentliche Handlung nur begleiten, wie eben die Gestik eines Redners oder Schauspielers, scheint mir der Ausdruck hier dennoch angebracht und richtig.

Exkurs über die Verbeugung

Apropos Nicken und Verbeugung. Für viele mag die Idee, sich zu verbeugen, heute zumindest in westlichen Kulturen irrelevant erscheinen, ein Anachronismus und in einem demokratischen Gemeinwesen auch fehl am Platze. Es sei denn, man trifft die oben schon erwähnte Königin von England, was nun auch nicht jeden Tag passiert. Ich behaupte jedoch, da unterschätzt man das Prinzip der Geste und ihre Unterschwelligkeit, den Umstand, dass sie zwar oft nicht auffällt, aber dennoch Wirkung entfaltet.

Man kann das an einem kleinen Versuch sehen. Den kann man in Gesellschaft unternehmen oder, wenn man genügend Vorstellungskraft hat, auch alleine zu Hause, zum Beispiel beim Lesen dieses Buches.

Stellen Sie sich vor, Sie sind in einer Situation, in der Sie andere Menschen treffen und, weil Sie diese kennen, auch begrüßen wollen. Vielleicht sogar aus der Entfernung. Oder noch alltäglicher, man begegnet sich im Vorbeigehen. Und nun stellen Sie sich einmal vor, Sie treffen Ihren Chef und sagen »Guten Tag« oder »Grüß Gott«. Und in der zweiten Situation treffen Sie einen

Freund, sind überrascht und freuen sich und sagen »Hallo«, »Servus«, »Hi«, »What's up?«, »Was geht?« oder wie auch immer die Formel zur Begrüßung von Freunden in Ihrem Umfeld lautet.

Und während Sie sich diese beiden Situationen vorstellen, achten Sie auf Ihren Kopf. Auf dessen Bewegung. Und auf Ihre Mimik. Falls Sie vorhaben, das auszuprobieren, sollten Sie es jetzt tun, bevor Sie weiterlesen. Danach haben Sie nicht mehr die Chance, es unvoreingenommen zu tun, und müssen mir glauben. Und ob Sie das wirklich wollen, weiß ich nicht.

Das unterschiedliche Nicken

Zurück zum Versuch. Wenn Sie ihn tatsächlich unternehmen, werden Sie vermutlich beide Male leicht nicken – aber unterschiedlich. Bei Freunden oder anderen Personen, die Sie mit einem informellen »Hallo« oder dergleichen begrüßen, und in sonstigen Situationen, in denen die Freude über das Treffen der anderen Person überwiegt, hebt sich der Kopf dabei leicht, und das Nicken geht nach oben. Vielleicht bleibt der Kopf aber auch eher in der Ausgangslage, und Sie heben nur die Augenbrauen. Bei Ihrem Chef oder anderen Personen, mit denen Sie nicht enger bekannt sind und die Sie siezen, speziell in formellen Zusammenhängen, senkt sich der Kopf beim Grüßen automatisch und unbewusst, das Nicken geht nach unten.

Für dieses Experiment reicht es oft schon aus, ganz alleine einfach »Guten Tag« oder »Hallo« laut auszusprechen, vielleicht beim »Guten Tag« eine Hand wie zum Gruß auszustrecken oder beim »Hallo« kurz zu winken, um die entsprechende angedeutete Kopfbewegung an sich zu beobachten.

Man kann auch einen Gegenversuch unternehmen, der fast noch eindrucksvoller ist. Stellen Sie sich vor, Sie treffen Ihren Chef, sagen »Guten Tag« und heben dabei absichtlich den Kopf wie zur Begrüßung von Freunden leicht, Sie nicken nach

oben. Sie werden vermutlich zweierlei bemerken: Den Kopf
so zu führen wird Sie vom Bewegungsablauf her mindestens ir-
ritieren, vermutlich wird es Ihnen fast schon körperlich
schwerfallen. So tief verwurzelt ist die gegenteilige Bewegung
in diesem Fall. Und Sie werden es als unangebracht empfinden,
leicht despektierlich, mit anderen Worten als unhöflich. Die
kleine Geste der Kopfbewegung entscheidet über den Kontext der Begrüßung.

Der Augengruß

Woher kommt dieses jeweilige Verhalten? Und was bedeutet
es? Nun, es ist älter, als Sie vielleicht vermuten. Bei dem Verhalten der Begrüßung des Freundes handelt es sich um den sogenannten »Augengruß«, den der bekannte Verhaltensforscher
Irenäus Eibl-Eibesfeld so beschrieb:

> »Beim Augengruß werden die Augenbrauen nach Herstellung
> des Blickkontaktes für etwa 1/6 einer Sekunde schnell angeho-
> ben und danach wieder gesenkt. Das Verhalten wird von ande-
> ren Aktionseinheiten begleitet: Ein kurzes, ruckartiges Anheben
> des Kopfes geht ihm voran, mit dem Brauenheben breitet sich
> ein Lächeln aus, und häufig nickt die Person anschließend.«[7]

Eibl-Eibesfeld beschreibt diesen Augengruß so genau, weil er
beobachtet hat, dass es sich beim Augengruß um ein universel-
les Ausdrucksmuster handelt, das er, wie er in seinen Büchern
berichtet, in allen von ihm besuchten Kulturen gefunden habe,
wenn auch in unterschiedlicher Anwendung. In Japan etwa habe
man ihm gesagt, er schicke sich nicht. Allerdings stellte Eibl-Eibesfeld fest, dass er dort gegenüber Kindern sehr häufig verwandt werde. Auf Samoa dagegen werde jedermann regelmäßig
nur mit dem Augengruß begrüßt, während – und jetzt kommt
es – »wir in Mitteleuropa nur sehr gute Freunde so bedenken«.

Augengruß bei einem Balinesen, einem Woitapmin aus Bimin/
Neuguinea und einer Französin. Aus: Volker Storch/Ulrich
Welsch, Kurzes Lehrbuch der Zoologie, 8. Auflage, Spektrum
Verlag, Heidelberg 2005, S. 172, nach Fotos von Eibl-Eibesfeld,
a. a. O., S. 694 ff., mit freundlicher Genehmigung der Autoren.

Die andere Kopfbewegung, das Senken des Kopfes gegenüber dem Chef oder in formellen Situationen, ist hingegen eine
angedeutete Verbeugung oder Verneigung. Es ist eine Geste als
Zeichen der Unterordnung, die sogar noch älter ist, wie ein
Blick in die Evolution des Verhaltens zeigt. Eine typische Demutsgeste, wie wir sie bereits bei unseren Verwandten im Tier-
reich finden, etwa bei Schimpansen.

Ich will jetzt nicht in eine Diskussion eintreten, was von diesem Verhalten tatsächlich angeboren und was erlernt ist, Stichwort: nature or nurture. Worum es mir geht, ist, dass das Verhalten, in diesem Fall: wie genau grüße ich, jeweils die Achtung
für das Gegenüber ausdrückt. Nur jeweils in einer anderen
Form und mit einem leicht abgewandelten Inhalt. Fremden,
Menschen, mit denen man nicht gut bekannt ist oder die man
in einem formellen Zusammenhang trifft, erweist man Respekt, indem man ihnen zeigt, dass man sich nicht über sie erhebt, ausgedrückt in einer angedeuteten Demutsgeste. Auf der
anderen Seite tut man das nicht gegenüber engeren Freunden.
Auch sie respektiert man, bei ihnen aber tritt der Ausdruck des

Schimpansen-Weibchen, ein Männchen begrüßend; der französische Staatschef de Gaulle, einem deutschen Polizisten die Hand
reichend. Aus: Volker Storch / Ulrich Welsch / Michael Wink, Evo-
lutionsbiologie, 2. Auflage, Springer Verlag, Heidelberg, 2007,
S. 73, nach Fotos von Eibl-Eibesfeld und UPI

Respekts bei der Begrüßung gegenüber der Freude, sie zu sehen, zurück und wird deshalb nach außen hin anders gezeigt.
Bei Freunden steht die Freundschaft, die Zuneigung im Vordergrund. Und deshalb stellt in diesem Fall der Ausdruck der
Freude, sie zu sehen, auch das adäquate Verhalten bei der Begrüßung dar. Bei ihnen wäre umgekehrt ein Grußverhalten,
das den allgemeinen Respekt gegenüber Anderen stärker betont als die Freude und die Zuneigung, fast schon respektlos,
weil es die Herausgehobenheit der Freundschaft und damit die
der befreundeten Person vernachlässigt. Und das Besondere
bei Gesten ist, dass das, was die Geste ausdrückt, innerhalb des
gleichen Kulturraums auch beim Gegenüber so ankommt, weil

das Gegenüber die Bedeutung der Gesten, und sei es auch nur unbewusst, kennt und ihm deshalb die Geste die gesamte Geschichte erzählt.

Ende Exkurs

Das Aufhalten der Türe

Im Grunde ist das auch bei *der* höflichen Handlung schlechthin der Fall, dem Aufhalten der Türe. Im gleichnamigen Kapitel über die Definition der Höflichkeit sind wir verschiedenen Situationen begegnet, in denen man jemandem die Türe aufhält (S. 28 ff.). Und im Vergleich stellte sich heraus, dass es sich dabei um echte Höflichkeit, in der sich die Achtung für den Anderen ausdrückt, nur in dem Fall handelt, in dem keine anderen Gründe es notwendig machen, die Türe aufzuhalten, sei es ganz praktisch, weil der- oder diejenige es nicht alleine schafft, sei es, weil man bei ihm oder ihr etwas erreichen will. Aus reiner Höflichkeit geschieht es dann, wenn es sozusagen l'art pour l'art ist, die Kunst um der Kunst willen, hier die Höflichkeit um der Höflichkeit willen, wenn man das, was man tut, gerade deshalb tut, um höflich zu sein, um auszudrücken, dass man den Anderen achtet.

Eine Handlung, mit der man etwas zeigen möchte, ist jedoch im Endeffekt eine Geste. Und deshalb drängt sich die Frage auf, ob nicht die Geste der Kern, das Wesen der Höflichkeit ist. Zumindest wenn man die Geste im erweiterten Sinne begreift. Nach ihrer Definition bezeichnet Geste im strengen Sinne nur eine nonverbale Kommunikation durch Bewegungen. Das lässt sich mit der Höflichkeit, die ja ihren Schwerpunkt im Sprachlichen hat – man denke nur an das Wort »bitte« –, nicht vereinbaren. Wenn man die Geste jedoch wie oben ausgeführt im weiteren Sinne versteht, als Zeichen, dann sind es eben Zeichen der Achtung für den Anderen. Und dann sind diese Zeichen der Achtung für den Anderen tatsächlich das Wesen der Höflichkeit.

Einen schönen Tag noch

Ein typisches Beispiel für eine dieser Gesten der Höflichkeit ist der Wunsch »Einen schönen Tag noch« im Alltag. Man könnte ihn als Sonderform des Grußes, in diesem Fall der Verabschiedung, begreifen. Auch Begrüßung und Verabschiedung sind typische Beispiele für Gesten der Höflichkeit, »Einen schönen Tag noch« geht jedoch einen Schritt weiter – wenn man es nicht als reine Grußfloskel auffasst. Dieser Zwiespalt tritt in einer Anfrage zu diesem Thema in Rahmen meiner Kolumne zutage:

> »Bei meinem Discounter wünschen mir die Frauen an der Kasse: ›Noch einen schönen Tag.‹ Meist antworte ich: ›Ich wünsche auch Ihnen einen schönen Tag.‹ Die Kassiererin könnte dies durchaus als Zynismus verstehen, da sie an diesem Tag für einen Hungerlohn bis 21 Uhr hart arbeiten muss. Sollte ich also besser einfach nur ›Danke‹ sagen?«[8] Sabine F., Kiel

Der Zwiespalt ist hier sogar ein doppelter. Zunächst bei der Überlegung, wie der Wunsch der Dame an der Kasse gemeint ist. Einerseits ist es etwas Positives, einem anderen Menschen zu wünschen, dass sein Tag schön verlaufen möge. Andererseits liegt der Verdacht nahe, dass in vielen Geschäften die Angestellten verpflichtet sind, das so zu sagen, und dann ist es nicht viel mehr als eine leere Floskel. Eine Sitte oder Unsitte, die aus den USA zu uns gekommen ist, wo »Have a nice day« zum Standardrepertoire der Verabschiedung von Kunden gehört.

Der zweite Zwiespalt ist dann der, wie man darauf antworten sollte. Das Naheliegendste ist tatsächlich, »Ihnen auch!« zu sagen. Wenn es eine Grußfloskel ist ohnehin, aber auch wenn es ehrlich gemeint ist. Denn warum sollte eine Kassiererin keinen schönen Tag haben können? Das anzunehmen beinhaltet neben allem Mitgefühl auch eine gewisse Überheblichkeit gegenüber diesem Beruf. So schwer und undankbar ein Job im Einzelnen auch sein mag, das schließt nicht aus, dass man dennoch einen schönen Tag haben kann.

Ein »schöner Tag« bedeutet nicht zwangsläufig, dass man in Zeitlupe über eine Blumenwiese in den Sonnenuntergang läuft. Dass das, was immer man auch tun wird, gut laufen möge, wünscht man meines Erachtens mit dieser Wendung. Vor allem beinhaltet der Wunsch »Einen schönen Tag noch« die Achtung für das Gegenüber, hier die Kassiererin, die sich ebendarin ausdrückt, dass man sie als Mensch wahrnimmt und nicht nur als jemanden, der eine Funktion erfüllt. Und von Kunden nicht nur als Maschine, sondern als Person wahrgenommen zu werden ist etwas, was einem Mitarbeiter in einem Geschäft den Tag tatsächlich schöner machen kann. Ich persönlich finde es auch schön, sich bei den Mitarbeitern an der Kasse zu bedanken und von sich aus einen schönen Tag zu wünschen; wenn es gegen Geschäftsschluss geht, kann man auch einen schönen Feierabend wünschen oder am Samstag ein schönes Wochenende. Und damit zeigen, dass es mehr als ein formelhafter Gruß ist.

Die andere Richtung

Allerdings gilt das in beiden Richtungen. Der norwegische Autor Karl-Ove Knausgård beschreibt im ersten Band »Sterben« seines gewaltigen sechsbändigen Romanprojekts über sein Leben eine interessante Szene aus den Tagen, in denen er zusammen mit seinem Bruder Yngve das vollkommen vermüllte und verdreckte Haus seiner Großmutter entrümpelt und putzt. Das Haus, in dem wenige Tage zuvor sein Vater gestorben war, sich zu Tode getrunken hatte.

An einem der Abende geht er müde von der Arbeit nach dem Entrümpeln und Putzen noch schnell in den Kiosk, um Tabak und Getränke zu kaufen. Die Verkäuferin dort beachtet ihn überhaupt nicht, wie er feststellt, als er den Kiosk betritt:

>»Mich würdigte sie keines Blickes. Ihre Aufmerksamkeit war auf eine Zeitung gerichtet, die aufgeschlagen auf dem Tresen vor ihr lag.«

Das setzt sich fort, als es zum Bezahlen kommt:

>»>Und noch einen Beutel Tiedemanns Gelb mit Blättchen<, sagte ich.
>
> Sie drehte sich um und holte den Tabak aus dem Regal hinter ihr.
>
> >Rizla?<, sagte sie, weiterhin ohne meinem Blick zu begegnen.
> >Ja, genau<, antwortete ich.
>
> Sie steckte das orange Zigarettenpapier unter die Ecke des gelben Tabakbeutels, und legte ihn auf den Tresen, während sie mit der anderen Hand die Preise in die Kasse eintippte.
>
> >Hundertsiebenundfünfzig fünfzig<, sagte sie im breiten Kristiansander Dialekt. Ich gab ihr zwei Hunderter. Sie tippte den Betrag ein und suchte aus der aufgleitenden Kassenschublade das Wechselgeld heraus. Obwohl ich mit ausgestreckter Hand vor ihr stand, legte sie es auf den Tresen.
>
> Warum tat sie das? Was war mit mir, hatte sie etwas gesehen, das ihr nicht gefiel? Oder war sie nur unaufmerksam? War es nicht üblich, dass die Verkäuferin dem Blick des Kunden im Laufe der Transaktion das eine oder andere Mal begegnete? Und war es nicht schon fast eine Beleidigung, das Geld woandershin zu legen, wenn man ihr die Hand hinhielt? Zumindest demonstrativ?
>
> Ich sah sie an.«[9]

Knausgård berichtet in diesem Zusammenhang, dass er die Verkäuferin schön fand und sogar ein sexuelles Verlangen nach ihr verspürte, dennoch glaube ich, dass seine Überlegungen nicht nur mit diesem Interesse an ihr zu tun haben. Es geht auch hier um die Wahrnehmung als Mensch. Indem sie nicht einmal aufblickt und noch mehr, indem sie das Geld auf den Tisch legt statt in die hingehaltene Hand, drückt die Verkäuferin hier nicht nur keine Achtung aus, sie drückt im Gegenteil durch die Nicht-Beachtung Nicht-Achtung aus. Und Knausgård zeigt auf, wie sehr ihn diese Geste, die seinen Einkauf im Grunde überhaupt nicht beeinträchtigt, dennoch massiv irritiert, verunsichert in seiner Selbstwahrnehmung.

Das amerikanische Modell

An dieser Stelle beginnt man zu überlegen, ob nicht das amerikanische Modell der ostentativen Freundlichkeit, mit der man in jedem Geschäft empfangen wird, zu bevorzugen wäre. Nach dem Prinzip: Besser eine aufgesetzte Freundlichkeit – oder Höflichkeit – als gar keine. Ich muss gestehen, manchmal neige ich zu dieser Idee. Besonders, wenn einem etwas Ähnliches widerfahren ist wie Knausgård im Kiosk.

Die ersten Zweifel kommen allerdings schon auf, wenn man sich amerikanische TV-Serien ansieht, insbesondere Sitcoms. Sitcoms deshalb, weil gerade sie der Gesellschaft einen humorvoll-komödiantischen, aber dadurch auch oft entlarvenden Spiegel vorhalten. Schon Shakespeare hat dieses Prinzip häufiger eingesetzt, etwa in *King Lear*, wo der Narr dem König die unschöne Wahrheit sagt und, als Lear ihm deswegen die Peitsche androht, entgegnet: »Wahrheit ist ein Hund, der ins Loch muss und hinausgepeitscht wird, während Madame Schoßhündin am Feuer stehn und stinken darf.« Was der König schließlich einsieht mit den Worten: »Eine bittere Pille für mich!«[10]

In amerikanischen Sitcoms nun trifft man immer wieder auf die Figur der zu den Kunden extrem freundlichen, weil von den Vorgesetzten dazu angehaltenen Service-Kräfte, die jedoch im

Hintergrund nichts anderes tun, als über die nervigen Gäste abzulästern. So etwa Penny aus der Serie »The Big Bang Theory«, die Nachbarin der beiden Physiker Sheldon und Leonard. Weil ihre Schauspielkarriere nicht funktioniert, arbeitet sie als Kellnerin in der Cheescake Factory, einem Schnellrestaurant. In einer anderen Serie, »2 Broke Girls«, geht es sogar zentral um die Figuren der beiden Kellnerinnen Max Black und Caroline Channing, die in einem Diner jobben und den Traum haben, ein Cupcake-Geschäft zu eröffnen. Gemeinsam ist den Figuren, dass sie zeigen, wie aufgesetzt und falsch die Freundlichkeit der Service-Kräfte ist. Gerade in »2 Broke Girls« dreht sich ein guter Teil der Witze genau darum. Und, wie oben (S. 92) schon erwähnt, in »The Big Bang Theory« wird immer wieder thematisiert, dass das Personal unliebsamen Gästen heimlich in die Burger spuckt, bevor sie sie freundlich lächelnd servieren.[11]

Nun könnte man entgegnen, dass man dagegen auch nicht gefeit ist, wenn die Kellnerinnen unfreundlich sind. Aber vielleicht ist der Druck, das zu tun, geringer, wenn sie ihren Unmut direkt ausdrücken können. Warum in die Suppe spucken, wenn man sie dem Gast auch Auge in Auge auf den Tisch knallen kann?

Dass am Ende bei mir die Zweifel gegenüber der professionellen amerikanischen Freundlichkeit überwiegen, hat mit etwas zu tun, das der amerikanische Kulturhistoriker Paul Fussell in seinem Buch »Class: A Guide Through the American Status System« aufgreift. Das Buch ist ein launiger, teilweise ironischer Führer durch das amerikanische System von Status und Klassen. Ein Thema, das zunächst überrascht, weil wir die USA ja gerade als eher klassenlose Gesellschaft begreifen. Allerdings kennen wir den Begriff »middle class«, übersetzen ihn, anders als bei Autos (Mittelklassewagen), in Bezug auf Menschen nur nicht mit Klasse, sondern mit Schicht (Mittelschicht), was weniger nach Abgrenzung klingt.

Dass es die Klassen auch in den USA sehr wohl gibt, zeigt der sicherlich nicht ganz ernst gemeinte Ratschlag, den Fussell in einem Anhang zum Buch erteilt, in dem er Fragen beantwortet. So etwa die Frage eines gewissen »Sincere«, auf Deutsch »Ernsthaft«, was man dem Kassierer in der Bank antworten solle, wenn dieser am Ende »Einen schönen Tag noch« wünsche. Das bringe ihn, so der Fragesteller Sincere, sehr in Verlegenheit, weil er nicht wisse, was er darauf sagen solle. Fussell rät zunächst, »Ihnen auch« zu antworten, während er »Kümmern Sie sich um Ihre eigenen Angelegenheiten« als sehr grob ablehnt. Am Ende aber meint er jedoch, die beste Antwort sei die, die ihm ein britischer Freund empfohlen habe: »Danke, aber ich habe andere Pläne.« Allerdings mit einer sehr herablassenden Begründung: »Perfekt höflich, aber dennoch lässt es keinen Zweifel, dass Sie *nicht* der sozialen Klasse dieses Menschen angehören.«[12]

Für den Zusammenhang hier beleuchtet diese ironische Auseinandersetzung eine Aspekt, der oft zu kurz kommt: Die perfekte Freundlichkeit im Servicebereich in den USA ist ganz überwiegend einseitig. Es ist die geringverdienende Service- oder Verkaufskraft, die zum Kunden ausgesucht höflich und freundlich zu sein hat, nicht umgekehrt. Der Kunde, der in dieser Situation den höheren Stand hat, wird hofiert, und ich verwende dieses Wort hier mit Bedacht, weil es die Klassenunterschiede ausdrückt. Das ist einer der negativen Seiten der Höflichkeit, dass sie bestehende Strukturen festigt. Und wenn sie, wie hier, vorwiegend einseitig praktiziert wird, auch Standesunterschiede. Dazu mehr in den Kapiteln über Provokation (S. 264 ff.) und die negativen Folgen der Höflichkeit (S. 82 ff.).

Die Etikette

Doch zurück zu den Gesten. Wenn man das Wesen der Höflichkeit in der Geste sieht, drängt sich eine Frage auf: Sind nicht alle
Handlungen, welche die Etikette vorschreibt, die ja oft inhalts-
entleert sind, dann nichts anderes als Gesten? Und die Benimmbücher wären dann sozusagen Sammlungen von Gesten,
deren Einhaltung die Achtung vor dem Gegenüber signalisieren soll? Oder, wenn man die Höflichkeit wie beim übertriebenen Kompliment als Spiel versteht, wären die Etikette-Regeln
dann nicht so etwas wie schriftlich fixierte Spielregeln? Und die
Benimmbücher nichts anderes als eine Sammlung von Spielregeln?

Dies wäre eine Rehabilitation der Etikette. Und ich muss gestehen, zum Teil ist sie das auch. Aber nur zum Teil. Es bleibt
das Hauptproblem der Etikette: Sie dient in erster Linie dem,
der sich an sie hält. Es steckt in der Einhaltung der Etikette die
Geste gegenüber dem Anderen, dass sich ihr Befolger die Mühe
macht, sich an die Etikette zu halten. Aber eben mit dem Dop-
pelsinn, dass er dadurch selbst gut dasteht. Und gerade die Tatsache, dass die Gesten in diesem Fall festgelegt, kodifiziert sind,
hebt das hervor. Sobald das richtige Verhalten festgelegt wird,
verselbständigt sich die Regel gegenüber dem ursprünglichen
Zweck. Sie rückt damit ein wenig davon ab, die Achtung
für den Anderen auszudrücken. Die Etikette-Regel einzuhalten
zeigt in erster Linie Achtung vor der Etikette, erst in zweiter
Linie, indirekt, die Achtung vor dem Anderen. Und je feiner
ausziseliert die Etikette wird und je genauer sich jemand an sie
hält, desto weiter entfernt sie sich von der Idee der Achtung vor
dem Gegenüber, verselbständigt sich, und ihre Einhaltung dient
umso mehr dem, der das tut.

Wie viel zugewandter und damit höflicher ist dagegen die individuelle Aufmerksamkeit, die sich nicht in der Konvention er-

schöpft. Der Unterschied ist vergleichbar dem zwischen einem individuell nach den Wünschen des oder der Beschenkten ausgesuchten Geschenk und einem Blumenstrauß, den die Assistentin oder der Assistent rechtzeitig geordert und zustellen hat lassen.

Es gibt für Smartphones eine App, die automatisch zu bestimmten Daten vorformulierte Nachrichten versendet. Man gibt einfach das Datum und den gewünschten Text ein, und die App versendet in Zukunft Glückwünsche zu »Geburtstag, Feiertag, Jubiläum oder bestandene[r] Prüfung«.[13] Der Form, einen Glückwunsch zu senden, ist damit Genüge getan – wenn auch natürlich nicht formvollendet, zum Beispiel mit einer handgeschriebenen Grußkarte. Aber hier soll es auch nur darum gehen, zu zeigen, dass die Einhaltung der Konvention allein – hier Glückwünsche zu senden – keine echte Zuwendung zum oder Achtung für das Gegenüber beinhalten muss, sondern vor allem zeigt, dass man sie eingehalten hat. Oder im Falle der App, dass sie eingehalten wurde. Das Einhalten der Konvention ist so mechanisch, dass es auch eine Maschine erledigen kann.

Dennoch eine Teilrehabilitation

Warum ich in der Überlegung, dass die Etikette eine Sammlung von Gesten darstellt, dennoch eine Teilrehabilitation der Etikette sehe, hat ganz pragmatische Gründe. Wenn ich die Wahl habe zwischen jemandem, der sich nur an die Etikette hält, und jemandem, der sich weder an die Etikette hält noch echt höflich ist, dann ist mir innerhalb eines gewissen Rahmens derjenige, der sich an die Etikette hält, am Ende doch noch angenehmer. Mit anderen Worten: Konventionen der Höflichkeit sind besser als gar nichts. Allerdings deutlich schlechter als echte Höflichkeit.

Erst wenn die Einhaltung der Konvention sich vollkommen verselbständigt hat, wenn man etwa kein echtes Gespräch mehr führen kann, weil alles nur noch aus Floskeln und der Vermeidung irgendeiner Festlegung besteht, weil diese ja dem Gegenüber irgendwie zu nahe treten könnte, findet das eine Grenze. Dann ist mir der ungefiltert Ehrliche lieber, mag er auch manchmal grob sein. Aber das auch wieder nur bis zu einer gewissen Grenze.

Die kleinen Gesten

Am besten ist aber eben doch die echte Höflichkeit. Die, in der sich die Achtung für das Gegenüber aufrichtig widerspiegelt. In so kleinen Gesten wie »bitte« bei einer Bestellung zu sagen, einen schönen Tag zu wünschen oder auch »danke«. Ich weiß, dass das jetzt Gefahr läuft, in Richtung Smiley-Literatur abzugleiten. Ich hoffe, dass es das nicht tut, aber es ist tatsächlich überraschend, wie ein »Danke«, zum Beispiel wenn man ein Geschäft verlässt, die Stimmung verändern kann. Wenn man zum Ausdruck bringt, dass man diejenigen, die dort arbeiten, nicht nur wahrgenommen hat, sondern auch das, was sie dort tun, wertschätzt. Man kann auch von sich aus einen schönen Tag wünschen, also nicht nur auf den – vermutlich vorgeschriebenen – Wunsch reagieren. Man kann auch, wenn man etwas gut findet, das sagen. In fast jedem Zusammenhang, ob privat oder geschäftlich. Oder auch einfach einmal jemanden ohne alle Hintergedanken anlächeln. Manche sind irritiert, aber in den meisten Fällen kann man bemerken, wie sich die Menschen freuen und sich die Laune hebt. Auf beiden Seiten. Man kann sogar zumindest die Hoffnung hegen, dass höflich oder gar freundlich zueinander zu sein langfristig etwas am Zusammenleben ändert, zum Besseren hin. Gut, jetzt höre ich wirklich auf, aber es stimmt.

Die befreundete Lehrerin – eine Amerikanerin übrigens –, die mir davon berichtet hat, dass sie für jeden in der Schule die Tür aufhält, berichtete mir noch von etwas anderem. Zu dem, was sie ihren Schülern beibringt, gehöre, dass sie sich am Ende jeder Stunde bei ihr bedankten. Und sie würde sich daraufhin umgekehrt bei den Schülern bedanken. Am Anfang war ich mir unsicher, was ich davon halten sollte, es klang mir ein wenig nach Dressur. Mittlerweile gefällt mir diese wechselseitige Geste, vor allem, weil sie wechselseitig ist, die Lehrerin sich umgekehrt auch bei den Schülern bedankt. Ich überlege nur, ob es vielleicht noch schöner wäre, wenn sie ihren Dank zuerst ausspräche. Als zusätzliche Geste.

MAHLZEIT
Höflichkeit im Beruf

In seinem Film »Kehraus« versucht Gerhard Polt als Gabelstaplerfahrer Ferdinand Weitel, dem von einem Versicherungsvertreter unnötige teure Versicherungen aufgeschwatzt wurden, diese Verträge, die er sich gar nicht leisten kann, rückgängig zu machen. Dazu fährt er in die Zentrale und irrt dort – ausgerechnet am Faschingsdienstag – durch die Korridore auf der Suche nach dem Vertreter. Eines der Charakteristika dieser trostlosen Bürowelt ist neben dem Tratsch und dem Kaffeetrinken, dass sich alle, die sich begegnen, mit »Mahlzeit« begrüßen. Polt walzt das in seiner typischen Art gnadenlos breit, so dass in wenigen Minuten Film immer wieder das Wort »Mahlzeit« fällt, bei jeder Begegnung auf den endlosen Fluren, aber auch jedes Mal, wenn jemand ein Büro betritt. Anfangs antwortet Polt noch mit »Grüß Gott«, beginnt aber sehr schnell sich zu assimilieren und verwendet bald ebenfalls »Mahlzeit«, was dazu führt, dass er, wie selbstverständlich mit »Mahlzeit« grüßend, in die gesicherte Vorstandsetage gelangen kann. »Mahlzeit« zu sagen wird zu einer Art Hausausweis, der zeigt, dass man Mitarbeiter und kein Fremder ist.

Man kann nun zu »Mahlzeit« stehen, wie man will; ich muss zugeben, mir gefällt es nicht besonders, dennoch sollte man es nicht zu sehr verteufeln. Wer je in einem größeren Betrieb gearbeitet hat, kennt das Problem: Wie soll man reagieren, wenn man Personen, mit denen man nicht direkt zu tun hat, die man aber kennt, im Laufe des Tages wiederholt auf dem Gang trifft, was sich kaum vermeiden lässt. Man läuft teilweise, je nach Flurlänge, eine Zeitlang aufeinander zu, kennt sich, es entsteht das Bedürfnis, etwas zu sagen. Sich einfach zu grüßen, »Guten Morgen«, »Guten Tag« oder je nach Landstrich »Grüß Gott« zu sagen, geht jedoch nur einmal am Tag. »Wir haben uns doch heute schon gesehen«, hört man sonst als Antwort, mit dem leicht vorwurfsvollen Unterton, dass man das Gegenüber wohl schon wieder vergessen habe. Insofern ist über die gesamte Mittagszeit das Wort »Mahlzeit« eine dankbare Alternative. In vielen Fällen, wenn man etwa lange im Flur aufeinander zuge-laufen ist und sich sogar so etwas wie eine leichte Spannung aufgebaut hat – wann man denn nun etwas sagen soll, und was? –, kann man ein »Mahlzeit«, auch wenn man es nicht be-sonders mag, geradezu als wohltuende Erleichterung empfin-den. Man erkennt an diesem kleinen Wort wieder einmal die entlastende Funktion der Konvention: Man muss nicht groß nachdenken, sich für den jeweilig entgegenkommenden Be-kannten überlegen, was denn nun eine passende Begrüßung wäre. Das könnte man wegen der Vielzahl der Situationen – siehe Gerhard Polts Filmszenen – auch kaum leisten. Es genügt das Wort an sich, das auch gar nicht mehr mit seinem ursprüng-lichen Sinnzusammenhang als Abkürzung von »Gesegnete Mahlzeit« stehen muss, um dem Entgegenkommenden nur zu signalisieren: Ich habe dich gesehen und bemerkt, du bist mir nicht egal, ich erkenne dich als Mensch in deinem Leben (zu dem gehört, dass nun Mahl-Zeit ist, Zeit für das Mittagsmahl). Mehr ist es nicht, und mehr muss man in diesem Zusammen-hang auch nicht signalisieren.

»Mahlzeit« scheint – siehe auch Polt mit seinem Gespür für Alltagsphänomene – untrennbar mit dem Büroalltag verbun-den. Mindestens ebenso stark aber mit einem anderen Phäno-men: dem korrekten Benehmen dort, der Business-Etikette. Wenn auch umgekehrt, negativ, denn zu den wichtigen Fragen der Business-Etikette scheint zu gehören, dass man »Mahlzeit« nicht mehr sagt. Diesen Eindruck könnte man zumindest gewinnen, wenn man gelegentlich Interviews mit entsprechenden Spezialisten liest.[1] Zu deren Ehrenrettung sei jedoch gesagt, sie können sich die Fragen ja nicht immer aussuchen, sondern müssen sie beantworten.

Business-Etikette

Und die Business-Etikette beschäftigt sich auch mit anderen Fragen rund um das richtige Verhalten im Business. Gemeint sind damit Betrieb, Büro, Unternehmen, vor allem aber auch deren höhere Etagen. Business-Etikette oder Business-Knigge heißen ja nicht zufällig so wie der Business-Anzug, statt Benehmen im Betrieb, am Arbeitsplatz oder an der Werkbank. Dort treten dieses Fragen ganz genauso auf, auch für diese Orte wird es vermittelt, aber der Schwerpunkt liegt eher bei White Collar als bei Blue Collar, also mehr in der Führungsetage mit den weißen Hemden und Krägen als in der Werkbank mit den blauen Arbeitsoveralls, den Blaumännern und den blauen Krägen.

Warum? Vermutlich gibt es eine ganze Reihe von Gründen, einschließlich dem, dass sich natürlich mit Büchern und Seminaren für die Führungsetage mehr Geld verdienen lässt, was ich ganz wertfrei meine. Einer der Hauptgründe dürfte aber sein, dass die Business-Etikette vor allem mit einem Punkt verbunden wird: Karriere. Also dem Aufstieg in die oder innerhalb der Führungsetage.

Besser für die Karriere

In diese Richtung laufen auch die Untersuchungen, und damit wird geworben. Bei einer Umfrage einer amerikanischen Personalberatungsfirma im Jahr 2014 waren 85 % aller Befragten der Meinung, dass Höflichkeit am Arbeitsplatz Einfluss auf die Karrierechancen hat. 44 % glaubten, es habe einen sehr großen Einfluss, und weitere 41 % meinten, es gebe einen Einfluss, wenn auch Fachkenntnisse einen größeren Einfluss hätten.[2] Eine Umfrage im Jahr 2011 hatte schon ähnliche Zahlen ergeben.[3]

Allerdings gibt es Zahlen, die diesen Aspekt gewissermaßen von der anderen Seite her beleuchten: In einer Umfrage ebenfalls aus dem Jahr 2014 gaben 70 % der Befragten an, dass Menschen weniger höflich werden, wenn sie die Karriereleiter hinaufklettern. Entweder stellt das einen Widerspruch dar, oder Höflichkeit ist nur nützlich, um aufzusteigen, oben angekommen kann man es dann sein lassen. Dazu ist anzumerken, dass diese Zahlen nur den Meinungsstand in einer Umfrage widerspiegeln und keine wissenschaftliche Untersuchung darstellen. Widersprüche sind also möglich, vor allem aber sind die Zahlen mit der Gefahr verbunden, dass die Befragten die Situation falsch einschätzen. Sowohl was die Karrierechancen dank Höflichkeit angeht als auch das Verhalten der Aufgestiegenen. Wenngleich man zugeben muss, dass sich die zunehmende Unhöflichkeit auf den höheren Stufen der Karriereleiter teilweise mit der eigenen Lebenserfahrung deckt. Allerdings habe ich genauso auch schon das Gegenteil erlebt.

Nice guys finish last

Untersuchungen zum Verdienst scheinen in dieselbe Richtung zu weisen. In einer Studie aus dem Jahr 2010 untersuchten Wissenschaftler der Universität Erlangen-Nürnberg den Zusammenhang zwischen dem Einkommen und psychologischen Persönlichkeitsmerkmalen, den sogenannten »Big Five«: Neurotizismus, Extraversion, Offenheit für Erfahrungen, Gewissenhaftigkeit und Verträglichkeit.[4] Was sie in Bezug auf Verträglichkeit herausfanden, war vielleicht nicht wirklich überraschend, aber ernüchternd: Verträglichkeit ist negativ korreliert mit dem Einkommen. Mit anderen Worten: Nette Menschen verdienen weniger. Was man aber wieder mit dem Ergebnis der Umfrage in Einklang bringen könnte, dass Menschen weniger höflich werden, wenn sie die Karriereleiter hochklettern. Ist es dann womöglich sinnvoll, zunächst höflich und verträglich zu sein, bis man hat, was man will? Aber nur so lange?

In einer anderen Studie aus dem Jahr 2011 erweiterten Wissenschaftler mehrerer amerikanischer Universitäten[5] die Untersuchung, indem sie das Geschlecht einbezogen. Wie erwartet – leider ist das nach wie vor häufig der Fall – verdienten Frauen im Schnitt weniger. Und auch in dieser Studie zeigte sich, wie zuvor bei den Erlanger Wissenschaftlern, ein negativer Zusammenhang zwischen Verträglichkeit und Einkommen, daneben aber auch weitere interessante Aspekte, unter anderem ein weiterer Unterschied im Hinblick auf die Geschlechter: Der negative Zusammenhang zwischen Verträglichkeit und Einkommen war bei Frauen schwächer ausgeprägt als bei Männern, mit anderen Worten: Verträgliche Frauen verdienten nicht so viel weniger als unverträgliche Frauen, wie das entsprechend bei den Männern der Fall war. Über die Gründe kann man nur spekulieren. Möglicherweise liegt es daran, dass Verträglichkeit zu den als typisch weiblich angesehenen Eigenschaften gerechnet und damit Frauen so oder so unterschwellig unterstellt wird. Oder aber Frauen sind tatsächlich im Schnitt verträglicher – warum auch immer – und deshalb von vornherein dem negativen Effekt dieser Charaktereigenschaft auf das Einkommen im Schnitt auch stärker ausgesetzt.

Die Veröffentlichung der Studie war überschrieben: »Do Nice Guys – and Gals – Really Finish Last?« Gelangen nette Kerle – und Mädchen – wirklich als Letzte ins Ziel? Der Titel nimmt Bezug auf ein mittlerweile vor allem in den USA geflügeltes Wort »Nice guys finish last«, das im Allgemeinen auf einen Ausspruch des US-amerikanischen Baseball-Managers Leo Durocher über die New York Giants in Jahre 1946 zurückgeführt wird.[6] Nettigkeit hilft eben nicht weiter.

Ich habe diese Studien hier aufgenommen, weil sie einen interessanten Aspekt aufzeigen. Man kann dem aber eines zu Recht entgegenhalten: Verträglichkeit ist nicht gleich Höflichkeit. Diese beiden Eigenschaften oder Verhaltensmuster sind vielleicht ähnlich, und vermutlich treten sie häufiger zusammen auf, sind aber nicht dasselbe. Verträglichkeit wird oft mit sechs Facetten beschrieben: Vertrauen, Freimütigkeit, Entgegenkommen, Altruismus, Bescheidenheit, Gutherzigkeit. Im Grunde geht es darum, wie sehr sich jemand um Übereinstimmung und soziale Harmonie bemüht, Konflikte vermeiden will, bereit ist, anderen zu helfen, und sich, wenn notwendig, selbst zurücknimmt. Auch wenn dies der Höflichkeit verwandt ist und sich mit ihr teilweise überschneidet, man denke etwa an das Konzept der Vermeidung gesichtsbedrohender Akte, muss es nicht dasselbe sein. Das Schlagwort »Höflich (oder gar freundlich) im Ton – hart in der Sache« zeigt es auf. Man kann unnachgiebig, sogar gnadenlos seine Interessen verfolgen und dabei perfekt höflich bleiben. Tatsächlich ist das ja auch ein zentrales Problem der Höflichkeit oder einer der Hauptvorwürfe an sie: dass sie an der Oberfläche bleibt und deshalb im Grunde nur etwas vortäuscht. Weil dieser Vorwurf der »wertlosen Tugend« mit titelgebend für dieses Buch ist, will ich diesen Aspekt später in diesem Kapitel noch einmal aufgreifen und vertiefen (ab S. 169).

Tödliche Unhöflichkeit

Doch zunächst wieder zurück zur Business-Etikette. Sie scheint wichtig zu sein, dennoch liegt manches im Argen. Christine Porath, Wirtschaftsprofessorin an der Georgetown University in Washington D. C., beschäftigt sich seit vielen Jahren mit den Auswirkungen von Höflichkeit und vor allem Unhöflichkeit in Unternehmen. »Gemeine Vorgesetzte könnten meinen Vater umgebracht haben«, beginnt ein längerer Text von ihr in der New York Times.[7] Anschließend berichtet sie, wie sie ihren Vater im Krankenhaus besuchte, nachdem er über Jahre hinweg unter zwei groben, unhöflichen Vorgesetzten gelitten habe. Sie kam auf diesen Zusammenhang, weil sie im Rahmen ihrer Forschungen auf eine Studie gestoßen war, dass Stress am Arbeitsplatz das Risiko für kardiovaskuläre Erkrankungen um 38 Prozent erhöht. Ganz allgemein sei bekannt, schreibt sie, dass immer wieder auftretende Stressfaktoren – und dazu gehört, unhöflich behandelt zu werden – zu unterschiedlichen Gesundheitsproblemen wie Herzkreislauferkrankungen, Krebs, Diabetes und Magengeschwüren führen können.

Noch dazu scheint die Unhöflichkeit im Betrieb zuzunehmen. Christine Porath berichtet, dass bei einer Befragung im Jahre 1998 ein Viertel der Befragten angab, mindestens einmal pro Woche unhöflich behandelt worden zu sein, 2005 berichteten das bereits fast die Hälfte der Befragten und 2011 über die Hälfte. Typische unhöfliche Verhaltensweisen von Vorgesetzten seien: von einem Gespräch wegzugehen, weil sie das Interesse verloren hätten, mitten in einer Besprechung Anrufe entgegenzunehmen, sich vor anderen über Mitarbeiter lustig zu machen, Untergebene an deren »Rolle« in der Organisation zu erinnern, Verdienste für sich zu reklamieren, aber bei Problemen auf andere zu zeigen.[8] Wenn man sich diese Aufzählung betrachtet, fällt eines auf: Es geht nur zum Teil um Verhaltensweisen, die man klassischerweise der Etikette zuordnen würde, sondern tatsächlich um die fehlende Achtung vor dem Gegenüber, dem Mitarbeiter. Mit all diesen Verhaltensweisen lassen die Vorgesetzten ihre Mitarbeiter deutlich spüren, dass sie nicht besonders geachtet werden, sondern nur als Mittel dienen. Für den Erfolg der Firma und des Vorgesetzten.

Auswirkungen auf die Arbeitsleistung ...

Als Wirtschaftswissenschaftlerin untersuchte Porath selbst allerdings weniger die gesundheitlichen als vielmehr die wirtschaftlichen Auswirkungen von Unhöflichkeit im Betrieb und konnte dabei zwei Bereiche aufspüren: die Arbeitsleistung und die Kundenzufriedenheit.

Zum einen berichtet Porath von einer Umfrage, bei der Angestellte antworten, wie sie sich verhalten hatten, nachdem sie unhöflich behandelt worden waren: 48 Prozent hatten absichtlich ihre Arbeitsanstrengungen reduziert, 47 Prozent ihre Arbeitszeit und 38 Prozent ihre Arbeitsqualität. 80 Prozent gaben an, sie hätten Arbeitszeit verloren, weil sie sich über den Vorfall ärgerten, 78 Prozent sagten, ihre Verbundenheit zum Unternehmen habe abgenommen, 12 Prozent hätten deshalb ihren Job aufgegeben und 25 Prozent gaben zu, ihren Frust an Kunden ausgelassen zu haben.[9]

Die Inhalte dieser Umfrageergebnisse konnten auch experimentell bestätigt werden. In einer ganzen Reihe von Untersuchungen[10] stellten Porath und ihr Kollege Amir Erez fest, dass Unhöflichkeit sowohl die Konzentrationsfähigkeit und Arbeitsleistung herabsetzt als auch die Kreativität. Je nachdem wie intensiv die Versuchsteilnehmer der Unhöflichkeit ausgesetzt waren, einzeln oder in der Gruppe, als Zuschauer oder direkt persönlich, verminderte sich die Leistung teilweise um über die Hälfte. Zudem veränderte sich offensichtlich auch der Inhalt des Denkens – ebenfalls in eine negative, aggressive Richtung. Wurden die Versuchspersonen gebeten aufzuschreiben, was man mit einem Ziegelstein alles machen könnte, kamen, nachdem die Versuchspersonen Unhöflichkeit erlebt hatten, häufiger mit Gewalt verbundene Ideen: dem Versuchsleiter das Gesicht zerschmettern, jemandem die Nase brechen, die Finger zerquetschen, jemanden verletzen, töten, ein Fenster einwerfen, ihn als Waffe verwenden und dergleichen. Sollten die Teilnehmer aus den Buchstaben »remdue« ein Wort bilden, kam, nachdem sie einer Unhöflichkeit ausgesetzt waren, häufiger »murder« als »demure« (gesittet). Zudem nahm die Hilfsbereitschaft der Versuchspersonen ab, nachdem sie unhöflich behandelt worden waren oder das bei anderen Personen beobachtet hatten. Das deutet übrigens in eine Richtung, die auch immer wieder beim Thema Höflichkeit am Arbeitsplatz auftaucht: Unhöflichkeit ist ansteckend, wie eine Arbeit zeigt, die den schönen Titel trägt: »Catching Rudeness Is Like Catching a Cold: The Contagion Effects of Low-Intensity Negative Behaviors«[11] – Unhöflichkeit fängt man sich ein wie eine Erkältung: Die Ansteckungseffekte von geringschwellig negativem Verhalten. In verschiedenen Versuchen verhielten sich Studenten gegenüber ihren Verhandlungspartnern unhöflicher, wenn sie vorher selbst mit einem unhöflichen Partner verhandeln mussten. Und wenn sie mit anderen teilen sollten, gaben sie weniger ab, wenn sie vorher mit einem aggressiven Partner hatten zusammenarbeiten müssen.

… und auf die Kunden

Fast noch überraschender war, was Porath zusammen mit zwei Kolleginnen über die Außenwirkung von Unhöflichkeit innerhalb des Betriebs auf Kunden herausfand, auf Kunden, die persönlich von der Unhöflichkeit gar nicht betroffen waren. Zunächst stellten die Wissenschaftlerinnen fest,[12] dass Kunden relativ häufig Unhöflichkeiten zwischen Firmenmitarbeitern beobachten können und, das ist interessant, sie das verärgert und gegen die Firma aufbringt. Dies war selbst dann der Fall, wenn die Unhöflichkeit nicht grundlos war, der unhöflich behandelte Mitarbeiter also etwas falsch gemacht hatte oder objektiv inkompetent war, ja sogar dann, wenn es deswegen geschah, weil er den Kunden fehlerhaft bedient hatte. In einer anderen Untersuchung[13] fand Porath heraus, dass diese Verärgerung über die Firma nachhaltig war und auch die Einstellung zu einer vertrauten Firma, in der Untersuchung war es die bekannte amerikanische Buchhandelskette Barnes & Noble, verändern konnte. Poraths Schluss daraus ist – wenig überraschend –, dass es im Interesse des Managements jeder Firma liegen muss, Unhöflichkeit im Betrieb zu vermeiden und alle Mitarbeiter entsprechend im Umgang miteinander zu schulen.

Die Zielrichtung von Business-Etikette und Höflichkeit am Arbeitsplatz

Im Internet kann man einen Online-Kurs buchen: »Workplace Etiquette: Why Being Polite Counts on the Job« – Etikette am Arbeitsplatz: Warum höflich zu sein sich für den Job rechnet.[14] Der Werbetext für den Kurs ist aufschlussreich:

> »Studien der Harvard University, der Carnegie Foundation und des Stanford Research Institute haben ergeben, dass Erfolg darin, einen Job zu bekommen, ihn zu behalten und in ihm voranzukommen, zu 85 Prozent von Sozialkompetenz und nur zu 15 Prozent von Fachwissen und Fachkompetenz abhängt. Qualifikationen sind wichtig, aber die meisten Entscheidungen hängen vor allem von unseren Beziehungen mit anderen ab. Höfliches, professionelles Benehmen ist eine Schlüsselkomponente für den persönlichen Erfolg, und die Goldene Regel, andere so

zu behandeln, wie man selbst behandelt werden will, wirft in der Geschäftswelt große Gewinne ab. Kurz gefasst, Etikette am Arbeitsplatz lässt sich ummünzen in Produktivität am Arbeitsplatz. Die gute Nachricht ist, dass Sozialkompetenz erlernt werden kann. Arbeitssuchende mit Grundregeln der Etikette am Arbeitsplatz auszustatten wird ihnen helfen, sich entspannter und selbstbewusster zu fühlen. Arbeitssuchende zu ermutigen, sich eine höfliche Einstellung zuzulegen, wird sich in jeden Aspekt ihrer Karriere übertragen und ihre Erfolgschancen gewaltig erhöhen.«[15]

An einer ganz anderen Stelle, im Vorwort zu einem modernen »Knigge«, heißt es:

»Im Business gilt gutes Benehmen als einer der wichtigsten Karrierefaktoren schlechthin. Dazu zählt neben den Benimm-Basics des Büroalltags auch das Verhalten am Telefon und Handy oder das stilsichere Verfassen von Briefen und E-Mails. Geschäftsessen gelten als hohe Schule des guten Benehmens, denn gerade hier urteilen viele Geschäftspartner und Kunden nach dem Motto: ›Wie man isst, ist man.‹ Korrekt gekleidete Kollegen oder Geschäftspartner, die prinzipielle Gebote beachten, sammeln meist mehr Pluspunkte als jemand mit genialen Geschäftsideen, die er aufgrund seines Auftretens nicht überzeugend zu präsentieren versteht. Es gilt: ›Kleider machen Leute.‹«[16]

Die Janusköpfigkeit

Warum sind diese Texte so aufschlussreich? An ihnen zeigt sich wieder einmal die Janusköpfigkeit der Höflichkeit. Dies alles dreht sich um den Nutzen, den man aus der Höflichkeit ziehen kann. Die Höflichkeit wäre dann eine sehr nützliche Tugend, aber hat sie deshalb einen Wert? Wenn man mit Hilfe der Höflichkeit das Zusammenleben verbessern kann, was sowohl dem höflichen Menschen als auch denen, zu denen er höflich ist, zugutekommt, dann würde man meinen: Ja, sie hat auch einen

Wert. Wenn man mit Höflichkeit wie in diesem Buch nur das Verhalten bezeichnet, das die Achtung vor dem Gegenüber ausdrückt, dann hat sie ebenfalls einen Wert. Man könnte das auch so sehen, wenn man unter der Höflichkeit die Vermeidung gesichtsbedrohender Akte sieht. Das Gesicht des Gegenübers zu wahren kann man als Wert ansehen.

Hier, bei der Business-Etikette, scheint es aber noch einmal anders zu liegen. Zumindest wenn man ihrer Begründung Glauben schenken darf. Dem, womit sie beworben wird: Höflichkeit ist eine Zier, und weiter kommst du auch mit ihr. Der Fokus liegt auf der eigenen Zier und dem eigenen Vorankommen. Das Gegenüber, dem ja eigentlich die Höflichkeit zugutekommen soll, spielt nur eine untergeordnete Rolle. Wobei das streng genommen so gar nicht stimmt, es ist noch schlimmer: Das Gegenüber spielt sehr wohl eine nicht unwichtige Rolle, aber eine dienende.

Wirklich höfliches Verhalten soll die Achtung für das Gegenüber ausdrücken. Das beinhaltet aber, dass diese Achtung der tragende Grund für die Höflichkeit ist. Beim Aufhalten der Türe (S. 28 ff.) könnte man diese Unterscheidung sehen. Seinem Chef die Türe aufzuhalten ist nicht unbedingt höflich, sondern kann im schlimmsten Fall Schleimerei sein. Und im Grunde ist das sogar einer der Fälle, mit denen die Business-Etikette beworben wird.

Was mir hier aber besonders problematisch, ja geradezu perfide erscheint, ist die Tatsache, dass bei dieser Motivation für die Höflichkeit dem Gegenüber die Achtung nur vorgegaukelt wird. Schlimmer noch, das Gegenüber wird damit zum Mittel für das eigene Vorankommen gemacht. Es ist nicht mehr Endzweck der Höflichkeit, sondern nur Werkzeug für den eigenen Vorteil. Die Überlegung lautet: Wenn ich nun höflich zu dir bin, hältst du mich für einen höflichen Menschen, und dass du das denkst, ist nützlich für mich und mein Vorankommen.

Die wertlose Tugend

Damit wären wir aber endgültig bei dem Vorwurf angelangt, dass Höflichkeit eine wertlose Tugend sei. Der französische Philosoph André Comte-Sponville beginnt das Kapitel über Höflichkeit und damit insgesamt sein sehr lesenswertes Buch über Tugenden *Ermutigung zum unzeitgemäßen Leben* folgendermaßen:

> »Die Höflichkeit ist die erste Tugend und vielleicht der Anfang aller Tugenden. Sie ist auch die dürftigste, oberflächlichste, fragwürdigste: Ist sie überhaupt eine Tugend? Ihre moralische Reputation ist jedenfalls zweifelhaft. Aber sie schert sich um Moral so wenig wie die Moral sich um sie. Was ändert es am Faschismus, wenn ein Nazi höflich ist? Was ändert es an der Schreckensherrschaft? Natürlich nichts, und dieses *Nichts* ist für die Höflichkeit sehr bezeichnend: Formtugend, Etikettentugend, Scheintugend. Anschein einer Tugend und nur Schein.«

Nach dieser Suada muss man erst einmal schlucken. Auch wenn ich die Stelle, wie ich zugeben muss, sehr erfrischend finde. Aber stimmt das? Zumindest trifft Comte-Sponville einen Nerv. Oder anders ausgedrückt die schwache Stelle, die Achillesferse der Höflichkeit. Zumindest die der Höflichkeit im weiteren Sinne, also einschließlich der Manieren, Konvention und Etikette. Sie ist Form und tatsächlich Schein. Sie neigt oder verleitet dazu, zu lügen, und man kann sich fragen, ob sie nicht insgesamt gelogen, eine Lüge ist. Siehe das Kapitel über Höflichkeit und Lüge (S. 37 ff.). Es ist dieser Schein, an dem man sich stößt. Immer wieder taucht das Bild des perfekt höflichen Menschen auf, der einfach zu glatt ist, aalglatt, den man nicht greifen kann, an dem alles abperlt, die Teflon-Höflichkeit.

Die Frage ist: Was steckt dahinter? Und in der Folge noch ein paar andere Fragen: Ist zumindest der Ausdruck der Achtung nicht immerhin schon mal besser als gar nichts? Ist nicht generell ein gesitteter Umgang miteinander ein Wert an sich, auch wenn er hohl und nur Schein ist, im schlimmsten Fall sogar geheuchelt? Oder ist umgekehrt der höfliche Umgang, wenn man einander nicht gut gesinnt ist, schlechter als der ehrliche, klare, bei dem man weiß, woran man ist?

Um gleich übertriebene Hoffnungen zu dämpfen: Ich werde diese Fragen nicht beantworten, zumindest nicht vollständig. Ich weiß nicht, ob man sie beantworten kann, aber ich glaube, man muss sie nicht unbedingt beantworten. Ich glaube, es genügt, das Spannungsfeld zu erkennen, in dem sich die Höflichkeit befindet.

Die verwerfliche Höflichkeit

Comte-Sponville macht keinen Hehl aus seiner Ablehnung der Höflichkeit und begründet sie: »Ein höflicher Schuft ist nicht weniger niederträchtig als ein unhöflicher, vielleicht noch mehr.«[17] Anschließend überlegt er, warum der höfliche Schuft vielleicht noch niederträchtiger sein könnte, und kommt als Erstes darauf, es könne sein, weil der höfliche Schuft vielleicht heuchle. Diesen Gedanken weist Comte-Sponville jedoch zurück mit dem Argument, die Höflichkeit erhebe keinen moralischen Anspruch. Am Ende meint er, es sei der Kontrast, aber nicht der moralische, sondern der ästhetische: »Blut auf weißen Handschuhen fällt sofort auf, und Grausamkeit wird durch Manieren nur offensichtlicher.« Die Höflichkeit mache den Bösewicht umso verabscheuungswürdiger, weil sie Kultiviertheit verrate. Er sei eben nicht primitiv, kein Wilder, kein Rohling, sondern wohlerzogen und gebildet. Und als solcher böse zu sein sei nicht durch fehlendes besseres Wissen entschuldbar, im Gegenteil. Als Beispiel gilt Comte-Sponville der Kontrast im Nationalsozialismus, das ist das, was auch die Verwendung des Wortes »Anstand« durch Himmler besonders übel erscheinen ließ.

Deshalb kommt Comte-Sponville zu dem Schluss:

> »Die Höflichkeit ist keine Tugend, sondern ein Vorzug, und nur ein Vorzug der Form. Für sich genommen ist sie sekundär, nebensächlich, fast belanglos: Im Vergleich zur Tugend und zur Intelligenz ist sie so gut wie nichts, und in ihrer Vornehmheit muss die Höflichkeit das zum Ausdruck bringen können.«[18]

Meines Erachtens hat Comte-Sponville zum Teil recht, aber nicht in allem. Er macht nämlich einen entscheidenden Fehler. Er unterscheidet nicht zwischen Etikette und Höflichkeit. Das kann man daran erkennen, dass er immer auf Manieren und Kultiviertheit abstellt. Daher auch das Bild mit den weißen Handschuhen, auf denen Blut sofort auffällt. Natürlich ist es möglich, klassische Musik zu lieben und Verbrechen zu begehen. Ganz nach Woody Allens Bonmot: »Immer wenn ich Wagner höre, habe ich das Bedürfnis, in Polen einzumarschieren.«[19] Und es ist auch möglich, perfekte Manieren zu haben und Verbrechen zu begehen. Das gesamte Filmgenre der Gentleman-Verbrecher handelt davon. Dieser Kontrast ist auch ein Kennzeichen der klassischen italienischen Mafia, wie man sie aus den Filmen »Der Pate« kennt.

Bei aller gebotenen Achtung

Die Höflichkeit ist, wenn man sie so versteht, tatsächlich hohl. In einer Szene der amerikanischen TV-Serie »The Big Bang Theory« treffen die Protagonisten bei einem Empfang an der Universität zum ersten Mal ihren neuen Chef Eric Gabelhauser und werden ihm vorgestellt. In der nächsten Szene sieht man einen von ihnen, Sheldon Cooper, einen mit seinen persönlichen Gegenständen gefüllten Karton in der Hand die Treppe zu seiner Wohnung hochsteigen und zu seinem Freund Leonard sagen: »Ich kann es nicht glauben, dass er mich gefeuert hat.« Leonard entgegnet: »Nun, du hast ihn einen besseren High-School-Lehrer genannt, dessen letztes erfolgreiches Experiment war, seine eigenen Fürze anzuzünden.« Darauf Sheldon: »Zu meiner Verteidigung, ich habe das eingeleitet, indem ich sagte: ›Bei aller gebotenen Achtung.‹«[20]

Auf den ersten Blick scheint die Szene Comte-Sponville vollkommen recht zu geben, wenn er sagt, die Höflichkeit könne nicht heucheln, weil sie keinen Anspruch auf Moralität erhebt: Die Höflichkeit, hier in Form der vorangestellten Floskel »bei aller gebotenen Achtung«, »with all due respect« heißt es im Original, erhebt hier wirklich keinen Anspruch auf Moralität. Sie wird nur vorangestellt, ändert aber nichts am Inhalt. Sie zeigt sich nur als Dekoration.

Mit dieser Lesart täte man allerdings der Serie »The Big Bang Theory« unrecht. Deren Witze sind mehrschichtiger angelegt. Der Seriencharakter Sheldon Cooper ist ein hochintelligenter Wissenschaftler mit einer leicht autistischen Störung im sozialen Umgang. Einer der Running Gags der Serie ist, dass Sheldon Ironie und Sarkasmus nicht erkennt und gesellschaftliche Gepflogenheiten auswendig lernt wie andere Leute Vokabeln einer Fremdsprache. Wenn er also auf der Treppe sagt »Zu meiner Verteidigung« meint er das wörtlich und nicht ironisch, und genauso hatte er auch gemeint, er genüge den gesellschaftlichen Konventionen, wenn er seinen persönlichen Angriff gegen seinen neuen Chef nur mit »bei aller gebotenen Achtung« einleitet. Dann könne das, was danach kommt, nicht mehr unhöflich sein. Denn, so seine etwas krude Logik: Wenn man die Achtung explizit ausgesprochen hat, ist das auch höflich.

Mit diesem Trick, einen Fast-Autisten daran scheitern zu lassen, höflich zu sein, aber legen die Schreiber der Serie sehr schön die Problematik der Höflichkeit offen: dass sie im Grunde an vielen Stellen sehr wohl versucht zu heucheln. Nämlich dann, wenn man sie dazu benutzt, die Nicht-Achtung des Gegenübers zu verpacken, zu verstecken. Denn das hat Sheldon Cooper versucht, indem er eine Floskel voranstellte und glaubte, damit den gesellschaftlichen Konventionen Genüge getan zu haben und im Anschluss offen seine Geringachtung aussprechen zu können. Nur scheitert das eben, wenn man es so wenig beherrscht wie Sheldon. Allerdings beruht der Witz darauf, dass Sheldon das Spiel der Höflichkeit nicht beherrscht. Jemand anderes hätte seine Geringachtung besser verpackt, nichts gesagt oder dem neuen Chef sogar Komplimente gemacht. Aus Berechnung oder aus Höflichkeit. Die Situation komisch zu finden setzt voraus, zumindest unbewusst zu reflektieren, dass es zwar nicht auf Sheldons Art und Weise, aber grundsätzlich möglich ist, mit der Höflichkeit zu täuschen. Sonst wäre es nicht komisch.

Mit Verlaub, Herr Präsident

Und der Gag aus der Serie steht nicht vollkommen allein. Es ist kaum anzunehmen, dass die Macher der Serie im Jahr 2007 eines der bekanntesten Zitate kannten, die im deutschen Bundestag gefallen sind. Ein Zitat, das eine erstaunliche Ähnlichkeit in seiner Struktur aufweist: »Mit Verlaub, Herr Präsident, Sie sind ein Arschloch!«[21] Gerufen vom damaligen Grünen-Abgeordneten und späteren Außenminister Joschka Fischer, nachdem er am 18.10.1984 vom damaligen Bundestagspräsidenten Richard Stücklen von der Sitzung ausgeschlossen worden war. Betrachtet man diese Beleidigung Fischers, kann man das »mit Verlaub« als ironische Verstärkung der Beleidigung auffassen, weil er dadurch die Stellung des Bundestagspräsidenten, der ihn ja gerade ausgeschlossen hat, ins Lächerliche zieht. Man kann es aber auch wieder als Auseinandersetzung mit der Höflichkeit auffassen, über die sich Fischer gerade ausgesprochen grob hinweggesetzt hat. Auffallend ähnlich wie Sheldon Cooper in »The

Big Bang Theory«. Und die Auseinandersetzung mit Höflichkeit und Konventionen gehörte ja in ihrer Frühphase fast schon zum Programm der Grünen und auch Joschka Fischers, der mit seinen Turnschuhen bei der Vereidigung zum Minister in Hessen in die Geschichte eingegangen ist. Dazu mehr im Kapitel über die Provokation (S. 264 ff.).

Kann Höflichkeit heucheln?

Zurück zur heuchelnden Höflichkeit. Ist nun Sheldon Coopers Versuch, höflich zu sein – Fischer hat das nicht wirklich versucht, das ist der große Unterschied –, doch ein Widerspruch zu Comte-Sponville, wenn er sagt, die Höflichkeit könne nicht lügen? Nein, denn Comte-Sponville bleibt seiner Linie nicht vollkommen treu und schreibt an anderer Stelle: »Besser ehrlich und unkultiviert als hinterhältig und geschliffen.«[22] Bei dieser Gegenüberstellung verbindet er unkultiviert mit ehrlich und geschliffen mit hinterhältig. Aber der Begriff »hinterhältig« beinhaltet ja die Täuschung. Das geschliffene Verhalten ist dann eben doch geheuchelt und zugleich reine Form, die eigentlich, wie Comte-Sponville betont, nicht heucheln kann, weil sie ja seiner Meinung nach nicht mehr sein will als Form oder, wie hier, im Extremfall Floskel.

Im Grunde changiert Comte-Sponville damit zwischen genau denselben Polen wie der Gag bei »The Big Bang Theory«. Es gehört zu den schönen Überraschungen im Leben, die Gedanken eines bekannten Philosophen in einem kleinen Dialog einer klugen TV-Serie wiederzufinden. Und, ich traue es mir kaum zu sagen: dort am Ende fast besser dargestellt. Allerdings hat die Unterhaltungsserie den Vorteil, dass sie nicht versuchen muss, den Widerspruch aufzulösen. Sie kann sich damit begnügen, ihn aufzuzeigen und daraus den Witz zu speisen. Was allerdings schon Leistung genug ist.

Entgegen der ersten Aussage von Comte-Sponville bin ich der Auffassung, dass die Höflichkeit heuchelt, wenn ein Schuft höflich ist. Und das ist es auch, was den höflichen Schuft besonders niederträchtig macht. Ja sogar dann, wenn es kein Schuft ist, sondern nur jemand, der mit der Höflichkeit etwas anderes erreichen will, als die Achtung für das Gegenüber auszudrücken. Ich glaube, dass auch die Etikette heucheln kann. Dann, wenn sie vorgibt, zugunsten des Gegenübers eingehalten zu werden, obwohl das nicht der Fall ist.

Erst dann, wenn die Etikette unschön wird, wenn es erkennbar und sichtbar wird, dass sie der Selbstdarstellung dient, kann sie nicht mehr heucheln. Damit kommt es zu einer kleinen Paradoxie: Wenn Manieren und Etikette übertrieben und unschön werden, zu glatt und offenkundig selbstbezogen, dann können sie nicht mehr lügen und werden somit ehrlich.

Höflich im Ton, hart in der Sache

Wenn die Höflichkeit also heucheln kann, stellt sich als Nächstes die Frage: Kann sie denn etwas anderes? Bedeutet nicht ein Schlagwort wie »Höflich im Ton, hart in der Sache«, dass die Höflichkeit nur so tut, als wäre man freundlich? Ist es nicht geradezu Wesen der Höflichkeit, nur so zu tun? Sonst wäre es ja Freundlichkeit. Oder ist es gar Moral, welche die Höflichkeit imitiert? Tut man, wenn man höflich ist, nicht so, als wäre man moralisch gut, ohne es zu sein?

So wie George Clooney als Ryan Bingham in dem Film »Up in the Air«. Binghams Aufgabe ist es, Angestellten zu kündigen. Er erledigt das in perfekter Höflichkeit, sogar mit einem freundlichen Lächeln, das gehört zu seinem Job, dafür wird er bezahlt. Dadurch laufen die Kündigungen meist ohne Zwischenfälle ab, es wird für die Arbeitgeber einfacher, die Angestellten akzeptieren es eher. Aber gekündigt sind sie trotzdem.

»Ja, habe ich denn etwas falsch gemacht?«, fragt der gerade gekündigte Steve vollkommen zerstört. »Ich mein, kann ich irgendetwas anders machen?«

Clooney antwortet mit einem immer gleichen, tatsächlich teflonartigen Lächeln:

»Dies hier ist keine Bewertung Ihrer Produktivität. Versuchen Sie, es nicht persönlich zu nehmen.« Und fährt später fort: »Wissen Sie, wer je ein Imperium aufgebaut hat oder die Welt verändert, war genau in Ihrer Situation. Und deswegen hat er geschafft, was er geschafft hat. Das ist die Wahrheit.« Dann wird seine Mimik ein klein wenig kühler, ebenso wie seine Stimme: »Ihre Schlüsselkarte, bitte. Schön. Okay. Also. Nehmen Sie sich den Tag frei, sammeln Sie ihre persönlichen Sachen ein. Und morgen sollten Sie vielleicht ein bisschen Sport machen, gehen Sie eine Runde joggen, schaffen Sie sich einen Tagesablauf. Und bald haben Sie wieder Tritt gefasst.«

Ende der Besprechung. Clooney ist dann nie wieder für den gefeuerten Steve zu erreichen. Er setzt nicht nur die Maske der unverbindlichen Höflichkeit auf, an der alles abperlt, es ist diese höfliche Maske, welche die Firmen teuer mieten, um ihre Entlassungen über die Bühne zu bringen. Die Firmen kaufen Höflichkeit als Mittel, um ihre Angestellten möglichst geräuschlos loszuwerden. Dass sie sie loswerden, steht schon vorher fest, die Höflichkeit im Entlassungsgespräch ist nur noch Fassade.

Die andere Seite: die Achtung

Das ist die eine, die hässliche Seite der Höflichkeit. Es gibt aber auch eine andere, schöne Seite: die Achtung des Gegenübers und deren Ausdruck. Insofern beinhaltet echte, nicht geheuchelte Höflichkeit diese Achtung für das Gegenüber.

In der Anfangsszene von »Up in the Air« sieht man einen frisch Entlassenen, der wütend fragt: »Das ist also der Lohn, der

Dank für 30 Jahre treue Arbeit im Dienst meiner Firma? Und da schicken die mir so einen Vollidioten wie Sie? Um mir zu erzählen, dass ich meinen Job losgeworden bin?« Das bringt es auf den Punkt: Echte Höflichkeit, echte Achtung für den Entlassenen würde bedeuten, dass man ihm keinen Entlassungsprofi mit erlernter aufgesetzter Höflichkeit gegenübersetzt, um ihm die Nachricht zu überbringen, sondern jemanden, der das auch zu verantworten hat und sich wirklich mit ihm auseinandersetzt, ihn ernst nimmt.

Das gilt auch außerhalb des Arbeitslebens und wird dort vielleicht noch besser nachvollziehbar und klarer erkennbar. Auch wenn es wieder um eine Art Kündigung geht. In der amerikanischen Fernsehserie »Sex and the City« dreht sich eine ganze Folge darum, dass die Protagonistin Carrie Bradshaw von ihrem Freund mittels eines kleinen gelben Post-it-Zettels den Laufpass erhält. »I'm sorry, I can't, don't hate me«, steht darauf. Carrie ist so verstört, dass sie einen Joint raucht und verhaftet wird. Der New Yorker Polizist, dem ja kaum eine Grausamkeit fremd sein dürfte, will zunächst gar nicht glauben, dass eine derart beiläufige Trennung möglich sei, lässt Carrie aber mit den Worten »Wow, brutal« laufen, als sie zum Beweis den Zettel von innen an die Scheibe des Streifenwagens hält.

Das Mitgefühl des Polizisten ist nachvollziehbar: Verlassen zu werden gehört zu den größten Erschütterungen der Persönlichkeit, schnell entsteht dabei das Gefühl der eigenen Minderwertigkeit. Umso wichtiger ist es, dass die Form des Abschieds dieses Gefühl nicht noch verstärkt, sondern dem Partner vermittelt, trotz der Trennung »etwas wert zu sein«. Damit aber verbieten sich alle Kommunikationsmittel, die erfunden wurden, um Zeit und Mühen zu sparen, wie Post-its, SMS, aber eben auch E-Mail und meist sogar Telefon. Denn diese Kommunikationsmittel bringen zum Ausdruck, dass man den Anderen nicht genug achtet, um sich mehr Mühen zu machen oder sich der Auseinandersetzung zu stellen. Und sind deshalb in diesem Zusammenhang unhöflich.

Besser als nichts

Dann bleibt aber ganz am Ende doch noch eine Frage, die vielleicht ganz zentral ist bei der Umgangstugend Höflichkeit, die eben so oft nur aus Oberfläche besteht: Ist denn nicht auch reine formale Höflichkeit besser als nichts? Ich muss gestehen, trotz aller Vorbehalte gegen Etikette und Konventionen, trotz aller Bedenken gegen die Oberflächlichkeit, ich glaube fast: ja. Ich glaube, dass es besser ist, höflich miteinander umzugehen, und sei es auch nur in Befolgung von Etikette, als das nicht zu tun, unhöflich zueinander zu sein. Es ist besser als nichts. Wer mich für einen Idioten oder einen Widerling hält, muss es mir nicht sagen. Das bedeutet nicht, dass er mir versichern soll, für wie intelligent oder wie nett er mich hält. Er kann auch einfach nichts zu diesem Thema sagen. Wenngleich man weiß, wie schwer das vielen Menschen fällt. Wenn ich jemanden frage, wie ihm oder ihr mein neues Buch gefallen hat, dann ist es mein Problem, wenn ich höre, dass sie oder er es langweilig findet. Ich hätte ja nicht fragen müssen. Denn wenn ich frage, will ich auch eine ehrliche Antwort hören. Aber auch die kann man höflich formulieren. »Leider habe ich keinen Zugang zu dem Buch gefunden« sagt dasselbe, nur höflicher. Und es ist mir lieber, wenn mein Gegenüber den Mund beim Kauen schließt und nicht dabei spricht. Auch dann, wenn er oder sie es nur tut, weil die Etikette es vorschreibt. In diesem Fall ist es mir auch selbst lieber, wenn es nur geschieht, um einen guten Eindruck und in der Folge Karriere zu machen. Vielleicht liegt das aber auch daran, dass diese Konvention, wie man im Kapitel über Höflichkeit und Hygiene lesen wird können, verhindern soll, dass man mit dem Speichel des Gegenübers benetzt wird (S. 217 ff.).

In der Umfrage vom Anfang dieses Kapitels, in der die Befragten angaben, dass Höflichkeit hilft, die Karriereleiter hinaufzuklettern, die oben Angekommenen aber weniger höflich sind, wurde auch danach gefragt, welches Verhalten man als die schlimmste Verstöße gegen die Etikette am Arbeitsplatz in einem Großraumbüro ansehen würde. Die Antworten gingen von lautem Sprechen am Telefon, womöglich sogar über Freisprecheinrichtung, lautes Reden in der Nähe von anderen Schreibtischen, stark riechendem Essen im Büro bis zu unaufgeräumten Arbeitsplätzen.[23] Davon, das aus Höflichkeit nicht zu tun, profitieren tatsächlich alle und das Zusammenleben im Büro allgemein. Gleich aus welchen Gründen es geschieht.

Oder wie Kant dazu schrieb:

> »Dies sind zwar nur Außenwerke oder Beiwerke (*parerga*), welche einen schönen, tugendähnlichen Schein geben, der auch nicht betrügt, weil ein jeder weiß, wofür er ihn annehmen muß. Es ist zwar nur Scheidemünze, befördert aber doch das Tugendgefühl selbst durch die Bestrebung, diesen Schein der Wahrheit so nahe wie möglich zu bringen, in der Zugänglichkeit, der Gesprächigkeit, der Höflichkeit, Gastfreiheit, Gelindigkeit (im Widersprechen, ohne zu zanken), insgesamt als bloßen Manieren des Verkehrs mit geäußerten Verbindlichkeiten, dadurch man zugleich Andere verbindet, die also doch zur Tugendgesinnung hinwirken, indem sie die Tugend wenigstens beliebt machen.«[24]

Die Höflichkeit hat deshalb einen Nutzen, und wenn dieser Nutzen nicht nur demjenigen nützt, der höflich ist, sehe ich darin auch einen Wert. Das Zusammenleben wird besser, wenn Menschen sich höflich verhalten. Auch wenn es nur die leere Einhaltung von Etikette ist. Eine Grenze wird allerdings dann erreicht, wenn es das Zusammenleben gar nicht mehr erleichtert oder dieses sogar behindert wird oder wenn die höflich Behandelten damit lediglich umgarnt und eingelullt werden sollen. Dann ist Höflichkeit in dieser Form tatsächlich eine wertlose Tugend.

DAS POSTING
Höflichkeit und Internet

»Du linke Abfickhure«, »Du doofe fotze«, »Sie dreckige Himm-lerschlampe«, »hässliche Goebbelsfresse«, »betitteter Mistkä-fer«.[1] Verzeihen Sie bitte die Ausdrücke. Sie haben es sich hof-fentlich schon gedacht, die Anführungszeichen zeigen es auch, das ist nicht meine Sprache, aber, darauf werde ich später noch zurückkommen, die Zitate stammen aus einer sehr seriösen Quelle. Die paar Beispiele sollten genügen, wenn es auch selten einfacher ist, Belege für ein Phänomen zu finden als hier. Einfa-cher im Sinne von man wird schnell fündig, aber umso schwie-riger, es auszuhalten. Zumindest dann, wenn man nicht völlig abgestumpft ist und es einem noch etwas ausmacht, Aggres-sion zu spüren und das Wegfallen von Hemmungen, die es nor-malerweise im Zusammenleben gibt.

Sie ahnen vermutlich schon, worum es geht. Die Beispiele sollen als Nachweis dienen für das Phänomen, dass es »im Inter-net« offenbar keinerlei Höflichkeit gibt. Wobei man schon fast zögert, das Wort Höflichkeit in diesem Zusammenhang zu ver-wenden, weil diese Verhaltensweisen so unendlich weit davon entfernt sind. Am ehesten würde man sie noch dem Gegen-teil von Höflichkeit zuordnen, zumindest aber muss man nicht darüber diskutieren, ob das genannte Verhalten nun höflich ist oder nicht.

Das führt zu einem Problem: An dieser Stelle könnte man zu dem Schluss kommen, dass das Kapitel »Höflichkeit und Inter-net« damit beendet ist. Tatsächlich wäre jedes weitere Wort darüber verschwendet, dass man sich so nicht verhalten soll. Und anders als bei manch anderem Verhalten bedarf es auch keiner weiteren Ausführungen, warum man so etwas nicht tun sollte. Dennoch ist man hier nicht am Ende dieses Themas angelangt. Im Gegenteil. Meines Erachtens drängt sich hier eine ganz andere Frage auf, und die ist es wert, dass man ihr nachgeht: Warum verhalten sich viele Menschen im Internet so? So anders als sonst? Selbst der größte Kulturpessimist wird zugestehen müssen, dass es trotz aller Klagen über eine Verlotterung im Umgang miteinander im realen Leben nicht so ruppig zugeht. Die Frage, warum sich Menschen im Internet so verhalten, halte ich deshalb für so interessant, weil ich der festen Überzeugung bin – um ein wenig vorzugreifen –, dass sie nicht ganz so einfach zu beantworten ist, weil es nicht, oder zumindest nicht allein, an der so oft dafür gescholtenen Anonymität liegt. Und das will ich auch belegen.

Ein blaues Wunder

Zum Beispiel mit den eingangs erwähnten Schmähbegriffen. Ich habe aus der Fülle des Netzes ganz bewusst speziell diese herausgesucht, weil hinter ihnen eine besondere Geschichte steht. Mit diesen Ausdrücken wollten anscheinend engagierte Christen ausdrücken, dass ihnen das Verhalten einer ebenfalls engagierten Christin nicht christlich genug ist. Deshalb bezeichneten sie sie eben als, nun ja das muss ich nicht wiederholen. Ja, Sie haben richtig gelesen. Man erlebt immer wieder seine blauen Wunder – falls der Ausdruck »Wunder« in diesem Zusammenhang erlaubt ist.

Dem Ganzen liegt Folgendes zugrunde: Im Januar 2015 veröffentlichte die von der evangelischen Kirche herausgegebene Wochenzeitung Christ & Welt, die seit 2010 einem Teil der Wochenzeitung Die Zeit beiliegt, ein Editorial, in dem die Redaktionsleiterin Christiane Florin erläuterte, warum die Zeitung eine Anzeige für einen christlichen Kongress abgelehnt hatte. Einer der Punkte des Kongresses habe gelautet: »Gegen den Strom von Meinungsdiktatur und Political Correctness«. Weil sich der Begriff »Meinungsdiktatur« nicht auf Diktaturen im politikwissenschaftlichen Sinne bezogen habe, sondern auf »demokratische Staaten wie die Bundesrepublik«, habe man, so Florin, die Anzeige abgelehnt. Darüber kann man sicherlich unterschiedlicher Meinung sein, das liegt aber eindeutig in der Entscheidungshoheit der Zeitung.[2]

Zwei Wochen später veröffentlichte die Redaktion von Christ & Welt eine Sammlung von Leserbriefen zu diesem Editorial mit dem Hinweis, es seien so viele Leserbriefe gekommen wie noch nie in vier Jahren von Christ & Welt in der Zeit, und: »Uns hat überrascht, mit welchen Worten Christentum und Abendland verteidigt werden.«[3]

Zwei Dinge sind tatsächlich überraschend: der Furor und die Wortwahl der Zuschriften einerseits, andererseits die Tatsache, dass die Zuschriften bis auf wenige Ausnahmen, bei denen nur eine E-Mail-Adresse vorliegt, größtenteils mit Namen unterschrieben sind.[4] In einem Interview erklärte Christiane Florin später, dass viele Kommentatoren mit der Veröffentlichung ihrer Klarnamen nicht nur einverstanden waren, sondern auf ihre Zuschriften sogar stolz gewesen seien.[5]

»Thou Shalt Not Read the Comments«

Generell kennt man das Problem des Verlusts jeglicher Umgangsformen vor allem aus Kommentaren im Internet, sei es in sozialen Medien, sei es unter Artikeln. Online-Redakteure beklagen sich, dass sie die Aggression und den Ton der Kommentare, die sie lesen und gegebenenfalls auch löschen müssen – und die der Reaktionen –, kaum mehr ertragen.[6] Eine Gruppe von Journalisten mit nichtdeutschen Wurzeln hat, vielleicht auch zur Bewältigung der Angriffe und Aggressionen, »Hate Poetry« ins Leben gerufen, eine antirassistische Leseshow, bei der sie an oder besser gesagt gegen sie gerichtete Leserbriefe, meist Mails oder Kommentare und Forumsbeiträge zu ihren Artikeln, auf der Bühne vorlesen.[7]

Etliche Zeitungen, unter ihnen die Süddeutsche Zeitung, haben als Konsequenz daraus die Kommentarfunktionen unter den Artikeln wieder abgeschafft und durch moderierte Diskussionsforen ersetzt oder erwägen diesen Schritt.[8] Die deutsche Bundesregierung war mit dem Problem der aggressiven und nichtkonstruktiven Kommentare konfrontiert, als sie eine Facebookseite installierte.[9] Und als der amerikanische Präsident Barack Obama unter @POTUS (die Abkürzung für President of the United States) einen eigenen Twitter-Account startete, gab es sehr schnell Reaktionen, die bis zum Aufruf, den Präsidenten zu töten, gingen und ihn mit dem Kopf in der Schlinge aufgehängt zeigten. Der Drang, sich so zu äußern, scheint so groß zu sein, dass nicht einmal der Gedanke an die möglichen Folgen davon abhalten kann. Immerhin brachte der Tweet mit dem gelynchten Präsidenten seinem Twitterer einen Besuch des Secret Service ein.[10]

Der Kommunikationswissenschaftler Joseph M. Reagle hat dieses Phänomen in seinem Buch »Reading the Comments« untersucht, dessen Untertitel mit einem schönen Sprachspiel im Hinblick auf den Ort der Kommentare unter den Artikeln aufwartet: »Likers, Haters and Manipulators at the Bottom of the Web«.[11]

Klug und amüsant war – wie so vieles in diesem Magazin – die Besprechung des Buches durch Marc O'Connell in *The New Yorker*, die mit folgendem Absatz beginnt, den ich Ihnen nicht vorenthalten will:

»Wenn das Internet seine eigenen Zehn Gebote erhalten hätte – stellen Sie sich eine Mosesfigur vor, die von einem Berg heruntersteigt und ein steinernes Phablet in der Hand hält, in das ein Listicle [der Fachausdruck, zusammengesetzt aus list und article, für die beliebten Internetartikel in Form von Listen: »Die zehn besten ...«] von moralischen Anweisungen geätzt ist – irgendwo darin wäre sicher der Satz ›Du sollst nicht die Kommentare lesen‹. Es gibt wenige Onlineerfahrungen, die entmutigender, mühsamer und sinnloser sind, als nach unten in die Unterwelt der unausgegorenen Provokationen und Albernheiten zu scrollen, die es unter einem typischen Meinungsartikel oder YouTube-Video gibt. Es ist schlicht schlecht für die Seele, die ganze Sache, und doch machen wir es ständig – oder ich mache es wenigstens öfter, als ich mich darum kümmere, darüber nachzudenken. (...) Vermutlich ist da eine Art von masochistischem Imperativ am Werk – der perverse Zwang, der ohne jegliche perverse Lust ist. (Einen ›Alle Kommentare lesen‹-Button anzuklicken ist, vermute ich, eine milde Ausprägung des Freud'schen Todestriebs.)«[12]

Ich fühlte mich ertappt: Obwohl ich genau weiß, was mich erwartet, erwische ich mich immer wieder dabei, bei manchen Themen, die mich interessieren oder bewegen, den »Kommentare lesen«-Button anzuklicken. Nahezu immer mit den entsprechenden Folgen. Nun weiß ich, was dahintersteckt: ein Ausdruck meines Freud'schen Todestriebs. Zum Glück nur ein milder.

Ein Modell für das Zusammenleben

An dieser Stelle möchte ich noch einmal auf die Frage zurückkommen, was das alles über die Höflichkeit sagt und warum es sich lohnt, diese Überlegungen in einem Buch über Höflichkeit anzustellen. Obwohl das Verhalten, mit dem wir uns hier auseinandersetzen, ganz zweifelsfrei nicht höflich ist.

Ich glaube, über die zugrundeliegenden Mechanismen nachzudenken ist ganz elementar für das Verständnis des Umgangs und der Höflichkeit im Internet, aber eben nicht nur dort, sondern insgesamt. Trotz, aber auch wegen seiner Besonderheiten ist das Internet in mancher Hinsicht so etwas wie ein Modellversuch für das Verhalten, wie in einem Laborversuch, in dem bestimmte Parameter verändert werden, um Zusammenhänge und Grundzüge des Verhaltens zu analysieren. Jeder hat schon einmal erlebt, dass etwa ein E-Mail-Wechsel immer härter wird, bis einer zum Telefonhörer greift und nach zwei gesprochenen Sätzen plötzlich die Härte wieder verschwindet. Die Geschwindigkeit der E-Mail einerseits, das Fehlen der sprachlichen Zwischentöne und vor allem des persönlichen Kontakts andererseits schaffen eine besondere Situation, vertraute Mechanismen werden ausgehebelt.

Der dünne Firnis der Zivilisation

Vor allem werfen die Überlegungen zur Höflichkeit im Internet ein Licht auf das Grundverständnis von Höflichkeit. Sascha Lobo, einer der bekanntesten Publizisten Deutschlands zum Thema Internet, etwa schreibt, soziale Medien wie Netzwerke und Foren scheinen »bei bestimmten Menschen den dünnen Firnis der Zivilisation abplatzen zu lassen, unabhängig von der Anonymität«.[13] Lobos Beobachtung trifft ins Schwarze. Aber man kann sie zum Ausgangspunkt für eine viel tiefer gehende Überlegung machen, man kann anhand des Verhaltens im Internet etwas Grundsätzliches zur Höflichkeit erkennen. Ich glaube, die Frage, ob es von der Anonymität abhängt, ob Menschen höflich zueinander sind, kann aufzeigen, ob Höflichkeit zum dünnen Firnis der Zivilisation gehört oder aber zum Kern des Menschseins.

Der Ring des Gyges

Warum und wie kann sie das aufzeigen? Es ist im Endeffekt die alte Geschichte vom Ring des Gyges. Ergänzt durch eine neue. Die alte Geschichte erzählt Platon in seinem Dialog Politeia, Der Staat.[14] Der Hirte Gyges findet eines Tages einen Ring und entdeckt durch Zufall, dass dieser Ring die Kraft hat, unsichtbar zu machen. Diese Kraft nutzt er sofort, um die Königin zu verführen, den König zu töten und die Herrschaft an sich zu reißen. Platon meint nun, wenn es zwei solche Ringe gäbe und den einen ein Gerechter und den anderen ein Ungerechter anlegen würde, also ein guter und ein schlechter Mensch, dann würden sich beide, der Gerechte und der Ungerechte, gleich verhalten. Und zwar gleich schlecht, weil, so Platon, niemand so stahlhart wäre und bei der Gerechtigkeit bliebe, wenn er die Möglichkeit hätte, ohne Gefahr sich alles zu nehmen, was er möchte. Diese Überlegung sieht Platon als Beweis dafür an, dass der Mensch nicht von sich aus gerecht ist, sondern nur aus Not, weil es, wenn er bei der Ungerechtigkeit erkannt wird, auf ihn zurückfällt. Was eben der Ring, der unsichtbar macht, verhindert.

Die neue Geschichte erzählt ein Cartoon von Peter Steiner, wieder aus dem Magazin *The New Yorker* vom 5. Juli 1993. Auf dem Bild sieht man zwei Hunde, einer davon sitzt vor einem Computer, seine Pfoten auf der Tastatur, und sagt zu dem anderen Hund, der am Boden sitzt und zu ihm hochsieht: »On the Internet, nobody knows you're a dog.« – Im Internet weiß niemand, dass du ein Hund bist. Der Cartoon mit dem Zitat als Bildunterschrift wurde zunächst wenig beachtet, erlangte aber geradezu Weltruhm bis hin zum geflügelten Wort mit eigenem Wikipedia-Eintrag,[15] als man begriff, dass er, vor allem das Zitat, auf brillante Weise eines der Charakteristika des Internets beleuchtet: die Anonymität oder auch die Möglichkeit, in andere Identitäten zu schlüpfen.

Firnis oder Kern

Dieselbe Überlegung wie Platon beim Ring des Gyges kann man nun auch für die Höflichkeit im Internet anstellen. Fallen alle Hemmungen und Schranken im Umgang miteinander, sobald man anonym ist, sobald niemand weiß, dass man ein Hund ist, würde das bedeuten, dass die Höflichkeit wirklich etwas ist, das dem Menschen übergestülpt, aufgezwungen wird, dass er von ihr nur überzogen wird wie ein Gemälde von einer dünnen Schicht Firnis. Die Höflichkeit wäre dann tatsächlich etwas Verlogenes, etwas, das man zwangsläufig tut, weil man sonst Nachteile zu befürchten hat. Aber nicht, weil man es tun möchte.

Hängt jedoch die Frage, ob man höflich zu Anderen ist, nicht an der Anonymität oder auch nur nicht ausschließlich an der Anonymität, sondern zum Beispiel auch an der Frage, ob man direkten Kontakt miteinander hat, von Mensch zu Mensch, dann ist die Höflichkeit tiefer im Menschen verankert. Wenn es für die Höflichkeit einem Anderen gegenüber einen Unterschied macht, ob man ihm in die Augen schaut oder nicht, ob man seine Reaktionen bemerkt oder nicht, dann bedeutet das, dass das Erkennen des Menschen im Anderen höfliches Verhalten auslöst. Dann ist der höfliche Umgang miteinander nicht nur angelernt oder gar erzwungen, sondern zumindest zum Teil im Menschen angelegt.

Die Untersuchungen dazu

Diese Frage zu beantworten haben natürlich auch verschiedene wissenschaftliche Studien versucht. Und, um das Ergebnis kurz zu fassen: mit unterschiedlichem Ergebnis. Oder eben mit dem Ergebnis, dass es verschiedene Gründe sind, die zum Verlust der Höflichkeit im Internet führen, nicht nur die Anonymität. Zunächst einmal muss man fragen, was man denn unter Anonymität genau versteht. Die Medienwissenschaftlerin Jacquie Burkell weist darauf hin, dass man zwischen »unnamed« und »unknown« – unbenannt und unbekannt unterscheiden müsse und drei Effekte im Internet differenzieren: den Schutz der Identität, die Tatsache, dass man nicht gesehen wird, und die Tatsache, dass das, was man tut, vor anderen verborgen bleibt.[16] Der Psychologe John Suler spricht von einer »toxischen Enthemmung« im Internet und nennt verschiedene Faktoren, die zu ihr führen, unter anderem Anonymität, daneben aber auch Unsichtbarkeit, Asynchronität, also dass die Reaktion des Gegenübers nicht sofort erfolgt, und die Minimalisierung von Autorität.[17] Der Journalist und Kommunikationswissenschaftler Arthur D. Santana hingegen verglich den Ton von anonymen und nichtanonymen Online-Kommentaren und fand eine Korrelation zwischen Anonymität und Unhöflichkeit.[18]

Um die Widersprüche zu klären, warfen die Psychologen Noam Lapidot-Lefler und Azy Bara einen genaueren Blick auf die Gründe für das Phänomen der toxischen Enthemmung im Internet. Sie teilten Studenten paarweise ein und ließen sie online über Dilemmata und Lösungen dafür chatten und verglichen jeweils verschiedene Konstellationen. Einmal blieben die Teilnehmer anonym, die Vergleichsgruppe dagegen nicht. In einem zweiten Versuch sah sich ein Teil der Paare nicht, ein anderer über eine Webcam. Und in einem dritten Versuch stellten sie bei einem Teil sicher, dass sich die Paare über die Kamera in die Augen schauen konnten, die anderen nicht. Gemessen wurde jeweils die Menge von flames, von unhöflichen, aggressiven Diskussionsbeiträgen.

Ergebnis war, dass zwar alle drei Faktoren, Anonymität, ob man gesehen wird und vorhandener oder fehlender Augenkontakt, den Umgang, die Höflichkeit im Internet beeinflussen, dass aber der Faktor, ob man Augenkontakt hat oder nicht, von den dreien den stärksten Effekt hat.[19]

Das beantwortet die Frage zumindest zum Teil: Es ist also nicht oder nicht nur der Ring des Gyges, die Anonymität im Internet, die zur Unhöflichkeit und zur Aggression dort führt, sondern vor allem oder zumindest auch das Fehlen von direktem menschlichen Kontakt. Das aber belegt etwas Grundsätzliches: Die Höflichkeit, der zivilisierte Umgang der Menschen miteinander, gehört nicht oder zumindest nicht nur zur dünnen Firnis der Zivilisation, der abplatzt, sobald man unerkannt bleiben kann und keine Folgen zu fürchten hat. Die Höflichkeit ist offenbar tiefer verankert, nämlich im direkten Kontakt mit dem Mitmenschen, im Erkennen, Anerkennen des Anderen als Mensch. Das ist eine ebenso interessante wie schöne Erkenntnis.

Die digitale Kränkung

Damit ist aber noch nicht alles zur Unhöflichkeit im Internet gesagt. Meines Erachtens steckt noch mindestens ein weiterer Mechanismus hinter der verbalen Brutalität im Internet: eine Kränkung.

»Die digitale Kränkung des Menschen«[20] ist ein Text des Publizisten Sascha Lobo überschrieben. Er greift dabei die Theorie der drei Kränkungen der Menschheit von Sigmund Freud auf.[21] Freud meinte, eine der Schwierigkeiten, mit der die damals noch junge Psychoanalyse zu kämpfen habe, sei, dass sie für die Menschen eine Kränkung darstelle, und stellte diese Kränkung in eine Reihe mit zwei anderen. Die erste Kränkung habe die Eigenliebe des Menschen erfahren, als das kopernikanische Weltbild die Erde und damit den Menschen aus dem Mittelpunkt des Weltalls entfernte und ihr eine untergeordnete Position zuwies, in der sie, statt dass sich alles wörtlich um sie dreht, zusammen mit anderen Planeten die Sonne umkreist. Das nannte Freud die kosmologische Kränkung. Die zweite sei es gewesen, als Darwin nachwies, dass der Mensch nicht etwas ganz anderes ist als die Tiere, sondern mit ihnen verwandt und aus ihnen durch die Evolution hervorgegangen: die biologische Kränkung. Und die dritte und schwerste schließlich habe die Psychologie in Form der Psychoanalyse dem Narzissmus des Menschen zugefügt, als sie aufzeigte, dass seelische Vorgänge unbewusst bleiben können und dennoch das Handeln und das Seelenleben beeinflussen, dass, in Freuds Worten, »das Ich nicht Herr sei in seinem eigenen Haus«. Das nannte Freud die psychologische Kränkung.

Freuds Text aus dem Jahr 1917 wurde, wie vieles aus seiner Feder, angegriffen, aber auch aufgegriffen und in den Jahrzehnten seitdem immer wieder um weitere Kränkungen ergänzt, etwa eine technologische, wonach der Mensch erkennen musste, dass er die Technologie, die er erschaffen hat, nicht mehr beherrscht, sondern sie ihn. Sascha Lobo nun fügte die »digitale Kränkung« als vierte hinzu. Ich glaube, dass er mit dem Begriff den Punkt trifft, aber nicht damit, was er darunter versteht. Lobo meint, die Kränkung sei die Enttäuschung, dass das Internet, ursprünglich ein Ort der Freiheit, nun zur Überwachung benutzt werde: »Was so viele für ein Instrument der Freiheit hielten, wird aufs effektivste für das exakte Gegenteil benutzt.«[22]

Nun ist Sascha Lobo einer der bekanntesten, vielleicht sogar Deutschlands bekanntester Publizist über das und im Internet. Interessant ist deshalb der Ort, an dem der Text erschien: die Frankfurter Allgemeine Sonntagszeitung, der moderne Ableger der altehrwürdigen FAZ, in der Lobo auch publiziert. Sascha Lobo arbeitet zwar über das Internet und als Blogger und Kolumnist bei Spiegel online auch im Netz, seine Texte werden aber ebenso in den klassischen großen Medien veröffentlicht, ebenso wie seine Bücher bei großen traditionellen Buchverlagen erscheinen. Mit anderen Worten: Er ist auf das Internet als

Medium zur Verbreitung seiner Beiträge nicht angewiesen, und wenn er es nutzt, dann auf Kanälen, die, wie etwa Spiegel online, im deutschen Sprachraum größtmögliche Verbreitung und damit Wahrnehmung bedeuten. Er wird gelesen und seine Stimme gehört, das Medium ist dabei fast egal, es will sogar scheinen, als wenn er größere Geschichten eher in den klassischen Printmedien publiziert.

Die Realität für die Internetnutzer

Das ist bei den Millionen anderen aktiven Internetnutzern anders. Für sie ist das Internet auch ein Instrument der Freiheit, nämlich der, seine Meinung veröffentlichen zu können. Vor dem Internet gab es, falls man nicht als Autor bei einer Zeitung oder einem Verlag publiziert wurde, was nur für eine begrenzte Anzahl zutrifft, nur die Möglichkeit des Selbstverlages oder des Leserbriefs. Die echte Verbreitung im Selbstverlag scheiterte meist an der fehlenden Vertriebsstruktur, und der Leserbrief musste auch erst einmal abgedruckt werden. Das Internet schien zunächst alles zu ändern, speziell das Web 2.0, in dem nicht mehr nur wenige Provider die Inhalte generierten, sondern die Nutzer selbst. Nur hat sich für die meisten gezeigt, dass zwar die technischen Möglichkeiten nun bestehen, was aber noch lange nicht bedeutet, dass nun alle gleich sind in dem Sinne, dass alle tatsächlich den gleichen Zugang zur Öffentlichkeit haben.

In der alten Struktur gab es Zugangsbeschränkungen zum Medienmarkt in Form einer notwendigen teureren Vertriebsstruktur oder einer Redaktion. Wer seine Meinung nicht an die Öffentlichkeit bringen konnte, nicht gehört wurde, konnte das auf diese Beschränkungen schieben. Das ist nun weggefallen. Die Software für einen Blog gibt es an jeder Ecke des Netzes, und falls man es wirklich selbst nicht hinbekommt – was vermutlich auch bei mir der Fall wäre –, findet sich irgendjemand, der irgendwie etwas zum Laufen bringen kann. Bei Facebook ist es noch einfacher. Und Google stellt auch eine Vertriebsstruktur zur Verfügung. Man muss es nur noch mit Inhalten füllen, und zwar solchen, die auch gelesen werden. Hier beginnen die Probleme. Zunächst merkt man, dass es gar nicht so einfach ist, einen Gedanken auch in einen Text umzuwandeln. Es ist gelinde gesagt ziemliche Arbeit, ganz gleich, wie lange man schon schreibt. Und zweitens muss es auch noch jemand lesen.

Und hier entsteht die eigentliche digitale Kränkung. Jeder kann einen Blog schreiben, aber gelesen wird der von Sascha Lobo und ein paar anderen, die man vielleicht nicht an einer Hand abzählen kann, aber es sind diejenigen, die auch ohne Internet mit ihrem Schreiben oder sonstigen Veröffentlichungen in den klassischen Medien untergekommen wären oder es auch sind, wie zum Beispiel Sascha Lobo.

Die digitale Kränkung sehe ich deshalb darin, nicht gehört, nicht wahrgenommen zu werden, obwohl die technischen Möglichkeiten dafür bestehen. Und hier entsteht eine überraschende Verbindung zur Höflichkeit: Jemandem nicht zuzuhören ist ein klassisch unhöfliches Verhalten, eine Unhöflichkeit, die verletzt (siehe die Umfrage über schlechtes Verhalten von Vorgesetzten und die Reaktionen darauf im Kapitel über Höflichkeit im Beruf, S. 179). Im Grunde kann niemand erwarten, dass alles im Netz gelesen wird, und umgekehrt kann es nicht unhöflich sein, nicht alles zu lesen, was dort veröffentlicht wird. Aber bei dem, der dort veröffentlicht, mag es sich so anfühlen, denn die sozialen Mechanismen des Menschen haben sich im direkten Kontakt mit seinen Mitmenschen entwickelt und nicht in der virtuellen Welt des Internets.

Diese Kränkung hat nun zwei ganz banale Mechanismen zur Folge. Was tut man, wenn man bemerkt, dass man nicht gehört wurde? Man spricht lauter, dann ruft man, und irgendwann brüllt man. Einmal, weil man davon ausgeht, dass die Chancen, gehört zu werden, steigen, je lauter man wird. Und einmal aus Ärger darüber, dass man nicht gehört wurde und wird, aus Ärger über die Kränkung.

Lautstärke online und offline

Und die Lautstärke steigern bis zum Brüllen kann man schriftlich im Internet am einfachsten – abgesehen von der Verwendung von Großbuchstaben und dem inflationären Einsatz von möglichst vielen Ausrufezeichen am Stück –, indem man zunächst unhöflich wird und dann beleidigend. Übrigens ein Mechanismus, den nicht das Internet erfunden hat. Das zeigte der alte Theatermann Claus Peymann, ein Profi der Provokation, der Öffentlichkeit und der Inszenierung auf und neben der Bühne. In Wien hatte er am Burgtheater nicht nur epochal inszeniert, oft kongenial mit dem Autor Thomas Bernhard. Er hat mit der Inszenierung von Bernhards *Heldenplatz* zum hundertsten Geburtstag des Burgtheaters an der Ringstraße am 4. November 1988 auch einen der größten Skandale im Nachkriegsösterreich ausgelöst[23] – und eines der nachhaltig beeindruckendsten Bühnenschauspiele deutscher Sprache geschaffen. In der Kakophonie Berlins, wo er das Berliner Ensemble übernahm, ging seine Stimme dagegen über viele Jahre unter. Als jedoch der neue Kulturstaatssekretär Tim Renner 2015 Neubesetzungen vornahm, die Peymann für falsch hielt, beleidigte er Renner persönlich als unter anderem »Nichtkönner, Niete, ein bisserl dumm«. In einem Interview mit Deutschlandradio Kultur aber verteidigte er diese Beleidigungen mit dem für die Überlegungen hier entscheidenden Satz »Wenn man es nett sagt, merkt es ja keiner.«[24]

»Spül dich im Klo hinunter!!!!!!!«

Wie dieses Problem, gehört werden zu wollen, auch auf die persönliche Kommunikation im Internet abfärbt, kann man an zwei Beispielen sehen. Im Oktober 2013 interviewte der Anchorman des österreichischen Fernsehens ORF, Armin Wolf, die frühere ORF-Generaldirektorin Monika Lindner in der Hauptnachrichtensendung Zeit im Bild 2, nachdem sie in die Politik gewechselt war. Armin Wolf ist als sehr kritischer Journalist und für sein konsequentes und unerbittliches Nachhaken in den Live-Interviews bekannt, und das mit seiner früheren Chefin Monika Lindner war sicherlich eines der härteren. Entsprechend waren die Reaktionen im Internet, und Armin Wolf veröffentlichte am nächsten Tag auf seiner Facebook-Seite eine an ihn gerichtete Mail, in der ihn der Absender aufforderte: »Wolf, du bist so unnötig. Deine Fragen an Lindner sind so überflüssig und daneben. Spül dich im Klo hinunter!!!!!!!« Es handelte sich um eine direkt an Armin Wolf gerichtete Mail mit Absender, also kein anonymes Posting.

Weniger Stunden später entfernte Wolf die Mail wieder mit folgender Begründung: »Der Absender des ›Spül dich im Klo hinunter!!!!!‹-Mails hat eben neuerlich geschrieben, sich entschuldigt und ausführlich (und in völlig normalem Ton) erklärt, was ihn am Lindner-Interview gestört hat. Habe das ursprüngliche Posting nun wieder gelöscht.«[25]

Wesentlich harmloser, aber genauso bezeichnend war eine Mail, die ich selbst erhielt, eine Leserreaktion auf eine meiner Kolumnen. Darin beschwerte sich ein Leser darüber, dass ich die Formulierung »Wenn ich Sie recht verstehe« verwendet habe, was in den Worten gipfelte: »WAS soll eine solche WORTHÜLSE, s..dumme Phrase [...]?« Ich schrieb dem Herrn zurück und erklärte, dass die Fragestellung mehrere Interpretationen zugelassen habe, von denen mir eine am wahrscheinlichsten erschienen und auf die ich deshalb in meiner Antwort eingegangen sei. Weil es aber auch andere Interpretationen gibt, hätte ich es für nötig gehalten, meine Ausführungen mit »Wenn ich Sie recht verstehe« einzuleiten. Dann aber fragte ich ihn, warum er denn, wenn er anderer Meinung sei oder etwas kritisieren wolle, gleich beleidigend werde, und mir »s..dumme« Phrasen vorwerfe. Nicht einmal eine gute Stunde später kam eine Antwort, in der sich der Absender für meine Antwort bedankte, um dann zum Punkt zu kommen: »Natürlich wollte ich ein ›wenig provozieren‹, bitte entschuldigen Sie, auf keinen Fall niveaulos verletzen, das war meine Absicht nicht.«

Ich glaube, beiden Fällen, so unterschiedlich sie sein mögen, liegt dasselbe Prinzip zugrunde: Die Mailverfasser wollten, indem sie provozierten oder brüllten, je nachdem, wie man es nennen will, sicherstellen, im nie enden wollenden Strom der elektronischen Mails, Nachrichten, Postings etc. gehört zu werden. Und dabei bleibt die Höflichkeit auf der Strecke.

»Zensur«

Ein bezeichnendes Wort fällt in diesem Zusammenhang auch immer wieder, das die zentrale Problematik des Sich-Gehör-Verschaffens illustriert: Zensur. Fast schon regelmäßig, wenn Kommentare in Onlineforen, Kommentarspalten oder auf sozialen Medien, meist wegen beleidigender Inhalte, entfernt werden, kommt sehr schnell der Vorwurf der Zensur. Das scheint mir deshalb so bezeichnend, weil Zweck einer echten Zensur tatsächlich ist, die Veröffentlichung unliebsamer Meinungen und Tatsachen zu verhindern, mit anderen Worten, mittels üblicherweise staatlicher Gewalt dafür zu sorgen, dass bestimmte Äußerungen nicht veröffentlicht werden, um zu verhindern, dass sie gehört werden. Die Zensur ist sozusagen das systematische Nicht-gehört-Werden.

Der Kabarettist Dieter Nuhr,[26] der mit seinen politischen Statements zu polarisieren weiß, berichtete in der FAZ, dass er nach der Volksabstimmung, in der die Griechen die Bedingungen des Hilfspakets abgelehnt hatten, im Internet folgenden Satz gepostet hatte: »Meine Familie hat demokratisch abgestimmt: Der Hauskredit wird nicht zurückgezahlt. Ein Sieg des Volkswillens!«

Nun kann man darüber streiten, ob es besonders einfühlsam oder geschmackvoll ist, sich als Säle füllender, mit eigenem öffentlich rechtlichen und privaten Fernsehformat ausgestatteter Kabarettist mit einem Land am Abgrund zu vergleichen, in dem die Jugendarbeitslosigkeit über 50 % beträgt und viele Menschen keinen Zugang zur Gesundheitsversorgung mehr haben. Und ob Nuhr nicht mit seiner insgesamt, vorsichtig ausgedrückt, sehr direkten Art nicht entsprechend direkte Widerworte provoziert. Das kann man so oder so sehen, der Beitrag liegt jedoch, auch wenn man ihn inhaltlich ablehnt, ganz sicher innerhalb des für Satire erlaubte Spektrums. Dennoch berichtet Nuhr von »Beleidigungen, Beschimpfungen und Bedrohungen« auf seiner Seite in den sozialen Medien, die er gelöscht habe oder habe löschen lassen. Daraufhin sei ihm eben »Zensur« vorgeworfen worden, was er für absurd hält, weil er keine Meinungsäußerung unterdrücke: »Ich verbiete ja nicht die Meinungsäußerung an sich, sondern ich lösche die Meinungsäußerung auf meiner Seite. Die Meinungsäußerung überall anders ist weiterhin möglich. Wenn eine Zeitung einen Artikel nicht druckt, ist das keine Zensur, sondern die Entscheidung des Chefredakteurs.« Und weiter: »Bei uns darf jeder pöbeln, wie er möchte, nur muss er das auf seiner eigenen Seite tun oder auf der seiner Meinungsgenossen. Es ist nicht meine Pflicht, den Raum dafür zur Verfügung zu stellen. Der Zensurvorwurf ist also lächerlich.«[27]

Dieter Nuhr wehrt sich gegen den Zensurvorwurf, trifft damit aber, vermutlich ohne sich dessen bewusst zu sein, einen der Kernpunkte, die meines Erachtens bis hin zum Verlust fast aller Höflichkeit im Internet geführt haben: Das Internet, speziell das Netz 2.0 und die sozialen Medien, bei denen die Nutzer den Inhalt mitgestalten, hat durch diese Möglichkeit gewissermaßen versprochen, dass nun auch jeder nicht nur diese Möglichkeit hat, sich zu äußern, zu publizieren, sondern auch gehört, respektive gelesen wird. Nur liegt hier das Problem: Tatsächlich kann jeder ohne großen Aufwand und Voraussetzungen eine Facebook-Seite eröffnen und dort alles schreiben, was nicht gegen die Gesetze verstößt. Nur bedeutet die Eröffnung einer Facebookseite noch lange nicht, dass sie jemand besucht und die Inhalte auch wahrnimmt. Dieter Nuhr dagegen hatte zu diesem Zeitpunkt fast eine halbe Million Fans bei Facebook und noch mehr Follower bei Twitter. Wer dort kommentiert, wird also tatsächlich gehört oder gelesen, und nicht nur potentiell. Der Aufschrei mit dem Vorwurf der Zensur hat somit nichts mit echter Zensur zu tun, er belegt aber, dass diejenigen, die ihn erheben, das Gefühl haben, sonst über keine echten Möglichkeiten zu verfügen, auch tatsächlich so gehört zu werden, wie sie es sich erhoffen und wie es das Internet im Grunde versprochen hat.

15 Minuten Ruhm

Man könnte das alles auch als die moderne Variante der 15 Minuten Ruhm ansehen, die Andy Warhol jedem Menschen versprochen hat, auch wenn es immer wieder Stimmen gibt, dass es in Wirklichkeit der Medientheoretiker Marshall McLuhan war, der den Begriff geprägt hat.[28] Dieser Idee nach ermöglichen es die modernen Medien jedem, 15 Minuten lang berühmt zu sein. Worin man auch ein Versprechen sehen kann, dass es jedem möglich ist, einmal im Leben Ruhm zu erlangen, mit anderen Worten, von den anderen bemerkt, gesehen und gehört zu werden. Um zu sehen, wie groß das Verlangen danach ist, braucht man nur zwei Phänomene zu betrachten. Einmal die immer wieder auftretenden sogenannten Flitzer in Fußballstadien, Menschen, die, um Aufmerksamkeit zu erlangen, nackt bei einem Spiel über die Spielfläche laufen und für die 15 Sekunden Beachtung von Zehntausenden eine Anzeige wegen Erregung öffentlichen Ärgernisses in Kauf nehmen.[29] Oder einfach den Fernseher einschalten und beobachten, was Menschen jeden Tag auf den unterschiedlichsten Sendern auf sich nehmen, nur um ein paar Minuten dort auftreten zu können. Das Internet hat diese Möglichkeit nun noch einmal gesteigert: vereinfacht und verkürzt. Mit einem einzigen Post, wenn er auf der richtigen Seite mit entsprechend vielen Followern erfolgt, kann man die Aufmerksamkeit von Hunderttausenden oder Millionen zumindest für 1,5 Sekunden erlangen. Und, so scheint die Überlegung zu sein: Die Chancen, beachtet zu werden, sind umso größer, je lauter der Zwischenruf erfolgt, übertragen, je deftiger, ordinärer, beleidigender er ist.

Fazit

Das Fazit aus alldem ist nicht so traurig, wie es scheinen mag. Traurig ist, dass wir uns wohl an den Ton im Netz werden gewöhnen müssen. Und traurig ist auch die Gefahr, dass er abfärben könnte auf das reale Leben. Oder das schon tut. Weniger traurig ist es allerdings, sich die Mechanismen bewusstzumachen, die darunterliegen. Es ist eben nicht nur die Anonymität, die zur Unhöflichkeit im Netz führt, wir werden nicht alle sofort unhöflich, nur weil uns ein elektronischer Ring des Gyges unsichtbar macht und wir deshalb für unsere Unhöflichkeiten nicht mehr belangt werden können. Weil niemand weiß, dass wir in Wirklichkeit ein Hund sind. Wenn das unhöfliche

Verhalten im Internet auch an der Tatsache liegt, dass man sich dort nicht in die Augen sieht, nicht bewusstmacht, dass vor den Bildschirmen auch wieder Menschen sitzen, dann zeigt das, dass die Höflichkeit eben nicht nur ein starres Korsett ist, Etikette, die aufgezwungen wird, etwas Unnatürliches wie ein steifer Kragen, sondern gewissermaßen der »natürliche Umgang«. Dass Menschen von Natur aus eher dazu neigen, sich zu respektieren. Und das ist eines der schönsten – ehrlichen – Komplimente, die man der Höflichkeit machen kann.

DER HÄNDEDRUCK

Höflichkeit und Hygiene

Zu den eigenartigen Fundstücken, über die man im Internet stolpern kann, gehören Videos von »Vaseline High Five Pranks«. »Prank« steht im Englischen für »Streich« im Sinne von »einen Streich spielen« oder Dummejungenstreich. Aber während man es hierzulande eher nur von Kindern und Teenagern oder Sendungen wie »Verstehen Sie Spaß?« kennt, erfreut sich das Phänomen in den USA wesentlich größerer Beliebtheit, es gibt etliche derartiger Sendungen, »Jackass« ist nur eine der bekanntesten. Natürlich eignen sich solche Streiche besonders gut für eine Verbreitung auf YouTube, wo man inzwischen auch eine ganze Reihe von entsprechenden Channels und Best-ofs finden kann.

High Fives als solche sind auch schon ein wenig eigenartig. Damit bezeichnet man ein gegenseitiges Abklatschen der offenen Handflächen auf Höhe des Kopfes oder darüber, meist unter Jugendlichen oder jungen Männern, gerne auf den Zuruf »High Five« hin. Eine Art männliches Verbrüderungsritual im Sinne eines Grüßens oder mehr noch Gratulierens, passend zu seiner Herkunft aus dem Sportbereich.[1] Beim »Vaseline High Five Prank« läuft nun jemand durch die Stadt oder durch ein Einkaufszentrum, ruft fremden Leuten »High Five!« zu und hält ihnen seine Handfläche entsprechend erhoben entgegen, woraufhin viele fast automatisch jovial sich verbrüdernd einschlagen. Nur hat der Rufer, wie der Name des Streichs schon vermuten lässt, seine Handfläche vorher mit Vaseline eingeschmiert. Das bemerken die Gefoppten manchmal schnell, manchmal mit leichter Verzögerung, sind verwundert, angeekelt, versuchen, die schmierige Schicht irgendwo abzustreifen, oder kommen zurück, um sich zu beschweren. Die Videos zeigen diese Reaktionen, eben in der Art von »Verstehen Sie Spaß?«.

Die Reaktionen kann man mehr als verstehen: Plötzlich eine schmierige Substanz auf der Handfläche zu spüren ist zum einen überraschend, zum anderen aber auch eklig. Ziemlich eklig sogar. Umso mehr, als man ja nicht weiß, worum es sich handelt. Man kommt schließlich nicht als Erstes auf die Idee, dass sich jemand Vaseline auf die Handfläche geschmiert hat, um einen Streich zu spielen. Aber selbst dann ist es noch unangenehm.

Schlimmeres als frische Vaseline

Allerdings nur, wenn man nicht genauer nachdenkt. Frische Vaseline dürfte mit das Beste sein, was man von einer fremden Handfläche bekommen kann. Im Grunde sollte man das Video des Vaseline-Streichs für eine Kampagne gegen das Händeschütteln benutzen und am Ende nur noch einblenden: »Wollen Sie wirklich all das auf Ihrer Handfläche, was Ihr Gegenüber auf seiner hat?« Man könnte auch fragen: »Wollen Sie wirklich von allem etwas auf Ihren Händen, was Ihr Gegenüber heute schon angefasst hat?« Das ist nicht übertrieben. Untersuchungen zufolge waschen sich ein Drittel der Frauen und zwei Drittel der Männer ihre Hände nicht einmal, nachdem sie auf der Toilette waren. Fragte man die Leute danach, ergab sich allerdings ein anderes Bild: 99 Prozent der Befragten gaben an, sich nach dem Toilettengang die Hände gewaschen zu haben. Nur haben diese Auskünfte mit der Realität wenig zu tun, wie man feststellen konnte, als man vor der Befragung an den Waschbecken elektronische Zählgeräte montiert hatte.[2]

Einer Londoner Studie zufolge finden sich auf über einem Viertel aller Hände Fäkalkeime. Und – ich weiß nicht, ob Sie nun weiterlesen wollen, wenn es Sie leicht ekelt, springen Sie vielleicht besser zum nächsten Absatz – die Wissenschaftler meinten, sie seien geschockt gewesen über ihre Befunde: Elf Prozent der Hände seien extrem verschmutzt gewesen, die Keimbesiedlung habe der einer Toilettenschüssel entsprochen.[3] Jedes neunte Händeschütteln ist, mikrobiologisch betrachtet, ein Griff ins Klo. Jemandem die Hand zu geben könnte man damit »E-Coli-Roulette« nennen, nach dem bekanntesten Fäkalkeim Escherichia coli. Oder schlicht »Shit-Bingo«.

Gesundheit!

Nun könnten Sie zweierlei entgegnen. Zum einen, dass die Personen, denen Sie die Hände geben, nicht zu denen gehören, die sich nie die Hände waschen. Das lasse ich einmal so stehen, ich kenne Ihre Bekannten nicht. Und ich weiß nicht, wie genau Sie über Ihre Umgebung Bescheid wissen. Für mich muss ich jedoch feststellen, dass ich die meisten der Leute, denen ich begegne und potentiell die Hand schütteln soll – das sind nicht alles meine Freunde –, nicht so gut kenne, dass ich Auskunft über ihre Toilettengewohnheiten geben könnte. Es kommt jedoch noch etwas anderes hinzu: Fäkalkeime untersucht man in der Hygiene unter anderem deshalb, weil sie die Hygienedefizite so klar aufdecken. Die Hände übertragen aber noch viel mehr. So geht man heute davon aus, dass nicht nur ein Großteil aller infektiösen Magen-Darm-Erkrankungen, Brechdurchfall, über die Hände übertragen wird, sondern die Hände auch der Hauptweg sind, auf dem sich die infektiösen Atemwegserkrankungen ausbreiten.[4] Dazu gehören der Schnupfen, die klassische Erkältung, Common Cold oder auch grippaler Infekt genannt, vermutlich eine der häufigsten Erkrankungen überhaupt, und die echte Grippe. Die berühmte »Tröpfcheninfektion«, dass also jemand, der etwa niest, um sich herum eine Wolke von virenbeladenen Tröpfchen verbreitet, die man dann einatmet, wodurch man krank wird, hat weniger Anteil an der Übertragung der klassischen Erkältungskrankheiten. Am häufigsten geht es über die »Schmierinfektion«, die so eklig ist, wie sie sich anhört. Das geradezu Perfide an diesem Übertragungsweg ist, dass die Erkältung, die laufende Nase, die tränenden Augen uns dazu bringen, unwillkürlich oder weil wir die Nase putzen wollen, an den Quell der Erkältung zu fassen und millionen- bis milliardenfach mit Viren beladenes Sekret nicht nur ans Taschentuch, sondern eben auch an die Finger bringen. Und die Etikette tut ein Übriges: Man soll die Hand vor den Mund halten beim Niesen. Was die Keimbelastung der Finger nicht gerade reduziert. Manche Benimmbücher raten, am besten ein Taschentuch oder den Handrücken zu verwenden; der aus infektionshygienischer Sicht sinnvollste Rat, in den Stoff der Ellenbeuge zu niesen, wird zwar glücklicherweise Kindern inzwischen beigebracht und soll in New York Standard sein,[5] in einem Etiketteführer habe ich ihn jedoch noch nie gelesen.

Man reibt sich die Augen

Und auch die zweite Hälfte des Weges meistern die Viren sehr einfach: Es ist vielen Menschen nicht bewusst, wie oft man sich, auch wenn man nicht erkältet ist, ganz unbewusst im Gesicht berührt. Kurz an die eigene Nase gefasst oder sich, nicht nur verwundert, die Augen gerieben. Noch dazu haben israelische Wissenschaftler beobachtet,[6] dass sich ihre Versuchspersonen unwillkürlich signifikant öfter ins Gesicht und an die Nase fassten, nachdem sie jemand anderem die Hand geschüttelt hatten. Die Forscher erklärten das mit den Duftstoffen, die man über den Händedruck vom Anderen auf die Hand bekomme und anhand deren man feststellen kann, ob man sich mit dem Anderen versteht, ihn gut riechen kann. Die Hand zu geben würde nach dieser Erklärung als Ersatz dafür dienen, am Anderen und dessen Genitalien herumzuschnüffeln, wie es etwa Hunde, aber auch viele andere Tiere tun.

Ob die Erklärung stimmt, kann dahingestellt bleiben, ich könnte mir eher vorstellen, dass es ein unbewusstes Ekeln vor fremden Händen ist, weshalb man ebenso unbewusst überprüft, was man sich da an die eigenen Hände geholt hat. Aber dass man sich nach dem Händeschütteln irgendwann wieder ins eigene Gesicht fasst, scheint schwer zu vermeiden. Deshalb kann man, um bei dem Bild von oben zu bleiben, das Händeschütteln in der kalten Jahreszeit sehr gut als »Rhinoviren-Roulette« bezeichnen. Oder wieder etwas deftiger als »Rotz-Bingo«.

Türklinken, Haltegriffe und Geldscheine

Das andere Argument, das man immer wieder zur Verteidigung des Händeschüttelns hört, lautet, man fasse ja auch viele andere Dinge an, wie etwa Türklinken, Haltegriffe in der U-Bahn oder Geldscheine, die aus hygienischer Sicht nicht viel besser sind. Auch das stimmt nur fast, in der Londoner Studie waren Geldscheine nur etwa halb so häufig mit Fäkalkeimen belastet wie die Hände. Zudem gibt es zwei große Unterschiede zum Händeschütteln: die Art der Berührung und die Notwendigkeit.

Würde jemand auf die Idee kommen, einen Geldschein oder eine Münze mit Vaseline einzuschmieren, so wie beim High Five Prank, hätte man danach zwei Fingerspitzen etwas schmierig. Um zum gleichen Effekt wie beim High Five Prank zu kommen, müsste man jeden Schein vollflächig auf die Handfläche drücken. Das aber macht niemand, und wenn man sich überlegt, warum man das nicht tut, käme als Antwort sehr schnell, dass man das unhygienisch fände. Schließlich weiß man nicht, wer den Schein schon in der Hand gehabt hat und womit er schon in Kontakt war. Und zudem: Wozu sollte es dienen, einen Schein so vollflächig in die Hand zu drücken? Beides kann man mit Fug und Recht aber auch beim High Five fragen und noch mehr beim Schütteln der Hände. Wollte man nämlich die Berührung des Geldscheins mit dem Schütteln der Hände vergleichen, müsste man den Geldschein dazu noch leicht warm anfeuchten und ihn dann durch Druck und Bewegungen besonders intensiv in die Handfläche einmassieren. Nun höre ich aber auch damit auf, das ekelt mich beim Schreiben mindestens genauso sehr wie Sie beim Lesen.

Der zweite große Unterschied ist die Notwendigkeit. Türgriffe zu berühren ist gelegentlich sinnvoll, wenn man in einen Raum kommen oder ihn verlassen will. Diese Klinkenberührung ist nicht immer ein großes Vergnügen, aber manchmal sogar bei besonders fragwürdigen Klinken unvermeidbar, man denke etwa an Zugtoiletten. Zum Glück gibt es dort ja zumindest beim Verlassen neben dem Türgriff das kleine Waschbecken mit den Papierhandtüchern. Und wenn man ein wenig Übung hat, kann man die Verriegelung mit dem Papierhandtuch öffnen, damit auch die Klinke drücken, durch die Türe gehen und in einer leichten Drehbewegung das Papierhandtuch in den Abfallbehälter werfen, die Toilette verlassen und mit dem hinteren Fuß die Türe so in Bewegung setzen, dass sie, ohne sie noch einmal zu berühren – man hat ja das schützende Papierhandtuch gerade entsorgt –, hinter einem ins Schloss fällt. Diese Abfolge kann man vereinfachen, wenn man beim Öffnen der Türe bemerkt, dass bereits jemand vor der Toilette wartet, weil es ja dann weder notwendig noch schicklich ist, die Türe von außen zu schließen. Allerdings muss man in diesem Fall darauf achten, dass die Wartenden nicht sehen, dass man die Klinke von innen mit dem Papierhandtuch geöffnet hat. Sie könnten ja sonst auf die Idee verfallen, man sei neurotisch.

Dass man nicht vollkommen vermeiden kann, Geld zu berühren, wurde auch schon klar. Und bei Haltegriffen in öffentlichen Verkehrsmitteln hilft nur eine knallharte Risikoabwägung: Stürzen und sich verletzen versus festhalten und sich infizieren. Hier helfen nur Verstand und Willenskraft. Hat man erst einmal festgestellt, dass der Trambahnfahrer besonders forsch fährt, Beschleunigung und Bremsen so liebt, dass es nicht ausreicht, sich breitbeinig schräg zur Fahrtrichtung zu stellen – wie oft Trambahngleise speziell in Berlin ihre Richtung leicht versetzen, so dass die Tram schlingert, lernt man erst dabei –, scheint manchmal das Festhalten die sicherere Variante. Und dann braucht man eben Konzentrationsfähigkeit und Willenskraft. In diesem Fall bleibt dann nämlich nichts anderes übrig, als sich zu merken, dass man einen Haltegriff berührt hat und sich folglich nicht mehr ins Gesicht fassen darf, bis man die Möglichkeit hat, die Hände zu waschen. Zum Glück verfügt jedes Restaurant über eine Toilette, die man ebenso schnell aufsuchen kann wie bei Freunden zu Hause fragen, wo man sich die Hände waschen darf. Mein besonderes Wohlwollen gilt in diesem Zusammenhang dem ARD-Hauptstadtstudio Berlin, in dem seit der Schweinegrippe vor ein paar Jahren während der Erkältungszeit Desinfektionsmittel neben den Handwaschbecken bereitstehen.

Der Schüttelfrust

Es gibt also Dinge, deren Berührung man schlecht vermeiden kann, aber manches lässt sich eben doch vermeiden. Nur, zu welcher Gruppe gehören anderer Leute Hände? Ich weiß nicht, ob es zwischen den Zeilen schon durchgeschimmert ist: Ich bin kein übertrieben großer Freund des Händeschüttelns. Allerdings, das muss ich an dieser Stelle zugeben, mit gemischten Gefühlen. Obwohl ich regelmäßig Anläufe unternehme, das Händeschütteln vollständig zu vermeiden, durchbreche ich diese Anläufe ebenso regelmäßig. Woran liegt das? Evelyn Roll hat in einem großen, wunderbaren Essay in der Süddeutschen Zeitung unter der Überschrift »Schüttelfrust«,[7] eine Mischung aus Kampfschrift und Wehklage über das Händeschütteln, die These aufgestellt, das Handgeben gehöre zwar nicht zur Natur des Menschen, wohl aber zur kulturellen DNA des Westens. Man finde Abbildungen des Handschlags auf 2000 Jahren alten Reliefs, auf antiken Münzen, im Neuen Testament und bei einer Reihe von Vorgängen: der Begrüßung, dem Abschließen eines Vertrags, dem Wetten, der Gründung eines Vereins und dem Besiegeln von Geschäften. Und neuerdings sogar in der Kirche, beim sogenannten Friedensgruß. Evelyn Roll meint, das Reichen der Hand würde neben seiner kollektiv kulturellen Verankerung darüber hinaus jedem Einzelnen in der Erziehung vermittelt: »Willst du der lieben Tante nicht das Händchen geben?« Und das alles werde man eben nicht so schnell wieder los. Auch wenn man nicht Hände schütteln will und noch so viel dagegen spricht.

Ich glaube, es gibt dabei noch einen Mechanismus. Der sich allerdings daraus ableitet, dass der Händedruck, wie Evelyn Roll meint, zur Kultur des Westens gehöre. Weil er das tut, beinhaltet er hierzulande auch eine Aussage. Er ist Symbol, Zeichen, er steht für etwas. Bei den oben genannten Beispielen sind es jeweils Bekräftigungen, Verbindungen, Nähe. Historisch, so liest man immer wieder, allerdings ohne weitere Nachweise, komme der Handschlag zur Begrüßung daher, dass man eine leere Hand zeigen wolle, eine Hand, die keine Waffe führt. Daher auch die rechte Hand; »das schöne Händchen«, brachte man den Kindern bei, weil der übliche Rechtshänder in dieser Hand die Waffe führen würde, hätte er denn einen Angriff vor.

Ob das nun so stimmt, sei dahingestellt, insgesamt aber wäre man bei fast schon einem Paradebeispiel der Geste, deren Bedeutung für die Höflichkeit in diesem Buch ein eigenes Kapitel gewidmet ist (S. 132ff.). Der Händedruck zeigt, gerade weil es für ihn heute keinen echten Grund mehr gibt, als Geste umso stärker, dass man den Anderen achtet. So wie das Aufhalten der Türe in den Fällen, in denen es nicht unbedingt geboten ist. Deshalb tun wir uns auch so schwer, ihn zu vermeiden, müssen den Reflex, eine Hand zu ergreifen, mit ziemlich großen Mühen unterdrücken.

Auf diesem Reflex beruht auch der Streich mit der Vaseline und dem High Five. Obwohl es ein vollkommen Fremder ist, der die Hand hinhält und »High Five« ruft, schlagen viele fast automatisch ein. Und das High-Five-Abklatschen ist auf der anderen Seite so weit vom Handschlag, mit dem man auch einen Vertrag besiegelt, entfernt, dass man auch bei Fremden darauf eingeht.

Dir zuliebe begebe ich mich in die Gefahr

Der Handschlag ist eine Geste der Verbindlichkeit und der Verbindung. Er steht dafür, dass man zum Gegenüber steht. Aber wo genau steckt da nun die Höflichkeit, wenn man die Höflichkeit als Verhalten versteht, in dem die Achtung für das Gegenüber zum Ausdruck kommt? Beim Aufhalten der Türe war es das Innehalten, man ordnet das eigene Voraneilen dem Anderen unter. Aber was ist es beim Händedruck? Die Londoner Epidemiologin und Hygienespezialistin Valerie Curtis, die in diesem Kapitel noch umfangreicher zu Wort kommen wird (S. 217), bietet eine Erklärung an. Sie formuliert es allerdings für eine Umarmung. Curtis meint, speziell in den hygienearmen Zeiten der Menschheitsgeschichte habe die Nähe, der nahe körperliche Kontakt zu anderen Menschen, ein großes Infektionsrisiko dargestellt. Einen anderen zu umarmen zeige, dass einem dieser Mensch das Risiko wert ist, sich bei ihm eine der vielen ansteckenden Krankheiten zu holen, die er oder sie mit sich herumträgt. Das lässt sich natürlich sehr gut auf den Händedruck übertragen, besonders wenn man sich die durchschnittliche Keimbelastung einer Hand in Erinnerung ruft. Und diese These wäre auch in der Lage, ein Phänomen zu erklären, nämlich dass man den Handschuh auszieht, bevor man sich die Hand gibt. Eine Waffe kann unter dem Stoff oder Leder des Handschuhs kaum verborgen sein. Wäre also das Zeigen der waffenlosen Hand der eigentliche kulturelle Grund für den Händedruck, gäbe es keinen Grund dafür, dass er unbedingt mit nackter Haut zu erfolgen hat.

Jemandem nicht die Hand zu geben in einem Kulturkreis wie dem unseren, in dem das üblich ist, bedeutet also nach dieser Lesart, demjenigen zu erklären, dass man sie oder ihn für potentiell infektiös hält, womöglich weil er oder sie nicht ausreichend Körpflege und Hygiene betreibt, und dass der oder die Betreffende es einem auch nicht wert ist, dieses Risiko auf sich zu nehmen. Das ist tatsächlich nicht sehr höflich. Und es erklärt, warum man solche Schwierigkeiten damit hat, die Hand nicht zu geben. Man kann es aber auch umgekehrt, positiv sehen und formulieren. Wenn man jemandem begegnet, zu dem man Zuneigung verspürt oder dem gegenüber man, aus welchen Gründen auch immer, das Bedürfnis hat, ihm oder ihr Zugewandtheit zu zeigen, die Nähe aber nicht so groß ist, dass man das durch eine Umarmung oder gar eine Begrüßung per Kuss machen möchte, dann ist es wegen der Üblichkeit und der Gewohnheit fast schon ein Reflex, die Hand zu reichen. Und deshalb so schwierig, das zu unterlassen, den Reflex zu unterdrücken.

Exkurs: Der perfekte Händedruck

Angesichts dieser doch offenbar zentralen Bedeutung des Händeschüttelns in unserer Kultur stellt sich jedoch eine weitere Frage: Wie? Wie genau sollte man so etwas Wichtiges ausführen? Glücklicherweise ist diese Frage gelöst. Im Auftrag der Firma Chevrolet entwickelte der britische Psychologe Geoffrey Beattie die Formel für den perfekten Händedruck:

$$PH = \sqrt{(e^2 + ve^2)(d^2) + (cg + dr)^2 + \pi\{(4\text{<}s\text{>}2)(4\text{<}p\text{>}2)\}^2 + (vi + t + te)^2 + \{(4\text{<}c\text{>}2)(4\text{<}du\text{>}2)\}^2}$$

Diese Formel – das ist jetzt kein Witz – steht tatsächlich für den »Perfekten Händedruck« (PH). Die in ihr enthaltenen Variablen repräsentieren Größen wie Augenkontakt, Lächeln, Trockenheit, Temperatur und Oberfläche der Hand, Dauer und Stärke des Drucks, Position der Hand sowie den verbalen Gruß. Oder genauer:

> »(e) is eye contact (1 = none; 5 = direct) 5; (ve) is verbal greeting (1 = totally inappropriate; 5 = totally appropriate) 5; (d) is Duchenne smile – smiling in eyes and mouth, plus symmetry on both sides of face, and slower offset (1 = totally non-Duchenne smile (false smile); 5 = totally Duchenne) 5; (cg) completeness of grip (1 = very incomplete; 5 = full) 5; (dr) is dryness of hand (1 = damp; 5 = dry) 4; (s) is strength (1 = weak; 5 = strong) 3; (p) is position of hand (1 = back towards own body; 5 = other person's bodily zone) 3; (vi) is vigour (1 = too low/too high; 5 = mid) 3; (t) is temperature of hands (1 = too cold/too hot; 5 = mid) 3; (te) is texture of hands (5 = mid; 1 = too rough/too smooth) 3; (c) is control (1 = low; 5 = high) 3; (du) is duration (1 = brief; 5 = long) 3.«[8]

Die Kernthesen wurden auch leicht verständlich illustriert:

Das perfekte Händeschütteln

Allerdings hat das Ganze einen – zumindest in diesem Zusammenhang – etwas fragwürdigen Hintergrund: Es dient dazu, damit Geschäfte zu machen. Nun ist natürlich Geschäfte machen zu wollen per se nicht fragwürdig. Und Höflichkeit ist an sich auch nirgends schlecht. Aber die Verknüpfung macht es eben ein wenig fragwürdig, wenn man liest, dass diese Formel als Teil eines Handshake-Training-Guide entwickelt wurde, um die Mitarbeiter von Chevrolet UK auf die Vorstellung der neuen »5 Years Promise Offer« vorzubereiten, eine 5-Jahres-Garantie mit zusätzlichen Service- und Pannenhilfsangeboten, die »darauf zielt, den Kunden Seelenruhe und Beruhigung zu bieten«.[9]

Was passiert an dieser Stelle? Außer dass Wert auf trockene Handflächen gelegt wird, was man auch aus Sicht der Hygiene nur begrüßen kann. Eine Geste der Zuwendung und Höflichkeit wird hochprofessionell optimiert und genutzt. Für eigene Zwecke, hier, hart ausgedrückt, die Manipulation des Kunden. Er soll Vertrauen in die Marke und das neue Angebot entwickeln. Aber nicht über die Perfektionierung dessen, was man ihm anbietet, sondern wie man es ihm anbietet. Die Geste der Höflichkeit, die ja ihrem Wesen nach dem Gegenüber dienen soll, dient nur noch dem, der sie einsetzt, ja im Grunde bedient er sich des Gegenübers, indem er ihn zugunsten seines Geschäfts unbewusst beeinflusst.

Man kann natürlich überlegen, wie ernst die Formel überhaupt gemeint sein kann. Und in welchem Ausmaß sie lediglich ein Marketing-Scoop sein sollte, etwas, auf das sich die Presse, dankbar über jede Story, stürzt, um so die Marke Chevrolet und die neue »5 Years Promise Offer« in die Medien zu bringen – und Jahre später auch in ein Buch über Höflichkeit. Aber wie immer steckt darin auf jeden Fall ein Körnchen Wahrheit. Der berühmte fast schmerzhaft feste Händedruck, an dem man früher den Reserveoffizier erkannte, weil er angeblich bei der Bundeswehr als Zeichen und Mittel der Autorität gelehrt wurde, oder der bestimmende Druck mit Blick in die Augen, den man auch heute noch bei Menschen aus der Wirtschaft findet, sind kein Zufall. »The Power of Handshaking« heißt etwa ein Buch aus der »Protocol School of Washington®«. Der Klappentext verspricht:

> »Von nun an, wann immer Sie neue Leute für Geschäft oder Freizeit treffen – *The Power of Handshaking* verspricht, Sie werden nie mehr von einer Begrüßung mit leeren Händen weggehen. Sie werden lernen, wie eine tiefgreifend kulturbasierte Interaktion wie das Händeschütteln die Ergebnisse von geschäftlichen (oder privaten) Abschlüssen weltweit beeinflussen können.«[10]

Der Händedruck wird systematisch nutzbar gemacht, für welche Zwecke auch immer.

Ende Exkurs

Die Todesopfer

Man könnte die Frage, ob Händedruck oder nicht, schmunzelnd angehen – wären da nicht die vielen Todesopfer. Es geht um Infektionen in Krankenhäusern und anderen stationären Einrichtungen. Die Veröffentlichungen zu diesem Bereich sind zahlreich. Grob vermutet man, dass in Deutschland jährlich 10 000 bis 40 000 Menschen an in Krankenhäusern erworbenen Infektionen sterben. Diese sind natürlich nicht alle auf Händeschütteln zurückzuführen, aber die Hände der Mitarbeiter werden als einer der Hauptübertragungswege für Keime angesehen.[11] Und Hygienemaßnahmen können diesen Weg zwar eindämmen, aber nicht komplett unterbinden. Insofern ist jede zusätzliche Maßnahme sinnvoll. Und als eine der sinnvollsten, weil einfachsten, gilt allgemein der Verzicht auf das Händeschütteln.

Im JAMA, dem Journal der American Medical Association, schlug deshalb eine Gruppe von Experten vor, das Händeschütteln aus dem gesamten Gesundheitsbereich zu verbannen.[12] Als Alternativen verwiesen sie auf Grußformen aus anderen Kulturen, insbesondere auch dem asiatischen Raum: das Winken, die Verbeugung, die Namaste-Geste, bei der die Handflächen vor dem Herzen aneinandergelegt werden und der Kopf leicht gebeugt. Insgesamt wird mittlerweile im Gesundheitswesen immer mehr der Abschied vom Händedruck diskutiert und propagiert. Interessanterweise auch vonseiten der Gesundheitswirtschaft:[13] Die Infektionen – und damit indirekt das Händeschütteln – kommen das Gesundheitssystem teuer zu stehen.

Das bleibt nicht unwidersprochen, andere Mediziner betonen den Wert eines Händedrucks zwischen Arzt und Patient im Hinblick auf Vertrauen und Beruhigung.[14] Laut einer repräsentativen Umfrage des Magazins Stern aus dem Jahr 2014 meinen allerdings 55 Prozent der Deutschen, dass man in Kliniken und Arztpraxen auf das Händeschütteln verzichten sollte. Überraschenderweise sehen das aber vor allem ältere Befragte so, während die 14–29-Jährigen nicht darauf verzichten wollen.[15]

Fäuste gegen Keime

Einen besonders interessanten Ansatz verfolgten Wissenschaftler der West Virginia University im amerikanischen Morgantown.[16] Sie verglichen das Händeschütteln mit dem immer populäreren Fist-Bump, bei dem lediglich die beiden Fäuste ausgestreckt werden und sich, einem leichten Faustschlag ähnlich, wie spaßeshalber berühren. Oder wie Homer Simpson es formuliert: »Ein warmer menschlicher Kontakt mit einem Hauch von männlicher Gewalt«.[17] Bekannt wurde diese Geste unter anderem durch den amerikanischen Präsidenten Barack Obama, der sie häufig, auch bei ungewöhnlichen Anlässen, vollführt. Einige Bilder davon wurden sehr bekannt. Etwa das, als er im Weißen Haus am Gang im Vorbeigehen eine Reinigungskraft mit Fist Bump begrüßte.

Vielleicht kommt Obamas Vorliebe für den Fist Bump aber auch von einem Problem, das Politiker allgemein haben: Sie müssen aus wahltaktischen Gründen, um Bürgernähe zu zeigen, oft Unmengen von Händen schütteln. In seinem Buch *The Audacity of Hope* schreibt Obama, George W. Bush habe ihm deswegen das Desinfektionsmittel »Purell« empfohlen, das Obama seitdem in seiner Reisetasche mitführt, wie die New York Times berichtete, als sie unter der Überschrift »In Clean Politics, Flesh Is Pressed, Then Sanitized« die Desinfektionsgewohnheiten etlicher amerikanischer Politiker nach ihren Handshake-Marathons beleuchtete.[18]

Denn der Fist Bump hat einen großen Vorteil. Das haben die Wissenschaftler aus Westvirginia herausgefunden. Sie verglichen Händeschütteln und Fist Bump und stellten fest, dass beim Händeschütteln die Kontaktfläche viermal so groß ist wie beim Fist Bump (30.206 vs 7.867 in^2, umgerechnet 194,877 vs. 50,755 cm^2) und die Kontaktzeit 2,7-mal so lange (0.75 vs. 0.28 s). Insofern war es nicht verwunderlich, dass beim Händeschütteln viermal so viele Keime übertragen wurden (187.5 vs. 42.5 cfu, cfu steht für colony forming units, Keime, die bei Bebrütung auf einem Nährboden anwuchsen, also Kolonien bildeten). Weshalb, so das Fazit der Forscher, im Gesundheitsbereich Handshake durch Fist Bump zu ersetzen die Häufigkeit von Krankenhausinfektionen reduzieren könnte.

Fazit zum Händedruck

Wenn man sich dies alles genauer überlegt, kommt man zu einem unübersichtlichen Ergebnis. Einerseits hat der Händedruck offenbar – zumindest in unserem Kulturkreis – eine gesellschaftlich wichtige Funktion und zeigt dem Gegenüber tatsächlich, dass man es achtet. Schließlich zeigt man ihm, dass man sich ihm oder ihr öffnet, entblößt, wenn man das wörtlich auf die bloßgelegte Haut und den direkten Kontakt bezieht. Und damit auch in Austausch von Körperflüssigkeiten (Handschweiß), Duftstoffen und Keimen kommt. Insofern muss man abwägen, was einem wichtiger ist: die eigene Hygiene oder der Kontakt mit dem Anderen. Dabei vergessen die Verteidiger des Händedrucks jedoch etwas: Dieser Austausch ist keine Einbahnstraße. Wer die Hand eines anderen schüttelt, mutet ihm umgekehrt dieselbe Menge an eigenen Keimen zu. Wenn man die Höflichkeit auch darin sieht, sich zugunsten des Anderen zurückzunehmen, sollte man eigentlich den Händedruck nicht nur aus Eigeninteresse, sondern auch zugunsten des Anderen verweigern. Die Geste der Höflichkeit wird bei genauerer Betrachtung mindestens zu einer Geste mit einer Mischung aus höflichen und unhöflichen Aspekten oder vielleicht sogar zu einer Geste der Unhöflichkeit.

Höflichkeit und Hygiene – anders betrachtet

Doch ist der Händedruck nicht die einzige Berührungsstelle zwischen Höflichkeit und Hygiene. Oben hatte ich bereits angekündigt, dass Valerie Curtis, die Direktorin des Londoner Hygienezentrums, in diesem Kapitel noch ausführlicher zu Wort kommen wird. Sie hat sich mit der Evolution von Hygiene beschäftigt und vertritt eine interessante Theorie. In ihrem Buch über die wissenschaftlichen Grundlagen des Ekels (»Don't Look, Don't Touch, Don't Eat«) führt sie dazu eine Art Gedankenexperiment durch.[19] Sie bittet, sich vorzustellen, man habe eine alte Freundin eingeladen, über Nacht zu Besuch zu bleiben, und sich zu überlegen, wie das ablaufen könnte: Natürlich würde ein höflicher Mensch zuvor das Haus aufräumen, etwaige herumliegende Kleidungsstücke oder gar Taschentücher wegräumen, Bad und Küche besonders putzen, damit alles für den Gast glänzt, die Böden saugen, das Gästebett frisch beziehen, ein frisches Handtuch und frische Seife hinlegen, eine Vase mit duftenden Blumen ins Gästezimmer stellen. Selbst würde man sich die Haare bürsten. Den Tisch würde man schön symmetrisch decken, die Weingläser polieren, das Essen aus schönen Schüsseln servieren und erzählen, dass es sich um ein altes Familienrezept handelt. Die Besucherin, die man mit einer herzlichen Umarmung begrüßt hat, würde fragen, ob sie die Schuhe ausziehen soll, was man als unnötig ablehnt. Natürlich würde niemand mit vollem Munde sprechen, und ebenso natürlich würde der Gast, wenn sie auf dem Weg ins Bett das Badezimmer benutzt, die Türe schließen.

All das und noch mehr, meint Curtis, würden ein höflicher Gastgeber und ein höflicher Gast tun. Damit dürfte sie recht haben. Vermutlich findet man das alles in jedem Benimmratgeber. Wenn man sich jedoch überlegt, welchen Sinn diese Höflichkeiten haben, stoße man, so Curtis, auf eine Gemeinsamkeit: Sie dienen allesamt der Hygiene. Benutzte Kleidungsstücke oder gar Taschentücher sind voll von Keimen, die sollen verschwinden. Bad und Küche in Hochglanz signalisieren, dass sie frei von eingetrockneten Körperflüssigkeiten sind. Das frischbezogene Bett vermindert die Chance, von den möglicherweise vorhandenen Flöhen oder Wanzen gebissen zu werden. Der Duft der Blumen signalisiert Frische und übertönt unschöne oder abgestandene Gerüche, die aus einer älteren Matratze oder von Staub aus Hausmilben stammen könnten. Das frischgebürstete Haar zeigt, dass man Körperpflege betreibt und keine Parasiten wie Läuse hat. Den Tisch deckt man symmetrisch, so dass alle den größtmöglichen Abstand voneinander haben. Von den Weingläsern hat man die Flecken wegpoliert, die zurückgebliebenes altes Spülwasser oder gar eingetrockneter Speichel sein könnten. Die besonderen Schüsseln und das Vorlegebesteck signalisieren, dass das Essen nicht von einem womöglich schon benutzten Teller kommt. Das alte Familienrezept signalisiert, dass man weiß, wie man das Essen richtig und sicher zubereiten kann, und beruft sich dabei auf das Wissen der Vorfahren. Der Besuch bietet an, die Schuhe ausziehen, um keinen keimbeladenen Straßenschmutz ins Haus zu tragen. Das lehnt man höflicherweise ab, was dieselbe Signalwirkung hat wie die Umarmung zur Begrüßung: Man zeigt, dass es einem der Gast wert ist, seinetwegen die Einschränkungen der Hygiene hinzunehmen, sich einem Infektionsrisiko auszusetzen. Beim Kauen schließt man den Mund und spricht nicht, um keinen Speichel als Körperflüssigkeit zu verbreiten, und die Badezimmer- oder WC-Türe schließt der Gast, um die anderen nicht mit den Geräuschen oder Gerüchen ihrer Ausscheidungen zu belästigt.

In der Zusammenschau würde sich, so Curtis, die noch mehr Beispiele nennt, zweierlei zeigen. Zum einen zeige die Tatsache, wie sehr Manieren oder höfliches Verhalten jeweils geeignet sind, Hygiene und Abstand voneinander zu fördern, dass sie vermutlich primär dazu dienten, die Wahrscheinlichkeit zu vermindern, Parasiten zu übertragen. Curtis dazu wörtlich:

»Dieser gesittete Tanz wird täglich aufgeführt, bei jeder sozialen Interaktion, zu Hause, in der Schule, im Büro, in der Fabrik, in Zügen, Restaurants und Geschäften. Und doch führen wir diesen Tanz in den meisten Fällen auf, ohne an die Gründe zu denken. Wir sind uns weder bewusst, dass wir es tun, um uns vor Bakterien zu schützen, noch überlegen wir gezielt, wie wir die Übertragung unserer Krankheitserreger auf andere verhindern können. Stattdessen ahnen wir vage, dass es Gäste anwidern würde, wenn wir ungekämmt erscheinen, sie in ein verwahrlostes Haus bitten oder ihnen ein schmutziges Handtuch anbieten. Wir wissen aus Erfahrung, dass wir uns schämen würden, wenn wir dergleichen täten, und dass es zutiefst demütigend wäre, wenn unsere mangelnde Hygiene zum Gegenstand von Klatsch und Tratsch werden würde. Wir versuchen, uns so zu verhalten, ›wie es sich gehört‹, also auf die Art, wie wir es von Mutter oder Lehrern gelernt haben.«[20]

Zum anderen soll, so Curtis, manches höfliche Verhalten signalisieren, dass einem der oder die andere wert ist, sich einem Risiko auszusetzen, zum Beispiel indem man ihn umarmt oder ihr die Hand reicht:

»Sie sind zu gewissen persönlichen Zugeständnissen bereit, um andere nicht anzustecken oder anzuwidern. Andererseits will keiner von Ihnen beiden den Eindruck erwecken, den eigenen Schutz über die Freundschaft zu stellen, und deshalb demonstrieren Sie Ihre Verbundenheit, indem Sie einen riskanten Kontakt zulassen. Wären Sie nicht so geübt in dem Verhaltenstanz zur Bakterienvermeidung, dann könnten Sie nicht miteinander befreundet sein, würden also nicht in den Genuss all jener Vorteile kommen, die eine Freundschaft zu bieten hat: der herzliche Umgang, der Austausch nützlicher sozialer Informationen oder die gegenseitige Unterstützung in Krisenzeiten.«[21]

Hygiene und Benehmen vom Mittelalter bis heute

Unterstützung für diese ebenso gewagte wie interessante These findet Curtis bei dem amerikanischen Philosophen Shaun Nichols. Nichols interessiert sich für die Rolle von Gefühlen für moralische Bewertungen und Regeln, darunter auch der Ekel. In diesem Zusammenhang beschäftigt ihn auch die Frage, woher die Normen im Rahmen der kulturellen Evolution stammen, zu denen auch die der Manieren und der Höflichkeit im weiten Sinne gehören.[22] Dazu greift er zurück auf das Standardwerk in diesem Zusammenhang: *Der Prozess der Zivilisation* von Norbert Elias.

Nichols beruft sich auf die Feststellung Elias', dass der Sinn für Ekel und Abscheu mit zunehmender Zivilisation feiner geworden ist und deshalb immer mehr Verhalten als ekelhaft betrachtet wird, die Ekelschwellen sinken. Elias belegt das anhand von Büchern vom Mittelalter bis ins 20. Jahrhundert. So hätten sich, was Nichols auch ausführlich zitiert, die Vorschriften über das Ausspucken, genauer gesagt: was man dabei nicht tun soll, immer weiter verfeinert. Das, was 100 Jahre vorher noch normal war, galt 100 Jahre später schon als unanständig.

Nichols ist experimenteller Philosoph, das heißt, er versucht, Hypothesen wissenschaftlich mit experimentellen Ansätzen zu überprüfen. Das habe Elias nicht getan, so Nichols, er habe seine Thesen lediglich mit passenden Beispielen belegt. Nichols hat nun die These aufgestellt, dass soziale Normen, die mit Ekel in Bezug auf Körperflüssigkeiten (core disgust) unterfüttert sind, über die Jahrhunderte beständiger sind als solche, die nichts mit diesem Ekel zu tun haben. Valerie Curtis würde nun ergänzen, dass die Normen, welche die Verbreitung von Körperflüssigkeiten wie Urin, Blut, Nasensekret oder Speichel vermindern sollen, auch die Normen sind, die der Hygiene dienen.

Um seine These zu überprüfen, griff sich Nichols das, wie er schreibt, vermutlich wichtigste Benimmbuch der Geschichte: Erasmus von Rotterdams *De civilitate morum puerilium* aus dem Jahre 1530, das 130 Auflagen erfuhr und schon 1532 unter dem Titel *A Little Book of Good Manners for Children* in einer englischen Übersetzung erschien. Nichols bezog sich auf eine Übersetzung unter dem Titel *On Good Manners for Boys* und analysierte die Regeln zunächst danach, ob sie mit core disgust zu tun haben, also mit Ekel rund um Körperflüssigkeiten oder nicht.

Nichols zog eine Stichprobe von 57 Vorschriften, davon befassten sich 13 mit dem Umgang mit Körperflüssigkeiten, zum Beispiel:

>»Die Nase an der Mütze oder Kleidung abzuwischen ist primitiv, und die Hand zu benutzen und den Schnodder danach auf die Jacke zu schmieren ist auch nicht viel besser.«
>
>»Ziehen Sie sich zurück, wenn Sie sich übergeben müssen.«
>
>»Den Speichel wieder hinunterzuschlucken ist eine ebensolche Unart wie die Angewohnheit mancher Menschen, nach jedem dritten Wort auszuspucken.«
>
>»Die Unterdrückung des Harndrangs ist gesundheitsschädlich; aber der Anstand verlangt, dass wir uns im Privaten erleichtern.«

44 Vorschriften hingegen hatten nichts mit Körperflüssigkeiten zu tun, zum Beispiel:

>»Ein Mensch, der seinen Mund weit aufreißt, dabei die Wangen in Falten legt und die Zähne entblößt, ist (...) unhöflich.«
>
>»Wenn wir uns setzen [bei einem Bankett], legen wir beide Hände auf den Tisch, aber nicht auf den Teller, und wir falten sie auch nicht.«
>
>»Erhält man eine Serviette, dann legt man sie entweder über die linke Schulter oder über den linken Unterarm.«

Dann untersuchte Nichols, wie viele von diesen Regeln heute, also fast 500 Jahre später, noch gelten. Das Ergebnis war eindeutig: Von den 13 Regeln, die sich mit Körperflüssigkeiten und somit Hygiene befassten, gelten heute 12 immer noch, also 92 Prozent davon. Von den 44 Regeln, die nichts mit Körperflüssigkeiten, also Hygiene zu tun haben, sind heute ebenfalls 12 noch Teil des guten Benehmens, das sind aber nur 27 Prozent. Nichols stellte das in einer eindrucksvollen Graphik dar:

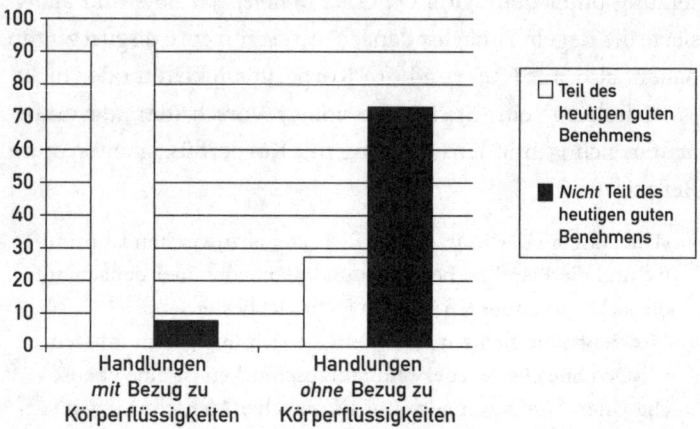

Höflichkeitsregeln und Hygiene (nach Nichols)

Benimmregeln, die mit Hygiene zu tun haben, sind somit wesentlich stabiler über die Jahrhunderte als andere. Das spricht tatsächlich für Valerie Curtis' Hypothese, dass Manieren und Benimmregeln, aber auch höfliches Verhalten vor allem der Vermeidung der Übertragung von Parasiten, also Infektionen dienen. Oder aber sie sollen zeigen, dass man sich aus Wertschätzung des Gegenübers darüber hinwegsetzt und sich damit ihm oder ihr zuliebe einer Infektionsgefahr aussetzt.

Mein gemischtes Gefühl gegenüber dem Händeschütteln entspringt offenbar sehr alten Wurzeln.

DER KNIEFALL
Höflichkeit und Religion

Am 15. Januar 2015 flog Papst Franziskus, der ehemalige Erzbischof von Buenos Aires Jorge Mario Bergoglio, im Rahmen einer sogenannten apostolischen Reise zusammen mit Journalisten von Sri Lanka auf die Philippinen. Vielleicht startet nun schon bei dem einen oder der anderen eine Assoziationskette: Der Papst, Oberhaupt einer Organisation, die sich selbst als tonangebend in Sachen Moral ansieht und die seit 2000 Jahren in besonderem Maße Zeremonien und Rituale pflegt, und Asien, ein Kontinent, der für extreme Formen der Höflichkeit bekannt ist. Die Verbindungen zur Höflichkeit scheinen nicht weit.

Doch es geht um etwas anderes. Eine Woche zuvor, am 7. Januar, waren in Paris bei einem blutigen Anschlag auf das Satiremagazin Charlie Hebdo zwölf Menschen getötet worden. Ein weiterer Überfall mit Geiselnahme auf einen Pariser jüdischen Supermarkt mit vier Toten zwei Tage später am 9. Januar wird mit dem Anschlag auf Charlie Hebdo in Verbindung gebracht. Beiden lagen islamistische Motive zugrunde. Nicht von Ungefähr. Charlie Hebdo hatte 2006 die Mohammed-Karikaturen aus dem dänischen Jyllands-Posten nachgedruckt, derentwegen es in der islamischen Welt heftige, gewaltsame Proteste gegeben hatte. 2011 hatte es einen Brandanschlag auf die Redaktion gegeben, der vermutlich in Zusammenhang mit einem Sonderheft zur Scharia (das Heft hieß »Charia Hebdo«) stand. Auf dessen Titelblatt war eine Mohammed-Karikatur abgedruckt mit dem Satz: »100 Peitschenhiebe, wenn Sie sich nicht totlachen!«[1] Und der blutige Anschlag im Januar 2015 fiel zusammen mit einem Cover, das im weiteren Sinne den Islam thematisierte.[2]

Reaktionen

Die ersten Tage nach dem Anschlag auf Charlie Hebdo standen unter dem Diktat des Entsetzens und der weithin, fast weltweit – der Weltsicherheitsrat legte eine Schweigeminute ein – bekundeten Solidarität mit Charlie Hebdo. Unter dem programmatischen Satz »Je suis Charlie«, der in seiner visuellen Gestaltung auch ikonographisch wurde: ein Zeichen der Meinungs-, Presse- und Kunstfreiheit. Abgesehen von Nachrichten aus der islamischen Welt, wonach mancherorts das Attentat begrüßt und die Attentäter als Helden gefeiert wurden, waren diese Tage von fast einmütiger Verurteilung der Morde ohne jede Einschränkung gezeichnet. Wie wichtig dieses Fehlen jeglicher Einschränkung ist, legte Deniz Yücel in einer seiner Kolumnen auf taz.de – die ansonsten in einem Buch über Höflichkeit eher selten vorkommen dürfte – dar.[3] Ihm war aufgefallen, dass erfreulicherweise in offiziellen Stellungnahmen in Deutschland kein »aber« zu hören gewesen sei. Kein »aber«, so Yücel, im Sinne von: »Ja, schlimm. Aber die haben ja provoziert. Aber man müsse die religiösen Werte und Gefühle respektieren. Aber die Islamophobie.« Wohl aber, so Yücel, an anderer Stelle: beim türkischen Außenminister oder in sozialen Netzwerken. Und hören konnte man Einschränkungen dieser Art auch bei vielen Stellungnahmen von Bürgern vor Kameras und Mikrophonen in Nachrichtensendungen, wenn über Reaktionen berichtet wurde. Allerdings begannen die anfangs geschlossenen Reihen der vorbehaltslosen Verurteilung schon sehr bald zu wanken. Die Vorbehalte, die »aber«, schlichen sich ein. Wenig überraschend bei radikalen Stimmen aus der islamischen Welt.

Am 8. Januar veröffentlichte die Zeitung USA Today – ob das vertretbar ist, löste eine Debatte aus[4] – als Opposing View eine Stellungnahme des radikalen britischen Muslims Anjem Choudary, in der er die Motivation für die Morde aufzeigte, man könnte auch behaupten, die Morde nur wenig verbrämt verteidigte. Choudary meinte, Muslime und Nichtmuslime würden die Konsequenzen kennen, den Propheten zu beleidigen. Muslime würden die Ehre des Propheten Mohammed als für sie wertvoller ansehen als die ihrer Eltern und ihre eigene.[5]

Schon am 7. Januar, dem Tag der Anschläge jedoch kam ein Einwurf von anderer Seite. Der war vor dem Hintergrund des weltweiten Entsetzens und der einmütigen Ablehnung so überraschend, dass die Washington Post groß darüber berichtete.[6] Die amerikanische Catholic League hatte eine Stellungnahme ihres Präsidenten Bill Donohue veröffentlicht unter der Überschrift »Muslims are right to be angry«.[7] Die Catholic League for Religious and Civil Rights, wie sie vollständig heißt, ist eine Organisation, die es als ihre Aufgabe ansieht, »die Rechte von Katholiken zu verteidigen«. In diesem Fall tat sie es, indem ihr Präsident darauf hinwies, es sei zu schade, dass der Chefredakteur von Charlie Hebdo die Rolle nicht verstanden habe, die er bei seinem eigenen tragischen Tod gespielt habe. Über viele Jahre habe die Zeitung Muslime absichtlich beleidigt und verletzt. Auch wenn Donohue die Morde verurteilt, schreibt er, damit, dass Muslime diese jahrelangen absichtlichen Verletzungen beanstanden, könne er vollkommen übereinstimmen. Zudem verweist er darauf, dass Charlie Hebdo Dinge gezeigt habe, die über das bloße Verspotten öffentlicher Figuren hinausgingen, beispielsweise masturbierende Nonnen oder Päpste, die Kondome tragen, oder Mohammed in pornographischen Posen. Donohue spricht in diesem Zusammenhang davon, dass man Muslime verletze (to insult), indem man Mohammed demoliere (to trash).

Der päpstliche Faustschlag

Das führt zurück zu Papst Franziskus. Im Flugzeug gab er eine der Pressekonferenzen, die inzwischen fast schon so etwas wie sein Markenzeichen geworden sind: In der entspannten Atmosphäre des Fluges, die den Worten die Schwere des Papstamtes nimmt, äußert er sich überraschend, manchmal etwas flapsig. Fast möchte man meinen: unbedacht offen, beschleichen einen nicht bei genauerer Betrachtung das Gefühl, dass am Ende doch ein Jesuit spricht, der nicht nur seine Worte, sondern eben auch die Situation, in der er sie von sich gibt, genau im Hinblick auf ihre Wirkung auswählt. Nun, eine Woche nach den Anschlägen von Paris wurde er auf die Meinungsfreiheit angesprochen und gefragt, wie weit sie gehen darf auch im Hinblick auf die Religionsfreiheit. Franziskus verurteilte zunächst jedes Töten im Namen Gottes, dann aber fuhr er fort:

> »Die Meinungsfreiheit: Jeder hat nicht nur die Freiheit, das Recht, sondern auch die Pflicht, das zu sagen, was er als förderlich für das Gemeinwohl betrachtet. (…) Wir haben die Pflicht, frei zu sprechen, wir haben diese Freiheit, aber ohne zu beleidigen. Es ist wahr, dass man nicht mit Gewalt reagieren darf. Aber wenn mein guter Freund, Doktor Gasbarri [der päpstliche Reisemarschall, der neben ihm stand], meine Mutter beleidigt, erwartet ihn ein Faustschlag [wörtlich: lo aspetta un pugno, Franziskus macht dabei einen Faustschlag in Richtung Gasbarri]. Man darf nicht provozieren, man darf nicht den Glauben der Anderen verletzen, man darf sich nicht über den Glauben lustig machen.«[8]

Mein erster Gedanke dazu war: Kann nicht irgendjemand eine spanische Übersetzung der Bergpredigt in den Vatikan schicken? Oder zumindest des Abschnittes, in dem es heißt: »Wenn dich einer auf die rechte Wange schlägt, dann halte ihm auch die linke hin.«[9] Mit dieser für das Christentum doch zentralen

Stelle kann ich die Ausführungen des Papstes nur schwer in Einklang bringen. Der zweite Gedanke galt der Person, die sich der Papst auswählte, die Mutter. Zu ihr könnte man einige tiefenpsychologische Überlegungen anstellen, an die Marienverehrung in der katholischen Kirche denken – sofern das zwei getrennte Überlegungen sind –, an ein Spiel mit der Sprachfigur der heiligen Mutter Kirche oder es schlicht auf die Tatsache zurückführen, dass dank des Zölibats der nächststehende Mensch eines katholischen Priesters nun einmal die Mutter ist. Der abschließende Gedanke aber war dann die Überlegung: Geht es hier um Respektlosigkeit? Und damit, wenn man die Höflichkeit als Verhalten definiert, in dem sich Respekt vor dem Anderen ausdrückt, um Höflichkeit? Fordert der Papst Höflichkeit gegenüber dem Glauben ein? Mit Hilfe von Faustschlägen?

Charlie Hebdo und Höflichkeit

In diese Richtung, wenn auch ohne Faustschläge, argumentierte ebenfalls kurz nach den Anschlägen von Paris, online gestellt am 8. Januar, David Brooks in den Opinion Pages der New York Times, unter dem Titel »I Am Not Charlie Hebdo«.[10] Brooks meinte, sich mit dem Satz »Je suis Charlie Hebdo« zu schmücken sei in den USA falsch. Man dürfe sich nichts vormachen: Wenn die Journalisten von Charlie Hebdo in den letzten 20 Jahren versucht hätten, ihre satirische Zeitschrift auf dem Campus irgendeiner amerikanischen Universität zu veröffentlichen, es hätte nicht 30 Sekunden gewährt. Studenten und Fakultätsgruppen hätten sie der Hassreden bezichtigt. Brooks will jedoch kein »aber« an die Verurteilung der Morde anfügen, er nutzt diese Gelegenheit, um sich gegen die Beschränkung der Rede durch Gesetze zu wenden. Doch es ist ein Absatz in seinem Text, der im Hinblick auf das Thema hier aufhorchen lässt: »Glücklicherweise sind soziale Umgangsformen formbarer und beweglicher als Gesetze. Die meisten Gesellschaften haben erfolgreich Standards von Höflichkeit und Respekt aufrechterhalten, während sie Wege für die offengehalten haben, die lustig, unhöflich und beleidigend sind.«[11] Hier taucht sie plötzlich explizit auf im Zusammenhang mit den Morden von Paris und schon einen Tag danach: die Höflichkeit. Brooks argumentiert, dass es falsch sei, Verletzungen durch Satire mittels Gesetzen zu regeln. In dieser Argumentation stützt er sich darauf, dass dies besser durch die ungeschriebenen und damit flexibleren Regeln der Höflichkeit geschehen kann und eben auch jetzt schon in den meisten Gesellschaften geschieht.

Auch wenn es überraschend erscheint, die Morde von Paris damit in Zusammenhang zu bringen: Gelangt man auf diesem Weg in die Richtung, um die es uns hier geht, in Richtung Höflichkeit? Bedeutet das alles, dass Satire im religiösen Bereich ein respektloses Verhalten und damit eine Unhöflichkeit darstellt? Und vor allem, dass diese Unhöflichkeit, Respektlosigkeit gegenüber religiösen Belangen alle Menschen dieses Glaubens verletzt? Wenn dem so ist, hätten wir es mit einem besonderen Fall zu tun. Besonders einerseits, weil der Kreis derjenigen, die von einer Unhöflichkeit betroffen sein könnten, schnell sehr groß wird, im Falle des Islams oder des Katholizismus etwa jeweils über eine Milliarde Menschen. Besonders aber auch, weil Satire gegenüber religiösen Figuren ja gar nicht die Gläubigen als Personen direkt trifft, sondern diese sich die Respektlosigkeit und damit die Verletzung über ihren Glauben selbst aneignen, weil sie das, was abstrakt die Religion betrifft, auf sich persönlich beziehen. Und schließlich, darauf werden wir später zurückkommen, wenn dem so ist, bestimmen die Religionen und deren Gläubige damit auch selbst das Ausmaß der geforderten Höflichkeit, denn sie bestimmen ja selbst, worin Respektlosigkeit gegenüber ihrer Religion ihrer Meinung nach besteht?

Nun kann man sich darüber streiten, wie sehr Religion mit

Gewalt verbunden ist, wie es ein Blick in die Geschichte nahelegt, man denke nur an die Kreuzzüge, den Dreißigjährigen Krieg und den blutigen Nordirlandkonflikt, an die Anschläge von 9/11, die Morde in Paris oder ein Blick auf die Karte der Gewaltherde im 21. Jahrhundert.[12]

Doch sosehr diese religiös zumindest mit motivierten Gräuel auch das Leben hierzulande überschatten und die Zukunft bedrohen, im täglichen Leben in Westeuropa begegnet die Religion den Menschen glücklicherweise meist friedlicher. Und dementsprechend auch häufiger in Situationen, in denen die Höflichkeit im engeren Sinne betroffen ist, Formen des Umgangs, in denen sich der Respekt voreinander ausdrückt.

Welche Situationen könnten das sein? Und wie sieht dieser Respekt aus? Ist es wirklich dieser Respekt, der immer wieder eingefordert wird, wenn es um Religion geht? Zum Beispiel von Papst Franziskus mit angedrohten Faustschlägen?

Respekt gegenüber der Religion?

Ich glaube, dass es eine Frage oder Situation gibt, die das Spannungsfeld am schönsten aufspannt und dadurch eine differenzierte Betrachtung ermöglicht. Sie kam im Laufe der Jahre meiner Kolumne zur Alltagsmoral immer wieder, in unterschiedlichen Varianten, auf die wir später zurückkommen werden. Und viele, die einen heterogenen Freundeskreis haben, vermutlich alle, standen schon einmal vor dieser Frage. Die erste Frage dazu habe ich schon in den frühen Jahren der Kolumne beantwortet. Sie lautet:

>»In letzter Zeit werde ich des Öfteren zu kirchlichen Hochzeiten eingeladen. Ich selbst gehe nie in die Kirche und bin auch nicht gläubig. Trotzdem respektiere ich natürlich die Entscheidung meiner Freunde, sich kirchlich trauen zu lassen, und möchte auch mit ihnen feiern. Ich halte es dann während des Gottes-

diensts immer so, dass ich zu den Gebeten aufstehe, um die Gefühle der anderen nicht zu verletzen, aber selbst nicht bete. Dabei frage ich mich jedoch, ob es nicht ehrlicher wäre, einfach sitzen zu bleiben. Schließlich bedeutet mir das Gebet nichts. Ich muss ja nicht unbedingt in der ersten Reihe Platz nehmen.«[13]
Andreas R., Oberhausen

Bei der Auseinandersetzung mit der Frage musste ich spontan an den Direktor meiner alten Schule denken. Wenn man nicht gerade zu ihm zitiert worden war, weil man etwas ausgefressen hatte, erhob er sich immer zur Begrüßung, kam hinter dem Schreibtisch hervor und führte die Unterredung dann an seinem Besprechungstisch. Damals, als Schüler, wurde mir nicht vollends klar, was hinter dieser Geste stand, aber immerhin muss ich es geahnt haben, sonst wäre sie mir nicht in Erinnerung geblieben: Es war eine Respektsbezeugung, seine Schüler nicht sitzend zu begrüßen, sondern ihretwegen aufzustehen. Eine Haltung übrigens, die man einem Pädagogen nicht hoch genug anrechnen kann.

Und auch bei der Frage des Aufstehens in der Kirche geht es in erster Linie um Respekt. Man könnte nun darüber nachsinnen oder gar streiten, ob man gehalten sein könnte, für einen Gott aufzustehen, an den man gar nicht glaubt. Ich finde, da spräche manches dafür; schließlich hat sich der Besucher der Hochzeit in ein Gotteshaus begeben, den entsprechenden Gott damit sozusagen »zu Hause« aufgesucht. Und der Gast bei der kirchlichen Hochzeit ist ja gerade wegen einer religiösen Zeremonie in die Kirche gegangen, auch wenn sie ihm fremd sein mag. Auf jeden Fall aber sollte der Gast bei einer Hochzeitszeremonie diesen Respekt dem Brautpaar zollen, mit dem er feiern will. Sich nicht zu erheben, wo die Liturgie das fordert, empfände ich als respektlos gegenüber der Zeremonie, für die sich die Brautleute entschieden haben. Denn damit würde ein Gast deutlich zeigen, dass er zwar anwesend ist, inhaltlich aber nicht teilnehmen und damit – hart ausgedrückt – lediglich die Zeit absitzen will. Sich entsprechend zu erheben ist somit umgekehrt ein Freundschafts-, kein Glaubensbekenntnis und deshalb auch nicht unehrlich. Und dass jemand gegen seine Überzeugung mitbetet, wird hoffentlich niemand erwarten.

In beiden angesprochenen Fällen, bei meinem ehemaligen Direktor ebenso wie bei der Teilnahme an der Hochzeitsmesse, geht es um nichts anderes als Höflichkeit. Das Aufstehen ist ein Paradebeispiel für ein Verhalten, in dem sich der Respekt vor dem Anderen ausdrückt. Und deshalb kann man es fordern. Nebenbei bemerkt, sieht man an der Geschichte von meinem Direktor auch den großen Unterschied zwischen Höflichkeit und Etikette, und ich will behaupten, den großen Vorzug der Höflichkeit. In Benimmbüchern kann man lesen, dass man klassischerweise als Mann zur Begrüßung immer aufstehen soll, nur bei jüngeren Männern oder Untergebenen könne man sitzen bleiben, Frauen müssten nur vor höherrangigen oder erheblich älteren Damen aufstehen.[14] In einem neueren Ratgeber wird darauf verzichtet und empfohlen, generell aufzustehen, um dem Gegenüber generell die Wertschätzung zu zeigen.[15] Richtet man sich nach der Höflichkeit und nicht nach Etikettevorschriften, ist vollkommen klar, dass das Aufstehen eine Geste des Respekts darstellt und man deshalb, wenn nicht die Situation, zum Beispiel räumlich beengte Verhältnisse an einem Tisch, dagegen spricht, möglichst aufstehen sollte.

Respekt ist nicht gleich Verehrung

Doch zurück zur Höflichkeit gegenüber der Religion. Das Aufstehen dort, wo es die religiöse Zeremonie vorsieht, würde ich als Ausdruck der Höflichkeit gegenüber denjenigen ansehen, derentwegen man an der Zeremonie teilnimmt, oder generell den anderen Teilnehmer an der Zeremonie. Dass das Ganze weniger mit der Gottheit zu tun hat, die dabei verehrt wird, wurde mir bei einer anderen Frage zu diesem Thema erst vollends bewusst:

>Ich bin Agnostiker und aus der Kirche ausgetreten. Wie soll ich mich verhalten, wenn ich etwa bei einer Hochzeit zu einer (katholischen) Messe eingeladen bin? Aufstehen / knien / beten, um die Einladenden nicht zu enttäuschen? Oder unbeteiligt die Zeit ›absitzen‹ und sich vielleicht auch etwas fehl am Platz fühlen?«
Johann D., München

Dass man nicht gegen seine Überzeugung mitbeten muss – meines Erachtens auch nicht soll –, hatte ich schon bei der vorhergehenden Frage dargelegt. Hier aber geht es um etwas anderes: das Knien. Kann es geboten sein, sich aus Höflichkeit gegenüber dem Brautpaar nicht nur zu erheben, sondern an den entsprechenden Stellen der Messe auch hinzuknien? Oder wie ist es zu bewerten, wenn sich alle anderen in der Kirche hinknien, einer oder eine jedoch nicht? Stellt diese Verweigerung einen Affront dar?

Der Kniefall

Ich glaube nicht, und das entspringt aus dem Wesen der Höflichkeit. Anders als das Aufstehen ist das Knien keine Geste des Respekts oder der Achtung – und damit auch der Höflichkeit –, sondern eine der Unterwerfung oder Demut. Man kennt das Knien aus verschiedenen Religionen, im Christentum besonders im Katholizismus, aber auch im Islam. Durch das Niederknien erkennt man die höhere Stellung desjenigen an, vor dem man kniet. In der Religion die der jeweiligen Gottheit, gegebenenfalls auch deren Vertreter. Im weltlichen Bereich kennt man es beispielsweise vom Kniefall Kaiser Barbarossas vor Heinrich dem Löwen in Chiavenna im Jahre 1176. Steigerungsformen sind der Fußfall, zu Füßen des Höheren auf die Knie zu fallen, die Proskynese, die Verneigung oder das sich Zu-Füßen-Werfen mit einem Kuss in Richtung des Höheren, die Prostratio, das vollständige Niederwerfen auf dem Boden, oder der Kotau, das Niederwerfen vor dem chinesischen Kaiser. Allen gemein ist die Idee der Unterwerfung, die man schon aus der Erzeugung des Höhenunterschieds entnehmen kann, im Gegensatz zum Aufstehen, das ja gerade gleiche Höhe, Augenhöhe herstellen soll.

Wenn man sich dies und das Wesen der Höflichkeit vor Augen führt, wird sehr schnell klar, dass zwar das Aufstehen vor einem Anderen ein Gebot der Höflichkeit sein kann, niemals aber das Niederknien: Höflichkeit ist ein Verhalten, in dem die Achtung vor dem Anderen zum Ausdruck kommt. Nicht aber die Hochachtung oder Ehrerbietung. Höflichkeit ist im Grunde symmetrisch, spiegelbildlich. Nicht in ihrer Ausführung, sondern in ihrem Ansatz. Wenn ein Mensch einem anderen die Türe aufhält, ist das keine spiegelbildliche Aktion. Aber derjenige, der sie aufhält, zeigt damit, dass er den Anderen als Mensch wahrnimmt und für mindestens gleichwertig hält. Es könnte im nächsten Augenblick, an der nächsten Türe, andersherum sein. Und tatsächlich geschieht es gar nicht so selten, dass etwa beim Betreten eines Gebäudes zuerst der eine die äußere Tür aufhält und den Anderen vorgehen lässt, der dann direkt darauf umgekehrt die zweite innere Tür aufhält. Höflichkeit kann keine Unterwerfung fordern. Auch nicht vor einer Gottheit oder ihren Repräsentanten. Das ist der große Unterschied zur Religion und zur religiösen Verehrung.

Die andere Richtung

Bislang haben sich die Überlegungen vor allem um die Frage gedreht, wie man sich gegenüber Religionen verhalten soll, welche Rücksicht man auf die Gefühle der Gläubigen nehmen sollte, welchen Respekt man dem Glauben von Menschen schuldet. Warum diese Fragen in der öffentlichen Diskussion im Vordergrund stehen, darüber könnte man lange diskutieren. Vielleicht liegt es daran, dass selbst die wehrhaftesten Religionen stets fordern, auf die religiösen Gefühle ihrer Gläubigen Rücksicht zu nehmen und deren Glauben zu respektieren. Ja, teilweise ist das sogar ein Kernpunkt ihrer Wehrhaftigkeit: Mit dem Verweis auf die Gefühle der Gläubigen und mangelnden Respekt vor dem Glauben der Menschen kann jeder Angriff auf die Religion abgewehrt werden. Mehr noch, mit diesem Verweis rechtfertigen Religionen dann Maßnahmen dagegen im Sinne einer Notwehr. Darauf beruht zum Beispiel der päpstliche Faustschlag.

Höflichkeit der Religion gegenüber ihren Nichtanhängern

Umso interessanter dürfte es daher sein, zu überlegen, wie es umgekehrt mit der Höflichkeit von religiöser Betätigung im weitesten Sinne aussieht. Ob und inwieweit religiöse Betätigung den Respekt gegenüber Anders- oder Nichtgläubigen vermissen lässt. Mit anderen Worten, ob und wann religiöse Betätigung unhöflich gegenüber Anders- und Nichtgläubigen sein kann. Wie soll das passieren?, wird nun mancher fragen und darauf verweisen, dass der Glaube doch etwas Höchstpersönliches ist. Ja, der Glaube schon, aber nicht unbedingt seine Betätigung. Zudem muss man leider feststellen, dass Vertreter vieler Religionen, namentlich die großen Kirchen, versuchen, Einfluss auf das Leben aller Menschen zu nehmen. Die Probleme, die sich im Kleinen dabei ergeben können, zeigt folgende Frage:

»Meine Schwägerin feiert am Karfreitag ihren 50. in einer großen Party. Ich bin zwar kein Kirchgänger, dennoch ist für mich der Karfreitag ein stiller Feiertag, an dem ich gedenken und nicht groß feiern möchte, auch aus Respekt vor dem lieben Gott. Andererseits möchte ich auch meine Schwägerin nicht vor den Kopf stoßen, wird sie doch nur einmal 50.«[16] Johanna M., Kassel

Hat das alles mit Höflichkeit zu tun? Meines Erachtens ja. Die Frage lautet doch eigentlich: Ist es unhöflich, die Einladung der Schwägerin zu ihrem 50. Geburtstag aus Glaubensgründen abzusagen? Und wenn man versucht, das zu beantworten, kommt man zur Gegenüberlegung: Ist es unhöflich gegenüber den Christen in einer Gesellschaft, am Karfreitag eine Party zu veranstalten? Und das führt zur Abgrenzung zwischen der Ausübung des Glaubens und der Ausübung des Nicht-Glaubens: Es ist nicht unhöflich gegenüber Christen, am Karfreitag zu feiern, denn es muss jedem unbenommen bleiben, für sich dann zu feiern, wann er oder sie will. Das hat nichts mit dem Glauben anderer zu tun, zumindest solange es nicht – bildlich – direkt vor der Kirche geschieht, in der man dann die Tanzmusik wummern hört. Doch das eigentlich Interessante kommt jetzt: Es ist aber umgekehrt eine Nicht-Achtung des Nicht-Glaubens Anderer und damit unhöflich ihnen gegenüber, wenn man ihnen verbietet, an christlichen Feiertagen zu feiern, zumindest so, dass Christen davon nicht beeinträchtigt werden. Insofern ist das Tanzverbot, das an religiösen Feiertagen in manchen deutschen Bundesländern auch in geschlossenen Räumen ohne Außenwirkung herrscht, weniger eine Frage der Höflichkeit gegenüber Gläubigen – darum ginge es, wenn man Freudenfeuerwerke oder öffentliche Umzüge veranstalten wollte –, sondern eine Frage der Höflichkeit gegenüber Nicht-Gläubigen. Ihnen zu verbieten, an kirchlichen Feiertagen das zu tun, was sie wollen, wenn es nicht stört, stellt ihren Glauben oder Nicht-Glauben unter den der Gläubigen.

Dies alles scheint mir auch deshalb so interessant zu sein, weil es wieder einmal die Symmetrie der Höflichkeit zeigt: Jede Höflichkeit ist in ihrem Wesen in zwei Richtungen angelegt.

Das Missionieren

Abschließend bleibt noch eine Frage im Rahmen der Religion, nämlich die nach dem Missionieren. Auf den ersten Blick wirken Überlegungen dazu fast schon akademisch hierzulande, echte praktische Bedeutung für unser Leben sieht man eher weniger. Bei »Missionieren« denkt man an eifrige Kapläne oder Nonnen, die sich, meist in vergangenen Zeiten, aufgemacht haben, um in der Südsee oder in Afrika den Eingeborenen den Glauben zu bringen. In Kontakt mit ihnen kam man am ehesten über eine spezielle Kollekte zum Missionssonntag in der Kirche oder wenn einer oder eine von ihnen zu Besuch in die Pfarrei kam, um dann im Pfarrgemeindehaus oder in der Schule einen Lichtbildervortrag über die Arbeit und die Erfolge vor Ort zu halten. Und auch dort Spenden zu sammeln. Heute denkt man am ehesten noch an die Zeugen Jehovas, die entweder mit der Zeitschrift Wachtturm in der Hand schweigend am Gehweg stehen oder zu zweien an der Türe läuten und so Gegenstand unzähliger Witze werden. Ein besonderes Denkmal in dieser Hinsicht hat ihnen Tom Touché in seinem täglichen Cartoon in der taz gesetzt, wo zwei ältere missionierende Damen (mit der Zeitschrift »Hanni und Nanni« statt dem Wachtturm) neben dem schlafenden Postbeamten, dem Bademeister, dem Teufel und der Baumumarmerin zum festen Inventar gehören.

Dennoch ist das Thema in anderer Form auch heute bei uns aktuell, ja vielleicht sogar aktueller denn je, wenn man die Austrittszahlen bei den großen Kirchen betrachtet, wie die Anfrage einer Leserin belegt:

»Meine Schwiegertochter plant, aus der Kirche auszutreten. Dadurch schwindet die Hoffnung, dass sie meine Enkel christlich erziehen wird. Auch ich bin mit 30 aus der Kirche aus-, aber zehn Jahre später aus Überzeugung wieder eingetreten. Habe ich nun noch das Recht, das geplante Verhalten meiner Schwiegertochter zu verurteilen?«[17] Hilde R., Bonn

God, No!

Auch wenn die Leserin danach fragt, ob sie ein Recht hat, den Kirchenaustritt ihrer Schwiegertochter zu verurteilen, erklärt sie, dass dahinter ihre Sorge um die christliche Erziehung ihrer Enkel steht. Man muss also überlegen, wie diese Sorge zu beurteilen ist. Dabei kommt einem der amerikanische Zauberkünstler, Komödiant und Autor Penn Jillette zu Hilfe. Jilette bezeichnet sich selbst als »hardcore atheist« und definiert das als jemand, der so atheistisch ist, dass er nicht einmal glaubt, dass andere Menschen an Gott glauben.

Fahrlässige ewige Tötung

In seinem Buch *God, No!*, das geeignet ist, auch bei wenig gläubigen Lesern die Sorge auszulösen, für das Lachen an einigen ziemlich witzigen Stellen direkt in die Hölle zu kommen, äußert sich Jilette auch zu der Frage, ob es zulässig sei, jemanden zu missionieren.[18] Aber anders, als Sie es jetzt bei ihm als Atheisten vielleicht vermuten. Jilette meint nämlich, wer an das ewige Leben glaube und ihn damit belästige, sei unerträglich und möge sich von ihm fernhalten. Wer aber an das ewige Leben glaube und ihn nicht belästige, vielmehr höflich sei und ihn, Jillette, glauben lasse, was er will, obwohl er, Jillette, dadurch eine Ewigkeit in der grässlichsten Hölle verbringen werde – was für ein Mistkerl müsste dieser Mensch sein. Wörtlich schreibt Jilette an einer Stelle:

»Du kannst nicht jemandes Recht respektieren, nicht an etwas zu glauben, das ihm oder ihr ewiges Leben schenken wird. Das ist kein echter Respekt, das ist kaltschnäuzige Missachtung. Das ist fahrlässige ewige Tötung.«[19]

Und damit wären wir bei der Höflichkeit angelangt. Jilette schreibt, »wenn du höflich bist und mich glauben lässt, was ich will«,[20] das entspräche der klassischen Auffassung, es wäre höflich, nicht zu versuchen andere zu bekehren, weil es einen Eingriff in deren Privatsphäre bedeutet. Wenn man aber unter Höflichkeit nicht nur das Beachten von Regeln, hier die der Privatsphäre, versteht, sondern den Ausdruck der Achtung des Anderen, kommt man zu einem anderen Ergebnis. Die Achtung vor dem Anderen als wertvolles Wesen gebietet, dass es einem nicht gleichgültig ist, wenn ihm oder ihr Schaden droht. Und die ewige Verdammnis ist ein ziemlich großer Schaden.

Was steht im Vordergrund?

Andererseits beinhaltet die Idee, mein Gegenüber sollte bekehrt werden aus welchem Grund auch immer, zugleich die Überzeugung, sein Glaube oder Nicht-Glaube sei falsch. Und das wiederum beinhaltet wenig Respekt vor dessen Überzeugung. Ich glaube, diese Überlegung ist verwandt mit dem Argument, dass Missionieren als Eingriff in die Privatsphäre unhöflich ist. Das Missionieren ist also immer zweischneidig, es kommt darauf an, was im Vordergrund steht. Auch wenn ich persönlich es nicht besonders mag, wenn sich andere Menschen so sehr um mein Heil sorgen, dass sie versuchen, in mein Leben einzugreifen, muss ich es doch als positiv anerkennen, wenn es aus reiner Sorge um mich geschieht. Wenn wirklich die Sorge im Vordergrund steht und nicht die Idee, dass sie besser wissen, was gut für mich ist. Soweit sich das je vollständig trennen lässt.

Eine klare Unhöflichkeit ist allerdings das Missionieren, wenn es nicht aus Sorge um den- oder diejenigen geschieht, der oder die bekehrt werden soll, sondern zur Ehre derjenigen Gottheit, zu der er oder sie bekehrt werden soll. Wenn also die Ungläubigkeit als Angriff auf die jeweilige Gottheit aufgefasst wird, die abgestellt werden muss. Das Extrem dieser Idee wäre die gewaltsame Missionierung, bei der die zu Missionierenden vor die Wahl gestellt werden, sich zu dem Glauben zu bekehren oder getötet zu werden. Derselbe Mechanismus liegt dann auch der Todesstrafe für die Glaubensaufgabe zugrunde. Hier wird der zu Bekehrende als Mittel zur Verehrung der Gottheit eingesetzt, und das kann man wirklich nicht als Respekt vor demjenigen oder derjenigen begreifen.

WILLKOMMEN

Höflichkeit zwischen den Kulturen

Im Herbst 2015 geschah in Deutschland etwas Überraschendes. Über Monate, ja Jahre waren die Nachrichten zum Thema Ausländer, Flüchtlinge, Asylsuchende, Zuwanderer von schrecklichen Bildern geprägt worden: Demonstrationen gegen Ausländer, Großdemonstrationen zu Verteidigung des Abendlandes vor Ausländern, Demonstrationen gegen Flüchtlingsheime, geplante und bestehende, Übergriffe auf Ausländer und, besonders schrecklich, brennende Häuser, in denen Menschen lebten oder leben sollten, Flüchtlingsheime. In den sozialen Medien machten sich Beiträge breit, die von offener Ablehnung gegenüber Ausländern, speziell Flüchtlingen, bis hin zu solchen reichten, die den Straftatbestand der Volksverhetzung erfüllten. Es schien, als würde sich diese Stimmung immer breiter machen.

Dazu trug sicherlich bei, dass der Flüchtlingsstrom aus einigen Ländern des Mittleren Ostens und Nordafrika immer mehr zunahm. Länder, in denen Diktatoren gestürzt worden waren oder in denen Bürgerkrieg herrschte. Hinzu kam noch eine große Zahl von Asylbewerbern aus Balkanstaaten. An den Rändern Europas hatte sich die Lage immer mehr verschärft, vor allem aus Syrien setzte sich nach etlichen Jahren Bürgerkrieg und Flucht innerhalb des Landes und in die Nachbarländer langsam, aber stetig zunehmend eine Welle von Flüchtlingen in Bewegung. Diese kamen auf verschiedenen Wegen auch in Deutschland an, wo die zunehmend überforderten Behörden versuchten, dem Ansturm Herr zu werden. Währenddessen wurde die Lage an den Südgrenzen Europas immer kritischer, die Versorgung der Flüchtlinge drohte zusammenzubrechen oder brach teilweise zusammen, viele ertranken beim Versuch, das Mittelmeer zu überqueren. Mehr und mehr kam es auch in Deutschland zu Engpässen bei Versorgung und Unterkunft, Flüchtlinge übernachteten im Freien vor den zuständigen Behörden. Gleichzeitig begannen immer mehr Bürger, Flüchtlingen, die hier angekommen waren, aus freien Stücken ehrenamtlich und durch Spenden zu helfen.

Die Stimmung ändert sich

Irgendwann kippte die Stimmung, und plötzlich gerieten die Gegner der Flüchtlinge in der Öffentlichkeit, in den Medien, aber, wie es schien, auch tatsächlich in der Einstellung der Bevölkerung in die Minderheit. Am Anfang konnte man innerhalb einer Nachrichtensendung Berichte über freiwillige Helfer an Bahnhöfen und brennende geplante Unterkünfte sehen, dann aber irgendwann nur mehr die Helfer. In diesem Zeitraum reagierte auch die Politik, und Bundeskanzlerin Angela Merkel verkündete, dass Deutschland die Flüchtlinge, die aus humanitären Gründen, weil sie vor Krieg in ihrer Heimat, speziell dem Bürgerkrieg in Syrien, fliehen wollen, aufnimmt. »Wir schaffen das« war die Devise, die sie ausgab. Innerhalb weniger Tage und Wochen kamen vor allem am Münchner Hauptbahnhof Hunderttausende von Flüchtlingen an, die dort versorgt und untergebracht wurden. Teilweise mehr als 10 000 Menschen an einem Tag, jeden Tag eine Kleinstadt, wie die Verantwortlichen erklärten, als sie versuchten klarzumachen, was das logistisch bedeutet.

Möglich war das unter anderem auch wegen der vielen freiwilligen Helfer und der Spenden der Bevölkerung. Trotz der immensen Zahlen musste die Münchner Polizei irgendwann die Bürger bitten, keine Spenden mehr an den Bahnhof zu bringen, man könne das Aufkommen nicht mehr bewältigen. Die Medien in Deutschland, Europa und der Welt waren am Anfang etwas verwundert über den plötzlichen Umschwung in der deutschen Politik, aber auch über das reibungslose Funktionieren der Abläufe am Münchner Hauptbahnhof.

Die Macht der Bilder

Hinzu kam aber noch etwas anderes. Es waren weniger Berichte oder Bilder von der logistischen Großleistung, den Bussen, den medizinischen Untersuchungen, der Registrierung und der Unterbringung in den Notquartieren, die buchstäblich aus dem Boden gestampft wurden, die weltweit Eindruck machten. Es waren andere Bilder: Münchner Bürger standen mit handgeschriebenen Schildern an den Absperrungen, auf denen »Welcome« oder »Refugees welcome« stand. Freiwillige Helfer drückten Kindern auf dem Arm ihrer Eltern Plüschtiere in die Hand. Ein besonderes Bild machte die Runde durch die Medien weltweit: Ein bayerischer Polizist mit Funkgerät und Knopf im Ohr geht vor einem kleinen Jungen in die Knie, der die ihm viel zu große Polizeimütze aufhat und lacht.

Die Zeit wird zeigen müssen, inwiefern diese Stimmung anhält und auf welche Weise Deutschland das schaffen wird, wie Angela Merkel ankündigte. Gerade was die Stimmung angeht, gab es von Anfang an warnende Stimmen, die meinten, das würde nicht lange halten und womöglich umschlagen. Dass derartige Stimmungen, gerade Begeisterungen nicht lange halten, sondern abebben und sich Menschen vielleicht etwas Neuem zuwenden, weiß man. Dass es nicht umschlägt und die ausländerfeindlichen Stimmen nicht wieder die Oberhand gewinnen, kann man nur hoffen. Wie es innenpolitisch, in Be-

zug auf Europa und auch im Hinblick auf die Flüchtlings-
ströme insgesamt weitergehen wird, wird man abwarten müssen.

Das ist auch nicht das Thema hier. Man kann, wie es auch
in Deutschland zu dieser Zeit zu hören war und ist und sicher
noch intensiver zu hören sein wird, der Meinung sein, die Entscheidung Angela Merkels, zu verkünden, Deutschland werde
die Flüchtlinge aufnehmen, sei falsch gewesen. Das ist eine politische Frage und vor allem eine Frage der Pflicht, in Notfällen zu helfen, und wie weit diese Pflichte einerseits gehen
muss und andererseits gehen kann.[1] Das Besondere, um das es
hier gehen soll, ist jedoch, wie die Flüchtlinge willkommen
geheißen wurden.

Viele Kommentatoren schrieben, diese wenigen Tage hät-
ten das Bild Deutschlands in der Welt auf Dauer verändert.
Das könnte fast stimmen, aber was war es genau, das dieses
Bild verändert hat? Ich glaube, es war neben der Tatsache, *dass*
die Flüchtlinge aufgenommen wurden, vor allem die Art und
Weise, *wie* die Flüchtlinge, die von allen Ländern wie eine Plage
behandelt wurden, von den Bürgern begrüßt wurden. Und die
Bilder, die das zeigten.

Stimme aus Griechenland

Zur allgemeinen Überraschung fand sich eine Stimme unter
denen, die ein neues positives Bild Deutschlands feststellten, die
vorher nicht gerade durch übertriebene Deutschfreundlich-
keit aufgefallen war: die des zeitweiligen griechischen Finanz-
ministers Giannis Varoufakis. Natürlich stellte er erneut klar,
dass er in den fiskalischen Auseinandersetzungen um Griechenland recht gehabt hatte und Deutschland unrecht und dass
Deutschland die Moral, die es beim Umgang mit den Flüchtlingen gezeigt, auch in der Finanzkrise mit Griechenland anwen-

den sollte. Und vor allem sollte Deutschland endlich seinen Vorschlägen folgen. Dieser Schluss ist nun nicht so überraschend, hier interessant ist jedoch seine genauere Begründung, wo er die Moral gesehen habe:

> »Ein Land jedoch ragte heraus und bewies moralische Führungskraft in dieser Angelegenheit: Deutschland. Der Anblick Tausender von Deutschen, die unglückliche Flüchtlinge willkommen hießen, welche von verschiedenen anderen europäischen Ländern abgewiesen worden waren, war etwas, was man würdigen und woraus man Hoffnung schöpfen konnte. Hoffnung, dass Europas Seele nicht gänzlich verschwunden sei.«

Auch Varoufakis verweist auf die Bilder derjenigen, welche die Flüchtlinge willkommen hießen. Das mag nun ein Seitenhieb auf die deutschen Politiker sein, von denen sich Varoufakis in den Verhandlungen besonders gedemütigt gefühlt hatte, aber er zollt zumindest an einer Stelle auch ausdrücklich Angela Merkel Respekt. Ich glaube jedoch, es liegt an der Kraft dieser Bilder und an dem, was sie aussagen: die Achtung dieser Flüchtlinge als Menschen. Die Tatsache, dass ihnen nicht nur geholfen wird, sondern dass man sie höflich behandelt.

Wie gesagt, es geht mir hier nicht um eine Bewertung der Flüchtlingspolitik oder gar darum, Deutschland auf die Schulter zu klopfen. Dazu müsste man das Ganze mit viel mehr zeitlichem Abstand betrachten können, feststellen, wie lange diese positive Stimmung anhält, und vor allem auch, ob es wirklich gelingt, die momentane Hilfe in eine langfristige zu überführen und den Flüchtlingen dauerhaft zu helfen. Und feststellen, ob die Aufnahme einer so großen Menge von Menschen aus einem anderen Kulturkreis in so kurzer Zeit gesellschaftlich gelingt.

Das paradoxe Willkommen

Mir geht es darum, zu zeigen, dass neben der moralisch gebotenen Hilfe, die technisch-logistisch und administrativ erfolgt, die Begrüßung einen entscheidenden Einfluss hat. Den Fremden zu begrüßen, auch wenn man nicht unbedingt begrüßt, dass er kommt, dürfte eine der schönsten Seiten der Höflichkeit sein. Im Falle der Flüchtlinge im Herbst 2015 in Deutschland war das »Refugees welcome« sicher ehrlich und herzlich gemeint. Aber auch wenn man der Meinung wäre, dass es schon zu viele sind, dass man keine weiteren aufnehmen sollte, würde die Höflichkeit fordern, sie zu begrüßen und – so paradox es klingt – willkommen zu heißen.[2] Meines Erachtens ist das gerade einer der großen Vorzüge der Höflichkeit, dass sie nicht von der persönlichen Zuneigung abhängt. Sie hängt auch nicht davon ab, wie großzügig man ist oder welche Rechte man dem Gegenüber einräumen will. Im Grunde ist dieses Willkommenheißen die moderne Variante der archaischen Gastfreundschaft. Der Gast ist sicher als Gast, er wird aufgenommen und beherbergt, aber er bleibt Gast, aber eben nur mit den Rechten als Gast, und es wird auch erwartet, dass er weiterzieht.

#merkelstreichelt

Darin liegt ein gewisser Widerspruch: Jemanden aus Höflichkeit willkommen zu heißen, auch wenn er nicht willkommen ist. Dieser Widerspruch zeigt erneut geradezu exemplarisch die Zweischneidigkeit der Höflichkeit. Wenige Wochen vor dem Anschwellen des Flüchtlingsstroms hatte sich Kanzlerin Angela Merkel in einem im Fernsehen übertragenen Bürgerforum Fragen aus der Bevölkerung gestellt. Darunter war eine palästinensische Schülerin, die seit einigen Jahren mit ihrer Familie in Rostock lebte, sehr gut Deutsch spricht und der nach Ablehnung des Asylgesuchs zusammen mit ihrer Familie nun die Abschiebung drohte. Angela Merkel sprach sehr deutlich und machte – anders als es vielleicht andere Politiker getan hätten, um sich menschlich zu geben – keine Versprechungen, sondern verwies auf die Gesetzeslage und sagte: »Politik ist manchmal hart.« Als die Schülerin am Ende weinte, ging Angela Merkel zu ihr, streichelte sie etwas hölzern und unbeholfen und meinte, das habe sie doch prima gemacht.[3]

Natürlich ging im Internet sofort die übliche Welle los, in der sich viele lustig darüber machten, unter #merkelstreichelt. Ein Beitrag von deutlich besserer Qualität kam jedoch von dem Kölner Comiczeichner Ralf König. Er schrieb in seinem Facebook-Account, dass er, wenn man sich das ganze Video ungekürzt ansehe, Merkels Ausführungen nicht so überraschend finde. Bei dem unbeholfenen »Gestreichel« am Ende sei ihm allerdings ein Cartoon hochgekommen.[4]

Comic von Ralf König

Ralf König hat mit diesem Cartoon das Problem sehr scharfsinnig analysiert. Abgesehen davon, dass er Angela Merkels Unbeholfenheit aufspießt, zeigt er den Widerspruch: Wie ist es zu bewerten, zu Menschen, deren existentieller Bitte, hier nach Aufnahme in einem politisch oder auch wirtschaftlich sicheren Land, man nicht nachkommt, höflich oder freundlich zu sein? Ist das richtig und sogar geboten oder heuchlerisch und insofern geradezu perfide? Sollte man sagen: Seien Sie nicht so scheißfreundlich, wenn Sie die Menschen rausschmeißen? Oder sollte man es so sehen, dass man sie auch in einer derartigen Situation menschlich, das heißt als Menschen behandelt? (Was ich für richtig halte.) Ich glaube, selten erkennt man die Zwiespältigkeit der Höflichkeit besser. Höflichkeit ist nun einmal Form. Auch wenn sie den Inhalt der Achtung vor dem Gegenüber transportiert, bleibt sie Form. Umgangstugend, nicht Inhalt.

Nebenbei bemerkt, werde ich das Gefühl nicht los, dass dieses Erlebnis und dieser innere Widerspruch mit zu Frau Merkels überraschender Entscheidung geführt hat, die Grenzen für die Flüchtlinge zu öffnen. Ob das so war, wird man vielleicht einmal in ihren Memoiren erfahren. Oder auch nie.

Höflichkeit interkulturell

Vielleicht verschlägt es einige der Flüchtlinge, die in diesen Tagen in Deutschland ankamen, weiter nach Japan, etwa weil sie dort Verwandte haben. Vielleicht besuchen einige von ihnen dort neben Sprachkursen auch einen Integrationskurs über Kultur und Etikette des Landes. In diesem Kurs könnten sie dann erfahren, dass man in Japan, wenn man vorgestellt wird, die Visitenkarte mit zwei Händen überreicht und auch mit zwei Händen entgegennimmt und keinesfalls gleich einstecken darf. Und dass es üblich ist, am Ende eines geschäftlichen Meetings der ältesten Person ein kleines Präsent zu überreichen. So zumindest kann man in entsprechenden Ratgebern für Etikette in Japan lesen.[5] Vielleicht würde die Lehrerin oder der Lehrer in dem Kurs dann, um die Schüler einzubinden, fragen, ob sie wüssten, wie das denn in anderen Ländern üblich sei. Und diejenigen, die im Herbst 2015 über Deutschland nach Japan gekommen sind, würden dann vielleicht erzählen, dass man das in Deutschland ganz anders mache. Dort sei es üblich, Fremde mit hochgehaltenen Schildern mit »Welcome« zu begrüßen und den Jüngsten, den Kindern, gleich am Anfang ein Plüschtier in die Hand zu drücken.

Ich will mich damit keinesfalls über diese schönen Gesten der Begrüßung lustig machen, im Gegenteil. Ich will damit etwas anderes zeigen. Worum es mir geht, ist, dass dieser Ausdruck der Achtung eben gerade nicht in den üblichen Mustern der Höflichkeit geschehen muss. Ja, vielleicht waren diese Gesten gerade deshalb so stark, weil sie nicht diesen Mustern folgten. Eigentlich das Gegenteil von den Verhaltensweisen, die man in allen Ratgebern als üblich in dem Land lernt. Nicht nur deshalb habe ich zu diesem Wissen über Höflichkeitsrituale in verschiedenen Kulturen und Ländern ein zwiespältiges Verhältnis.

Die Excel-Tabelle

Ich halte die Ausformungen der Höflichkeit in den verschiedenen Kulturen für interessant, aber am Ende des Tages sehe ich sie in ihrer Gesamtheit wie eine große Excel-Tabelle. Ein großes Blatt in dem bekannten Tabellenkalkulationsprogramm mit unendlich vielen Spalten und Zeilen, in das man alles eintragen und verknüpfen kann. Eine Fülle von Daten, aus denen man sich einzelne herausziehen kann, wenn man sie braucht, und dann auch froh darüber ist, dass man sie findet. Aber insgesamt will man sie weder lesen noch sich vertieft mit ihnen beschäftigen oder die Daten einpflegen. Ähnlich wie ein Telefonbuch, das möchte auch niemand durchlesen oder schreiben, aber dennoch benutzen, wenn man eine Nummer braucht.

So ist es auch mit der fast unerschöpflichen Fülle von Landesspezifika der Höflichkeit. Wenn man Kontakt zu einem fremden Kulturkreis bekommt, vor allem wenn man das Land bereist oder dort Geschäfte machen möchte, ist es sehr sinnvoll, sich über die »dos and don'ts«, das, was man tun und was man unterlassen sollte, informieren zu können. Es ist auch nicht besonders schwer, an derartige Informationen zu gelangen. Einige Benimmratgeber haben Anhänge oder Kapitel »Benehmen weltweit«.[6] Die meisten Reiseführer verweisen auf Besonderheiten des jeweiligen Landes, sinnvollerweise oft mit einem Schwerpunkt darauf, was man nicht tun und wie viel Trinkgeld man geben sollte. Am einfachsten aber geht es, wie so oft bei Detailwissen, im Internet. Man setzt sich an den Computer und tippt in das Eingabefeld einer Suchmaschine den Namen des Landes und »Etikette« oder besser noch, schließlich geht es ja um internationale Höflichkeit, den Namen des Landes auf Englisch und »etiquette«. Und schon hat man eine Auswahl von Webseiten mit allen notwendigen Informationen.

Die abgelaufene Zeit

Insofern wundert man sich ein wenig über eine Nachricht, die im Januar 2015 durch die Medien[7] lief: Die britische Transportministerin Lady Kramer hatte bei einem Besuch in Taiwan dem Bürgermeister von Taipeh Ko Wen-je als Gastgeschenk eine Armbanduhr mitgebracht. Offenbar war sie ahnungslos, dass das Verschenken von Uhren in der chinesischen Kultur ein Tabu darstellt, weil »eine Uhr geben« und »an der Beisetzung einer alten Person teilnehmen« ähnlich klingen. Der Bürgermeister reagierte entsprechend pikiert und erklärte einem Reporter, er könne die Uhr nicht brauchen und werde sie vermutlich an einen Schrotthändler verkaufen. Die britische Ministerin entschuldigte sich später in einem Statement: »Es tut mir leid. Wir lernen jeden Tag etwas Neues. Ich hatte keine Ahnung, dass ein Geschenk wie dieses irgendwie anders als positiv gesehen werden könnte. In UK ist eine Uhr wertvoll – weil nichts wichtiger ist als Zeit.« Zudem sei die Uhr ein sehr besonderes Stück vom House of Lords. Umgekehrt entschuldigte sich die taiwanesische Regierung bei der Ministerin für das Verhalten des für seine lockeren Sprüche bekannten Bürgermeisters und betonte, dass das Uhrengeschenk keinen interkulturellen Ausrutscher dargestellt habe, die Ministerin deshalb nicht verlegen sein müsse.[8]

Ein wenig wundert man sich bei der Lektüre, ob denn die Protokollabteilung der britischen Regierung geschlafen hat. Man muss nur »gift«, »etiquette« und »china« in eine Suchmaschine eingeben, schon stößt man sehr schnell auf den Hinweis, man solle in China keine Uhren verschenken. Einschließlich der Begründung durch den ähnlichen Wortklang. Und die Protokollabteilung einer Regierung sollte vielleicht noch über andere Quellen verfügen. Vermutlich hätte ein einfacher Anruf in der britischen Botschaft vor Ort ausgereicht. Dennoch hat die Ministerin in ihrem Statement den Nagel auf den Kopf getroffen: Wir lernen jeden Tag etwas Neues. Mit anderen Worten: Man kann nicht alles wissen. Was für die Fülle von Höflichkeitskonventionen in anderen Ländern ganz besonders gilt. Das Wissen darüber ist eine große Excel-Tabelle. Die man nicht auswendig lernen will, kann und muss. Man sollte aber nichtsdestotrotz dort nachsehen. Denn das zu tun, sich diese Mühe zu machen, ist die eigentliche Höflichkeit.

Der Nutzen der Excel-Tabelle

Warum nun das Bild der Excel-Tabelle statt dem des Telefonbuchs, aus dem man auch Detailinformationen bekommt? Nicht weil es moderner klingt, sondern aus einem bestimmten Grund: Die Excel-Tabelle ist zwar unübersichtlicher als das einfach nach dem Alphabet geordnete Telefonbuch, aber in ihr kann man mit den Daten arbeiten, sie zusammenführen, vergleichen und versuchen, Strukturen zu erkennen. Und dann wird es tatsächlich interessant. Besonders in drei Richtungen. Als Erstes: Übergeordnete Prinzipien der Höflichkeit zu erkennen. Als Zweites: Jenseits der Höflichkeit weitere Grundzüge der unterschiedlichen Kulturen aufzudecken. Und als Drittes: Aus dem Kontrast heraus einen anderen Blickwinkel auf die eigenen Konventionen zu werfen und diese so besser zu begreifen – aber auch in Frage stellen zu können.

Das Gesicht

Eines der übergeordneten Prinzipien, das man speziell in asiatischen Kulturen erkennen kann, ist die große Bedeutung des Gesichts, face. Das Phänomen, das auch der Höflichkeitstheorie der gesichtsbedrohenden Akte zugrunde liegt. »The concept of face is, of course, Chinese in origin, and the term is a literal translation of the Chinese *lien* and *mien-tzu* (...).« – Das Konzept des Gesichts ist natürlich chinesischen Ursprungs und der Begriff eine wörtliche Übersetzung des chinesischen *lien* und *mien-tzu*.[9] So der chinesische Psychologe David Yau-Fai Ho in einem bekannten Aufsatz über das Konzept des face. Tatsächlich spielt das kulturelle Konzept des face eine große Rolle im chinesischen Leben, und stark vereinfacht könnte man sagen, der schlimmste Fauxpas, den man in der chinesischen Kultur, aber auch anderen asiatischen Kulturen begehen kann, ist, etwas zu tun, was beim Gegenüber zu einem Gesichtsverlust führt. Westliche Besucher sind oft sehr irritiert davon, welche Bedeutung das Gesicht oder der Gesichtsverlust in asiatischen Ländern haben. Das zu verstehen hilft jedoch viel mehr, als zu wissen, dass die Zahl vier Unglück bringen, dass man die Essstäbchen nicht in der Reisschüssel stecken lassen oder keine Uhren schenken soll. Die große Bedeutung, die das Konzept des face in asiatischen Ländern und in der dortigen Höflichkeitskultur hat, kann aber auch helfen, Höflichkeit in anderen Höflichkeitskulturen, speziell auch der unseren, besser zu verstehen oder anzuwenden.

Denn auch wenn das Konzept des face in der westlichen Kultur nicht dieselbe Bedeutung hat wie in der östlichen und südlichen, ist es hierzulande nicht bedeutungslos. Das führt nun vielleicht ein wenig weg von der Höflichkeit, scheint mir aber ein logischer Schritt zu sein. Denn das Konzept des face ist logischerweise in einer Kultur, die es nicht so ausgeprägt achtet, dann von Bedeutung, wenn das Gesicht besonders bedroht ist. Und das ist in Konfliktsituationen der Fall: Wenn es Gewinner und Verlierer geben kann, Überlegene und Unterlegene. Auch hierzulande ist es in vielen Situationen ein sehr sinnvolles Mittel zur Vermeidung und Lösung von Konflikten, einen Weg zu suchen, der allen Beteiligten ihr Gesicht zu wahren hilft. Das gilt sowohl für die Art, wie man miteinander spricht, als auch für das Ergebnis. So kann es sinnvoll sein, in Nachbarschaftsstreiten selbst dann, wenn man vollkommen im Recht ist, einem Vergleich zuzustimmen. Nicht zu unterliegen hilft dem Nachbarn, das Gesicht zu wahren, und schließlich muss man weiterhin neben und mit diesem Nachbarn leben. In vielen Situationen ist es ein guter Weg, dem Gegenüber zunächst zu signalisieren, dass man seine Position respektiert und sie ihm nicht streitig machen will. Danach kann man meist wesentlich leichter über Inhalte sprechen und verhandeln, weil das Gegenüber dann nachgeben kann, ohne sein Gesicht zu verlieren. Er kann sich dann großzügig zeigen statt bedrängt fühlen. Das, was man dabei von der Höflichkeit und dem Konzept des face lernen kann, ist, dass das, was zum Gesichtsverlust führt, in erster Linie oft die Form ist und erst in zweiter Linie der Inhalt. Man kann also über eine Änderung der Form den Konflikt beeinflussen, ihn vermeiden oder lösen.

Erkenntnisse über die Kulturen

Es lassen sich jedoch aus dem Vergleich der Konventionen auch allgemeine Erkenntnisse über Kulturen gewinnen, Erkenntnisse, die der Verständigung zwischen den Kulturen ebenso dienen wie dem Verständnis der eigenen Kultur. Der Pionier auf diesem Gebiet ist der amerikanische Anthropologe Edward T. Hall. Während und nach dem Zweiten Weltkrieg analysierte er vor allem für die amerikanische Armee, deren Soldaten auf verschiedenen Kontinenten stationiert waren, die Unterschiede zwischen verschiedenen Kulturen und begründete so das Gebiet der interkulturellen Kommunikation. Speziell aus dem Kulturvergleich heraus entwickelte Hall verschiedene Konzepte für, wie er es nannte, kulturelle Dimensionen. Zwei davon sind besonders für die Höflichkeit von Bedeutung: die Proxemik, die sich mit dem Raum befasst, und die Chronemik, die Zeitauffassungen behandelt.

Proxemik

Proxemik, eher bekannt in seiner englischen Form proxemics, beschreibt in den Worten Halls die »Handhabung des Raumes seitens der Menschen als eine besondere Ausprägung von Kultur«.[10] Hall unterschied, auch aus körperlichen Funktionen wie Gesichtsfeld und Reichweite heraus, vier Distanzen, die wie Blasen den Menschen umgeben:[11] die intime Distanz (bis 45 cm), die persönliche Distanz (45 bis 120 cm), die soziale Distanz (120 bis 360 cm) und die öffentliche Distanz (mehr als 360 cm).

Daneben interessierte ihn aber vor allem, wie Menschen in unterschiedlichen Kulturen mit diesen Distanzen umgingen. So stellte er fest, dass in der Kultur des Mittleren Ostens ein Stoßen und Schieben in der Öffentlichkeit charakteristisch sei und Amerikaner die Bewohner dort als dränglerisch empfinden. Eigenartigerweise erfuhr er aber, dass umgekehrt auch die Araber Amerikaner und Nordeuropäer für dränglerisch hielten, was Hall zunächst nicht verstand: »Wie konnten Amerikaner, die beiseitestehen und jede Berührung vermeiden, als dränglerisch angesehen werden?«[12] Diese Frage konnte ihm jedoch auch vor Ort niemand beantworten, bis er durch Beobachtungen, eben den Vergleich der unterschiedlichen Handhabungen, eines Tages die Lösung fand. Hall beschreibt, wie er in Washington in einem Hotel auf einen Freund wartete und sich deshalb auf einen ruhigen Platz etwas abseits setzte. Irgendwann kam ein ihm fremder Mann und stellte sich in der fast leeren Hotelhalle so nah neben ihn, dass er ihn beinahe berührte und Hall ihn atmen hörte. Hall sagte nichts, ließ aber durch seine Körpersprache erkennen, dass er das als unangebracht empfand, ihm so nahe zu rücken. Das schien jedoch im Gegenteil eher dazu zu führen, dass der Zudringliche noch näher rückte. Irgendwann kam eine Gruppe von Besuchern, die der Fremde begrüßte und denen er sich anschloss, er hatte offensichtlich auf sie gewartet. In dem Moment erkannte Hall an der Sprache, dass es sich um einen Araber handelte, was er zuvor nicht bemerkt hatte. Hall beschrieb den Vorfall später einem arabischen Kollegen und bemerkte, dass in ihrem Gespräch darüber zwei unterschiedliche Muster auftauchten: Hall empfand das Verhalten des fremden Mannes, der ihm so nah kam, als zudringlich; sein arabischer Kollege verwies darauf, dass es sich bei der Hotelhalle doch um einen öffentlichen Raum handle und deshalb niemand mehr Rechte an einem bestimmten Ort habe, nur weil er früher dort war. Hall hatte den Platz gewählt, weil er von dort die beiden Eingänge und den Lift sehen konnte. Genau deshalb wollte auch der Fremde dorthin, und aus seiner Sicht war jemand, der sich dort bereits aufhielt, kein Grund, sich nicht dort aufzuhalten. Im Gegenteil, der spürbare Ärger Halls habe ihn noch darin ermuntert, näher zu rücken, weil er dachte, Hall werde den Platz gleich freimachen.

Halls Erkenntnis war: Wenn einem Amerikaner an einem öffentlichen Platz jemand zu nahe komme, empfinde er das als zudringlich und versuche, seinen Platz zu verteidigen. Er fühle um sich eine Zone der Privatheit, in die Fremde im Normalfall nicht eindringen dürfen. Für einen Araber hingegen gehöre der öffentliche Raum jedem, daran ändere sich auch nichts, wenn an dieser Stelle schon jemand sitze oder stehe. Man habe daher das Recht, sich auch an diese Stelle zu bewegen, wenn man dorthin möchte, und denjenigen zu verdrängen. Das sei auch nicht dränglerisch, weil der Raum demjenigen ja nicht gehöre. Dränglerisch sei vielmehr, dann auf seinem Platz zu bestehen und sich nicht wegzubewegen, wie es eben Amerikaner machten.[13]

Auch zwischen dem Raumverständnis in den USA und Deutschland fand Hall Unterschiede. So würde in den USA niemand in die Privatsphäre etwa eines Hauses oder eines Zimmers eindringen, der noch außerhalb des Raumes steht, buchstäblich auf der Schwelle, oder den Kopf durch die Türe stecke. In Deutschland sei die Abgrenzung wesentlich stärker, man verletze die Privatsphäre schon, wenn man in einen Raum hineinblicke oder in Hörweite stehe. Deshalb gebe es in Deutschland auch wesentlich stabilere Türen, die auch schalldämpfend sein sollen. Und das erkläre auch die unterschiedliche Tradition, dass in amerikanischen Büros die Türen stets offen stünden, in Deutschen hingegen meist geschlossen würden.[14]

Monochrone und polychrone Kulturen

Daneben unterscheiden sich Kulturen aber auch in ihrem Verständnis von Zeit: die Chronemik, chronemics. Hall unterschied zwei grundsätzlich unterschiedliche Zeitkulturen, die er monochron und polychron nannte.[15] In monochronen (einzeitigen) Gesellschaften wie Nordeuropa, den USA und ganz extrem Japan wird Zeit als etwas stetig Fließendes, Einzuteilendes angesehen; alles läuft meist nach Plan streng geregelt hintereinander entlang einer einzigen Zeitleiste ab, man muss eine Sache abschließen, bevor man eine andere beginnt. In polychronen (vielzeitigen) Gesellschaften, etwa im Nahen Osten, den Mittelmeerländern und Südamerika, ziehen es die Menschen dagegen vor, mehrere Dinge gleichzeitig zu tun; Termine haben eine geringere Bedeutung. Weil monochrone Kulturen Zeit wie eine Sache behandeln – man kann sie »verwenden«, »sparen« und »vergeuden« –, erscheine es dort, so Hall, geradezu als unmoralisch, zwei Dinge zur gleichen Zeit zu erledigen. Hall meinte auch, das monochrone System habe zwar manche Vorteile vor allem innerhalb größerer Strukturen, was sich speziell in der Wirtschaft auswirkt, der Kulturenvergleich helfe jedoch zu erkennen, dass es sich dabei um etwas Künstliches, Erlerntes handle, das die menschliche Natur verleugne.

Ich halte Erkenntnisse wie diese für viel interessanter und auch gewinnbringender, als zum Beispiel zu lesen, dass man in Argentinien oder Brasilien zu privaten Verabredungen erst 30 Minuten nach der vereinbarten Zeit erscheinen soll, in Japan jedoch stets pünktlich zu sein habe.[16] Was im Grunde genau dasselbe sagt wie Halls Theorie, nur an der Oberfläche bleibt und das System nicht durchdrungen hat. Hall bemerkt übrigens auch, dass beide Systeme unverträglich seien, sie ließen sich so wenig mischen wie Öl und Wasser. Das wiederum scheint mir von praktischer Bedeutung zu sein: Wie geht man mit Kollisionen von Höflichkeitskulturen um? Dazu später.

Der Blick von außen

Bei Hall zeichnet sich schon der dritte interessante Aspekt der Beschäftigung mit kulturellen Unterschieden der Höflichkeit ab: Aus dem Kontrast heraus kann man einen anderen Blick auf die eigenen Konventionen werfen und diese damit besser verstehen oder auch in Frage stellen.

Nicht umsonst basiert eines der erfolgreichsten, aber auch interessantesten Bücher zum Thema Höflichkeit und Benehmen der letzten Jahre in Deutschland unter anderem auf diesem Prinzip: *Manieren* von Asfa-Wossen Asserate. Asserate, Großneffe des letzten äthiopischen Kaisers Haile Selassi, wuchs als Wandler zwischen den Kulturen des äthiopischen Kaiserhofs in Addis Abeba und Deutschland auf und verstand es, das Zeremoniell und die Üblichkeiten einer Adelsfamilie den deutschen Gepflogenheiten gegenüberzustellen, aber auch viele Beispiele aus anderen Kulturen sowie aus Literatur und Geschichte einzubinden.

So stellt Asserate fest, dass in Afrika »als der deutscheste aller deutschen Gegenstände die Kuckucksuhr« galt. Ein Gegenstand, den man bei ihm zu Hause zur Freude der Kinder selbstverständlich besessen habe. Um dann überzuleiten zum deutschen Faible für Pünktlichkeit, nachdem er die Idee der Zeit von den alten Ägyptern über den äthiopischen Kaiserhof und seine Jugend dort, den Hof Ludwigs XIV. bis zur industriellen Revolution beleuchtet hat.

Der Herzog von Guermantes

In diesem Zusammenhang berichtet Asserate von einer Geschichte[17] aus Marcel Prousts *Recherche*, der *Suche nach der verlorenen Zeit*. Dort sei der Erzähler zu spät zu einem Essen beim Herzog von Guermantes erschienen. Dieser aber habe sich als perfekter Gastgeber gezeigt: Statt ihn direkt zu Tisch zu geleiten, wo schon alle warteten, habe der Gastgeber darauf bestanden, dem Nachzügler in einem anderen Stockwerk noch einige Aquarelle zu zeigen, ganz so, als habe man alle Zeit der Welt. Damit sollte, so Asserate, die Befürchtung des Gastes zerstreut werden, er habe die Gesellschaft aufgehalten. Mir gefällt diese Stelle aus mehreren Gründen besonders gut. Zum einen wegen der Eleganz dieser Aktion, die nichts ausspricht und dennoch alles sagt. Zum anderen, weil es sicherlich keine Etikette-Regel gibt, die ein derartiges Verhalten vorsieht, was diesen Akt der Höflichkeit des Gastgebers gegenüber dem Gast noch viel wertvoller macht. Diese Geschichte zeigt, dass wahre Eleganz und Höflichkeit eben nicht in der Einhaltung der Etikette liegen, sondern jenseits von ihr oder im virtuosen Umgang, dem Spiel mit ihr. Dieses Spiel ist in diesem Fall so virtuos, dass es sogar meine Bedenken zerstreuen kann, wie man denn diese Aktion im Verhältnis zu den anderen Gästen sehen soll, die nicht nur warten mussten, sondern dabei dann auch noch von ihrem Gastgeber zugunsten eines anderen, offenbar bevorzugten Gastes allein gelassen wurden.

Was zählt?

Dieser Bericht enthält aber noch einen weiteren Gedanken, den man auf das Problem der kollidierenden Höflichkeitskulturen übertragen kann. Eines der typischen Beispiele für unterschiedliche Kulturen, der sich in jedem entsprechenden Etiketteführer finden lässt, ist, dass es in Japan ebenso wie in arabisch-muslimischen Ländern absolut üblich ist, als Gast beim Betreten der Wohnung seine Schuhe auszuziehen. Es stellt deshalb einen groben Fauxpas dar, wenn man als Besucher dort seine Schuhe anbehält.

Wer also eines dieser Länder bereist, tut gut daran, die Schuhe auszuziehen. Und höflich ist das sicher auch dann, wenn man hierzulande bei einer japanischen oder orientalischen Familie zu Besuch ist. Dabei besteht ein Gutteil der Höflichkeit schon darin, sich im Vorfeld entsprechend zu informieren, denn das zeigt die Achtung vor dem Gegenüber und dessen Kultur. Allerdings ist Höflichkeit ja keine Einbahnstraße, und gerade als Gastgeber ist es besonders höflich, sich auf den Gast einzustellen.

Hier kann man nun den Kern der Geschichte des Herzogs von Guermantes heranziehen, den Gast, auch wenn der sich einer Unhöflichkeit schuldig gemacht hat, dies im Sinne der Gastfreundschaft nicht merken zu lassen. Wendet man diesen Gedanken auf den Besuch bei einem Gastgeber an, zu dessen Kultur es gehört, die Schuhe auszuziehen, müsste sich eigentlich ein Streit mit umgekehrten Vorzeichen ergeben: Der Gast sollte – höflicherweise – darauf bestehen, die Schuhe auszuziehen, der Gastgeber ihn jedoch – ebenfalls höflicherweise – dazu drängen, sie anzubehalten. Und beide müssten betonen, wie sehr sie die jeweils andere Tradition schätzen. Nur eine Lösung des Widerspruchs findet man nicht.

Die echte Kollision

Bei den Schuhen erscheint das Ganze noch irgendwie harmlos, eher amüsant. Bei anderen Themen, speziell dem Verhältnis der Geschlechter, vor allem im Hinblick auf die Gleichberechtigung und die Freiheit, wird es schwieriger. Eine Frage, die mich vor einigen Jahren im Rahmen meiner Kolumne erreichte, kann das verdeutlichen:

> »Wir waren mit einigen Leuten, darunter einem türkischen Freund, an einem Badesee zum Schwimmen. Um mir die Verrenkungen mit Handtuch als Sichtschutz zu ersparen, habe ich mich etwas abseits der Gruppe ungeniert umgezogen (Hose aus – Badeanzug an – T-Shirt aus – Träger hochziehen). Ich fand nichts dabei, zumal dort viele Frauen ›oben ohne‹ am See liegen. Aber am Abend sagte mir eine Frau aus der Gruppe, sie hätte sich in Anwesenheit des türkischen Mannes nicht auf diese Weise umgezogen und er habe angesichts meines nackten Hinterns etwas irritiert geschaut. Hätte ich mehr Rücksicht nehmen sollen?«[18] Corinna D., München

In diesem Fall würde die Höflichkeit es tatsächlich erfordern, auf die Einstellungen des türkischen Freundes Rücksicht zu nehmen. Allerdings mit zwei Einschränkungen. Auch der Freund müsste Rücksicht nehmen und akzeptieren, dass die Fragestellerin als moderne Frau sich so verhalten will, wie es ihren Vorstellungen entspricht. Von ihr zu verlangen, dass sie sich als Frau so benehmen soll, wie er es als Mann von Frauen erwartet, missachtet sie, ihre Freiheit und ihre Gleichberechtigung. Man könnte also wieder zu der Diskussion mit vertauschten Rollen kommen wie bei den Schuhen. Hier aber kommt noch etwas hinzu. Es geht hier um zentrale Werte und echte Errungenschaften einer freien Gesellschaft. Die aus Höflichkeit aufzugeben wäre falsch. So wie die Fragestellerin es schildert, handelt es sich auch um keine Provokation, aber selbst die wäre zur Verteidigung dieser Errungenschaften erlaubt. Zumal der Freund nicht hätte irritiert schauen müssen, sondern einfach nur *weg*schauen.

An dieser Stelle kollidieren nicht nur zwei unterschiedliche Gebäude von Konventionen im Sinne einer Verhaltensetikette, sondern auch unterschiedliche Werteordnungen. Und hier muss man vermutlich wieder einmal feststellen, dass man die Höflichkeit als Umgangstugend weder überschätzen noch überfordern darf. Sie kann als Umgangstugend nicht die Probleme lösen, an denen sich inhaltlich auch Moralphilosophie und Toleranz abarbeiten.

When you are in Rome ...

Dennoch kann die Höflichkeit vielleicht helfen, in einem gewissen Rahmen Kollisionsregeln aufzustellen. Im Englischen gibt es dafür das schöne Sprichwort »When in Rome, do as the Romans do«, wörtlich übersetzt: Wenn du in Rom bist, verhalten dich wie die Römer. Sinngemäß: Man soll sich beim Verhalten an die Gepflogenheiten des Gastlandes halten. »Andere Länder, andere Sitten« geht in dieselbe Richtung, enthält aber eher einen Ton der Verwunderung und nicht die klare Aufforderung, sich anzupassen. »Man soll mit den Wölfen heulen« ist umgekehrt zu nutzenorientiert und im Grunde auch abwertend. Nicht so der Spruch, man soll sich an die Römer anpassen, wenn man sich in Rom aufhält. Überraschenderweise geht er auf einen sonst sehr strikten Menschen zurück, den Kirchenvater Augustinus.[19] In einem Brief schrieb er, er habe festgestellt, dass die Kirche in Mailand, wohin er als Professor gegangen war, nicht am Samstag fastete, wie er es in Rom gekannt habe. Daraufhin habe er den älteren heiligen Ambrosius gefragt, wie er es dann mit dem Fasten halten solle. Ambrosius aber habe ihm geantwortet:

> »Cum Romam venio, ieiuno sabbato; cum hic sum, non iciuno. Sic etiam tu, ad quam forte Ecclesiam veneris, eius morem serva, si cuiquam non vis esse scandalo, nec quemquam tibi.«[20]
> »Wenn ich nach Rom komme, faste ich am Samstag; wenn ich hier bin, faste ich nicht. Folge auch du den Sitten der Kirche, in welche du auch immer kommst, wenn du keinen Anstoß erregen oder erfahren willst.«

Ich habe dieses Zitat bis zu seiner lateinischen Originalquelle in den Briefen Augustinus' verfolgt, weil es einigermaßen überrascht, so etwas von Augustinus zu hören. Immerhin ist Augustinus derjenige, dem die europäische Philosophie das absolute Lügenverbot zu verdanken hat. Ihm zufolge darf man niemals lügen, auch nicht in Notsituationen, auch nicht, wenn die Lüge dazu dient, ein Menschenleben zu retten. Und hier diese, nun ja, geschmeidige Lösung mit dem Ratschlag, sich doch einfach anzupassen. Dieser Gegensatz ist insofern interessant, als er die Einordnung der Höflichkeit, hier in Form der Konventionen, Augustinus spricht von mores, Sitten, bestätigt: Es handelt sich bei ihnen nicht um moralische Grundsätze, sondern um Umgangstugenden. Es wäre unsinnig, sich an ihnen festzuklammern, aber dennoch sind sie wichtig, wie auch Augustinus bestätigt, wenn er empfiehlt, die eigenen Fastengewohnheiten den jeweiligen Sitten unterzuordnen, mit Verweis auf ihre soziale Funktion: »wenn du keinen Anstoß erregen willst«.

In der Tat spricht viel für die Regelung »When in Rome, do as the Romans do«. Sie ist klar und hilft vor allem sehr gut, Konflikte zu vermeiden. Und sie kann in gewissen Grenzen auch dort funktionieren, wo Überzeugungen einander unversöhnlich gegenüberstehen. Weil man nicht klären muss, wer recht hat, sondern das auf der formalen Ebene der Höflichkeit lösen kann. Nur streng betrachtet, kollidiert die Regelung, sich an die Gepflogenheiten des Gastlandes zu halten, nun selbst wiederum mit der Idee der Gastfreundschaft, der zufolge der Gastgeber versuchen soll, es dem Gast so angenehm wie möglich zu machen. Und man kann der Rom-Regel natürlich auch dann nicht folgen, wenn sie mit höherwertigen Grundsätzen kollidiert.

Der Schritt zurück

Am Ende kann man noch einmal einen Schritt zurücktreten und sich nicht nur die eigene Kultur und die eigenen Konventionen der Höflichkeit aus dem Blickwinkel anderer Kulturen ansehen, sondern versuchen, die Höflichkeit in den unterschiedlichen Kulturen insgesamt zu betrachten – und einen umfassenderen Blick auf die Höflichkeit wagen. Dann wäre das Prinzip Höflichkeit eine Form des Verhaltens im zwischenmenschlichen Umgang, die das Wohlergehen des Anderen im Blick hat. Wo dabei der Schwerpunkt des Wohlergehens liegt, ob in der Ehre, der Achtung, beim öffentlichen Gesicht, wird von der jeweiligen Kultur geprägt. Die Konventionen, die Etikette in den verschiedenen Kulturen wiederum ist nur ein darübergelegtes Raster, das versucht, dieses Verhalten zu kodifizieren. Wie stark und bindend dieser jeweilige Kodex ist, hängt auch wieder von den unterschiedlichen Kulturen ab. Aber wenn man sich zum Beispiel die Bilder vom Augengruß im Kapitel über die Geste (S.144/145) ansieht, von sehr ähnlichen, wenn nicht gleichen Verhaltensweisen des Kontakts in vollkommen unterschiedlichen Kulturen, wird es sehr schwer zu glauben, dass nicht hinter all den oft sehr stark variierenden Formen der Höflichkeit ein grundlegendes menschliches Prinzip steckt. Trotz der verschiedensten Ausformungen in den unterschiedlichen Kulturen. Dieses grundlegende menschliche Prinzip gilt es zu verfolgen, die verschiedenen Ausformungen kann man dann in der Excel-Tabelle nachschlagen.

DIE PROVOKATION

Begrenzung der Höflichkeit

Warum ein Kapitel über Provokation in einem Buch über Höflichkeit? Scheint sie doch fast das Gegenteil davon zu sein. Kommt nun so etwas wie die Besichtigung des verbotenen Terrains? Mit dem Hinweis: Don't try this at home! Nein, ich behaupte, Höflichkeit und Provokation stehen in Wechselwirkung. Jede Betrachtung der Höflichkeit wäre unvollständig ohne einen Blick auf die Provokation. Vielleicht ist es sogar unmöglich, die Höflichkeit zu verstehen, ohne die Provokation einzubeziehen. Auf jeden Fall aber wäre die Höflichkeit ohne die Provokation ein Korsett aus Beton, das uns alle ersticken würde. Und unsere Gesellschaft sähe ohne die Provokation vermutlich aus wie der Vatikan: Menschen – gut, das wäre anders als im Vatikan, wo es vor allem Männer sind – in eigenartigen Gewändern bewegen sich in unnatürlicher Geschwindigkeit und performieren Handlungen, die man nicht unbedingt versteht, die aber alle Bedeutungen aus den vergangenen Jahrtausenden mit sich tragen und repräsentieren.

Keine Veränderungen

Das war natürlich auch eine Provokation. Die Idee, die dahintersteckt, ist, dass die Provokation eine Gelegenheit bietet oder dazu zwingt, Üblichkeiten zu hinterfragen und auf den Prüfstand zu stellen. Und was passiert, wenn man ein paar hundert bis tausend Jahre keine oder wenig Veränderungen zulässt, sieht man eben am Vatikan.

Was aber hat das mit der Höflichkeit zu tun? Sehr viel. Man muss es sich klarmachen: Die so sanftmütig, harmlos und nur positiv erscheinende Höflichkeit birgt in ihrem Wesen etwas fast schon Gewalttätiges. Zumindest in ihrer klassischen Form ist sie zutiefst konservativ im Wortsinne, sie neigt dazu, den Status quo zu konservieren, fast schon zu betonieren. Indem sie möglichst den Konflikt oder sogar die Kritik meidet (siehe die Kapitel über negative Folgen der Höflichkeit sowie Höflichkeit und Lüge), behindert oder verhindert sie Veränderungen. Ihre Verwandten, Etikette und Benimm, tun nicht nur das, sie wirken durch ihre Exklusivität, dadurch, dass sie den, der sie nicht beherrscht, ausschließen, sogar direkt unterdrückend.

Repressive Höflichkeit

Man könnte so weit gehen, deshalb den Begriff »repressive Höflichkeit« zu verwenden. Wem dieser Begriff bekannt vorkommt: Er nimmt Bezug auf die von Herbert Marcuse geprägte Wendung von der »repressiven Toleranz«, und das nicht von ungefähr, weil sich Parallelen finden lassen. Bei der Toleranz ist die Idee, dass sie repressiv sein könnte, fast noch fernliegender als bei Höflichkeit, weil Toleranz dem Grunde nach Freiheit gewähren, ja mehr noch vielleicht sogar schaffen soll. Marcuse prägte den Begriff aufgrund des Gedankens, dass Toleranz gegenüber politischen Maßnahmen, die nicht toleriert werden dürften, weil sie auf Gewalt und Unterdrückung basieren, in Wirklichkeit eben nicht Gewalt beseitigt und Unterdrückung verringert, sondern im Gegenteil sogar zu deren Stabilität beiträgt und deshalb repressiv wirkt. Marcuse meinte, eine unparteiische, neutrale, abstrakte, reine Toleranz, die auch verfestigte Haltungen und Ideen dulde, selbst dann, wenn ihre negativen Auswirkungen auf der Hand lägen, oder gleichermaßen Parteien des Hasses wie der Menschlichkeit gewährt werde, schütze »in Wirklichkeit die bereits etablierte Maschinerie der Diskriminierung«. Ganz anders hingegen wirke, so Marcuse, die Toleranz, die nicht neutral ist: »Die Toleranz, die Reichweite und Inhalt der Freiheit erweiterte, war stets parteilich intolerant gegenüber den Wortführern des unterdrückenden Status quo.«[1]

Eine ähnliche Tendenz wohnt aber auch der Höflichkeit inne. Ich will nun nicht behaupten, dass die Höflichkeit geeignet ist, Krieg und Unterdrückung zu fördern oder wenigstens zu unterhalten, wie es Marcuse für die Toleranz in seinem berühmten, 1965 erschienenen, an die Studentenbewegung gerichteten Essay tat. Dennoch dürfte fast auf Anhieb klar sein, dass ein Verhalten, in dem die Achtung des Gegenübers zum Ausdruck kommt, tendenziell wenig geeignet ist, an bestehenden Strukturen etwas zu verändern. Noch mehr gilt dies dann, wenn man ein anderes Verständnis von Höflichkeit hat. Zum Beispiel das Konzept der Vermeidung gesichtsbedrohender Akte nach Brown und Levinson. Alles zu vermeiden, was das Gesicht im Sinne des sozialen Selbstbildes des Gegenübers bedrohen könnte, verträgt sich nicht wirklich gut damit, an bestehenden Strukturen zu rütteln oder gar Machtpositionen anzugreifen.

Höflichkeit in Japan

Noch ausgeprägter scheint dieses Phänomen in der japanischen Kultur zu sein. Japan gilt für uns als Land mit ausgeprägter Höflichkeit, ja fast als dessen Zentrum. Der amerikanische Autor Henry Alford etwa schreibt, in Anspielung auf die Goldreserven der Vereinigten Staaten in Fort Knox und die Zentralbank der USA, der Federal Reserve, von »Japan, the Fort Knox of the

World Manners Reserve«,[2] und beginnt sein Buch über Manieren mit einem Besuch dort, bei dem er feststellt, dass Japan zwar ein sehr höfliches Land ist, die Höflichkeit dort aber anders verstanden wird:

> »Wenn das, was du ansehen willst, Manieren sind, und der Ort, an den du gehen willst, Japan ist, umso besser: Hier ist der Ort, wo Etikette zu einer hohen Kunst poliert wurde. Diese hochkodifizierten Bereiche zu betreten bedeutet, abwechselnd ratlos, erfreut, betrübt, höchst erstaunt zu sein.«[3]

Die Höflichkeit in Japan besteht demzufolge vor allem aus Kodifikation, Festlegungen, die wie in einem großen Tresor, Fort Knox, unveränderlich bewahrt und zu hoher Kunst ausgearbeitet werden. Der Japanologe Peter Pörtner etwa weist auf einen grundlegenden Unterschied hin:

> »Der deutsche Begriff der ›Höflichkeit‹, vor allem in seinem gängigen, post-courtoisen Sinn, ist zur Kennzeichnung des mitmenschlichen Verkehrs und Umgangs in Japan ungeeignet. Begriffe wie Etikette, Riten und Rituale, Zeremoniell und Protokoll erscheinen geeigneter, die Ritualisierung des Daseins, seine Auflösung in eine Kette kleiner Gesten und nicht zuletzt die im Vergleich zu Westeuropa viel weiter gehende Ritualisierung der Sprache und des Sprachgebrauchs in Japan zu charakterisieren.«[4]

Der Beitrag, in dem er das ausführt, ist überschrieben »Pastiche über die Gewalt der Höflichkeit und die Höflichkeit der Gewalt«. Was damit in Bezug auf die Höflichkeit in Japan gemeint ist, formuliert die japanische Sprachwissenschaftlerin Moto Mio so:

> »Tatsächlich – und dies ist ein verbreitetes Phänomen – richtet sich die Höflichkeit nicht gegen die Gewalt, sondern ist deren sozialisierte Form.«[5]

Moto Mio belegt das mit der in Japan sehr bekannten Geschichte der 47 Samurai, in der ein Meister wegen eines Verstoßes gegen die Etikette seinen Säbel gegen einen anderen Hofherrn zieht und deshalb dazu verurteilt wird, sich selbst zu töten. Die Schüler dieses verurteilten Meisters müssen nun einem anderen Hofherrn dienen oder aber ihren Meister rächen, indem sie den anderen Hofherren, dessentwegen ihr Meister verurteilt wurde, töten. Diesen wesentlich ehrenvolleren Weg wählen die 47 Samurai und begehen, nachdem sie ihr Ziel erreicht haben, alle Selbstmord durch Seppuku (in Europa oft Harakiri genannt), so wie ihr Meister.

Diese Geschichte soll, so Moto Mio, die Gewaltsamkeit der japanischen Höflichkeit widerspiegeln. Und zwar nicht wegen der Rache, sondern weil sich die Krieger wegen einer einfachen Verletzung der höfischen Etikette diesen Zwangslagen ausgesetzt gesehen hätten. Der Kodex sei so starr und stark, dass er die Eskalation der Gewalt heraufbeschwören könne. Durch die Übereinstimmung mit den Normen bekomme die darin liegende Gewalt einen ästhetischen Ausdruck, werde als schön empfunden. Diese schöne Form, der äußere Anschein, rechtfertige die Handlung, auch die gewaltsame. [6]

Es soll dahingestellt bleiben, ob dies für das heutige Japan noch in dieser Stringenz gilt, dennoch stellt diese Sichtweise eine aus hiesiger Sicht überraschende Einschätzung der so fein, zurückhaltend und eben gerade als das Gegenteil von Gewalt erscheinenden japanischen Höflichkeit dar. Sie wirft aber ein interessantes Licht auf Etikette und Konventionen: Dieses starre System ist hervorragend geeignet, mit einer Kraft, die man eben auch als gewaltsam empfinden kann, den Status quo zu erhalten oder Hierarchien zu zementieren.

Die Urväter: Knigge und Castiglione

Genau von dieser Annahme gehen auch zwei sehr bekannte Bücher für höfliches Verhalten in Europa aus – und wollen Hilfestellung anbieten: Adolph Freiherr von Knigges *Über den Umgang mit Menschen* aus dem Jahre 1788, der Ur-Knigge, und Baldassare Castigliones 1528 erschienenes *Il Libro del Cortegiano* – Das Buch des Hofmanns.

Knigge verfolgte mit seinem 1788, ein Jahr vor der Französischen Revolution, erschienenen Buch ein klares Ziel: Der Bürger sollte, indem er die richtigen Umgangsformen erlernte, in der Lage sein, die gesellschaftlichen Schranken, die damals noch echte Standesschranken waren, zu überwinden:

> »In keinem Lande in Europa ist es vielleicht so schwer, im Umgange mit Menschen aus allen Klassen, Gegenden und Ständen allgemeinen Beifall einzuernten, in jedem dieser Zirkel wie zu Hause zu sein, ohne Zwang, ohne Falschheit, ohne sich verdächtig zu machen und ohne selbst dabei zu leiden, auf den Fürsten wie auf den Edelmann und Bürger, auf den Kaufmann wie auf den Geistlichen nach Gefallen zu wirken, als in unserm deutschen Vaterlande.«

Ein zutiefst demokratischer Ansatz, der, wenn man so will, auf lange Sicht vielleicht sogar zu Veränderungen führt: gesellschaftlicher Aufstieg wird möglich, was das starre Feudalsystem auflösen könnte. Auf dem Weg dorthin aber wird das bestehende System eher gestärkt, die Verbindlichkeit der gesellschaftlichen Normen, wie man sich zu verhalten hat, um dazuzugehören, wird anerkannt. Derjenige, der aufsteigen will, muss lernen, sich einzufügen. Die Notwendigkeit, aber eben auch die Bereitschaft, sich höflich zu verhalten, um anerkannt zu werden oder gar aufsteigen zu können, festigt das bestehende System.

Freiherr von Knigge hatte diesen Aspekt schon gesehen: So

sei es schwierig, meinte er, sich in einer eingeschworenen Gesellschaft, wie es damals auch die Stände waren, als Außen-
stehender – man möchte einfügen: als Aufsteiger – zurechtzu-
kommen, akzeptiert zu werden;

> »Folglich ist es wichtig, für jeden, der in der Welt mit Menschen
> leben will, die Kunst zu studieren, sich nach Sitten, Ton und
> Stimmung anderer zu fügen.«

Man beachte das Ende des Zitats: »… zu fügen«. Knigge, der
wohlgemerkt eigentlich ein Buch für Zeiten der Veränderung
veröffentlichte, schrieb, dass man sich fügen muss. Er bezieht
das zwar auf »Sitten, Ton und Stimmung anderer«, aber diese
Anderen sind ja die Stände, in die der, an den sich das Buch richtet, aufsteigen will.

Ganz ähnlich das bedeutendste Anstandsbuch der Renaissance, *Il Libro del Cortegiano – Das Buch des Hofmanns* oder kurz:
Der Hofmann. Auch sein Autor Baldassare Castiglione versuchte
damit, ein Bedürfnis zu befriedigen, das durch das Aufbrechen
überkommener sozialer Strukturen entstanden war, es geht
ihm darum, zu zeigen,

> »wie das höfische Betragen eines Manns, der am Hof eines Fürs-
> ten lebt, sein müsse, damit es ihm ermögliche, seinem Herrn in
> allen billigen Dingen angemessen zu dienen, und er sich so seine
> Gnade und das Lob der übrigen Leute erwerbe …«

Trotz des aufklärerischen Ansatzes vor allem beim Freiherrn
von Knigge, der Grundratschlag beider Bücher ist: Füge dich!
Und stelle nichts in Frage.

Auch deshalb der Vergleich mit dem Vatikan.

Wie aber können dann Veränderungen stattfinden? Entweder überhaupt nicht, siehe Hofzeremoniell, oder schleichend,
»von innen heraus«, oder indem die Regeln in Frage gestellt werden. Das aber geschieht am effektivsten durch: Provokation.

Muff von 1000 Jahren

Damit wären wir bei der Provokation. Provokation ist für mich assoziativ mit zwei Bildern verbunden, die Geschichte geschrieben haben. Das ältere datiert vom 9. November 1967: Zur Amtsübergabe an den neuen Rektor der Universität Hamburg schreiten dieser und sein Vorgänger im Ornat mit Talar, Halskrause und Hut die Treppe hinunter in das vollbesetzte Auditorium Maximum. Vor ihnen gehen, in dunklen Anzügen mit weißem Hemd und Krawatte, zwei Studenten und tragen ein Transparent aus schwarzem Stoff, auf dem, geklebt in etwas ungelenken Buchstaben aus weißem Klebeband, der seither legendäre Spruch steht: »Unter den Talaren / Muff von 1000 Jahren.« Höflich war das nicht, aber diese Aktion, so konnte man später lesen, war geeignet, die deutsche Universitätstradition ins Wanken zu bringen. »Es begann wie im Karneval, Talare wurden zu Narrenkleidern«, beschrieb der Spiegel wenig später den Effekt.[7] Tatsächlich war die Bloßstellung groß, die beiden Professoren konnten selbst nicht lesen, was da vor ihnen getragen wurde, die Wirkung als Bild aber war enorm, es wurde zu einem der bekanntesten Bilder der Studentenbewegung. Zudem war der Text neben seiner leicht zu merkenden Prägnanz auch noch hintergründig mit der Anspielung auf das erst 22 Jahre zuvor zu Ende gegangene sogenannte 1000-jährige Reich, dessen Aufarbeitung die Studenten einforderten. Offenbar zu Recht, denn im Audimax rief ein Professor in Talar, der Ordinarius für Islamkunde Bertold Spuler, dessen Vita SA- und NSDAP-Mitgliedschaft aufwies, den Studenten zu: »Sie gehören alle ins Konzentrationslager.« Er wurde dafür wenigstens zeitweise suspendiert. Wohlgemerkt zeitweise. Die beiden Studenten mussten sich einem Disziplinarverfahren stellen. Der eine, Gert Hinnerk Behlmer, wurde später Staatsrat der Senatskanzlei in Hamburg, der andere, Detlev Albers, selbst Professor in Bremen.[8]

Der Turnschuh-Minister

Das zweite Bild ist das der Vereidigung Joschka Fischers als hessischer Umweltminister am 12. Dezember 1985. Er sollte der erste grüne Minister in Deutschland werden, damals in einer Landesregierung. Der Aufstieg zum Bundesminister erfolgte 13 Jahre später im Herbst 1998. In die Annalen eingegangen ist das Bild aber vor allem wegen Fischers Kleidung, speziell wegen der Turnschuhe, die er damals trug. Ihretwegen erhielt er die Bezeichnung »Turnschuh-Minister« und wurde zum real gewordenen Albtraum der Konservativen, die damit ihre schlimmsten Befürchtungen erfüllt sahen. »Denn während der Vereidigung starren alle nur auf seine Schuhe. Diese knallweißen Turnschuhe. Scheinbar ein modischer Fehltritt: aber er wird Politikgeschichte schreiben damit.« So konnte man 2010 darüber in der Süddeutschen lesen.[9] Was soll's?, kann man fragen, da hat sich halt jemand nicht richtig angezogen für den Anlass, vielleicht sogar verweigert. Doch das greift zu kurz. Fischer hat sich nicht einfach nur nicht richtig angezogen, er hat das, was so nach beliebig und schnell aus dem Kleiderschrank genommen aussah, bewusst ausgewählt und zusammengestellt. Und gekauft: die schneeweißen Sneaker der Marke Nike für 149,90 DM,[10] damals eine ganze Menge Geld. Kathrin Haimerl wird 25 Jahre später in dem Artikel in der Süddeutschen darüber schreiben:

> »Fischer ist nicht nur der erste grüne Minister in Hessen, er ist auch der erste Politiker, der sich in weißen Tennisschuhen der Marke Nike vereidigen lässt. Und auch wenn es nicht so wirkt: Die Kombi ist sorgfältig zusammengestellt. Die Schuhe hat er ganz bewusst ausgesucht, er hat sie sich eigens für den Anlass besorgt. Danach trägt er sie kein einziges Mal wieder. Sie landen im Museum.«

Tatsächlich sind die Schuhe heute im Deutschen Ledermuseum / Schuhmuseum in Offenbach am Main zu sehen und erscheinen den Spezialisten dort immerhin so wichtig, dass sie sie auf der Startseite des Schuhmuseums als besondere Ausstellungsstücke nennen.[11] Die Einordnung der bekannten Begebenheit im Rückblick lässt aufhorchen:

> »Die Turnschuhe sind für ihn ein Zeichen des Widerstands, der Provokation. 1985 haben sie noch eine klare politische Botschaft. Sie sind ein Nachhall der Studenten- und Protestbewegung der 68er. Dem Muff der schwarzen Anzüge im Parlament wird der lederne Geruch des neuen Ami-Schuhs entgegengesetzt.«[12]

Der Begriff »Muff« fällt hier sicher nicht zufällig. Er stellt den Bezug her zum Muff unter den Talaren an der Hamburger Universität, die beiden Bilder stehen in einer Reihe.

Vor allem aber zeigt die Analyse eines auf: Es war eine bewusste Provokation. Keine Gleichgültigkeit in Kleidungsfragen. Und Fischer war sich dessen voll bewusst, sonst hätte er nicht teure Turnschuhe extra gekauft und dann konserviert, bis sie schließlich im Museum landeten. Wenn es aber eine Provokation war, wer sollte provoziert werden? Und wozu? Wozu dient generell eine Provokation? Und noch basaler: Was genau ist denn überhaupt eine Provokation?

Der kurze Atem der Provokation

Versucht man sich der Provokation zu nähern, macht man eine erstaunliche Feststellung: Dafür, wie allgegenwärtig sie im Alltag, aber auch in Wirtschaft und Politik ist, findet man erstaunlich wenig theoretische Untersuchungen oder Betrachtungen dazu. Was aber in diesem Fall nicht so schlimm ist, wie es zunächst scheint, denn es gibt eine wirklich gute, kluge Abhandlung über sie, die sehr viel erklärt: »Der kurze Atem der Provokation« des Soziologen Rainer Paris.[13] Paris geht es darin vor allem um die Provokation als Mittel und Prinzip von sozialen Bewegungen, um diese aber untersuchen zu können, befasst er sich im ersten Teil seiner Abhandlung mit dem Handlungsmuster, man könnte auch sagen, mit der Anatomie der Provokation. Zu diesem Zwecke stellt er zunächst fest, was eine Provokation ist:

> »Ich definiere eine Provokation als *einen absichtlich herbeigeführten überraschenden Normbruch, der den anderen in einen offenen Konflikt hineinziehen und zu einer Reaktion veranlassen soll, die ihn, zumal in den Augen Dritter, moralisch diskreditiert und entlarvt.*«[14]

Paris sieht in dieser Definition fünf bestimmende Elemente für die Provokation: Normbruch, Überraschung, Konfliktorientierung, Reaktion des Provozierten (später auch Dritter) und schließlich Entlarvung.

Paris' Grundidee ist, dass ein gewöhnlich Schwächerer einen Stärkeren durch eine gezielte Handlung, die den Stärkeren angreift, den Normbruch, überrascht und ihn dazu bewegt, seinerseits unüberlegt darauf zu reagieren, sich dabei moralisch zu diskreditieren. So soll er sich selbst entlarven, sein wahres Gesicht zeigen. Für Paris' Verständnis von Provokation sind somit der Angriff auf eine Person (oder Personengruppe, zum Beispiel den Staat) und dessen (Über-)Reaktion unabdingbare Bestandteile einer Provokation. Für diesen Ansatz spricht auch die Herkunft der Bezeichnung vom lateinischen provocare für hervorrufen.

Zwei Arten der Provokation

Ich bin mir nicht sicher, ob alle diese Elemente wirklich immer notwendig sind, speziell so, wie Paris sie sieht, und ob es nicht zwei unterschiedliche Arten von Provokation gibt. Das ist besonders hier im Zusammenhang mit der Höflichkeit von Bedeutung. So schreibt Paris:

»Freilich ist nicht jeder Normbruch eine Provokation, sondern nur derjenige, der einen anderen gezielt schädigt und seine Identität bedroht. Provokationen sind stets adressiert, sie enthalten immer ein Moment von Beleidigung und persönlicher Herabwürdigung, verletzen mit der situativen Norm zugleich kollektive Vorstellungen von Achtung und Respekt.«[15]

Ich glaube, es gibt auch eine Form von Provokation, die nicht einen anderen, eine andere Person angreift, sondern Regeln, unhinterfragte Üblichkeiten. Paris sieht dies auch, aber nur als Zwischenschritt auf dem Weg zum Angriff auf die Mächtigen:

»Die Legitimitätsfassade der Herrschaft soll dadurch aufgesprengt werden, dass ihre Regeln und Rituale entzaubert, ja ihre Regeln *als* Rituale entlarvt und der Lächerlichkeit preisgegeben werden. Die Störer wollen die Dritten aufstören, indem sie die Selbstinszenierung der Mächtigen stören.«[16]

Die studentische Aktion an der Universität Hamburg mit dem Spruchband »Unter den Talaren / Muff von 1000 Jahren« ist wohl ein Paradebeispiel für diesen Mechanismus ohne direkten Angriff auf eine Person. Nach dieser Aktion konnte man die Selbstdarstellung oder Selbstinszenierung der klassischen Universität nicht mehr so betrachten wie zuvor. Die Regeln, in diesem Fall die Verwendung der Talare, wurde als Ritual entlarvt. Und zugleich die gesamte Konstruktion der sogenannten Ordinarienuniversität, in der die Lehrstuhlinhaber mehr oder weniger absolute Herrscher in ihrem Bereich waren. Und man kann sagen: Es hat funktioniert. Wenige Jahre später waren die Talare in Deutschland im Gegensatz zu anderen Ländern verschwunden, man kann durchaus spekulieren, dass das mit diesem einen Bild, dieser einen Provokation zusammenhängt. Erst in den letzten Jahren kehrten sie langsam wieder zurück, aber gewissermaßen in Anführungszeichen, als Ritual erkannt und auch so eingeordnet. Und die Universitäten reformierten sich,

wurden reformiert, wenn auch nicht so drastisch wie beim Ab-
legen der Talare. Aber der Mechanismus funktionierte nur zum
Teil im Paris'schen Sinne. Denn obwohl es sich um einen deutlichen Normbruch handelte und auch die beiden hinter dem
Transparent schreitenden Rektoren mit angegriffen, lächerlich gemacht wurden, waren sie nicht das Ziel des Angriffs. Das
Ziel war keine Person, sondern eine Struktur, ein Gefüge, eine
Sammlung von Regeln und Normen. Angriffsziel des Norm-
bruchs war die Norm selbst, sie sollte vorgeführt und entlarvt
werden, um sie zu stürzen. Dass ein Ordinarius sich im Paris'schen Sinne zu einer Reaktion hat hinreißen lassen (»Sie gehören alle ins KZ«), passte genau auf den Vorwurf des Muffs
von 1000 Jahren, war aber vermutlich nicht erwartet und ist
in der historischen Betrachtung eher untergeordnet gegenüber
der Lächerlichmachung der ganzen Veranstaltung, die dann das
gesamte Machtgefüge der Universität in Frage stellte.

Paris meinte: »Der offensive Normbruch nötigt alle Beteiligten zu einer Neudefinition der Situation.«[17] Meines Erachtens
muss man aber entweder die Bedeutung von »offensiver Normbruch« erweitern oder zwei Arten von Provokation unterscheiden. Es würde funktionieren, wenn man unter offensiv nicht
nur »offensiv gegenüber demjenigen, der zu einer Reaktion verleitet werden soll« versteht, sondern auch »offensiv gegenüber
der gebrochenen Regel«, es also ausreicht, dass die Regel angegriffen wird, nicht unbedingt eine Person. Oder man unterscheidet zwei Arten von Provokation, eine mit einem »offensiven«
Normbruch, der Personen angreift und zu einer (Über-)Reak-
tion verleiten soll, und eine andere mit einem »ostentativen«
Normbruch, der keiner Reaktion von Personen bedarf, um
zu wirken, sondern direkt Normen, Regeln, Strukturen oder
Üblichkeiten angreift, entlarvt und lächerlich macht und sie
dadurch in Frage stellt oder gleich entwertet.

Sehr geehrtx Profx.

Ein, man muss fast sagen wunderschönes Beispiel für diese zweite Form von Provokation konnte man Ende 2014 in der medialen Öffentlichkeit beobachten.

Der/die Professor/in für Gender Studies und Sprachanalyse am Zentrum für Transdisziplinäre Geschlechterstudien der Humboldt-Universität zu Berlin Lann Hornscheidt veröffentlichte auf seiner/ihrer Webseite folgenden Hinweis:

> »Wenn Sie mit Profx. Lann Hornscheidt Kontakt aufnehmen wollen, achten Sie bitte darauf, geschlechtsneutrale Anreden zu verwenden.
>
> Bitte vermeiden Sie alle zweigendernden Ansprachen wie ›Herr ___‹, ›Frau ___‹, ›Lieber ___‹, oder ›Liebe ___‹.
>
> Eine mögliche Formulierung wäre dann z.B. ›Sehr geehrtx Profx. Lann Hornscheidt‹.«

Man kann zu Gender Studies stehen wie man will, aber wie jemand angesprochen werden möchte, ist deren oder dessen persönliche Entscheidung, vor allem aber ist es, wenn man sich nicht eine geschützte Anrede anmaßt, vollkommen nichtoffensiv. Es kann ein Normbruch sein – das ist es hier, die Bezeichnung »sehr geehrtx Profx.« widerspricht ausdrücklich den üblichen Etikette-Vorschriften –, aber dieser Normbruch greift niemanden an.

Dennoch gab es Reaktionen, die alle Kriterien für eine Reaktion auf gelungene Provokation erfüllen. Ein Screenshot der Webseite wurde auf Facebook über 700 Mal geteilt[18] und löste eine mediale Diskussion aus. Laut einem Text in der FAZ erhielt Lann Hornscheidt, nachdem sie den Hinweis veröffentlicht hatte, »Morddrohungen, Schlachtungsphantasien und Vergewaltigungsabsichten geschickt«.[19] Im Internet tauchte ein öffentlicher Brief an die Berliner Bildungssenatorin auf mit der Forderung, Lann Hornscheidt »mit sofortiger Wirkung von der Universität zu entfernen«. Unter anderem mit der Begründung, durch den Hinweis füge Lann Hornscheidt der Wissenschaft Schaden zu.

Auf einer anderen Facebook-Seite wurde der Screenshot der Webseite mit dem Hinweis und einem Foto von Lann Hornscheidt geteilt, versehen mit dem Kommentar »wysiwyg«.[20] Wysiwyg steht für »What you see is what you get« – Was du siehst, ist, was du bekommst, ein Ausdruck aus der Computerwelt, der für Echtbilddarstellung steht: Das Dokument sieht auf dem Computerbildschirm so aus, wie man es später, zum Beispiel dann gedruckt, in der Wirklichkeit bekommen wird. In diesem Zusammenhang drängt sich zumindest der Verdacht auf, es als sexistische Anspielung mit Reduzierung auf das Aussehen zu verstehen, so konnte man auch den Vorwurf »altherrenhaft« lesen.[21] In den Kommentaren zu dem Posting sticht inhaltlich einer heraus – glücklicherweise auch in der Zahl der Likes, die er dafür bekommen hat: »Wem hat Lann Hornscheidt eigentlich etwas getan? Wessen Freiheit wurde eingeschränkt? Finde die hier gesammelte Häme denkfaul, reaktionär und zutiefst beunruhigend.«[22] Der Kommentar bringt es, neben der sonstigen Einordnung, auf den Punkt, um den es hier geht: Lann Hornscheidt hat mit ihrem Hinweis über die erwünschte geschlechtsneutrale Ansprache keine Person angegriffen, sondern lediglich die entsprechende Sprachnorm und Etikettevorschrift. Was aber ganz offensichtlich als Provokation mehr als ausgereicht hat.

Und die Provokation, so sie als solche gedacht war, hat ihre Aufgabe aufs beste erfüllt. Selbst die hässlichen Überreaktionen in Form persönlicher Angriffe gegen Lann Hornscheidt muss man an dieser Stelle – sosehr ich diese Angriffe persönlich ablehne und verurteile – im Sinne der Sache positiv sehen: Sie entlarven ihre Urheber und damit die Haltung, die sie dazu bringt, derartige Übergriffe zu begehen. Vielleicht hat das etwas mit dem Medium zu tun, in dem sie stattfanden, dem Internet, darauf bin ich in dem Kapitel »Das Posting – Höflichkeit und neue Medien« näher eingegangen. Aber insgesamt hilft die gesamte Debatte, die Anredeformen zu hinterfragen. »Provokationen sind Initiativen des Neuaushandelns von Normalität«, schreibt Paris,[23] und so gesehen wird Hornscheidt mit ihrem Hinweis der Aufgabe einer Professur für »Gender Studies und Sprachanalyse am Zentrum für Transdisziplinäre Geschlechterstudien« mehr als gerecht. Wer, wenn nicht ein Profx. für diese Themen, sollte einen derartigen Vorstoß wagen? Und umgekehrt: Wenn das nicht zu den Aufgaben einer so definierten Professur gehört, was dann? Und es handelt sich auch keineswegs um Indoktrination oder Bevormundung. Das ist zum einen schon dadurch ausgeschlossen, dass Hornscheidt die ungewöhnliche Form nur für sich selbst erbittet oder fordert. Zum anderen aber auch durch das Wesen der Provokation, die zwar zu einem Neuaushandeln der Normalität führt, aber nur wenn jemand entsprechend (über)reagiert, was auf einen wunden Punkt schließen lässt, wie Rainer Paris in seiner Abhandlung über Provokation feststellt:

> »Solange der Mächtige fest im Sattel sitzt, können ihm Provokationen kaum etwas anhaben. Nur der bereits angeschlagene König stürzt. Ein Stachel ist nur ein Stachel und längst noch kein Speer.«[24]

Diesen Unterschied kann man auch im Vergleich der beiden Beispiele der Hamburger Studenten und Joschka Fischers erkennen. Die Provokation der Studenten mit dem Transparent »Unter den Talaren / Muff von 1000 Jahren« hat zumindest mit dazu geführt, dass die Talare abgeschafft und die Universitäten reformiert wurden. Joschka Fischer hingegen war später als Außenminister im perfekt sitzenden, oft sogar dreiteiligen Anzug mit Weste und Krawatte und schwarzen Lederschuhen zu sehen.

Ebenso wie noch später auch der erste grüne Ministerpräsident Winfried Kretschmann. Fischers Provokation gegen die Kleidungsvorschriften blieb folgenlos, offenbar waren diese Vorschriften stark genug, den Angriff zu überstehen. Warum das so ist und welche Bedeutung Kleidung für die Höflichkeit insgesamt hat, habe ich im Kapitel »Der Anzug – Höflichkeit und Mode« beleuchtet.

Notwendige Provokation?

Es bleibt allerdings die Frage, ob Höflichkeit im Sinne dieses Buches, Verhalten, in dem die Achtung vor dem Gegenüber zum Ausdruck kommt, Provokation benötigt, um sich Veränderungen anpassen zu können. Die Achtung vor dem Anderen ist als Haltung von äußeren Rahmenbedingungen, Moden, relativ unabhängig. Nur gilt das auch für das Verhalten, in dem diese Achtung zum Ausdruck kommt? Ich glaube nicht, auf jeden Fall nicht vollständig. Deshalb scheint mir die Provokation aus zwei Gründen auch für die Höflichkeit, über die wir hier sprechen, unvermeidbar oder sogar sinnvoll.

Unvermeidbar ist die Provokation, wenn man sich klarmacht, dass der Ausdruck der Achtung vor dem Gegenüber in doppelter Hinsicht eine subjektive Komponente hat. Was meine ich damit? In Hinblick auf den Ausdruck der Achtung vor dem Gegenüber ist die Höflichkeit Kommunikation, wie schon der Wortlaut der Definition nahelegt: Es wird etwas ausgedrückt. Und damit hat man es mit zwei Personen zu tun, dem Sender und dem Empfänger des Ausdrucks der Achtung. Und während die Achtung vor dem Anderen zumindest halbwegs objektiv einordenbar ist, ob sie vorhanden ist oder nicht, gilt das nicht für den Ausdruck dieser Achtung und vor allem nicht dafür, wie man diesen Ausdruck wahrnimmt und einordnet.

Mit freundlichen Grüßen

Ein gutes Beispiel ist die Grußformel im Brief. Bis vor wenigen Jahren war die klassische Grußformel »Hochachtungsvoll«. Heute ist es »Mit freundlichen Grüßen«, »Hochachtungsvoll« wird nur in Ausnahmefällen verwendet. In der Übergangszeit aber werden viele, die »Hochachtungsvoll« gewöhnt waren, »Mit freundlichen Grüßen« als Regelbruch und, weil zu vertraulich, auch als Provokation im weiteren Sinne aufgefasst haben. Jede langsame, nicht offiziell angeordnete Veränderung von Regeln wird naturgemäß in der Übergangszeit von denen, die an den alten Regeln hängen, als Regelbruch empfunden werden und, wenn die Regeln als Regeln der gegenseitigen Achtung aufgefasst werden, als Provokation, weil sie subjektiv die notwendige Achtung vermissen lassen.

An das »Mit freundlichen Grüßen« hat man sich inzwischen so weit gewöhnt, dass es vielleicht komisch klingen mag, das mit einer Provokation zu verbinden. Umgekehrt wird heute das »Hochachtungsvoll« eher als distanzierend empfunden, eine parallele Entwicklung zum »unhöflichen Sie« (siehe das Kapitel über Siezen und Duzen). Aber vermutlich sind wir momentan in einer Phase der Veränderung der Anredeformel im Brief und vor allem der E-Mail. Für die einen ist »Sehr geehrter Herr …« oder »Sehr geehrte Frau …« nach wie vor Standard, für andere überkommen, sie beginnen eher mit »Hallo Herr …« oder »Hallo Frau …«. Das erscheint insofern sinnvoll, als man außerhalb der Briefanrede oder offiziellen Begrüßungen die Wendung »sehr geehrt« nicht mehr benutzt. Würde man im Text des Briefes oder innerhalb einer Rede, die man mit »Sehr geehrte« begonnen hat, sich über eine Person als »die sehr geehrte Frau Müller« oder »den sehr geehrten Herrn Maier« äußern, klänge das ironisch. Anders als in der Anrede. Dennoch kann man immer wieder hören, dass sich jemand von der Anrede

»Hallo« fast angegriffen, provoziert fühlt. Bekannt wurde das im Verhältnis zwischen Professoren (Profx.) und Studierenden. So beschwerte sich ein Jura-Professor aus Münster – womit er ein Medienecho auslöste – auf seiner Webseite über den Ton von E-Mails: »Wir weisen höflich darauf hin, dass E-Mails, bei denen die Form nicht gewahrt ist (unsäglich: ›Hi‹, ›Hallo‹, ›Servus‹), nicht beantwortet werden.«[25] Die Bezugnahme auf die Höflichkeit (»weisen höflich darauf hin«) aufseiten des Professors ist dabei sicherlich nicht zufällig geschehen oder als Floskel aufzufassen, sondern soll vermutlich den Kontrast erhöhen und damit die genannten »unsäglichen« Anredeformen als unhöflich bloßstellen.

Der Bonner Linguist Jan Seifert untersuchte die Sprache studentischer E-Mails[26] und stellte fest, dass es sich offenbar um einen Übergang handelt: »Anhand studentischer E-Mails lässt sich hervorragend der Erwerb einer neuen Kommunikationsstufe studieren« erklärte er.[27] In einem Artikel in der Zeit über die sprachwissenschaftliche Untersuchung wurde dann dezidiert darauf hingewiesen, dass das Problem aus den unterschiedlichen Üblichkeiten und damit Auffassungen von Höflichkeit entsteht:

> »Was Seiferts Kollegen als grobe Verletzung jeglicher Höflichkeitsregeln empfinden, wertet der Sprachwissenschaftler als schlichte Unkenntnis sprachlicher Normen.« Ein Student habe »auf den umgangssprachlichen Duktus zurückgegriffen, der ihm aus dem Mailkontakt mit Freunden gebräuchlich war«.[28]

Ich persönlich bevorzuge zwar die Anrede »Sehr geehrte/r« in E-Mails mit Menschen, die ich nicht kenne, aber dass ich das bevorzuge, wurde mir erst klar, nachdem ich mit dem »Hallo« konfrontiert wurde und es dann selbst mehrfach verwendet hatte. Danach wusste ich, was mir richtig erscheint, und ich verwende die beiden Formen nun gezielt und bewusst. Es wurde, wie Rainer Paris es in seinem Text über die Provokation formulierte, die Normalität neu ausgehandelt und die zumindest aus meiner Sicht angebrachte Formulierung »Sehr geehrte/r« wurde durch den Stachel des »Hallo« nicht gestürzt.

Wenn's der Wahrheitsfindung dient

Wenn schon kein Sturz, aber doch eine nachhaltige Veränderung wird einer sehr bekannten Provokation zugeschrieben, bezeichnenderweise wieder aus dem Bereich der 68er Studentenunruhen: Fritz Teufels bekannter Satz »Wenn's der Wahrheitsfindung dient«. Teufel war im Zusammenhang mit den Unruhen um den Besuch des Schahs von Persien in Berlin am 2. Juni 1967 verhaftet worden wegen des Vorwurfs, einen Stein auf einen Polizisten geworfen zu haben. Am selben Tag, an dem auch der Polizist – und, wie sich viel später herausstellte, Stasi-Mitarbeiter – Karl-Heinz Kurras den Studenten Benno Ohnesorg erschossen hatte.

Im November begann der Prozess gegen Teufel, in dem dieser sich immer wieder Wortgefechte mit Staatsanwaltschaft und dem Vorsitzenden Richter lieferte. Als etwa die Widersprüche der Anklage und deren Zeugen immer offensichtlicher wurden, forderte Teufel am dritten Verhandlungstag den Staatsanwalt auf: »Sie haben die Chance, vom Kurs der Rechtsbrechung zum Kurs der Rechtsprechung überzugehen«, was das Gericht mit vier Tagen Ordnungshaft gegen den ohnehin seit Juni in Untersuchungshaft sitzenden Teufel ahndete. Am zweiten Verhandlungstag aber, am 29. November 1967, sprach Teufel den Satz, der ihn berühmt machen und Rechtsgeschichte schreiben sollte. Als an diesem Tag der Vorsitzende Richter den Sitzungssaal betritt, stehen wie üblich alle im Raum auf. Fritz Teufel, der gerade Zeitung liest, bleibt sitzen, und der Vorsitzende fordert ihn auf, sich ebenfalls zu erheben, worauf Teufel (auf einen spontanen Einfall hin, wie er später angab), während er aufsteht, sagt: »Na ja, wenn's der Wahrheitsfindung dient.« Die Szene und der Satz schafften es an diesem Abend in die Tagesschau.[29]

Die Wirkung war gewaltig und hat nach Ansicht von Experten das Rechtswesen in Deutschland verändert. Der Berliner Rechtshistoriker Uwe Wesel schrieb später über diese Szene und Teufel:

> »Damit wurde er berühmt und hat deutsche Rechtsgeschichte geschrieben. Die Bundesrepublik lachte, und es war ein befreiendes Lachen, nämlich eine Befreiung vom autoritären Ton in den Sälen unserer Justiz. Seitdem hat er sich geändert. So genannte Justizreformer [...] hatten schon vorher begonnen mit kritischen Schriften über diese Haltung der Justiz, aber nicht annähernd dieselbe Wirkung erzielt wie dieser eine Satz und sein Siegeszug durch die deutsche Öffentlichkeit.«[30]

Warum hat es dieser kleine Satz eines Angeklagten in einer politisch höchst aufgeladenen Situation geschafft, eine derartige Wirkung zu erzielen? Der Satz spielt damit, dass Aufgabe des Gerichts in der Verhandlung eigentlich sein sollte, die Wahrheit zu finden, auf deren Grundlage es dann Recht spricht. Angeblich hatte auch der Vorsitzende Richter Teufel bei längeren Ausführungen ermahnt, er solle sich auf das beschränken, was der Wahrheitsfindung dient.

Ich glaube, seine Wirkung beruhte neben seiner Pointierung und seinem Witz auf zwei Gründen. Er traf einen wunden Punkt: die Tradierung autoritärer Strukturen über ihre Zeit hinaus, was in einem konservativen Bereich wie dem Recht und der Justiz, die auch keine echte Zäsur nach dem Ende des Nationalsozialismus erlebt hatten, gut möglich gewesen war. Vor allem aber deckte der Satz mindestens eine Kluft, eher schon einen Widerspruch auf: den Widerspruch zwischen den Konventionen im Gerichtssaal, der Ehrerbietung, die dem Gericht aus vordemokratischen Traditionen heraus entgegengebracht wurde, und dessen eigentlicher Aufgabe und Stellung als Organ einer demokratischen Gesellschaft. Das alles spitzt sich zu in der Frage, wie dem Vorsitzenden zu begegnen ist. Muss man ihm besonderen Respekt vor dem Amt als solchem zollen? Oder aber den Respekt, der ihm als Person, als Mensch gebührt und seiner Aufgabe, die im Saal während der Verhandlung dann einen Schwerpunkt in der Wahrheitsfindung hat? Der Respekt als Mensch ist nicht einseitig, ginge es um den, müsste sich der Vorsitzende ebenso erheben, wenn andere Prozessbeteiligte den Saal betreten, auch der Angeklagte. Geht es aber um den Respekt vor seiner Aufgabe, dann muss sich die Form, in der er gezollt wird, daran messen lassen, eben an der Frage, ob sie der Wahrheitsfindung dient. Alles andere wäre dann eine ungerechtfertigte Forderung, und das konnte die Provokation mit dem scharfen Schwert des Humors entlarven.

Die Zopfschere

Aus dieser Überlegung heraus, dass die Provokation zumindest subjektiv gesehen unvermeidbar bei und für Veränderungen ist, ist sie an dieser Stelle auch sinnvoll. Sinnvoll in ihrer Funktion als Korrektiv. In gesellschaftlicher Hinsicht wird der schwache, ohnehin schon angeschlagene Herrscher durch die Provokation tatsächlich bedroht. In Hinblick auf die Höflichkeit ist es das sinnentleerte überkommene Handeln, das durch den ostentativen Normbruch oder die echte Provokation, den offensiven Normbruch, bloßgestellt und dadurch zur Überprüfung gebracht wird. Die Provokation ist dann so etwas wie die Spezialschere für alte Benimm-Zöpfe oder, härter ausgedrückt, der Aasfresser der Konvention. Sie beseitigt die faulen, abgestorbenen Regeln, die nicht mehr wirklich leben. Ohne sinnvolle lebendige Regeln zu bedrohen. Auch hier könnte man die Grußformel im Brief heranziehen, denn der Übergang von

»Hochachtungsvoll« zu »Mit freundlichen Grüßen« ist ja nur der jüngste einer ganzen Reihe. Bevor »Hochachtungsvoll« die Standardgrußformel wurde, galt etwa »mit dem Ausdruck vorzüglichster Hochachtung« als angemessen. Heute nicht mehr. Der Linguist Harald Weinrich zitiert in seinem Essay »Lügt man im Deutschen, wenn man höflich ist?« einen Brief an Goethe aus dem Jahr 1800, der mit der Formel endet »Ew. Hochwohlgeb: Excellenz / unterthäniger Diener«.[31] Auch das ist heute nicht mehr wirklich üblich, selbst gegenüber einem hochrangigen Dichter. Ich wage zu behaupten, all diese Veränderungen wären ohne ein mehr oder weniger gezieltes Brechen der alten Form nicht möglich gewesen. Noch mehr gilt diese sicherlich im Bereich von Kleidungsvorschriften, denen aber – über Joschka Fischers ministral-museale Turnschuhe hinausgehend – ein eigenes Kapitel (S. 60 ff.) gewidmet ist.

DER TANZSCHRITT
Höflichkeit und Takt

Nach dieser kleinen Reise durch die Welt der Höflichkeit ist es Zeit, ein Resümee zu ziehen.

Dass die Höflichkeit, sei sie nun eine Tugend oder nicht, einen Wert hat, steht meines Erachtens nach diesen Überlegungen außer Frage. Dass sie, so wie sie häufig praktiziert wird, ihre Schwächen hat, ebenso. Der Wert der Etikette scheint bezogen auf das Gegenüber schon fragwürdiger. Aber auch sie hat, wenn sie nicht nur der Selbstdarstellung dient, Vorzüge, vor allem in der Hektik des Alltags. Nur wie wendet man diese Erkenntnisse nun in der Praxis an?

Am Ende dieses Buches ist hoffentlich der Grundsatz klargeworden: Höflichkeit ist ein Verhalten, in dem die Achtung für das Gegenüber zum Ausdruck kommt. Das muss keine Hochachtung sein, sondern Achtung. Die Achtung als Mensch. Sie liegt tatsächlich relativ nahe an der Beachtung. Ohne Beachtung keine Achtung. Erkennbar an einem der Klassiker der Höflichkeit, dem Aufhalten der Türe: Zunächst muss man überhaupt bemerken, dass jemand da ist, womöglich hinter einem geht, dem man die Türe aufhalten kann oder möchte. Und diese Beachtung, dass man den Anderen bemerkt hat, drückt man unter anderem in der Geste des Aufhaltens aus.

Die Fehler der Etikette

Am Anfang des Buches bei der Abgrenzung der Höflichkeit von der Etikette waren wir der oder dem perfekt Gekleideten begegnet und hatten festgestellt, dass diese perfekte Einhaltung der Etikette vor allem ihrem Verwender dient. Er steht glänzend da. Eine der Schwächen der Etikette. Man ist aber auch ein wenig zurückgestoßen von jemandem, der zu perfekt gekleidet ist. Die Oberfläche ist zu glatt. Oder, wie der Philosoph und Anthropologe Helmuth Plessner formulierte:

>»Nun erleichtert eine Etikette des Salons die Bewältigung dieser Probleme, in dem sie wenigstens den faux pas unwahrscheinlich macht. Kommt jedoch nicht der sichere Takt hinzu, der jeden Menschen auf individuelle Weise zu nehmen und gewissermaßen im Dunkeln seinen Weg zu finden weiß, so hat man das öde Salonlöwentum, jenen wie geschmiert gehenden Formalismus von Tadellosigkeit und Unterhaltung, mit dem die Menschen des kleinen Formates Leute gleichen Schlages zu bluffen pflegen.«[1]

Im Grunde gilt das auch für die Höflichkeit. Der oder die perfekt Höfliche stößt ab. Man erkennt keinen Menschen mehr hinter der Fassade oder Maske der Höflichkeit, prallt an ihr ab. Dieser Schutz ist eine der Aufgaben der Höflichkeit, wenn sie zu perfekt wird, geht sie allerdings in ihrem Grad der Abwehr in Gewalt über. Die Höflichkeit wird zur Abwehrwaffe. Das Gegenüber ist auch hinter dieser Wand nicht mehr zu erreichen. Wenn sich die Höflichkeit auch auf die Art und Weise des Gesprächs erstreckt, ist manchmal kein Gespräch mehr möglich. Die Gedanken des Gegenübers lassen sich, wenn überhaupt, nur erahnen, manchmal kann man sie nur mehr erraten.

Ich muss zugeben, dass ich gelegentlich, wenn es um etwas anderes als Smalltalk ging, in derartigen Fällen schon sehr direkt die Höflichkeit unterbrochen habe, um einen sinnvollen Gedankenaustausch statt eines Floskelaustauschs zu erreichen. Ich habe, um beim Bild zu bleiben, die Wand der Höflichkeit durchschlagen oder dem Gegenüber das Florett, mit dem er alles abwehrte, was ihm zu nahe kam, aus der Hand geschlagen. Was zugegebenermaßen dann manchmal grob wirkte, besonders wenn ich dabei in Extremfällen auch laut geworden bin. Meist genügt aber eine klar direkt formulierte und intonierte Aufforderung. Etwa im Sinne von: »Ich schätze Ihre Komplimente sehr, aber lassen Sie uns doch bitte jetzt einfach mal zur Sache kommen.« Oder: »Sag mir jetzt bitte klar und deutlich, was dir persönlich lieber wäre.« Interessanterweise tut das erfahrungsgemäß, auch wenn das Gegenüber zunächst manchmal etwas perplex reagiert, dem Gespräch keinen Abbruch. Im Gegenteil, meist gelangt man damit auf eine neue, bessere Ebene.

Sprezzatura

Eine andere Möglichkeit oder zumindest ein Versuch, der Glätte der perfekten Etikette zu entgehen, ist die sogenannte Sprezzatura. Sie stammt aus dem bekanntesten Benimmbuch der Renaissance, dem *Hofmann* von Baldassare Castiglione. Dort findet man sie so beschrieben:

> »Ich habe (…) eine Regel gefunden, die mir allgemein gültig zu sein scheint bei allen menschlichen Taten und Reden: man muss jede Ziererei gleich einer spitzigen und gefährlichen Klippe vermeiden und, um eine neue Wendung zu gebrauchen, eine gewisse Sprezzatura (Nachlässigkeit) zur Schau tragen, die die angewandte Mühe verbirgt und alles, was man tut und spricht, ohne die geringste Kunst und gleichsam absichtslos hervorgebracht erscheinen lässt.«[2]

Das *Oxford English Dictionary* erkennt »Sprezzatura« als Wort im englischen Sprachgebrauch an und definiert sie mit einem Oxymoron[3] als »studied carelessness«[4] – absichtliche Nachlässigkeit. Eigentlich eine schöne Idee, die Perfektion, die unnatürlich wirkt, zu brechen, eben mit einer kleinen Nachlässigkeit. Geht es um Kleidung, würde der Krawattenknoten nicht vollkommen symmetrisch sein, die Schuhe zwar sauber, aber nicht glänzend wie frisch aus dem Karton. Alles sollte so aussehen, als hätte man sich keine besonderen Mühen gemacht, als wäre es ganz selbstverständlich so gut, nahezu perfekt. Aber eben nahezu. Ästhetisch sicher ein Gewinn, weshalb man die Idee der Sprezzatura auch in der Kunst findet.[5] Aber nicht nur dort, auch im Umgang findet man das Zwanglose angenehmer. Zudem ist tatsächlich der, der die Eleganz wie selbstverständlich trägt, schöner und am Ende auch eleganter als der, dem man die Mühen dafür ansieht. Dieser Eindruck der Selbstverständlichkeit ist es, den Castiglione anstrebt und empfiehlt. Nur wenn man dann liest, warum und wie dieser Eindruck erreicht werden soll, wird die Sprezzatura fast noch künstlicher als die originale Künstlichkeit:

> »Davon leitet sich, glaube ich, am meisten die Anmut ab; denn jedermann kennt genau die Schwierigkeit, die oft bei seltenen und wohl durchgeführten Handlungen zu besiegen gewesen ist, und so wird diese Leichtigkeit die allergrößte Bewunderung erzeugen, während deren Gegenteil, das Herbeiziehn bei den Haaren, wie man sich auszudrücken pflegt, jedes Ding minderwertig erscheinen lässt, so wichtig es auch sei. Daher kann man sagen, dort sei die wahre Kunst, wo man die Kunst nicht sieht, so dass es die Hauptsorge sein muss, sie zu verbergen; kommt sie zutage, ist alles Vertrauen verloren und der Mann verachtet.«[6]

So angenehm und schön ein Mensch sein mag, der die Sprezzatura beherrscht, am Ende fühlt man sich irgendwie getäuscht.

Wie in einem gemütlichen, vermeintlich urtümlichen Restaurant, in dem man irgendwann bemerkt, dass es ein Neubau ist, die historische Ausstattung Dekoration, das Servicepersonal alles per WLAN ordert, die Getränke aus der elektronisch gesteuerten Zapfanlage kommen und man sich selbst nicht als Gast, sondern als auf eine Abrechnungsnummer gebucht fühlt. Und auch hier gilt wieder, obiges Zitat von Castiglione belegt es fast wörtlich: Auch die Sprezzatura dient wie die Etikette vor allem dem, der sie beherrscht, nicht dem Gegenüber.

Das Ethos der Grazie

Was dann? Es ist sicher kein Zufall, dass es ein Philosoph, Soziologe und Anthropologe war, der meines Erachtens diese Problematik am treffendsten beschrieben und auch eine Lösung präsentiert hat: der schon genannte Helmuth Plessner. Es geht eben um Grundsätze – daher der Philosoph –, die Beobachtung und Beschreibung der Gesellschaft – daher der Soziologe – und das Wesen des Menschen – daher der Anthropologe. Plessner hat für die Problematik zwei Bilder gewählt oder geschaffen: das Tänzerische und das Ethos der Grazie. Ich lasse ihn, der in diesem Kapitel aus guten Gründen häufiger auftaucht, hier etwas länger zu Wort kommen:

> »Nicht für jede Kollision und Konstellation ist ein ideales Verhalten vorbildlich festgelegt. Hier heißt es, sich weiterhelfen und die Situation meistern. Hier gibt es kein stabiles Gleichgewicht des Lebens mehr, das Verhalten ist weder bluthaft noch werthaft verankert, hier herrscht labiles Gleichgewicht, hier gilt tänzerischer Geist, das Ethos der Grazie.
> (...) Und wir kennen auch diesen tänzerischen Geist, dieses Ethos der Grazie: das gesellschaftliche Benehmen, die Beherrschung nicht nur der geschriebenen und gesatzten Konvention, die virtuose Handhabung der Spielformen, mit denen sich die

Menschen nahe kommen, ohne sich zu treffen, mit denen sie sich voneinander entfernen, ohne sich durch Gleichgültigkeit zu verletzen.«[7]

Die Queen und Gauck – der Tanz der Staatsoberhäupter

Wie zeigt sich nun dieser tänzerische Geist? Man konnte ihn bei einem schönen Tanz – im übertragenen Sinne – der englischen Queen Elisabeth II. mit dem deutschen Bundespräsidenten Joachim Gauck beim Staatsbesuch der Queen 2015 in Deutschland beobachten.

Es ging um die Gastgeschenke, die Szene erregte medial große Aufmerksamkeit. Der Bundespräsident präsentierte der Queen beim Empfang in Schloss Bellevue unter anderem ein Gemälde, das eine deutsche Künstlerin speziell für den Anlass gemalt hatte. Es war einem Foto aus den 30er Jahren nachempfunden: die Queen als vierjähriges Mädchen auf ihrem ersten Pferd, einem Shetlandpony, das ihr Vater, der spätere König Georg VI., hält. Die Künstlerin hatte für das Pony die Farbe blau gewählt, eine royale Farbe mit Anleihen bei Franz Marc, wie sie später in Interviews sagte,[8] für das Sakko des Vaters ein leuchtendes Gelb.

Die Reaktion der Queen auf das Bild ließe sich in einem Satz zusammenfassen: The Queen was not amused. Die Art und Weise, wie es ablief, war jedoch wunderbar zu verfolgen, ein Tanz eben, bei dem man unterschiedlicher Meinung sein kann, wer der bessere Tänzer war.

Der Bundespräsident stellt der Queen das Bild als »Blue horse« vor, worauf die Queen das Gemälde betrachtet und schließlich entgegnet: »It's a strange colour for a horse.« Die Runde lacht, und Gauck setzt an, etwas zu sagen. Aber die Queen hakt nach: »And that is supposed to be my father?« Gauck antwortet knapp und eher gut gelaunt: »Yeah!« Prinz

Philipp, der ein wenig abseits gestanden und fast schon auffällig lange ein anderes Gastgeschenk, eine alte Landkarte, inspiziert hatte, schaltet sich ein: »Don't you recognise him?«, fragt er seine Gattin. Die entgegnet mit stiff upper lip: »No, not quite.«

Schließlich übernimmt Bundespräsident Gauck wieder die Führung, lacht und verweist mit einer legeren Geste und einem souveränen Satz auf das nächste Geschenk: »And if you don't like it, get this Marzipan.« Woraufhin die Queen und Prinz Philip mit deutlich mehr Wohlwollen eine große Marzipantorte betrachten, von Gauck erläutert als Spezialität aus Lübeck.[9]

Die britische Presse bezeichnete den Austausch als »awkward«, ein Wort, das schwer zu übersetzen ist, eine Mischung aus unbeholfen, peinlich und unangenehm, und die Queen als »unimpressed«,[10] unbeeindruckt. In einem Boulevardblatt war sogar von »insult« die Rede, also einer Beleidigung der Queen: »Germans insult Queen with state ›portrait‹ which looks like work of a five-year-old.«[11] In einem Artikel einer konservativen deutschen Zeitung konnte man daraufhin lesen, dass die Briten und vor allem die Königin »bis an die Schmerzgrenze höflich« seien und sich ungern in einer Situation wiederfänden, »in der sie ihren Gastgeber und sich selbst Blöße geben müssen«. Während Bundespräsident Gauck »typisch deutsch« versucht habe, die unangenehme Situation »mit einem lockeren Spruch aufzulösen«.[12]

Dieser Einschätzung kann ich so nicht zustimmen. Meines Erachtens sah man einen Tanz, bei dem allerdings die Queen nur dann die beste Figur abgegeben hat, wenn man ihr einen Altersbonus gibt und sie vor allem nach dem Unterhaltungswert beurteilt. Wenn ihr das Bild nicht gefallen hat, war allerdings die Bemerkung »It's a strange colour for a horse« zunächst eine relativ elegante Wendung, um das auszudrücken, ohne allzu direkt zu werden. Obwohl es sicherlich noch feinere Nuancen gegeben hätte. Aber vielleicht steht es der 89-jährigen

Herrscherin nach über 60 Jahren auf dem Thron eines früheren Weltreichs zu, ihr Missfallen klar zu erkennen zu geben, wenn man sie zum Empfang in einem anderen Land mit einem durchaus eigenwilligen Gemälde ihrer selbst konfrontiert. Nur war danach eigentlich schon alles gesagt: The Queen was not amused. Bildlich gesprochen hat sie auf den Schritt Gaucks mit dem Gemälde, bei dem sie vielleicht den Eindruck hatte, es würde ihr zu nahe kommen, ihr fast auf die Füße treten, mit einem kleinen, aber deutlichen Gegenschritt reagiert. Offenbar war ihr der aber nicht genug. Es hat ihrer Majestät gefallen, ihr Missfallen noch deutlicher zum Ausdruck zu bringen und vor allem auf dem Thema zu beharren. Obwohl die Situation günstig war, nach der ersten Unmutsäußerung den weiteren Unmut durch Abwendung und ostentativ deutlichere Zuwendung zu den anderen Geschenken erkennen zu lassen. Sie hätte einen Seitwärtsschritt machen können, so wie ihn auch Gauck in diesem Moment versuchte. Sie zog es jedoch vor, mehrere weitere deutliche Schritte in die gleiche Richtung zu unternehmen, bei denen es auch Elisabeths Ehemann Prinz Philip nicht gelang, sie durch zarte Intervention von der Seite zu unterbrechen. Am Ende war es dann der im royalen Umgang wesentlich unerfahrenere Gauck, der einfach einen Gang hochschaltete, eine Nuance direkter wurde und die Situation auflöste. Nicht ohne eine gewisse Ironie, die fein verteilt war. Überwiegend zu Lasten seiner selbst, indem er frei zugab, dass sein Geschenk eines ist, das einem auch nicht gefallen kann. Dazu ganz neutral, dass das aber auch nicht so wichtig sei, weil es ja noch andere Geschenke gebe. Begleitet von einer Handbewegung, die das unterstreicht. Daneben aber auch mit einer kleinen Spitze gegen den Gast, die ihr Missfallen so überdeutlich zum Ausdruck gebracht hat – eben auch vor dem Hintergrund, dass man alldem doch keine so große Bedeutung zumessen müsse. Man spürte eine Direktheit bei Gauck im Vergleich zur Queen, die mit seiner persönlichen Art zusammenhängen könnte, seiner politischen Biographie, seiner erlernten Profession als Pastor, seiner geringeren Geübtheit auf diplomatischen Parkett oder schlicht der Tatsache, dass ein Republikaner, der für Freiheit gekämpft hat, nur bis zu einem gewissem Grade bereit ist, ein königliches Spiel mitzuspielen.

Am Ende hat man dennoch einen wunderschönen Tanz gesehen, gerade auch deshalb, weil er nicht reibungslos verlaufen war wie eine einstudierte Tanzaufführung, die Beteiligten ihn aber dennoch durch Ausweichschritte, Änderungen der Geschwindigkeit und wechselseitige Reaktionen aufeinander ohne größere Kollisionen absolviert haben. Er war auch nicht ohne Spitzen, die Beteiligten haben alle ihre Meinungen zum Ausdruck gebracht, mehr oder weniger deutlich, aber am Ende ist niemand einem oder einer anderen heftiger auf die Füße getreten. Auch wenn sich die Schuhe ein paarmal erkennbar berührten. Wenn man sie genau betrachtet, dürften die Schuhe danach leichte Trittspuren aufgewiesen haben. Aber nichts, was sich nicht leicht wieder abwischen ließe.

Der Takt

Von diesen tänzerischen Betrachtungen ist es nur noch ein kleiner Schritt hin zu einem Begriff, den man in diesem Bereich oft hört: Takt oder Taktgefühl. Wie so viele Begriffe oder Bezeichnungen scheint auch er etwas unscharf, schwer zu fassen und mit einer ganzen Reihe von unterschiedlichen Definitionen belegt. Unternimmt man einen Rundgang durch Literatur und Wörterbücher, findet man »Feingefühl (im Umgang mit anderen Menschen)«,[13] »das innerliche feine gefühl für das rechte und schickliche, ein feines und richtiges urtheil«,[14] »Gefühl für richtiges Verhalten, Einfühlungsvermögen und entsprechende Handlungsweise, Zartgefühl«.[15] Der Pädagoge Jakob Muth zitiert in seinem Buch über Takt in der Pädagogik zwei Wörterbücher mit »Feingefühl« und »Zurückhaltung«[16] und führt diese beiden Merkmale des Takts weiter aus:

> »Jenes *Feingefühl*, das den Taktvollen auszeichnet, ist ein Gefühl für das Du, für den Mitmenschen, für die Eigenart und das Eigenrecht des anderen Menschen, ist ein Respekt vor der letzten Unnahbarkeit des anderen.«
>
> »Und die *Zurückhaltung*, die der taktvolle Mensch im Umgang mit den anderen Menschen übt, ist, so paradox das auch klingen mag, von Übereinstimmung umgriffen, denn der Taktvolle hält sich um des andern willen zurück.«[17]

Das »Feingefühl«, das sich in fast allen Definitionen fand, benötigt meines Erachtens eine Ergänzung oder Konkretisierung. Takt wird sehr oft mit »Gefühl« verbunden, wie auch das fast synonym verwendete »Taktgefühl« zeigt. Das aber könnte irreleiten, denn dabei handelt es sich nicht um Gefühl im Sinne von Emotion, sondern im Sinne von fühlen, tasten, spüren. Wenn Muth bei Takt und dem Feingefühl vom »Gefühl für das Du« spricht, bedeutet das nicht, dass man den Andern mögen muss, sondern ihn und seine Besonderheiten erspüren, es geht um die »feinsinnige« Wahrnehmung des Anderen. Aber auch der jeweiligen Situation, die Abkehr also von Standardregeln, die zwar im Allgemeinen richtig und sinnvoll sein können, in der speziellen Situation aber nicht.

Deshalb erfordert der Takt mehr als alles andere die Beachtung des Gegenübers und der Umstände, wie Plessner ausführt:

> »Takt bedeutet Erkundung nicht unmittelbar gegebener, weil sorgfältig den Blick der Welt verborgener Eigenschaften, die Fernfühlung, Ferntastung unmerklicher, aber aufschlussreicher Dinge im dauernden Umschwung der Lagen des sozialen Milieus, die Witterung für den anderen Menschen und zugleich die Fähigkeit, es ihn nicht merken zu lassen, die Gedämpftheit im Ausdruck.«[18]

Plessner geht darin aber am Ende auch auf das zweite immer wieder genannte wichtige Merkmal des Takts ein: die Zurückhaltung, die Gedämpftheit im Ausdruck, wie er es nennt, das Sich-zurück-Nehmen. Vor allem aber nennt Plessner dort auch einen ganz praktischen Aspekt dieses Merkmals: »zugleich die Fähigkeit, es ihn [den anderen Menschen] nicht merken zu lassen«. Auf diesen Aspekt werde ich später noch einmal explizit zurückkommen.

Bewegung und Reaktion

Nun steht die Feinsinnigkeit, die Fähigkeit und Bereitschaft, den Anderen und die jeweilige Situation zu erspüren, nicht als Selbstzweck. Sie soll ja nicht in erster Linie das Wissen des Feinsinnigen mehren, sondern ihm ermöglichen, taktvoll zu reagieren. Und damit wäre man bei einem weiteren zentralen Punkt des Takts, der an seinen Wortursprung anknüpft, aber auch an Plessners Bild vom tänzerischen Geist: die Bewegung. Takt zeichnet sich – im Gegensatz zur festgelegten Konvention und Etikette – durch seine Beweglichkeit aus. Durch seine individuelle Reaktion auf das Gegenüber. Wobei diese beiden miteinander verbunden sind und in Wechselwirkung stehen. Weil das Gegenüber auch ein Individuum mit seinen individuellen Eigenheiten ist, das zudem selbst auch handelt, sich also bewegt, muss der Takt, wenn er auf das Gegenüber reagieren will, flexibel sein. Sogar doppelt: Er muss sich dem Individuum anpassen und dessen Bewegungen.

Zur Dialektik des Takts

Auch Theodor W. Adorno widmet in seinen *Minima Moralia* eine Reflexion dem Takt und betrachtet ihn, wenig überraschend, dialektisch – aber auch kritisch. Adorno versteht unter

Takt die absichtliche Abweichung von Konventionen: »Takt ist eine Differenzbestimmung. Er besteht in wissenden Abweichungen.« Taktvoll handelt ihm zufolge nur, wer damit gegen Konventionen, in diesem Fall die Etikette oder mehr oder weniger klar festgelegte Regeln der Höflichkeit verstößt.

Die Dialektik des Taktes sieht Adorno im Gegensatz zwischen der allgemein geltenden Konvention auf der einen Seite und der Freiheit des Einzelnen auf der anderen.

> »Die Leistung des Takts war vielmehr so paradox wie sein geschichtlicher Standort. Sie verlangte die eigentlich unmögliche Versöhnung zwischen dem unbestätigten Anspruch der Konvention und dem ungebärdigen des Individuums.«

Dazu muss, so meint Adorno, die Konvention noch bestehen: »Voraussetzung des Takts ist die in sich gebrochene und doch noch gegenwärtige Konvention.« Im Grunde ein negativer Takt, er ist weniger als die Konvention, also Höflichkeit oder Etikette. Mit negativen Folgen, wie Adorno meint, denn wenn der Takt nichts habe, von dem er abweichen, differieren könne, würde er das Individuum verfehlen und ihm Unrecht antun:

> »Die Frage nach dem Befinden, nicht länger von Erziehung geboten und erwartet, wird zum Ausforschen oder zur Verletzung; das Schweigen über empfindliche Gegenstände zur leeren Gleichgültigkeit, sobald keine Regel mehr angibt, worüber zu reden sei und worüber nicht.« [19]

Ich bin mir nicht sicher, ob ich Adorno da zustimmen kann. Ich glaube, er tut dem Takt unrecht, wenn er ihn auf die Abweichung von der Konvention reduziert. Das mag einerseits seinem Wunsch geschuldet sein, eine Dialektik des Takts darzulegen, zu der er eben einen Gegenpol benötigt. Vor allem aber glaube ich, dass man Adornos Gedanken vor dem Hintergrund der Zeit sehen muss. Die *Minima Moralia* erschienen 1951, das Manuskript lag schon 1946 vor. [20] Auf jeden Fall in einer Zeit, in der die Konventionen auf dem Feld des Benehmens deutlich stärker waren, als sie es heute sind. Adorno spricht davon, wie unmöglich das Zusammenleben der Menschen unter den damaligen Verhältnissen geworden sei. Was wäre dann heute? Könnte es heute überhaupt noch Takt geben, wenn die Konventionen weiter verschwunden sind? Sogar jene Konventionen, die es damals noch gegeben hat, die aber Adorno schon nur mehr als »Parodie der Formen, einer willkürlich ausgedachten oder erinnerten Etikette für Ignoranten« sah, neben einer »blinde[n] Konformität der Autofahrer und Radiohörer«?

Ich glaube, man darf den Takt, zumindest heute, nicht ausschließlich negativ definieren, wie es Adorno in seiner negativen Moralphilosophie getan hat: als »Differenzbestimmung«. Vielleicht hat es eines weitergehenden Untergangs der Konventionen bedurft als desjenigen, den Adorno schon beklagte, um dem Takt zu einer eigenständigen, dann positiven Beschreibung zu verhelfen. Das mag nun mathematisch nicht korrekt sein, aber wenn das, wovon man etwas abzieht, fast oder gar nicht mehr da ist, erstarkt das, was man vorher nur abgezogen hat, zu eigener Größe oder Kraft. Und so, mit eigener Größe und Kraft, sehe ich den Takt heute.

Pardon, Monsieur!

Eine sehr schöne Erklärung des Taktes samt Abgrenzung von der Höflichkeit liefert der slowenische Philosoph Slavoj Žižck. Er beruft sich dabei auf eine Szene aus einem Film von François Truffaut, »Baisers volés«, »Geraubte Küsse«:[21]

> »In dem Film *Baisers volés [Geraubte Küsse]* erklärt Delphine Seyrig ihrem jungen Liebhaber den Unterschied zwischen Höflichkeit und Takt: ›Stell dir vor, du betrittst versehentlich ein Badezimmer, in dem eine Frau nackt unter der Dusche steht. Die Höflichkeit erfordert, dass du schnell die Türe schließt und ›Pardon,

Madame!' sagst, während taktvoll wäre, die Türe schnell zu schließen und zu sagen: ‚Pardon, Monsieur!'‹ Nur im zweiten Fall, indem man vorgibt, nicht genug gesehen zu haben, um überhaupt das Geschlecht der Person unter der Dusche feststellen zu können, zeigt man wahren Takt.«[22]

Die Szene überzeugt auf Anhieb. Und sie zeigt vor allem, dass Takt eben kein Minus zur Konvention, keine Differenzbestimmung im Sinne Adornos ist, auch nicht zur Höflichkeit. Die Idee, »Monsieur« zu sagen, um vorzugeben, man habe nichts gesehen, ist kein Minus zur Konvention, sich zu entschuldigen. Dieses taktvolle Verhalten ist eben gerade *mehr*, als sich nur zu entschuldigen. Der Takt ist eigenständiger Maßstab des Verhaltens. Man kann an dieser Stelle überlegen, ob es sich wirklich um Takt handelt oder lediglich um eine höhere Form der Höflichkeit. Speziell wenn man sich überlegt, dass das »Pardon, Monsieur« wesentlich besser das Gesicht der Dame unter der Dusche wahrt, aber auch das desjenigen, der ins Badezimmer platzt. Aber vielleicht muss man diese Frage gar nicht beantworten und kann feststellen, dass Takt vielleicht einfach allgemein eine höhere Form der Höflichkeit darstellt. Das kann gut sein, wenn man unter Höflichkeit eben nicht Konvention und Etikette versteht, sondern mit Plessner darunter den tänzerischen Geist, das Ethos der Grazie. Dann wäre der Takt lediglich die nächste Stufe, bei der die Konvention und der Handelnde noch weiter in den Hintergrund treten und die Situation und das Gegenüber noch mehr in den Vordergrund.

Höflichkeit als Kommunikation

Allerdings stößt man dann auf einen Widerspruch. Wenn man Höflichkeit definiert als Verhalten, in dem sich die Achtung für das Gegenüber zeigt, dann ist Höflichkeit eine Form der Kommunikation. Dazu stünde aber dann im Widerspruch, dass der

Takt sich gerade auch dadurch auszeichnet, dass man dem Anderen möglichst nicht zeigt, dass man nun taktvoll mit ihm umgeht. Das zu zeigen wäre sozusagen taktlos. Noch einmal mit den Worten Helmuth Plessners:

> »Takt bedeutet (...) die Witterung für den anderen Menschen und zugleich die Fähigkeit, es ihn nicht merken zu lassen, die Gedämpftheit im Ausdruck.«

Diese Zurückhaltung liegt auch der von Žižek geschilderten Szene bei Truffaut mit dem Badezimmer zugrunde: »Pardon, Monsieur!« ist deshalb taktvoll, weil es dem Gegensatz zur reinen Entschuldigung »Pardon, Madame!«, welche das höfliche Verhalten, die Entschuldigung, ausdrücken will, gerade nicht zeigen soll, dass man lediglich aus Takt vorgegeben hat, man hätte die Person gar nicht richtig gesehen und deshalb verwechselt. Der Takt liegt in diesem Fall im Verbergen der Realität, in der man die Dame gesehen und als Dame erkannt hat. Es sei denn, man versteht es wiederum als Spiel, bei dem beide Seiten wissen, dass es falsch ist, das Spiel aber beibehalten, weil es schöner ist als die Wirklichkeit. Wie beim übertriebenen Kompliment.

In diesem Zusammenhang bin ich auf einen interessanten Satz gestoßen: »Einem Tier gegenüber taktlos (oder auch taktvoll) zu sein ist, wie ohne weiteres einleuchtet, schlechthin unmöglich – wie man auch gegen Gott nicht taktlos (oder auch taktvoll) sein kann.«[33] Ich fand den Satz gut, seine Aussage hat mir tatsächlich »ohne weiteres eingeleuchtet«, allerdings erscheint mir die Überlegung, warum das so ist, noch interessanter. Denn höflich sein kann man meines Erachtens durchaus sowohl gegenüber Tieren als auch Gott. Sich also so verhalten, dass man damit seine Achtung ausdrückt. Warum dann nicht taktvoll? Ich glaube, es liegt daran, dass der Takt sich selbst verbergen will. Gegenüber Tieren aber muss man das taktvolle

Verhalten nicht verbergen, das wäre unsinnig, weil sie das Prinzip nicht begreifen. Und vor Gott kann man, wenn man an einen allwissenden Gott glaubt, nichts verbergen. Gegenüber den fehlerbehafteten Göttern der Antike hätte man sich sehr wohl taktvoll verhalten können.

Wenn nun aber das Wesen des Takts auch darin liegt, dass man ihn nicht erkennen lässt, ist er – abgesehen von seiner Variante als Spiel – keine Kommunikation und kann auch nicht die höhere Form der Höflichkeit sein. Dann ist er etwas Eigenständiges.

Der Unterschied

Vielleicht ist das aber dann gerade auch das Unterscheidungsmerkmal zwischen Takt und Höflichkeit. Die Plessner'sche Beschreibung des tänzerischen Geistes und des Ethos der Grazie, die man für das gesellschaftliche Benehmen jenseits der festgelegten Konvention benötigt, hat die Höflichkeit so nahe an den Takt gerückt, dass man sich schon fragen musste, wo bitte denn überhaupt noch der Unterschied zum Takt noch sein sollte.

Das wäre dann die Antwort, der Unterschied: Die Höflichkeit zeichnet sich dadurch aus, dass man die Achtung für das Gegenüber ausdrückt, sie ihm oder ihr also zeigt, während der Takt das nicht tut. Dennoch beinhaltet auch der Takt Achtung für das Gegenüber, nur eben in der Form, dass man sich aus Achtung noch einen Schritt weiter zurücknimmt, das Gegenüber nicht einmal spüren lässt, dass es ihret- oder seinetwegen geschieht.

Man könnte somit Etikette, Höflichkeit und Takt in dieser Reihenfolge anordnen und feststellen, dass zwei Größen sich entlang dieser Reihe verändern. Die erste ist der Bezugspunkt. Er verschiebt sich von der Etikette über die Höflichkeit zum Takt immer mehr vom Selbst, also dem, der handelt, zum Gegenüber, für das es geschieht. Das Einhalten der Etikette zeigt vor allem, dass sich ihr Verwender zu benehmen weiß, wenn auch nicht zum Schaden des Gegenübers, das von den Annehmlichkeiten der eingehaltenen Etikette profitiert. Es muss sich etwa keine Schmatzgeräusche anhören. Der Takt dagegen, am anderen Ende, ist vollkommen auf das Gegenüber gerichtet, der Handelnde nimmt sich so weit als nur möglich zurück. Und die Höflichkeit liegt in der Mitte. Die zweite Größe, die sich in dieser Reihe verändert, ist das Ausmaß des Ausdrucks, der Botschaft, der Kommunikation. Die Etikette besteht vor allem aus Zeigen, die polierten Schuhe glänzen, die perfekt gebundene Krawatte zeigt die Perfektion ihres Trägers, die Botschaft steht im Vordergrund. Das besonders taktvolle Verhalten hingegen ist jenes, das gar nicht zeigt, dass es aus Takt geschieht, sondern wie selbstverständlich oder aus anderen Gründen. Es soll für das Gegenüber also keine explizite Botschaft mehr enthalten.

Nebeneinander von Takt und Höflichkeit

Das ist nun nicht nur eine interessante Definitionsfrage, sondern hat auch ganz praktische Bedeutung: Es zeigt, dass Höflichkeit und Takt nebeneinander ihre Berechtigung haben. Das Schöne an der Höflichkeit ist, dass sie dem Gegenüber wirklich zeigt, dass man es achtet. Darin liegen die Schönheit und auch die Bedeutung der Gesten der Höflichkeit. Wie das Aufhalten der Türe dann am höflichsten ist, wenn es keinen anderen Grund dafür gibt. Der Takt hingegen hat seine Bedeutung in den Situationen, in denen es für das Gegenüber nicht so schön wäre, darauf hingewiesen zu werden, dass man das nun nur für sie oder ihn macht. Wie das Übersehen eines Fauxpas. Beiden liegt die Achtung für das Gegenüber zugrunde, und beide benötigen die Wahrnehmung und Einstellung auf das Gegenüber, die Flexibilität, den tänzerischen Geist, aber eben einmal sichtbar und einmal unsichtbar.

Die Szene um das ungeliebte Bild für die englische Königin etwa hatte insofern Elemente von beidem, Höflichkeit und Takt, weil Joachim Gauck und die Queen mit tänzerischem Geist die Klippen nicht immer umschifften, aber doch bewältigten, es aber an manchen Stellen taten, indem sie das Gegenüber wissen ließen, was denn nun Sache ist, an anderen Stellen hingegen zumindest den Anschein wahrend über vieles hinweggingen.

Der richtige Takt

Ich muss jedoch gestehen, dass ich ein wenig gezögert habe, Tanz und Takt an das Ende der Betrachtungen zur Höflichkeit zu setzen und damit die beiden tatsächlich zum Maßstab zu machen, zu dem, was man in diesem Bereich anstreben sollte. Nicht weil ich es für falsch hielte oder nicht dahinterstünde. Ganz im Gegenteil. Sondern weil »Takt« und »Tanzschritt« ein Bild, eine Vorstellung hervorrufen könnten, von der ich gerade weg wollte: die Tanzstunde, der Anstandsunterricht dort, die vorgegebenen Schritte der Standardtänze. Am Ende sogar die Formationstänze, die Polonaise, die Quadrille. Der Mann im schwarzen Anzug, die Frau im glitzernden Kleid, die klare Verteilung der Geschlechterrollen. Der Kavalier, der auffordert, die Dame, die das nur tun darf, wenn Damenwahl angesagt wurde. Und dergleichen.

Warum verwende ich dann trotzdem dieses Bild? Aus mehreren Gründen. Zum einen, weil Helmuth Plessner das Bild so wunderbar eingeführt hat bei seiner Beschreibung für den Umgang im Alltag: »tänzerischer Geist, das Ethos der Grazie«. Zum anderen, weil es auch beim klassischen Tanz nicht oder zumindest nicht nur darum geht, eine bestimmte Schrittfolge zu absolvieren, sondern um die tänzerische Grazie. Weil man, wie in der Episode von Joachim Gauck, der Queen und dem ungeliebten Gemälde, das entsprechende Verhalten am besten oder sogar fast nur noch so beschreiben und erklären kann.

Und auch »Takt« scheint mir der richtige Ausdruck zu sein für das, worum es mir geht. Dass er zusätzlich besetzt wurde von den Benimm- und Anstandsvorschriften, dafür kann er nichts. Und weil »Takt« im Gegensatz zu »Anstand« einen echten Inhalt, einen Kern aufzuweisen hat, sollte man diesen Begriff nicht kampflos aufgeben.

Takt im Club

Vor allem aber schätze ich den Begriff »Takt«, weil ich das taktvolle Verhalten an einem Ort in schönster Form ausgeprägt sehe, an dem viele es vielleicht am wenigsten erwarten, vielmehr eher einen der Untergänge des Abendlandes: Auf der Tanzfläche in Clubs bei elektronischer Musik. Techno und House. Nicht auf jeder und jederzeit, aber dann, wenn das Wesen dieser Musik und vor allem der Clubkultur in ihrem Kern verwirklicht wird. In wirklich guten Clubs, bei wirklich guten Veranstaltungen, die auch jenseits der etablierten Clubs stattfinden können, und, das scheint mir entscheidend, bei wirklich guter Musik, also bei guten DJs. All das ist Voraussetzung zum einen für eine gute Party, vor allem aber Voraussetzung für die entscheidenden beiden Faktoren: das entsprechende Publikum und die entsprechende Stimmung.

Wenn das zusammentrifft, kommt es zu einem überraschenden Phänomen: Die Tanzfläche kann so voll, so überfüllt sein, wie sie will, dennoch gibt es keine ernsthaften Zusammenstöße. Natürlich berühren sich die Tanzenden, ganz einfach, weil es so eng ist, dass es gar nicht zu vermeiden wäre. Aber zum einen bewegen sich die Tanzenden zum und im gleichen

Rhythmus, zum anderen reagiert dann jeder auf die Berührung damit, seine Bewegung zurückzunehmen. Nicht im Sinne eines Abbruchs der Bewegung, sondern eben im Rhythmus, aber auch mit Gefühl, mit Takt. Wenn es so eng wird, lässt es sich auch gar nicht vermeiden, dass man sich auch einmal gegenseitig auf die Füße tritt. Aber das geschieht in diesen Situationen auch nie mit vollem Gewicht, denn bevor das passieren würde, hat derjenige es schon bemerkt und seinen Schwerpunkt beim Tanzen taktvoll so verlagert, dass er den Fuß woanders hinsetzen kann. Auch wieder im Rhythmus.

Der Musikjournalist Tobias Rapp hat das Phänomen in seinem Buch über das Berliner Nachtleben *Lost and Sound* speziell im Hinblick auf die Tanzflächen von Berghain und Panoramabar so beschrieben:

>»Und irgendwann ist man in einem so verklärten Zustand, dass man emphatisch den politischen Gehalt von elektronischer Clubmusik bejaht. Es liegt in der Art und Weise, wie auf der Tanzfläche miteinander umgegangen wird, denkt man dann. Hier muss man sich verhalten. Sich seinen Platz suchen. Dabei den anderen keinen wegnehmen.«[24]

In der Folge beschreibt Rapp, dass es leider immer wieder Clubbesucher gibt, die sich nicht daran halten. Die einfach die Tanzfläche queren oder drängeln. Ich möchte ergänzen, dass man leider immer wieder auf Menschen stößt, die meinen, der volle Dance-Floor sei der richtige Ort für expressiven Ausdruckstanz. Oder auch für raumgreifenden Paartanz. Dass man überdurchschnittlich oft mit tanzenden Paaren kollidiert, bestätigt den Mechanismus. Takt setzt voraus, dass man sich mit den Anderen beschäftigt, sie wahrnimmt und sich zurücknimmt. Genau das tut ein Pärchen nicht. Die beiden beschäftigen sich fast ausschließlich miteinander, nach außen hin im Endeffekt also mit sich selbst. Das verhindert den taktvollen Umgang mit Anderen, weil dieser Umgang die Anderen in den Vordergrund stellen würde. Gut, es sei einem verliebten Paar auch von Herzen vergönnt, dass es sich in den Mittelpunkt stellt, alles und alle um sich herum vergisst. Aber das fällt überhaupt nur so stark als Ausnahme auf, weil der Rest anders funktioniert.

Das, was man dort, im Club in guten Stunden erleben kann, ist auch deshalb Takt, weil es meist ohne Kommunikation abläuft. Natürlich gibt es dort ebenso Elemente der echten Höflichkeit, etwa wenn es doch einmal einen echten Zusammenstoß gegeben hat: ein »Sorry« oder meistens wegen der Lautstärke eine wortlose Entschuldigung durch einen kurzen Augenkontakt und eine entsprechende Geste. Aber der Rest läuft ohne Kommunikation ab. Was auch sinnvoll ist und so sein muss, denn wer auch immer in ungeplanten Kontakt mit dem oder der Tanzenden neben, hinter oder vor sich gekommen ist, möchte ja ohne Unterbrechung weitertanzen, ohne laufend zu kommunizieren und vor allem auch ohne Grund für eine Entschuldigung. Weil die flüchtige Berührung oder dass man sich auch einmal leicht auf die Füße tritt, unvermeidbar ist und bei entsprechender Reaktion, dem beiderseitigen Ausweichen im Takt, auch keinen Grund für eine Entschuldigung darstellt. Deshalb zeigen Schuhe, die nach einer durchtanzten Nacht eine Menge an Spuren aufweisen, auch, dass es eine gelungene Nacht war.

Das Schöne an diesen intensiven Momenten, tatsächlich besonders oft zu erleben auf den Tanzflächen des Berliner Berghains und seiner Panoramabar, ist aber auch, dass dies alles automatisch abläuft, dass man sich nicht explizit Gedanken darum macht oder machen muss, nun niemanden anzurempeln oder den Platz wegzunehmen. Wenn, wie es in diesen guten Nächten auf guten Tanzflächen zu guter Musik der Fall ist, alle sich so verhalten, alle unbewusst auf die Anderen reagieren, sich zurückziehen, wenn es eng wird, und den Anderen Raum lassen, dann ist ausreichend Raum vorhanden, obwohl es eng ist. Man kann ganz bei sich sein und trotzdem mit den Anderen verbunden durch die Musik und durch den Augenblick. Vor allem aber auch durch den Umgang, den man an diesen lauten, vollen Räumen, den Orten der elektronischen Clubkultur miteinander pflegt.

Es geht dort eben besonders taktvoll zu.

Maurice Baker – Dancing Shoes, 2015

ANMERKUNGEN

Prolog

1 Rede von Gregor Gysi vom 24.3.2011 in der Debatte über die
Regierungserklärung der Bundeskanzlerin zum Europäischen Rat
am 24./25. März 2011 in Brüssel; Deutscher Bundestag, Parlamentsfernsehen – Web-TV, Redebeitrag von Dr. Gregor Gysi (DIE LINKE)
am 24.3.2011 um 10:16 Uhr (99. Sitzung, TOP 3), online abrufbar unter: http://webtv.bundestag.de/player/macros/_v_f_514_de/
od_player.html?singleton=true&content=1054058, letzter Aufruf
am 25.10.2015.
Stenographischer Bericht über die Sitzung des Bundestages am
24.3.2011, Plenarprotokoll 17/99, 11264 A, online abrufbar unter:
http://dipbt.bundestag.de/doc/btp/17/17099.pdf
Dort lautet der Wortlaut leicht anders als im Video:
»Frau Bundeskanzlerin, ich muss Ihnen sagen: Ich finde es unverfro-
ren und arrogant, dass Sie eine Regierungserklärung abgeben, ich Ihnen die ganze Zeit zuhöre und Sie, wenn die Opposition erwidert,
aufstehen, herumlaufen und nicht zuhören. Das ist nicht anständig;
das ist arrogant und falsch, wenn ich das einmal deutlich sagen darf.«

Einleitung

1 http://www.paulwatzlawick.de/anime/html.

Das Aufhalten der Türe – Was genau ist Höflichkeit?

1 Eustachius Graf Pilati von Thassul zu Daxberg, Etikette-Plaudereien,
Deutsches Druck- und Verlagshaus, Berlin 1900, S. 11 ff.
2 Pilati, a.a.O., S. 13 f.
3 In der Talkshow Markus Lanz, ZDF, 19. April 2012, zitiert nach Wiki-

quote, http://de.wikiquote.org/wiki/Karl_Lagerfeld, zuletzt auf-gerufen am 2.6.2015.

4 Žolger, Ivan von: Der Hofstaat des Hauses Österreich (= Wiener Staatswissenschaftliche Studien 14), Verlag F. Deuticke, Wien/Leipzig 1917, zitiert nach: Martin Mutschlechner, Die Allmacht der Etikette – Das Wiener Hofzeremoniell, in: Schloß Schönbrunn Kultur- und Betriebsges.m.b.H., Wien (Hrsg.), Die Welt der Habsburger, online abrufbar unter: http://www.habsburger.net/de/kapitel/die-allmacht-der-etikette-das-wiener-hofzeremoniell, letzter Aufruf am 16.6.2015.

5 Siehe Friedrich Kluge, Etymologisches Wörterbuch der deutschen Sprache, Walter de Gruyter Verlag, 21. Auflage Berlin, 1975, S. 523.

6 So sehr treffend der Japanologe Peter Pörtner in seiner »Pastiche über die Gewalt der Höflichkeit und die Höflichkeit der Gewalt«, in: Ruthard Stäblein, Höflichkeit. Tugend oder Schöner Schein, Elster Verlag, Bühl-Moos 1993, S. 174–185, 175 f. Der Beitrag ist in der gleichnamigen, 1997 im Fischer Verlag erschienenen Taschenbuch-ausgabe nicht abgedruckt.

7 Zum Aufhalten der Türe gibt es eine empirische Studie aus der ange-wandten Psychologie, welche die Hypothese belegen soll, dass dieser Etikette-Regel die Idee zugrunde liegen soll, die Gesamtmühe aller beteiligten Personen zu vermindern: *shared-effort* model. Joseph P. Santamaria und David A. Rosenbaum, Etiquette and Effort: Holding Doors for Others, Psychological Science, 2011, 22(5), S. 584–588. Allerdings weisen die Autoren ausdrücklich darauf hin, dass bislang nicht untersucht ist, ob Selektivität beim Aufhalten der Türe eine Rolle spielt, zum Beispiel, weil manche die Türe nur für Personen offen halten, die sie attraktiv finden.

8 Im Original: »No, because you see, I am in love with him selfishly. It is to my own interest to help him if he needed it. I do not call that a sacrifice because I take selfish pleasure in it.« Zitiert nach: Olga Kazhan, Ayn Rand: In Love, Be Selfish, The Atlantic, 13. Juni 2015, online ab-rufbar unter: http://www.theatlantic.com/business/archive/2015/06/ayn-rand-selfish-love/395702/, letzter Aufruf am 16.6.2015

9 Zum Beispiel die Bücher »Täter. Wie aus ganz normalen Menschen Massenmörder werden« des Sozialpsychologen Harald Welzer und »Anständig geblieben. Nationalsozialistische Moral« des Historikers Raphael Gross.

10 Nach: Walther Hofer, Der Nationalsozialismus, Fischerbücherei Nr. 172, S. 113 f., zitiert nach: Diethart Kerbs, Erziehung zum Anstand

in einer unanständigen Gesellschaft, in: Kerbs/Müller/Krumteich/ Drechsel/Tietgens/Heine, Das Ende der Höflichkeit. Für eine Rezension der Anstandserziehung, Juventa Verlag, München, 1970, S. 13 f.

11 Eine Ausnahme stellt hier das Zitat von Gregor Gysi im Prolog dar. Gysi begründet seinen Vorwurf, das Verhalten von Angela Merkel sei nicht anständig, mit Unverfrorenheit und Arroganz und der Tatsache, dass er ihr vorher umgekehrt sehr wohl zugehört hat. Er erklärt also die Maßstäbe, an denen er das Verhalten misst, statt sich lediglich auf den Anstand zu berufen.

12 Man muss es scharf bekämpfen, Interview mit Eckhard Henscheid von Michael Klonovsky, Focus 5/2008, 28.1.2008, online abrufbar unter: http://www.focus.de/kultur/leben/modernes-leben-man-muss-es-scharf-bekaempfen_aid_235424.html, letzter Abruf am 21.6.2015.

Das Kompliment – Höflichkeit und Lüge

1 Alexander Roda Roda, aus: Das große Roda-Roda-Buch, Rowohlt Verlag, Reinbek bei Hamburg 1990, S. 196.

2 Mit diesem bekannten Satz spielt der Titel »Lügt man im Deutschen, wenn man höflich ist?«, unter dem Harald Weinrich seine Rede anlässlich der Ehrung mit dem Konrad-Duden-Preis der Stadt Mannheim am 12. März 1986 hielt. Die Rede ist als Heft 48 der Duden-Beiträge erschienen und zu Fragen der Höflichkeit als Lektüre sehr zu empfehlen.

3 In Friedrich Schillers »Ueber die ästhetische Erziehung des Menschen«, einer Reihe von Briefen, in denen man auch den bekannten, oft zitierten Satz findet: »der Mensch spielt nur, wo er in voller Bedeutung des Worts Mensch ist, und *er ist nur da ganz Mensch, wo er spielt*«, schreibt Schiller dazu: »Aber was heißt denn ein *bloßes* Spiel, nachdem wir wissen, daß unter allen Zuständen des Menschen gerade das Spiel, und *nur* das Spiel es ist, was ihn vollständig macht und seine doppelte Natur auf einmal entfaltet? Was Sie, nach Ihrer Vorstellung der Sache, *Einschränkung* nennen, das nenne ich, nach der meinen, die ich durch Beweise gerechtfertigt habe, *Erweiterung*. Ich würde also vielmehr gerade umgekehrt sagen: mit dem Angenehmen, mit dem Guten, mit dem Vollkommenen ist es dem Menschen *nur* ernst; aber mit der Schönheit spielt er.« Fünfzehnter Brief, online abrufbar unter: http://guten

berg.spiegel.de/buch/ueber-die-asthetische-erziehung-des-menschen-in-einer-reihe-von-briefen-3355/3, letzter Aufruf am 2.11.2015.

4 Erschienen am 1. März 2002 im Süddeutsche Zeitung Magazin Heft 9/2002. Abgedruckt in: Rainer Erlinger, Gewissensfragen. Streitfälle der Alltagsmoral, aufgeklärt vom Süddeutsche Zeitung Magazin. Süddeutsche Zeitung Edition, München 2005, S. 107 f.

5 Dass Höflichkeit und Etikette ein Spiel sind, hat schon der Anthropologe und Soziologe Helmuth Plessner in seiner 1924 erschienenen Schrift »Grenzen der Gemeinschaft« – die uns in diesem Buch noch öfter begegnen wird – festgestellt: »Die Beobachtung der Formen hat denselben Sinn wie die Einhaltung von Spielregeln, wodurch das öffentliche Leben, dessen Personen einander in Funktionen, in Rollen erscheinen, an seiner eigentlichen Natur zum Spiel wird.« Helmuth Plessner, Grenzen der Gemeinschaft, Suhrkamp, Frankfurt am Main 2002, S. 83.

6 Simone Dietz, Die Kunst des Lügens, Rowohlt Verlag, Reinbek bei Hamburg 2003, S. 51 f.

7 Dietz, a. a. O., S. 52.

8 Helmuth Plessner, Grenzen der Gemeinschaft, Suhrkamp, Frankfurt am Main 2002, S. 83 f.

9 Süddeutsche Zeitung Magazin vom 27. Mai 2005, abgedruckt in: Rainer Erlinger, Wenn Sie mich fragen. Rainer Erlinger beantwortet Fragen zur Alltagsmoral. Verlag Antje Kunstmann, München 2007, S. 191.

10 Erving Goffman, Techniken der Imagepflege, in: ders., Interaktionsrituale. Über Verhalten in direkter Kommunikation, übersetzt von Renate Bergsträsser und Sabine Bosse, Suhrkamp, Frankfurt am Main 1986, S. 10–53.

11 Ho, David Yau-Fai, On the Concept of Face, American Journal of Sociology, 1976, Vol. 81 (4), S. 867–884, online abrufbar unter: www.jstor.org/stable/2777600.

12 Penelope Brown, Stephen C. Levinson, Politeness. Some universals in language usage, Cambridge University Press, Cambridge/New York 1978.

13 Steven Pinker, Der Stoff, aus dem das Denken ist. Was die Sprache über unsere Natur verrät, S. Fischer Verlag, Frankfurt am Main 2014, S. 469.

14 Einen schönen Überblick bietet: Christian Jarrett, Why It's Selfish to Avoid Giving Negative Feedback, in: 99u. Insights on making ideas happen, by Bēhance, online abrufbar unter: http://99u.com/articles/41263/why-its-selfish-to-avoid-giving-negative-feedback.

15 Carla H. Jeffries, Matthew J. Hornsey, Withholding negative feedback: Is it about protecting the self or protecting others? British Journal of Social Psychology (2012), 51, 772–780.

16 Marler, Laura E., McKee, D'Lisa N., Cox, Susie S., Simmering, Marcia J. and Allen, David G. (2012) Don't make me the bad guy: organizational norms, self-monitoring, and the mum effect. Journal of Managerial Issues, Volume 24 (Number 1), S. 97.

Der Anzug – Höflichkeit und Mode

1 Dorothea Mink, Webseite der Hochschule für Künste Bremen, http://www.hfk-bremen.de/en/profiles/n/dorothea-mink, letzter Aufruf am 28.10.2015.

2 Rainer Wäldle, Guter Stil. Mit Gefühl, Takt und Umsicht zum Erfolg. Ihr Knigge für mehr Sicherheit und Souveränität, Knaur Ratgeber Verlag, München 2007, S. 21.

3 Süddeutsche Zeitung Magazin Heft 27/2015 vom 3. Juli 2015.

4 Dafür ließe sich eine ganze Reihe von Belegen anführen. Beispielhaft seien folgende genannt: Malcom Barnard, Fashion as Communication, Routledge, London/New York, Second Edition, 2002; Lawrence B. Rosenfeld und Timothy G. Plax, Clothing as Communication, Journal of Communication, Volume 27, Issue 2, S. 24–31, Juni 1977; Grant D. McCracken, Victor J. Roth, Does clothing have a code? Empirical findings and theoretical implications in the study of clothing as a means of communication, International Journal of Research in Marketing, Volume 6, Issue 1, September 1989, S. 13–33; Burgoon, Buller, & Woodall, Nonverbal Communication: The unspoken dialogue, Mcgraw-Hill, New York 1996; Molloy, J. T. (1975), Dress for success, New York: Warner Books. Einen interessanten Überblick bieten: Kim Johnson, Sharron J. Lennon und Nancy Rudd, Dress, body and self: research in the social psychology of dress, Fashion and Textiles, 2014, S. 1–20, online abrufbar unter: http://link.springer.com/article/10.1186%2Fs40691–014–0020–7; Manfred Spitzer, Kleider machen Leute, Nervenheilkunde 2015, 34, S. 293–296.

5 Erschienen am 8. April 2005 im Süddeutsche Zeitung Magazin Heft 14. Abgedruckt in: Rainer Erlinger, Gewissensfragen. Streitfälle der Alltagsmoral, aufgeklärt vom Süddeutsche Zeitung Magazin, Süddeutsche Zeitung Edition, München 2005, S. 231 f.

6 Eine Ausnahme stellt in diesem Zusammenhang die Uniform dar: Sie

beinhaltet keine Aussage ihres Trägers außer der, dass er sich dafür entschieden hat, sie zu tragen. Was natürlich eine ziemlich starke Aussage darstellt, weil man sich sehr zu dem, was die Uniform darstellt, bekennt. Außer, die Entscheidung erfolgte nicht freiwillig, etwa bei Gefangenenkleidung. Oder auch bei einer Schuluniform. Bei ihr scheint es gerade der Sinn zu sein, Aussagen, die durch die Kleidung sonst erfolgen, speziell die hinsichtlich von Unterschieden, zu verhindern.

7 Im Original: »There is no such thing as an unaffected fashion choice. Anti-fashion is fashion, because it's a reaction to the current visual culture, a negation of it.« Übersetzung: RE. Roberto A. Ferdman, Why Americans dress so casually, The Washington Post, Wonkblog, 8.9.2015, online abrufbar unter: http://www.washingtonpost.com/news/wonkblog/wp/2015/09/08/why-americans-dress-so-casually.

8 Süddeutsche Zeitung Magazin Heft 38/2010.

9 Oder auch nur das Sakko auszuziehen. Dabei wurde inzwischen nachgewiesen, dass die Unterkühlung amerikanischer Innenräume durch Klimaanlagen unter anderem darauf zurückzuführen ist, dass die Klimaberechnungen in Büros als Standard den mittelgewichtigen Mann im Business-Anzug heranziehen, der aber wesentlich mehr Wärme produziert als eine durchschnittliche Frau und es zudem, weil der Anzug nun einmal warm ist, es auch gerne kühler hat. Siehe: Sami Karjalainen, Gender differences in thermal comfort and use of thermostats in everyday thermal environments, Building and Environment, Volume 42, Issue 4, April 2007, S. 1594–1603, online abrufbar unter: http://www.sciencedirect.com/science/article/pii/S0360132306000242; George Havenitha, Ingvar Holmérb, Ken Parsons, Personal factors in thermal comfort assessment: clothing properties and metabolic heat production, Energy and Buildings, Volume 34, Issue 6, Juli 2002, S. 581–591, online abrufbar unter: http://www.sciencedirect.com/science/article/pii/S0378778802000087; Rae Ellen Bichell, Women, There's A Reason Why You're Shivering In The Office NPR, 4.8.2015, online abrufbar unter: http://www.npr.org/sections/health-shots/2015/08/04/429005094/women-theres-a-reason-why-youre-shivering-in-the-office. Deshalb haben mittlerweile auch des Sittenumsturzes so unverdächtige Organisationen wie die japanische Regierung und die UNO die Bekleidungsvorgaben für ihre Mitarbeiter geändert, um den sommerlichen Energieverbrauch zu senken und so CO_2 einzusparen: Japan promotes ›Super Cool Biz‹ energy saving

campaign, BBC News vom 1.6.2011, online abrufbar unter:
http://www.bbc.com/news/business-13620900; UN News Centre,
Ban dresses down to ›cool‹ the UN, vom 1.8.2008, online abrufbar
unter: http://www.un.org/apps/news/story.asp?NewsID=27554#.
VdIHXbecvb5.

10 Hier könnte ich eine ganze Reihe von Quellen angeben, worauf ich
aber aus Gründen der Höflichkeit gegenüber den Autorinnen und
Autoren verzichte.

11 Dass dabei ein typisch männliches Kleidungsstück betrachtet wird,
liegt nicht an männlichem Chauvinismus, sondern daran, dass
der formelle Anzug oder Business Suit so klar definiert ist und sich
relativ deutlich von sonstiger Bekleidung abgrenzen lässt. Fast schon
digital im Sinne eines Ja-Nein: Anzug ja oder nein. Bei weiblicher
Bekleidung – abgesehen davon, dass Frauen auch Anzüge tragen
können – gibt es zwar auch das klassische Kostüm, die Übergänge
zwischen leger und formell sind aber wesentlich fließender.

12 Zur Herkunft des modernen Business-Anzugs ein lesenswerter
Artikel in The Atlantic: Emily Chertoff, Where Did Business Suits
Come From? 23.7.2012, online abrufbar unter: http://www.the
atlantic.com/national/archive/2012/07/where-did-business-suits-
come-from/260182.

13 Rede von Barack Obama am 19.6.2013, deutsche Übersetzung zitiert
nach Der Tagesspiegel vom 20.6.2013, online abrufbar unter:
http://www.tagesspiegel.de/politik/der-us-praesident-in-berlin
obamas-rede-im-wortlaut/8384644.html.

14 Lefkowitz, M., Blake, R.R., & Mouton, J.S. (1955), Status factors
in pedestrian violation of traffic signals, Journal of Abnormal and
Social Psychology, 51, S. 704–706, zitiert nach: William J. Neesen,
Stephen R. Robertson, Tie tacks versus tie-dyes: A preliminary
examination into the effects of dress on high school debate, Paper
presented at the 2001 meeting of the Western States Communication
Association convention in Coeur D'Alene, Idaho, online abrufbar unter: http://communications.fullerton.edu/clubs/forensics/
papers.asp, letzter Aufruf am 15.8.2015.

15 K. David Roach, Effects of Graduate Teaching Assistant Attire
on Student Learning, Misbehaviors, and Rating of Instruction,
Communication Quarterly, Vol. 45, No. 3, Sommer 1997, S. 125–141.

16 Roach, a.a.O; Tracy L. Morris, Joan Gorham, Stanley H. Cohen und
Drew Hoffman, Fashion in the Classroom: Effects of Attire on Stu-

dent Perceptions of Instructors in College Classes, Communication Education, Volume 45, April 1996, S. 135–148, online abrufbar unter: http://www.researchgate.net/publication/240519073.

17 Gwendolyn S. O'Neal und Mary Lapitsky, Effects of Clothing as Non-verbal Communication on Credibility of the Message Source, Clothing and Textiles Research Journal, März 1991, Vol. 9 No. 3, S. 28–34.

18 Bettina Hannover und Ulrich Kühnen, »The Clothing Makes the Self« Via Knowledge Activation, Journal of Applied Social Psychology, Volume 32, Issue 12, S. 2513–2525, Dezember 2002, online abrufbar unter: http://onlinelibrary.wiley.com/doi/10.1111/j.1559–1816.2002. tb02754.x/abstract.

19 Katherine A. Karl, Leda McIntyre Hall, Joy V. Peluchette, City Employee Perceptions of the Impact of Dress and Appearance. You Are What You Wear, Public Personnel Management, September 2013, Vol. 42 No. 3, S. 452–470.

20 Michael L. Slepian, Simon N. Ferber, Joshua M. Gold, and Abraham M. Rutchick, The Cognitive Consequences of Formal Clothing, Social Psychological and Personality Science, 2015, Vol. 6 (6), S. 661–668.

21 Chris Weller, Doctors' White Coat Often Riddled With Germs: A Call For Prevention Over Professionalism, Medical Dayly vom 22.1.2014, online abrufbar unter: http://www.medicaldaily.com/doctors-white-coat-often-riddled-germs-call-prevention-over-professionalism-267624.

22 Siehe dazu und auch zum Folgenden den sehr interessanten Bericht über einen Kurs zu diesem Thema an der Johns Hopkins University in Baltimore: Olga Khazan, Coping With Bad News, The Atlantic, August 2015, online abrufbar unter: http://www.medicaldaily.com/doctors-white-coat-often-riddled-germs-call-prevention-over-professionalism267624.

23 Adam H. Galinsky AD, Enclothed cognition, Journal of Experimental Social Psychology 2012 (48), S. 918–925.

24 Anwalt muss Robe tragen, Süddeutsche.de vom 30.6.2015, online abrufbar unter: http://www.sueddeutsche.de/bayern/urteil-des-landgerichts-augsburg-anwalt-muss-robe-tragen-1.2544173.

25 Roben runter, Süddeutsche Zeitung vom 8.7.2015, S. 16.

26 Johan Huizinga, Homo ludens. Vom Ursprung der Kultur im Spiel, Rowohlt Verlag, Reinbek bei Hamburg 1987, S. 90.

27 »Als würde sie nur Unterwäsche tragen«, Sueddeutsche.de vom

9. 6. 2015, online abrufbar unter: http://www.sueddeutsche.de/
politik/hollaendische-politikerin-iniran-als-wuerde-sie-nur-unter
waesche-tragen-1.2513383; Raniah Salloum, Wirbel um EU-Politike-
rin in Iran: »Als ob sie auf eine Party wollte«, Spiegel online vom
9. 6. 2015, online abrufbar unter: http://www.spiegel.de/politik/aus
land/iran-wirbel-um-das-outfit-einer-eu-politikerin-a-1037838.html;
Marietje Schaakes Outfit empört konservative Iraner, derStandard.at
vom 10. 6. 2015, online abrufbar unter: http://derstandard.at/
2000017256808/Marietje-Schaakes-Outfit-empoert-konservative-
Iraner; Thomas Erdbrink, With Backpacks and Exposed Skin,
European Officials Roil Iranians, New York Times vom 9. 6. 2015,
online abrufbar unter: http://www.nytimes.com/2015/06/09/
world/middleeast/with-backpacks-and-exposed-skin-european-
officials-roil-iranians.html.

28 Eine immer wieder vorgetragene These, s. zum Beispiel: Elizabeth
Day, Mona Eltahawy: ›All religions are obsessed with my vagina‹,
theguardian.com vom 10. 5. 2015, online abrufbar unter:
http://www.theguardian.com/world/2015/may/10/mona
eltahawy-interview-religions-obsessed-vagina-headscarves-and-
hymens.

Das Duzen – Die negativen Seiten der Höflichkeit

1 Wie so oft ist in diesem Fall die Urheberschaft strittig oder unklar.
Seriöse Medien, BBCAmerica (http://www.bbcamerica.com/anglo
phenia/2012/01/what-the-british-say-and-what-they-really-mean/)
und The Telegraph (http://www.telegraph.co.uk/news/news
topics/howaboutthat/10280244/Translation-table-explaining-the-
truth-behind-British-politeness-becomes-internet-hit.html) verweisen auf einen Oxfam-Blog, der die Tabelle zum ersten Mal
gepostet habe (http://oxfamblogs.org/fp2p/what-brits-say-v-what-
they-mean-handy-de-coding-device/), teilweise aber auch darauf,
dass sie angeblich von einer holländischen Firma stamme, die sie als
Hilfe für ihre Mitarbeiter in UK gedacht hatte.

2 Harald Weinrich, Lügt man in Deutschen, wenn man höflich ist?
Duden-Beiträge zu Fragen der Rechtschreibung, der Grammatik und
des Stils, Heft 48, Bibliographisches Institut, Mannheim 1986, S. 16.

3 »First Officer: Look how the ice is just hanging on his, ah, back, back
there, see that? (…)

First Officer: See all those icicles on the back there and everything?
Captain: Yeah.
After a long wait following de-icing,
First Officer: Boy, this is a, this is a losing battle here on trying to
de-ice those things, it (gives) you a false feeling of security, that's all
that it does.
Shortly after being given clearance to take off, the first officer again
expressed his concern:
First Officer: Let's check those tops again since we've been sitting
here awhile.
Captain: I think we get to go here in a minute.
Finally, while they were on their takeoff roll, the first officer noticed
that something was wrong with the engine readings.
First Officer: That don't seem right, does it? [three second pause]
Ah, that's not right …
Captain: Yes, it is, there's 80.
First Officer: Naw, I don't think that's right. [seven-second pause]
Ah, maybe it is.«

National Transportation Safety Board (1982). Aircraft Accident Re-
port: Air Florida, Inc., Boeing 737–222, N62AF, Collision with 14th
Street Bridge, Near Washington National Airport, Washington, D. C.,
January 13, 1982 (NTSB-AAR-82–8). Washington, DC: Author, zitiert
nach: Ute Fischer, Judith Orasanu, Error-Challenging Strategies: Their
Role in Preventing and Correcting Errors, in: Proceedings of the
International Ergonomics Association, 14th Triennial Congress and
Human Factors and Ergonomics Society, 44th Annual Meeting in San
Diego, California, August 2000.

4 Flight Safety Foundation, Aviation Savety Network, Unfallbericht,
http://aviation-safety.net/database/record.php?id=19820113-0&
lang=de, letzter Zugriff am 24.8.2015.

5 National Transportation Safety Board (NTSB) (1994), Safety study:
A review of flightcrew-involved, major accidents of U. S. air carriers,
1978 through 1990 (NTSB/SS-94/01), Washington DC: National
Technical Information Service, zitiert nach Fischer/Orasanu, a. a. O.

6 Linde, C. (1988), The quantitative study of communicative success:
Politeness and accidents in aviation discourse, Language in Society,
17, S. 375–399.

7 Ute Fischer und Judith Orasanu, Say it Again, Sam! Effective Communication Strategies to Mitigate Pilote Error, in: Proceedings of the

10th International Symposium on Aviation Psychology, Columbus, OH, Mai 1999; Judith Orasanu und Ute Fischer (1992), Distributed cognition in the cockpit: Linguistic control of shared problem solving, in: Proceedings of the Fourteenth Annual Conference of the Cognitive Science Society, Erlbaum, Hillsdale, NJ, S. 189–194.

8 Jean-François Bonnefon, Aidan Feeney, Wim De Neys, The Risk of Polite Misunderstandings, Current Directions in Psychological Science, 2011, 20 (5), S. 321–324, im Original: »As long as the information to be shared is trivial, there is no pressing reason to use politeness, and we can afford to be direct. But when information becomes offending or embarrassing; when it implicitly points out others' mistakes, bad choices, or bad prospects; or when it requires the disclosure facts that one would rather keep quiet about, it is no longer shared bluntly but politely instead. The more sensitive the information is, the more elaborate the politeness strategy that needs be applied.« Übersetzung: RE.

9 Elke U. Weber und Denis J. Hilton (1990), Contextual effects in the interpretation of probability words: perceived base-rate and severity of events. Journal of Experimental Psychology: Human Perception and Performance, 16, S. 781–789; Bonnefon, J. F., & Villejoubert, G. (2006), Tactful or doubtful? Expectations of politeness explain the severity bias in the interpretation of probability phrases, Psychological Science, 17, S. 747–751; Bonnefon, J. F., & Villejoubert, G. (2005), Communicating likelihood and managing face: Can we say it is probable when we know it to be certain?, in B. G. Bara, L. Barsalou, & M. Buciarelli (Eds.), Proceedings of the 27th Annual Conference of the Cognitive Science Society.

10 Bonnefon, J. F., De Neys, W., & Feeney, A. (2011), Processing scalar inferences in face-threatening contexts, in L. Carlson, C. Hölscher, & T. Shipley (Eds.), Proceedings of the 33rd Annual Conference of the Cognitive Science Society (S. 3389–3394), Austin, TX: Cognitive Science Society; Marie Juanchich & Miroslav Sirota (2013), Do people really say it is »likely« when they believe it is only »possible«? Effect of politeness on risk communication, The Quarterly Journal of Experimental Psychology, 66:7, S. 1268–1275.

11 Lubnau, Okray, Crew Resource Management for the Fire Service, 2002, zitiert nach: International Association of Fire Chiefs, 4025 Fair Ridge Drive, Suite 300 Fairfax, VA, Crew Ressource Management: A positive change for the fire service, Third edition, S. 15.

12 »Questioning the wisdom of a superior's decision can be gut wrench-ing. As a subordinate, how do you approach a superior and tell him that a foul up is brewing? The answer lies in being an advocate of your position. The most effective method for advocating your position is through the use of the assertive statement. (…) The five parts of the assertive statement are:
– An opening statement using the addressed person's name (»Dave«, »Captain«, »Chief«)
– Stating your concern as an owned emotion (»I think we are heading for a problem …«)
– Stating the problem as you see it (»It looks like that building is getting ready to flash«)
– Offering a solution (»I think we should evacuate the interior crews right now«)
– Obtaining agreement (»Do you agree?«).« International Associa-tion of Fire Chiefs, a. a. O., S. 15.

13 Marshall B. Rosenberg: Gewaltfreie Kommunikation. 11. Auflage. Junfermann Verlag, Paderborn 2013

14 Marshall B. Rosenberg, a. a. O. Eine Übersicht mit einer kurzen Zu-sammenfassung findet sich auf S. 25 f.

15 Marshall B. Rosenberg, zitiert ohne weitere Nachweise auf: »Gewalt-freie Kommunikation«, in: Wikipedia, Die freie Enzyklopädie. Be-arbeitungsstand: 17. August 2015, abrufbar unter: https://de.wiki pedia.org/wiki/Gewaltfreie_Kommunikation, letzter Aufruf am 30. 8. 2015.

16 Und zudem ist die T-V-Unterscheidung als ein Phänomen, das sich in vielen Bereichen gut auf zwei Grundzustände reduzieren lässt: T oder V, du oder Sie, ein dankbarer Forschungsgegenstand.

17 Harald Weinrich, Lügt man im Deutschen, wenn man höflich ist? Duden-Beiträge, Heft 48, Mannheim 1986, S. 16.

18 Friedrich Torberg, Die Erben der Tante Jolesch, dtv, München 1981, S. 210.

19 Heinz Leonhard Kretzenbacher, Vom Sie zum Du – und retour?, in: Heinz Leonhard Kretzenbacher, Wulf Segebrecht, Vom Sie zum Du – mehr als eine neue Konvention?, Luchterhand Literaturverlag, Hamburg und Zürich 1991, S. 59.

20 Friedrich Torberg, Die Tante Jolesch, dtv, München 1977, S. 110.

21 Iva Fidancheva, Die verletzende Macht der Höflichkeit, Verlag Ferdinand Schöningh, Paderborn 2013, S. 182.

22   Süddeutsche Zeitung Magazin Heft 41/2014.

23   Fidancheva, a. a. O., S. 180 ff.

Der Handkuss – Höflichkeit zwischen den Geschlechtern

1   »The Ornithophobia Diffusion«, deutsch: Zwei komische Vögel,
    Season 5, Episode 9, nach der deutschen Synchronfassung. Im
    Original lautet der Dialog:
    »Penny: Oh, hey, if we hurry, we can make the new Jennifer Aniston
    movie.
    Leonard: Oh, yeah, sure. There's also an amazing documentary
    about building a dam on river in South America.
    Penny: Okay, but the Jennifer Aniston movie has Jennifer Aniston,
    and she's not building a dam.
    Leonard: Can't argue with that. I'll get the tickets.
    Penny: Okay.
    Leonard: Actually, you know what? I think it's about time I pick a
    movie we see.
    Penny: You pick plenty of movies.
    Leonard: No. You always picked, and it was always the same. An hour
    and a half of beach houses in the rain until the woman turns around
    and realizes love was here all along.
    Penny: But come on, that is a great movie, and it starts in ten minutes.
    Leonard: I hate those movies.
    Penny: No, you don't.
    Leonard: Yes, I do. The only reason I went is because you wanted to
    see them, and I wanted to have sex. To this day, I can't see a Sandra
    Bullock movie poster without getting both bored and aroused.
    Penny: Okay, so while we were going out, how often would you
    pretend to like things just to have sex with me?
    Leonard: All the time.
    Penny: You're kidding.
    Leonard: Does this sound familiar? I'd love to go shoe shopping with
    you. Hiking? It's great. It's two a.m., of course I want to go to Korea
    Town and sing karaoke with your friends. Who wouldn't?
    Penny: Okay, we were going out. You were going to get sex anyway.
    Leonard: Really? You would have slept with me after a three-hour
    documentary on dams?
    Penny: No. No woman would.

Leonard: See? Now, that's the great thing. We're out as friends. This is
not a date. Sex is off the table. So, let's go learn why hydroelectric
power might not be the environmental bargain you think it is. Sorry.
Spoiler alert.
Penny: All right, fine.
Leonard: Thanks. Tickets are eleven bucks. Not a date.«

2 Ob es nun direkt daran liegt, weiß ich nicht, aber einer der Autoren
der Serie, der auch für diese Episode mitverantwortlich zeichnet, ist
Eric Kaplan, der in Berkeley ein Philosophiestudium abgeschlossen
und mit »Does Santa Exist? A Philosophical Investigation«, Dutton,
New York 2014, ein ebenso intelligentes wie unterhaltsames Buch
vorgelegt hat.

3 Rammstein, Textzeile aus: »Liebe ist für alle da«, gleichnamiges
Album 2009; Einen weiteren Bekanntheitsschub erhielt die Textzeile
als Songtitel und Textzeile aus dem Album von SDP Stonedeaf-
production: Bunte Rapublik Deutschpunk, 2014.

4 Zitiert nach Tilman Prüfer, Der Coole vor der Schule, Zeit Online
Gesellschaftskritik vom 3.4.2015, online abrufbar unter:
http://www.zeit.de/zeit-magazin/leben/2015–04/david-beckham-
kinder-erziehung-gesellschaftskritik, zuletzt aufgerufen am 13.4.2015.

5 Die Studie wurde am 11.8.2013 auf dem Jahrestreffen der American
Sociological Association präsentiert und am 5.11.2015 online publiziert: Janet Lever, David A. Frederick, Rosanna Hertz, Who Pays for
Dates? Following Versus Challenging Gender Norms, Sage Open,
DOI: 10.1177/2158244015613107, online abrufbar unter:
http://sgo.sagepub.com/content/5/4/2158244015613107. Informationen finden sich in einer Pressemitteilung der Chapman University
vom 12.8.2013: https://blogs.chapman.edu/press-room/2013/08/
12/research-on-which-gender-pays-for-a-date-shows-changing-but-
also-resistance-to-changing-conventional-gender-norms/ sowie weiteren Veröffentlichungen in den Medien, von denen einige im Verlauf
des Kapitels zitiert werden. Lesenswert außerdem: Joe Pinsker, It's
2014: Why Are Men Still Paying for First Dates? The disturbing implications of a long-standing expectation, The Atlantic, 18.9.2014, online abrufbar unter: http://www.theatlantic.com/business/archive/
2014/09/why-do-men-keep-paying-for-the-first-date/380387/,
letzter Aufruf am 26.5.2015.

6 Zitiert nach: Courtney Shea, A new study finds chivalry isn't dead,
but maybe it should be, The Globe and the Mail, 15.8.2013, online ab-

rufbar unter: http://www.theglobeandmail.com/life/relationships/
a-new-study-finds-chivalry-isnt-dead-but-maybe-it-shouldbe/article
13796513/.

7 Shea, The Globe and the Mail, a. a. O.

8 Für nähere, auch statistische Informationen siehe: European Com-
   mission Justice, Tackling the gender pay gap in the European Union,
   Publication of the European Union, Luxemburg 2014, online abrufbar unter: http://ec.europa.eu/justice/gender-equality/files/
   gender_pay_gap/140319_gpg_en.pdf.

9 Europäische Kommission, Pressemitteilung vom 28. Februar 2014.
   Die Zahlen beziehen sich auf die Jahre 2008 bis 2012 (in Deutschland
   vorläufig).

10 Elice Chenier, a. a. O. Kathy Peiss, Cheap Amusements: Working
   Women and Leisure in Turn-of-the-century New York, Temple Uni-
   versity Press, Philadelphia 1986; Kathy Peiss, Charity Girls and City
   Pleasures, OAH Magazine of History, Vol. 18, No. 4, Juli 2004,
   S. 14–16. Dafür, dass die Gepflogenheit tatsächlich aus den USA
   stammt, spricht, dass in einem in Berlin um 1900 erschienenen Buch
   über Etikette der Autor darauf eingeht, dass, auch wenn es in den
   USA verpflichtend sei, dass der Herr bei einem Ausflug alles für die
   Dame bezahlt, das in Deutschland nicht so gelte. Obwohl sonst die
   Sitten in Bezug auf das Daten in den USA freier seien. Eustachius
   Graf Pilati von Thassul zu Daxberg, Etikette-Plaudereien, Deutsches
   Druck- und Verlagshaus, Berlin 1900, S. 14 ff.

11 Charlene L. Muehlenhard, Debra E. Friedman und Celeste M. Thomas, IS DATE RAPE JUSTIFIABLE? The Effects of Dating Activity,
   Who Initiated, Who Paid, and Men's Attitudes toward Women, Psychology of Women Quarterly, Volume 9, Issue 3, S. 297–310, September 1985, online abrufbar unter: http://onlinelibrary.wiley.com/
   doi/10.1111/j.1471–6402.1985.tb00882.x/abstract. Susan A. Basow
   und Alexandra Minieri, »You Owe Me«: Effects of Date Cost, Who
   Pays, Participant Gender, and Rape Myth Beliefs on Perceptions of
   Rape, J Interpers Violence, Februar 2011, Vol. 26, 3, S. 479–497, online
   abrufbar unter: http://jiv.sagepub.com/content/early/2010/04/21/
   0886260510363421.abstract.

12 Muehlenhard et al., a. a. O.

13 Text: Fritz Rotter, Musik: Ralph Erwin, aus dem Film »Ich küsse Ihre
   Hand, Madame« von Robert Land 1929.
   Nähere Informationen zum Film, dem als Stummfilm eine kurze

Tonspur dieses Lieds interpretiert von Richard Tauber beigefügt wurde, unter: http://www.stummfilmmusiktage.de/de/archive/movies/hand_madame.php.

14 Steven Petrow, zitiert nach: Shereen Marisol Meraji, How To Be A 21st Century ›Gentleman‹, NPR, 12. September 2014, online abrufbar unter: http://www.npr.org/2014/09/12/347965326/how-to-be-a-21st-century-gentleman, letzter Aufruf am 26.5.2015. Steven Petrow, Who pays for dinner on a gay date? Steven Petrow's Gay and Lesbian Manners. The definitive site for LGBT Life, online abrufbar unter: http://www.gaymanners.com/queeries/who-pays-for-dinner-on-a-gaydate, letzter Aufruf am 26.5.2015.

15 Elisabeth Bonneau, Der große GU-Knigge, Gräfe und Unzer Verlag, 2. Auflage, München 2010.

16 Institut für Meteorologie der FU Berlin, Institutswebseite, Geschichte der Namensvergabe, online abrufbar unter: http://www.met.fu-berlin.de/wetterpate/historie/, letzter Aufruf am 17.4.2015.

17 Dipl.-Met. Dorothea Paetzold, Wie kommen Hochs und Tiefs zu ihren Namen?, Wetterdienst.de, online abrufbar unter: http://www.wetterdienst.de/Deutschlandwetter/Thema_des_Tages/758/wie-kommen-hochs-und-tiefs-zu-ihren-namen, letzter Aufruf am 17.4.2015.

18 Manfred Wegener, Etwas über die Hoch- und Tiefnamen, http://www.met.fu-berlin.de/~stefan/ht.html, letzter Aufruf am 17.4.2015.

19 Bei Vornamen für Menschen ist das üblich, und in Deutschland war sogar lange vorgeschrieben, dass Kinder mindestens einen geschlechtsspezifischen Vornamen bekommen müssen, bis das Bundesverfassungsgericht diese Regelung aufhob, weil sie lediglich auf einer Verwaltungsvorschrift, nicht aber auf einem Gesetz beruhte. (Der Begründung des Beschlusses nach würde das Bundesverfassungsgericht einer gesetzlichen Regelung gleichen Inhalts wie die Verwaltungsvorschrift weniger abgeneigt gegenüberstehen.) Aber nicht ohne zu betonen, dass ein Vorname aus Gründen des Kindeswohls eine geschlechtsspezifische Identifikation zumindest möglich machen muss (Bundesverfassungsgericht, Beschluss vom 5.12.2008 – 1 BvR 576/07). Mit anderen Worten, der gewählte Vorname darf nicht eindeutig dem (oder einem) anderen Geschlecht zugeordnet werden.

20 Peter Glick und Susan T. Fiske, Hostile and Benevolent Sexism:

Measuring Ambivalent Sexist Attitudes Toward Women, Psychology of Women Quarterly, 1997, 21, S. 119–135; Glick, P., & Fiske, S. T. (2001), An ambivalent alliance: Hostile and benevolent sexism as complementary justifications for gender inequality, American Psychologist, 56, S. 109–118; Glick, P., & Fiske, S. T. (1996), The Ambivalent Sexism Inventory: Differentiating hostile and benevolent sexism, Journal of Personality and Social Psychology, 70, S. 491–512; Peter Glick & Susan T. Fiske, Ambivalent Sexism Revisited, Psychol. of Women Q., September 2011, 35, 3, S. 530–535.

21 Benoit Dardenne, Muriel Dumont, Thierry Bollier, Insidious Dangers of Benevolent Sexism: Consequence for Women's Performance, Journal of Personality and Social Psychology, 2007, Vol. 93, No. 5, S. 764–779; Muriel Dumont & Marie Sarlet & Benoit Dardenne, Be Too Kind to a Woman, She'll Feel Incompetent: Benevolent Sexism Shifts Self-construal and Autobiographical Memories Toward Incompetence, Sex Roles (2010), 62, S. 545–553; Manuela Barreto & Naomi Ellemers & Laura Piebinga & Miguel Moya, How Nice of Us and How Dumb of Me: The Effect of Exposure to Benevolent Sexism on Women's Task and Relational Self-Descriptions, Sex Roles (2010), 62, S. 532–544. Einen guten Überblick über das Feld gibt: Melanie Tannenbaum, The Problem When Sexism Just Sounds So Darn Friendly ..., Scientific American 2. 4. 2013, online abrufbar unter: http://blogs.scientificamerican.com/psysociety/benevolent-sexism/, letzter Aufruf am 26. 5. 2013.

22 Im Original: »You have to know that women who may be hired will work with men only. This should not be a problem because they are fully aware of the importance of hiring women in their firm. Indeed, all of them think that the presence of women, who are more cultured and sophisticated than men, will allow the firm to benefit from their moral sense and refined taste, whereas these aspects are often lacking where only men work.« Dardenne et al. 2007, a. a. O., S. 771.

23 Bohner, G., Ahlborn, K., & Steiner, R. (2010), How sexy are sexist men? Women's perception of male response profiles in the Ambivalent Sexism Inventory, Sex Roles, 62, S. 568–582.

24 Julia C. Becker und Stephen C. Wright, Yet Another Dark Side of Chivalry: Benevolent Sexism Undermines and Hostile Sexism Motivates Collective Action for Social Change, Journal of Personality and Social Psychology, 2011, Vol. 101, No. 1, S. 62–77.

25 Siehe dazu die Betrachtungen von Lothar Philipps, in: Der Kampf um markierte und unmarkierte Ausdrücke in Sprache und Recht, Festschrift für Egon Müller, hrsg. von H. Jung, B. Luxemberger, E. Wahle, Nomos Verlag, Baden-Baden 2008, S. 569–576.

26 Eine Neigung zur Rechtfertigung des Systems und Erhaltung des Status quo durch wohlwollenden Sexismus und Geschlechterstereotype bestätigte auch folgende Studie: John T. Jost & Aaron C. Kay, Exposure to Benevolent Sexism and Complementary Gender Stereotypes: Consequences for Specific and Diffuse Forms of System Justification, Journal of Personality and Social Psychology, 2005, Vol. 88, No. 3, S. 498–509.

27 Süddeutsche Zeitung Magazin, Heft 53 / 2009, abgedruckt in: Rainer Erlinger, Gewissensbisse. 111 Antworten auf moralische Fragen des Alltags, Fischer Verlag, Frankfurt am Main 2011, S. 269.

28 Erving Goffman, Das Arrangement der Geschlechter, in: ders., Interaktion und Geschlecht, herausgegeben und eingeleitet von Hubert A. Knoblauch, mit einem Nachwort von Helga Kotthoff, Campus Verlag, Frankfurt 1994, 2001, S. 105–158.

29 Zitiert nach: Courtney Shea, a. a. O.

Die Geste – Kleinigkeiten für das Zusammenleben

1 Süddeutsche Zeitung Magazin, Heft 25 / 2015.

2 The Ritz-Carlton Hotel Company, L. L. C., Gold Standards, online abrufbar unter: http:// www.ritzcarlton.com / en / Corporate / GoldStandards / Default.htm.

3 http:// ritzcarltonleadershipcenter.com / consulting / culture-transformation-for-healthcare /, http:// ritzcarltonleadership-center.com / course / excellence-in-the-patient-experience /.

4 Shawn Achor, Before Happiness: Five Actionable Strategies to Create a Positive Path to Success, Virgin Books 2013, zitiert nach: http:// www.servicespace.org / blog / view.php?id=14628; Shawn Achor, »Before Happiness« | Talks at Google, https:// youtu.be / Muce2TxDlMw ab Minute 34; Christine Porath, No Time to Be Nice at Work, The New York Times, 21. Juni 2015, online abrufbar unter: http:// www.nytimes.com / 2015 / 06 / 21 / opinion / sunday / is-your-boss-mean.html; Christine Porath, Christine Pearson, The Price of Incivility, Harvard Business Review, January-February 2013, online abrufbar unter: https:// hbr.org / 2013 / 01 / the-price-of-incivility / ar / 1.

5   Erving Goffman: Asyle. Über die soziale Situation psychiatrischer
    Patienten und anderer Insassen, Suhrkamp, Frankfurt am Main
    1973.

6   In einem Leitartikel anlässlich des Staatsbesuchs der Queen in
    Deutschland: Christian Zaschke, Mehr als eine Touristin, Süd-
    deutsche Zeitung vom 23. 6. 2015, S. 4.

7   Irenäus Eibl-Eibesfeldt, Grundriß der vergleichenden Verhaltens-
    forschung. Ethologie, Siebte, überarbeitete und erweiterte Auflage,
    Piper Verlag, München 1987, S. 693.

8   Süddeutsche Zeitung Magazin, Heft 36/2013.

9   Karl-Ove Knausgård, Sterben, btb Verlag, München 2013, S. 508.

10 William Shakespeare, King Lear, Erster Aufzug, Vierte Szene, in der
    Übersetzung von Wilhelm von Schlegel und Ludwig Tieck. Im Origi-
    nal lautet es: »Fool: Truth's a dog must to kennel; he must be whipped
    out, when Lady the brach may stand by the fire and stink. King Lear:
    A pestilent gall to me!«

11 So z. B. in The Robotic Manipulation, deutsch: Liebhaber, aufge-
    rundet (Nr. 64, 4. Staffel, Episode 1): Sheldon: You realize, Penny, that
    the technology that went into this arm will one day make unskilled
    food servers such as yourself obsolete. Penny: »Really they're going to
    make a robot that spits in your burger?«; The Love Car Displacement,
    deutsch: Die neutrale Zone (Nr. 76, 4. Staffel, Episode 13): Penny:
    Okay. So, the usual, with extra spit on Sheldon's hamburger.«

12 Paul Fussell: Class: A Guide Through the American Status System,
    Touchstone, New York 1983, S. 201 f. Das Zitat lautet im Original:
    Dear Sir: / My bank teller embarrasses me terribly by saying at the
    end of the transaction, »Have a nice day«. I don't know what I'm
    supposed to say back. Can you help? / Sincere
    Dear Sincere: / I suppose you can say »You too« or »Have one your-
    self«, although this last, like »Have one on me«, would sound a bit
    flippant. You should never say »Mind your own business« – that
    would be very rude. / The best response to »Have a nice day«, I think,
    is the one devised by a British friend of mine. He says, Thank you, but
    I have other plans.« Perfectly polite, and yet it leaves no doubt that
    you are *not* in that person's social class.

13 Eventrobot-app.com, letzter Zugriff am 24. 8. 2015.

Mahlzeit – Höflichkeit im Beruf

1 Zum Beispiel: https://www.mtec-akademie.de/service/was-ist-eigentlich/was-ist-eigentlich-business-etikette-tipps-zu-stilfragen. html; http://www.gq-magazin.de/mode-stil/stilberater/beruf-und-karriere-richtig-gruessen-im-buero; http://alexanderplath.com/ business-knigge-mahlzeit-nein-danke/.

2 Accountemps Survey, veröffentlicht am 5. August 2014, http://www.prnewswire.com/news-releases/accountemps-survey-mostemployees-say-workplace-etiquette-affectscareer-prospects-but-people-grow-less-courteous-as-they-rise-tothe-top-269965601. html. Zuletzt aufgerufen am 9.2.2015.

3 http://jobs.aol.com/articles/2011/12/01/politeness-can-boost-opportunties-for-career-advancement / letzter Aufruf am 9.2.2015.

4 Spurk, D., & Abele, A. E. (2010), Who earns more and why? A multiple mediation model from personality to salary, Journal of Business and Psychology, 26, S. 87–103.

5 Timothy A. Judge, Beth A. Livingston, Charlice Hurst, Do nice guys – and gals – really finish last? The joint effects of sex and agreeableness on income, Journal of Personality and Social Psychology, Vol. 102, 2, Feb. 2012, S. 390–407.

6 Fred R. Shapiro (Hg.), The Yale Book of Quotations, Yale University Press, 2006, S. 221.

7 Christine Porath, No Time to Be Nice at Work, The New York Times, 19.6.2015.

8 Porath, a. a. O.

9 Christine Porath und Christine Pearson, The Price of Incivility, Harvard Business Review, January-February 2013, online abrufbar unter: https://hbr.org/2013/01/the-price-of-incivility, letzter Aufruf am 21.9.2015.

10 Einen guten Überblick bieten: Christine L. Porath und Amir Erez, How rudeness takes its toll, The Psychologist, Vol. 24, No. 7, Juli 2011, S. 508–511; Pearson, C. M. & Porath, C. L., The cost of bad behavior – How incivility damages your business and what you can do about it, Portfolio/Penguin, New York 2009; Porath, C. L., & Erez, A. (2007), Does rudeness matter? The effects of rude behavior on task performance and helpfulness, Academy of Management Journal, 50, S. 1181–1197.

11 T. Foulk, A. Woolum, A. Erez, Catching Rudeness Is Like Catching a

Cold: The Contagion Effects of Low-Intensity Negative Behaviors, Journal of Applied Psychology, Juni 29, 2015, epub first, online aufrufbar unter: http://psycnet.apa.org/psycinfo/2015-28930-001.

12 Christine Porath, Deborah MacInnis und Valerie S. Folkes, It's Unfair: Why Customers Who Merely Observe an Uncivil Employee Abandon the Company, Journal of Service Research, August 2011, Vol. 14, No. 3, S. 302–317.

13 Christine Porath, Debbie Macinnis, Valerie Folkes, Witnessing Incivility among Employees: Effects on Consumer Anger and Negative Inferences about Companies, Journal of Consumer Research, Vol 37, August 2010, S. 292–303.

14 http://www.learnkey.com/workplaceetiquette, zuletzt aufgerufen am 4.2.2015.

15 »Studies by Harvard University, the Carnegie Foundation, and the Stanford Research Institute have concluded that success in getting, keeping, and advancing in a job depends 85 percent on people skills and only 15 percent on technical knowledge and skills. Qualifications are important, but most decisions come down to our relationships with others. A polite, professional manner is a key component to one's success, and the Golden Rule of treating others as one would like to be treated pays big dividends in the business world. In short, workplace etiquette translates into workplace productivity. The good news is that people skills can be learned. Equipping job-seekers with basic rules of workplace etiquette will help them feel more relaxed and confident. Encouraging job-seekers to adopt a courteous mindset will carry over into every aspect of their career and will greatly boost their chance of success.«

16 Silke Schneider-Flaig, Der neue große KNIGGE. Gutes Benehmen und richtige Umgangsformen, Compact Verlag, München, 16. Auflage, 2013.

17 Comte-Sponville, a. a. O., S. 19.

18 Comte-Sponville, a. a. O., S. 27.

19 Zitiert nach: »Ich könnte auch ein Gondoliere sein«, Woody Allen im Gespräch mit Katja Nicodemus, Die Zeit vom 16.8.2012.

20 The Big Bang Theory, Staffel 1, Episode 4, »The Luminous Fish Effect«, Dialog im Original: »Sheldon: I can't believe he fired me. Leonard: Well, you did call him a glorified high-school science teacher whose last successful experiment was lighting his own farts. Sheldon: In my defence, I prefaced that by saying ›with all due respect‹.« Übersetzung: RE.

21 Dieses Zitat, das fast zum geflügelten Wort geworden ist, gibt es in dieser bekannteren Variante, aber auch in der Variante: »Herr Präsident, Sie sind ein Arschloch, mit Verlaub!« So zitiert es etwa Günter Pursch, Das neue parlamentarische Schimpfbuch, Langen Müller Verlag, 3., aktualisierte Auflage 1997, S. 45. Dort findet sich auch ein Hinweis, warum es sich nicht klären lässt, welche Variante Fischer tatsächlich gerufen hat: Die Sitzung sei vorher unterbrochen worden, deshalb ist der Ruf nicht im Protokoll verzeichnet, und es konnte deshalb auch keine Ordnungsmaßnahme gegen Fischer mehr erlassen werden. Daneben auch die Variante: »Mit Verlaub, Sie sind ein Arschloch, Herr Präsident!«; Gunter Hofmann, Politik, wie Klein Moritz sie sich vorstellt … DIE ZEIT 26. Oktober 1984, online abrufbar unter: http://www.zeit.de/1984/44/politik-wie-klein-moritz-sie-sich-vorstellt/komplettansicht. Ich folge hier der bekannteren Varianten, zitiert z. B. nach Peter Leusch und Ingeborg Breuer, »Mit Verlaub, Herr Präsident, Sie sind ein Arschloch«. Vom Wert des Schimpfens, Freistil, Deutschlandfunk, 20.3.2011, online abrufbar unter: http://www.deutschlandfunk.de/mit-verlaub-herr-praesident-sie-sind-ein-arschloch.866.de.html?dram:article_id=124179.

22 Comte-Sponville, a. a. O., S. 26.

23 Accountemps Survey, veröffentlicht am 5. August 2014, http://www.prnewswire.com/news-releases/accountemps-survey-mostemployees-say-workplace-etiquette-affectscareer-prospects-but-people-grow-less-courteous-as-they-rise-to-the-top-269965601.html. Zuletzt aufgerufen am 9.2.2015.

24 Immanuel Kant, Die Metaphysik der Sitten, Akademie-Ausgabe, Band VI, S. 473 f.

Das Posting – Höflichkeit und Internet

1 »Sie kotzen mich an«, Leserbriefe, aus: Christ & Welt Ausgabe 3/2015, online abrufbar unter: http://www.christundwelt.de/detail/artikel/sie-kotzen-mich-an/.

2 Vielleicht spielte auch eine Rolle, dass es sich beim Veranstalter des Kongresses um »Kirche in Not« handelt, ein weltweites Hilfswerk päpstlichen Rechts. Christiane Florin setzt sich in ihrer Begründung der Ablehnung kritisch mit den Päpsten Franziskus und Benedikt XVI., alias Josef Ratzinger auseinander: »Die katholische Kirche ist aber seit Benedikt XVI. geübt darin, Demokratien mit

ihren Kompromissen und Mehrheitsentscheidungen mal eben zu einer ›Diktatur des Relativismus‹ umzudeuten. Auch der diktaturerfahrene Franziskus hat diese Wendung zitiert. Sehr Papsttreuen geht deshalb eine Kampfvokabel wie ›Meinungsdiktatur‹ gläubig über die Lippen.« (Christiane Florin (Redaktionsleiterin), Editorial. Wir Meinungs-diktatoren, aus: Christ & Welt, Ausgabe 1/2015, online abrufbar un-ter: http://www.christundwelt.de/detail/artikel/wir-meinungs diktatoren/.) In dem Ganzen kann also durchaus eine interkonfessio-nelle Auseinandersetzung liegen, vielleicht auch vor dem Hintergrund, dass Josef Ratzinger als Papst ein Dokument bestätigt hat, wonach die Protestanten und andere christliche Gemeinschaften, die den Papst nicht anerkennen, keine »Kirche im eigentlichen Sinn« seien (siehe z. B. Süddeutsche Zeitung vom 19. Mai 2010, Papst: Protestanten sind keine Kirche, online abrufbar unter: http://www.sueddeutsche.de/panorama/schreiben-aus-dem-vatikan-papst-protestanten-sind-keine-kirche-1.922295). Eine Aussage, welche viele, auch katholische, Theologen als unnötige Kränkung ansahen.

3 Leserbriefe, »Sie kotzen mich an«, aus: Christ & Welt, Ausgabe 3/2015, online abrufbar unter: http://www.christundwelt.de/detail/artikel/sie-kotzen-mich-an/.

4 Wobei die Redaktion darauf hinweist, dass sie die Namen nicht auf Richtigkeit überprüfen konnte.

5 »Jetzt war es mir zu viel«, Interview mit Christiane Florin von Kathleen Hildebrand, Süddeutsche Zeitung vom 17.1.2015.de, online abrufbar unter: http://www.sueddeutsche.de/medien/beleidigende-leserbriefe-jetzt-war-es-mir-zu-viel-1.2308823.

6 Andrea Diener, Meine Tage im Hass, Frankfurter Allgemeine Zeitung, 11.7.2014, online abrufbar unter: www.faz.net/-gsb-7rgwd, letzter Aufruf am 6.8.2015.

7 http://hatepoetry.com/.

8 So der Chefredakteur des Magazins Cicero, Christoph Schwen-nicke: Das ist die letzte Warnung, online aufrufbar unter: http://www.cicero.de/berliner-republik/vom-keim-der-kommentare-facebook heiko maas und cicero/59756, letzter Aufruf am 24.10.2015.

9 Hannah Beitzer, Oben harmlose PR, unten tobt der Mob, Süddeut-sche.de vom 30.3.2015, online abrufbar unter: http://www.sued deutsche.de/politik/facebook-seite-der-bundesregierung-oben-harmlose- pr-unten-tobt-der-mob-1.2402421.

10 Julie Hirschfeld Davis, Obama's Twitter Debut, @POTUS, Attracts

Hate-Filled Posts, The New York Times vom 21.5.2015, online abrufbar unter: http://nyti.ms/1KmM6Rn, letzter Aufruf am 9.8.2015.

11 Joseph M. Reagle, Jr., Reading the Comments: Likers, Haters, and Manipulators at the Bottom of the Web, MIT Press, Cambridge, Massachusetts, 2015.

12 Mark O'Connell, It's Comments All the Way Down, The New Yorker, 17. Juni 2015, online abrufbar unter: http://www.newyorker.com/culture/cultural-comment/its-comments-all-the-way-down, als Besprechung des Buches Joseph M. Reagle, Jr., Reading the Comments: Likers, Haters, and Manipulators at the Bottom of the Web, MIT Press, Cambridge, Massachusetts, 2015; im Original lautet die Stelle: »If the Internet were to receive its own Ten Commandments – picture a Moses figure descending from Mountain View, clutching a stone phablet etched with a listicle of moral directives – somewhere in there would surely be the phrase ›Thou Shalt Not Read the Comments.‹ There are few online experiences more dispiriting, more arduously futile, than the downward scroll into the netherworld of half-assed provocations and inanities that exists beneath the typical opinion piece or YouTube video. It is plainly bad for the soul, the whole business, and yet we do it, all the time – or I do, at any rate, more of the time than I care to reflect upon. (…) There's presumably some kind of masochistic imperative at work here – the perverse compulsion of masochism, that is, without any of the perverse pleasure. (Clicking a »View All Comments« button is a mild manifestation, I suspect, of the Freudian death instinct.)«

13 Sascha Lobo, Keine Anonymität ist auch keine Lösung, Frankfurter Allgemeine Zeitung vom 21. Januar 2015, S. 13, online abrufbar unter: http://www.faz.net/aktuell/feuilleton/medien/klarnamen-im-netz-keine-anonymitaet-ist-auch-keine-loesung-13381486.html, letzter Aufruf am 23.10.2015.

14 Platon, Politeia, Buch II, 359d – 360d.

15 Fleishman, Glenn, Cartoon Captures Spirit of the Internet, The New York Times vom 14.12.2000, online abrufbar unter: http://web.archive.org/web/20141030135629/http://www.nytimes.com/2000/12/14/technology/14DOGG.html. On the Internet, nobody knows you're a dog, in: Wikipedia, The Free Encyclopedia, online abrufbar unter: http://en.wikipedia.org/w/index.php?title=On_the_Internet,_nobody_knows_you%27re_a_dog&oldid=674000161, letzter Aufruf am 6.8.2015.

16 Jacquelyn Burkell, Anonymity in Behavioural Research: Not Being Unnamed, But Being Unknown, university of Ottawa law & technology journal (2006) 3:1, S. 189–203.

17 Suler, John, The Online Disinhibition Effect, in: CyberPsychology & Behavior, Juni 2004, 7(3), S. 321–326.

18 Arthur D. Santana (2014), Virtuous or Vitriolic, Journalism Practice, 8:1, S. 18–33, online abrufbar unter: http://www.tandfonline.com/doi/abs/10.1080/17512786.2013.813194#.VcN3c7ecvsY, letzter Aufruf am 6.8.2015.

19 Noam Lapidot-Lefler, Azy Barak, Effects of anonymity, invisibility, and lack of eye-contact on toxic online disinhibition, Computers in Human Behavior, Vol. 28, Issue 2, März 2012, S. 434–443.

20 Sascha Lobo, Die digitale Kränkung des Menschen, FAS 2/2015 vom 12. Januar 2015, S. 37, online abrufbar unter: http://www.faz.net/aktuell/feuilleton/debatten/abschied-von-der-utopie-die-digitale-kraenkung-des-menschen12747258.html.

21 Sigmund Freud, Eine Schwierigkeit der Psychoanalyse, in: Imago. Zeitschrift für die Anwendung der Psychoanalyse auf die Geisteswissenschaften, Bd. V (1917), S. 1–7, online abrufbar unter: http://www.gutenberg.org/ebooks/29097.

22 Sascha Lobo, a.a.O.

23 Siehe dazu die Dokumentation in: Hermann Beil, Jutta Ferbers, Claus Peymann, Rita Thiele (Hg.), Weltkomödie Österreich. 13 Jahre Burgtheater 1986–1999, Band II, Chronik, Paul Zsolnay Verlag, Wien 1999, S. 90 ff.

24 Deutschlandradio Kultur, im Gespräch vom 11.6.2015, Moderation: Susanne Führer, online abrufbar unter: http://www.deutschlandradiokultur.de/claus-peymann-wenn-man-es-nett-sagt-merkt-es-ja-keiner.970.de.html?dram:article_id=322266.

25 Facebookseite von Armin Wolf, www.facebook.com/arminwolf.journalist, Posting vom 23. Oktober 2013.

26 Dieter Nuhr, Wir leben im digitalen Mittelalter, FAZ-Online vom 17.7.2015, abrufbar unter: http://www.faz.net/aktuell/feuilleton/medien/dieter-nuhr-ueber-shitstorms-digitales-mittelalter-13706268.html.

27 Dieter Nuhr, a.a.O.

28 Siehe Jan Füchtjohann, Der Medienprophet, Süddeutsche Zeitung online vom 10.2.2011, online abrufbar unter: sz.de/1.1057782; Eric McLuhan, Thoughts after McLuhan, International Journal of

McLuhan Studies vom 28.1.2012, online abrufbar unter:
http://www.mcluhanstudies.com/index.php?option=com_content
&view=article&id=481:thoughts-aftermcluhan&catid=98:mcluhan
&Itemid=585.

29 Siehe Stephan Orth, Verbotene Reize. 15 Sekunden nackter Wahnsinn,
Spiegel online Einestages vom 22.11.2007, online abrufbar unter:
http://www.spiegel.de/einestages/verbotene-reize-a-950125.html.

Der Händedruck – Höflichkeit und Hygiene

1 Jon Mooallem, The history of the high five, ESPN The Magazine,
8.8.2011, online abrufbar unter: http://espn.go.com/espn/story/_/
page/Mag15historyofthehighfive/who-invented-high-five.

2 Denise Winterman, Handwashing: Why are the British so bad at
washing their hands?, BBC News Magazine, 15.10.2012, online abrufbar unter: http://www.bbc.com/news/magazine-19834975, letzter
Aufruf am 10.9.2015.

3 Denise Winterman, a.a.O.

4 Sally F. Bloomfield, Allison E. Aiello, Barry Cookson, Carol O'Boyle
und Elaine L. Larson, The effectiveness of hand hygiene procedures
in reducing the risks of infections in home and community settings
including handwashing and alcohol-based hand sanitizers, Tamer
Rabie and Valerie Curtis, American Journal of Infection Control,
Band 35, S. S27–S64, Dezember 2007; Handwashing and risk of respi-
ratory infections: a quantitative systematic review, Tropical Medicine
and International Health, Vol. 11, No. 3, März 2006, S. 258–267.

5 Laut einem Bericht des WDR: Weltkarte des Niesens – interaktiv:
Niesen im internationalen Vergleich, online abrufbar unter:
http://www1.wdr.de/themen/wissen/weltkarte-niesen-100.html;
https://youtu.be/CnqtMD7-jlE; https://youtu.be/ZqgDv4ZgWK8;
letzter Aufruf jeweils am 18.10.2015.

6 Idan Frumin, Ofer Perl, Yaara Endevelt-Shapira, Ami Eisen, Neetai
Eshel, Iris Heller, Maya Shemesh, Aharon Ravia, Lee Sela, Anat Arzi,
Noam Sobel, A social chemosignaling function for human hand-
shaking, eLife 2015;4:e05154. DOI: 10.7554/eLife.05154, online abruf-
bar unter: http://elifesciences.org/content/4/e05154.full, letzter
Aufruf am 10.9.2015.

7 Evely Roll, Schüttelfrust, Süddeutsche Zeitung vom 2./3.11.2013,
Wochenende, S. V2/2.

8   Scientists Create Formula For Perfect Handshake, Pressemitteilung
    von GM United Kingdom vom 15.7.2010, online abrufbar unter:
    http://media.gm.com/media/gb/en/chevrolet/news.detail.html/
    content/Pages/news/gb/en/2010/CHEVROLET/07_15_perfect_
    hand_shake.html; oder: http://www.newspress.co.uk/public/View
    PressRelease.aspx?pr=23313, letzter Aufruf jeweils am 11.9.2015.

9   »The mathematical formula has been developed for car brand
    Chevrolet as part of a handshake training guide for its staff to prepare
    them ahead of the launch of the new 5 Year Promise offer, which aims
    to offer peace of mind and reassurance to its customers.« Chevrolet,
    a. a. O.

10 Robert E. Brown und Dorothea Johnson, The Protocol School of
    Washington®, The Power of Handshaking. For Peak Performance
    Worldwide, Capital Books, Sterling, Virginia 2004, Klappentext:
    »From now on, whenever you meet new people for business or pleas-
    ure – The Power of Handshaking promises you'll never walk away from
    a greeting empty-handed. You'll learn how culture-based interaction,
    like handshaking, can profoundly affect the outcome of business (or
    personal) transactions worldwide.«

11 Siehe z. B. der Bericht des SWR-Wissensmagazins odysso:
    Hygiene im Krankenhaus – Wie schnell verbreiten sich Keime?
    Macht Massentierhaltung krank?, online abrufbar unter:
    http://www.swr.de/odysso/-/id=1046894/nid=1046894
    /did=9272990/10t524 lindex.html.

12 Mark Sklansky, Nikhil Nadkarni, Lynn Ramirez-Avila, Banning the
    Handshake From the Health Care Setting, JAMA
    2014;311(24):2477–2478, online abrufbar unter: http://jama.jamanet
    work.com/article.aspx?articleid=1873637.

13 Siehe z. B. den Beitrag in einem Magazin für Gesundheitswirtschaft:
    Romy König, Abschied vom Händeschütteln, kma – Das Gesund-
    heitswirtschaftsmagazin, 19. Jahrgang, August 2014, S. 53–54.

14 Mike Jenkins, The meaning of the handshake towards the end of the
    consultation, British Journal of General Practice, April 2007, 324, aber
    auch Slansky et al. sehen den medizinischen Wert des Händedrucks
    zwischen Arzt und Patient.

15 Stern-Umfrage: Die meisten Deutschen halten Händeschütteln in
    Kliniken und Arztpraxen für entbehrlich, Presse-Portal vom
    27.5.2014, online abrufbar unter: http://www.presseportal.de/
    pm/6329/2747028, letzter Aufruf am 12.9.2015.

16 P. A. Ghareeb, T. Bourlai, W. Dutton, W. T. McClellan, Reducing pathogen transmission in a hospital setting. Handshake verses fist bump: a pilot study, Journal of Hospital Infection 85 (2013), S. 321–323.

17 Im Original: »The warmth of human contact, with a manly whiff of violence.« The Falcon and the D'Ohman, deutsch: Homer Impossible, Staffel 23, Episode 1.

18 Mark Leibovich, In Clean Politics, Flesh Is Pressed, Then Sanitized, The New York Times, 28.10.2006, online abrufbar unter: http://www.nytimes.com/2006/10/28/us/politics/28dirty.html, letzter Aufruf am 12.9.2015.

19 Valerie Curtis, Don't Look, Don't Touch, Don't Eat. The Science Behind Revulsion, The University of Chicago Press, Chicago and London 2013, S. 56 f.

20 Curtis, a. a. O., S. 58.

21 Curtis, a. a. O., S. 57 f.

22 Die und die folgenden Ausführungen sowie die Abbildung: Shaun Nichols, On The Genealogy Of Norms: A Case For The Role Of Emotion In Cultural Evolution, Philosophy of Science, Vol. 69, No. 2 (Juni 2002), S. 234–255.

Der Kniefall – Höflichkeit und Religion

1 Im Original: »100 coups de fouet, si vous n'êtes pas morts de rire!«

2 Auf dem Cover war der französische Autor Michel Houellebecq karikiert, anlässlich dessen neuen Romans »Unterwerfung« (Soumission), der am gleichen Tag in Frankreich erschien. Der Roman handelt davon, dass, um einen Wahlsieg des rechten Front National unter Marine Le Pen zu verhindern, die Sozialisten und Konservativen im Jahr 2022 ein Bündnis mit dem muslimischen Politiker Ben Abbès eingehen und diesen zum Präsidenten wählen. Einmal an der Macht, schafft Abbès den in Frankreich herrschenden Laizismus zugunsten islamischer Grundsätze ab.

3 Deniz Yücel, Jede Menge falsche Freunde, http://taz.de/Kommentar-Je-suis-Charlie-Hebdo/!152463/.

4 http://www.usatoday.com/story/opinion/2015/01/08/charlie-hebdo-usa-today-opposing-view-anjem-choudary-editorial-debates/21459521/.

5 http://www.usatoday.com/story/opinion/2015/01/07/islam-allah-muslims-shariah-anjem-choudary-editorials-debates/21417461/.

6 http://www.washingtonpost.com/blogs/worldviews/wp/
   2015/01/07/after-charlie-hebdo-attack-u-s-catholic-group-says-
   cartoonists-provoked-slaughter/.

7 http://www.catholicleague.org/muslims-right-angry/.

8 Der Papst gab das Interview auf Italienisch, bei dem Text handelt es
   sich um die Übersetzung der Katholischen Nachrichtenagentur,
   zitiert nach einer Meldung der katholischen Zeitung Die Tagespost
   http://www.die-tagespost.de/kirche-aktuell/Papst-Nicht-ueber-
   Religion-lustig-machen;art312,157774. Im englischen Transkript der
   Catholic News Agency lautet die Passage folgendermaßen: »The freedom of expression … Every one of us has not just the freedom, the
   right, but also the obligation to say what he thinks to help build the
   common good. The obligation. … We have the obligation to freely
   have this liberty, but without offending. It's true that you cannot
   react violently. But, if Dr. Gasbarri, my great friend, says something
   against my mother, he can expect a punch. It's normal. It's normal.
   You cannot provoke, you cannot insult the faith of others, you
   cannot make fun of the faith.« Übersetzung ins Deutsche: RE;
   http://www.catholicnewsagency.com/news/full-transcript-of-
   popesinterview-in-flight-to-manila-96471/. Im Italienischen kann
   man das Interview bei La Stampa lesen: http://vaticaninsider.
   lastampa.it/nel-mondo/dettaglio-articolo/articolo/francesco-
   filippine-38560/. Auf der Webseite von La Stampa gibt es auch eine
   englische Übersetzung: http://vaticaninsider.lastampa.it/en/world-
   news/detail/articolo/francesco-filippine-38560/. Eine weitere in-
   offizielle Übersetzung ins Deutsche findet man im Vatikan-Blog
   »Papstgeflüster« von Jürgen Erbacher auf den Seiten des ZDF
   (http://blog.zdf.de/papstgefluester/2015/01/15/franziskus-in-asien-
   tag-3/). »Die Meinungsfreiheit. Jeder hat nicht nur die Freiheit und
   das Recht, sondern die Pflicht, das zu sagen, was er denkt, um dem
   Gemeinwohl zu helfen. (…) Wir haben die Pflicht, das offen zu
   sagen. Wir haben diese Freiheit, aber ohne zu beleidigen. Denn es ist
   wahr, dass man nicht mit Gewalt reagieren kann. Aber wenn Dottore
   Gasbarri, ein großer Freund [päpstlicher Reisemarschall, der neben
   Franziskus steht], meine Mutter beleidigt, erwartet ihn ein Faustschlag [macht Faustschlag in Richtung Gasbarri]. Aber das ist doch
   normal. Das ist normal. Man kann nicht provozieren, man kann nicht
   den Glauben der anderen schmähen. Man kann sich nicht über den
   Glauben lustig machen.«

9 Matthäus 5, 39. In der Einheitsübersetzung heißt die Stelle: »Ich aber sage euch: Leistet dem, der euch etwas Böses antut, keinen Widerstand, sondern wenn dich einer auf die rechte Wange schlägt, dann halt ihm auch die andere hin.«

10 David Brooks, I Am Not Charlie Hebdo, The New York Times, 9. Januar 2015, S. A23, online gestellt am 8. Januar 2015, online abrufbar unter: http://www.nytimes.com/2015/01/09/opinion/david-brooks-i-am-not-charlie-hebdo.html.

11 Im Original: »Fortunately, social manners are more malleable and supple than laws and codes. Most societies have successfully maintained standards of civility and respect while keeping open avenues for those who are funny, uncivil and offensive.«

12 Die amerikanische Religionswissenschaftlerin Karen Armstrong behauptet das Gegenteil in ihrem weithin gelobten Buch Fields of Blood, Alfred A. Knopf, New York 2014, Im Namen Gottes: Religion und Gewalt, Pattloch Verlag, München 2014.

13 Süddeutsche Zeitung Magazin, Heft 19/2004, abgedruckt in: Rainer Erlinger, Gewissensfragen, Süddeutsche Zeitung Edition, München 2005, S. 239 f.

14 Zum Beispiel bei: Elisabeth Bonneau, 300 Fragen zum guten Benehmen, Gräfe und Unzer Verlag, München, 3. Auflage, 2007.

15 Elisabeth Bonneau, Der große GU-Knigge, Gräfe und Unzer Verlag, München, 2. Auflage, 2010.

16 Süddeutsche Zeitung Magazin, Heft 13/2015.

17 Süddeutsche Zeitung Magazin, Heft 19/2013.

18 Penn Jillette, God, No! Signs You May Already Be an Atheist and Other Magical Tales, Simon & Schuster Paperbacks, New York 2012, S. 59 f.

19 Im Original: »You can't respect someone's right to not believe in something that's going to give him or her eternal life. That's not real respect, that's callous disregard. That's negligent eternal homicide.« Übersetzung: RE; Jilette, a. a. O., S. 61.

20 Im Original: »… if you're polite and let me believe what I want …«, Übersetzung: RE; Jilette, a. a. O., S. 62.

Willkommen – Höflichkeit zwischen den Kulturen

1 Diese Fragen und viele weitere Fragen warf in einem wohltuend klaren Diskussionsbeitrag der Hamburger Rechtsphilosoph Reinhard

Merkel auf. Dessen letzter Absatz beginnt mit den bemerkenswerten
Sätzen: »Antworten? Habe ich nicht. Und jeder, der heute glaubt, er
habe sie, dürfte sich irren. Aber die Politik muss sie am Ende geben.«
Reinhard Merkel, Das Leben der anderen ist armselig und kurz, FAZ
vom 22.9.2015, online abrufbar unter: http://www.faz.net/aktuell/
feuilleton/debatten/klimafluechtlinge-wo-liegt-die-grenze-des-
zumutbaren13815941.html, letzter Aufruf am 22.9.2015.

2 Der Philosoph Volker Gerhardt unterscheidet auf der Basis von
Kant zwischen dem Besuchsrecht und dem Recht, als Gast vielleicht
auch auf Dauer zu bleiben. Volker Gerhardt, Was Immanuel Kant
zur Flüchtlingskrise sagen würde, Sein und Streit, Interview von
Thorsten Jantschek, Deutschlandradio Kultur vom 27.9.2015, online
abrufbar unter: http://www.deutschlandradiokultur.de/volker-
gerhardt-im-interview-was-immanuel-kant-zur.2162.de.html?
dram%3Aarticle_id=332192.

3 Siehe z.B. Paul Munzinger, Wie die Kanzlerin ein Flüchtlings-
mädchen zum Weinen bringt, Süddeutsche.de vom 16.7.2015, online
abrufbar unter: http://www.sueddeutsche.de/politik/kanzlerin-
im-buergerdialog-wie-merkel-ein-fluechtlingsmaedchen-zum-
weinen-bringt-1.2568813.

4 Post vom 18.7.2015, wörtlich: »Ich weiss nicht, obs nur mir so
geht, aber bei vielen politischen Internet-Aufregern ist meine
Meinung uneindeutig, auch weil ich von vielen komplexen Zusammenhängen keine Ahnung habe. Sehe ich mir das Merkel-Flüchtlings-
mädchen-Video (ungekürzt!) an, finde ich das, was sie vorab zu erklären versucht, nicht so überraschend. Dass sie sich solchen
risikoträchtigen TV-Situationen überhaupt stellt, ist ihr anzurechnen.
Das Gestreichel am Ende war allerdings zumindest unbeholfen
und da kam mir ein Cartoon hoch.« Online abrufbar unter:
https://www.facebook.com/RalfKoenig/posts/925841750810510:0,
letzter Aufruf am 21.9.2015.

5 Z.B. Silke Schneider-Flaig, Der neue große Knigge, Compact Verlag,
München, 16. Auflage, 2013, S. 298; http://www.transitions
abroad.com/listings/living/articles/business-etiquette-abroad.
shtml; http://www.kwintessential.co.uk/resources/global-
etiquette/japan-country-profiles.html.

6 Besonders umfangreich zum Beispiel bei Silke Schneider-Flaig, Der
neue große Knigge, Compact Verlag, München, 16. Auflage, 2013,
S. 239–324.

7 British minister in cultural gaffe after giving Taipei mayor ›taboo‹ watch, The Guardian, 27.1.2015, online abrufbar unter: http://www.theguardian.com/world/2015/jan/27/british-minister-cultural-gaffe-taipei-mayor-taboo-watch; UK minister apologises for Taiwan watch gaffe, BBC News vom 26.1.2015, online abrufbar unter: http://www.bbc.com/news/world-asia-30994307; Lawrence Chung in Taipei and Agence France-Presse, Taipei mayor gets a ticking off after calling watch gift from British MP ›a piece of junk‹, South China Morning Post vom 27.1.2015, online abrufbar unter: http://www.scmp.com/news/china/article/1692934/scrap-taipei-mayor-unimpressed-taboo-watch-gift?page=all.

8 British minister in cultural gaffe after giving Taipei mayor ›taboo‹ watch, The Guardian, 27.1.2015, online abrufbar unter: http://www.theguardian.com/world/2015/jan/27/british-minister-cultural-gaffe-taipei-mayor-taboo-watch.

9 Ho, David Yau-Fai, On the Concept of Face, American Journal of Sociology, 1976, Vol. 81 (4), S. 867–884, online abrufbar unter: www.jstor.org/stable/2777600, Übersetzung: RE.

10 Edward T. Hall, Die Sprache des Raumes, Pädagogischer Verlag Schwann, Düsseldorf 1976, S. 15; Das Buch ist leider auch antiquarisch nur mehr schwer erhältlich, deshalb sei auf das amerikanische Original verwiesen: Edward T. Hall, The Hidden Dimension, Anchor Books, New York 1966.

11 Hall, a.a.O., S. 118ff.

12 Hall, a.a.O., S. 156.

13 Hall, a.a.O., S. 156ff.

14 Hall, a.a.O., S. 134ff.

15 Edward T. Hall, The Dance of Life, The Other Dimension of Time, Anchor Books, New York 1989; Edward T. Hall, The Silent Language, Anchor Books, New York 1990.

16 Darcie Connell, How to Practice Proper Business Etiquette Around the World, online abrufbar unter: http://www.transitionsabroad.com/listings/living/articles/business-etiquette-abroad.shtml, letzter Aufruf am 21.9.2015.

17 Asfa-Wossen Asserate, Manieren, dtv, München 2005, S. 109.

18 Süddeutsche Zeitung Magazin, Heft 21/2008, abgedruckt in: Rainer Erlinger, Gewissensbisse, 111 Antworten auf moralische Fragen des Alltags, Fischer Verlag, Frankfurt am Main 2011, S. 211 f.

19 Brewer, The Dictionary of Phrase and Fable, Galley Press, Leicester

1988, S. 1070; Gary Martin, The meaning and origin of the expression: When in Rome, do as the Romans do, The Phrase Finder, online abrufbar unter: http://www.phrases.org.uk/meanings/when-in-rome-do-as-the-romans-do.html; Tom Weber, Do as the Romans do ... says who?, Italian Notebook, online abrufbar unter: http://www.italiannotebook.com/local-interest/origin-do-as-romans-do/.

20 Augustinus, Epistola 54, unter 3., online abrufbar unter: http://www.augustinus.it/latino/lettere/lettera_054_testo.htm; Übersetzung: RE.

Die Provokation – Begrenzung der Höflichkeit

1   Herbert Marcuse, Repressive Toleranz, in: Wolff, Robert Paul / Moore, Barrington / Marcuse, Herbert: Kritik der reinen Toleranz, Suhrkamp, Frankfurt am Main 1966.

2   Henry Alford, Would It KILL YOU to Stop DOING THAT?, Twelve, New York 2013, S. 1.

3   Alford, a. a. O., S. 2, im Original: »If the thing you want to look at is manners, and the place you go to is Japan, all the better: here is a place where etiquette has been burnished to art. To enter these highly codified realms is to be alternately baffled, delighted, aggrieved, wonderstruck.«

4   Peter Pörtner, »Pastiche über die Gewalt der Höflichkeit und die Höflichkeit der Gewalt«, in: Ruthard Stäblein, Höflichkeit. Tugend oder schöner Schein, Elster Verlag, Bühl-Moos 1993, S. 174–185, S. 175. Der Beitrag ist in der gleichnamigen 1997 im Fischer Verlag erschienenen Taschenbuchausgabe nicht abgedruckt.

5   Moto Mio, Die Ästhetik des Kamikaze, in: Ruthard Stäblein, Höflichkeit. Tugend oder Schöner Schein, Elster Verlag, Bühl-Moos 1993, S. 186–197, S. 189.

6   Mio, a. a. O., S. 196 f.

7   Der Spiegel 48/1967 vom 20. 11. 1967, S. 84, online abrufbar unter: http://www.spiegel.de/spiegel/print/d-46196225.html.

8   NDR.de, Der Muff unter den Talaren, online abrufbar unter: http://www.ndr.de/kultur/geschichte/studentenbewegung2.html.

9   Kathrin Haimerl, Mit Verlaub, Sie haben lässige Schuhe!, Süddeutsche.de vom 17. Mai 2010, online abrufbar unter: http://www.sueddeutsche.de/leben/joschka-fischer-mit-verlaub-sie-haben-laessige-schuhe-1.588408, letzter Aufruf am 26.3.2015.

10 Der Spiegel 51/1985 vom 16.12.1985, online abrufbar unter:
http://www.spiegel.de/spiegel/print/d-13516018.html.

11 http://www.ledermuseum.de/DLM/frames_d/hfr_04_d.html.

12 Kathrin Haimerl, Süddeutsche.de, a.a.O.

13 Rainer Paris, Der kurze Atem der Provokation, in: Rainer Paris,
Machtstudien, Suhrkamp, Frankfurt am Main 1998, S. 57–89.

14 Paris, a.a.O., S. 58, Hervorhebungen im Original.

15 Paris, a.a.O., S. 58 f.

16 Paris, a.a.O., S. 74.

17 Paris, a.a.O., S. 59.

18 https://www.facebook.com/deutschesprachwelt/photos/
a.10150242769705252.487733.133749280251/1015480830 4585252/.

19 Antonia Baum, Sagen Sie bitte Profx. zu mir, FAZ vom 17.11.2014,
online abrufbar unter: http://www.faz.net/aktuell/feuilleton/
debatten/profx-als-geschlechtergerechte-sprache-fuer-professoren-
13268220.html.

20 https://www.facebook.com/ulf.poschardt; der Post von Ulf
Poschardt stammt vom 6.11.2014 und ist leider nur in der Tilmeline
und nicht direkt aufrufbar. Letzter Aufruf am 17.11.2015.

21 So auch der Vorwurf von Kathrin Spoerr in einem in der Welt ver-
öffentlichten Gespräch mit Ulf Poschardt.
Spoerr: »Profx. Sie haben sie jüngst auf Facebook beleidigt. Schon
vergessen?« […] »Sie haben unter ein Bild von Lann Hornscheidt auf
Facebook die Buchstaben ›Wysiwyg‹ gepostet, ›What you see is what
you get‹. Das sollte witzig sein, und viele Männer haben Ihnen auch
zugestimmt und sich abfällig über Hornscheidt geäußert. Sie alle haben das gemacht, was Männer in den letzten tausend Jahren gemacht
haben: Frauen aufs Äußere reduzieren. Das ist nicht witzig, sondern
altherrenhaft.«
Poschardt bestritt das allerdings:
»Poschardt: Ich reduziere zunächst alles aufs Äußere, dann auf das
Äußerste und ziehe die Lektüre von Oberflächen dem deutschen
Hang zu Wesen und Tiefe vor. Zudem habe ich mich ausführlichst in
meiner Modetheorie, 1998 erschienen, mit Genderwissenschaften beschäftigt und sie zum Teil als inspirierend, zum Teil als vollkommen
absurde Blüte eines Lehrstuhlbiotops wahrgenommen. Das ›Wysiwyg‹ meint das Ganze: die Ansprache, den Look der Profx-Seite, das
Foto, alles: Sie kennen doch den Song von ABC. Die Aufgeregtheit
über diese sieben Buchstaben steht exemplarisch für eine nerv-

tötende Aufgeregtheit, die alles befördert, nur nicht die Auseinander-
setzung mit den Problemen, die das Durcheinander von sexuellen
Identitäten so erzeugt ...
Spoerr: ... kommt jetzt wieder eine theoretische Sonntags-
predigt?« Let's talk about Gender, Kathrin Spoerr und Ulf
Poschardt streiten über (Irr-)Wege zur Emanzipation,
http://www.welt.de/politik/deutschland/article135879216/
Lets-talk-about-Gender.html.

22 Claudius Seidl, Kommentar vom 6. November 2014, 16:51, am
18.11.2015, 103 Likes.

23 Paris, a.a.O., S.71.

24 Paris, a.a.O., S.71.

25 Inge Kutter, Hallöchen, Herr Professor, Die Zeit 47/2012 vom
24.11.2012, online abrufbar unter: http://www.zeit.de/2012/47/
Professoren-Studenten-Korrespondenz; »Hi, Prof, wann schreiben
wir Klausur?« Interview mit Martin Gutzeit von Nina Belz, FAZ vom
25.5.2011, online abrufbar unter: http://www.faz.net/aktuell/
gesellschaft/ein-jura-professor-ueber-umgangsformen-hi-prof-
wann-schreiben-wir-klausur-15868.html.

26 Jan Seifert, Nähe und Distanz in studentischen E-Mails, Aptum, Zeitschrift für Sprachkritik und Sprachkultur 8/2012, S.1–25; siehe auch
Ulrike Eva Klopp, Der Ton macht auch die Mail, forsch, Bonner Uni-
versitäts-Nachrichten, Februar 2013, S.25, online abrufbar unter:
https://cams.ukb.uni-bonn.de/hkom/e-forsch/februar-2013/
epaper/ausgabe.pdf.

27 Zitiert nach Kutter, a.a.O.

28 Kutter, a.a.O.

29 Die Schilderung der Szene und die Wortlautzitate folgen dem Buch
von Marco Carini, Fritz Teufel. Wenn's der Wahrheitsfindung dient,
Konkret Literatur Verlag, Hamburg 2003, S.81 ff., insbesondere S.84.

30 Uwe Wesel, Die verspielte Revolution, 1968 und die Folgen, Blessing,
München 2002.

31 Harald Weinrich, Lügt man im Deutschen, wenn man höflich ist?,
Duden-Beiträge zu Fragen der Rechtschreibung, der Grammatik und
des Stils, Heft 48, Bibliographisches Institut, Mannheim 1986, S.5.

Der Tanzschritt – Höflichkeit und Takt

1 Helmuth Plessner, Grenzen der Gemeinschaft, Suhrkamp, Frankfurt am Main 2002, S. 107.

2 Baldassare Castiglione, Der Hofmann, übersetzt von Albert Wesselski, Verlag Wagenbach, Berlin, 3. Auflage, 2008, S. 35 f.; »Sprezzatura« habe ich eingefügt, im Original der Übersetzung steht nur »Nachlässigkeit«.

3 William Safire, THE WAY WE LIVE NOW: 10–27–02: ON LANGUAGE; Sprezzatura, The New York Times, 27.10.2002, online abrufbar unter: http://www.nytimes.com/2002/10/27/magazine/the-way-we-live-now10–27–02-on-language-sprezzatura.html.

4 http://www.oxforddictionaries.com/definition/english/sprezzatura.

5 Siehe z. B.: Lynn M. Louden, »Sprezzatura« in Raphael and Castiglione, Art Journal, Vol. 28, No. 1 (Herbst 1968), S. 43–49, S. 53.

6 Castiglione, a. a. O.

7 Plessner, a. a. O., S. 80

8 Martin Zips, »Das hat eine ganz starke Symbolik«, Süddeutsche.de vom 25.6.2015, online abrufbar unter: http://www.sueddeutsche.de/panorama/diskussion-um-bild-fuer-die-queen-das-hat-eine-ganz-starke-symbolik-1.2537344; Florian Siebeck, »Der Königin hat das blaue Pferd gefallen«, FAZ.net vom 25.6.2015, online abrufbar unter: http://www.faz.net/-gum-84ye4.

9 https://www.youtube.com/watch?v=CC3gIjzFQcI.

10 Kate Connolly, Queen unimpressed by blue horse painting on German state visit, TheGuardian.com vom 24.6.2015, online abrufbar unter: http://www.theguardian.com/uk-news/2015/jun/24/queen-blue-horse-painting-german-state-visit.

11 Tom Batchelor, Germans insult Queen with state ›portrait‹ which looks like work of a five-year-old, Express.co.uk vom 24.6.2015, online abrufbar unter: http://www.express.co.uk/news/royal/586605/Queen-bizarre-painting-gift-German-president.

12 Stefanie Bolzen, Von Gaucks Geschenk war die Queen peinlich berührt, Die Welt online vom 25.6.2015, online abrufbar unter: http://www.welt.de/politik/ausland/article143058142/Von-Gaucks-Geschenk-war-die-Queen-peinlich-beruehrt.html.

13 Duden online, abrufbar unter: http://www.duden.de/rechtschreibung/Takt_Rhythmus_Metrum.

14 Deutsches Wörterbuch von Jacob Grimm und Wilhelm Grimm, online abrufbar unter: http://woerterbuchnetz.de/DWB/?sigle= DWB&mode=Vernetzung&lemid=GT00647#XGT00647.

15 Gerhard Wahrig, Deutsches Wörterbuch, Bertelsmann Lexikon Verlag, Gütersloh 1986.

16 Jakob Muth, Pädagogischer Takt, Neue Deutsche Schule Verlagsgesellschaft mbH, Essen, 3. Auflage, 1982, S. 17, unter Zitierung von: »Feingefühl«: Ernst Wasserzieher, Woher?, Dümmler, Bonn; »Zurückhaltung«: Richard Pekrun, Das deutsche Wort, Keyser, Heidelberg, 3. Auflage, 1955.

17 Muth, a. a. O., S. 20, Hervorhebungen im Original.

18 Plessner, a. a. O., S. 110.

19 Theodor W. Adorno, Minima Moralia. Reflexionen aus dem beschädigten Leben, Suhrkamp, Frankfurt am Main 1951, S. 16, Zur Dialektik des Takts.

20 Ulrich Raulff, Nachwort. Die Minima Moralia nach fünfzig Jahren. Ein philosophisches Volksbuch im Spiegel seiner Kritik, in: Andreas Bernard, Ulrich Raulff (Hg.), Theodor W. Adorno ›Minima Moralia‹ neu gelesen, Suhrkamp, Frankfurt am Main 2003, S. 125.

21 Baisers volés, deutsch: Geraubte Küsse, von François Truffaut 1968.

22 Slavoj Žižek, Good Manners in the Age of WikiLeaks, London Review of Books, Vol. 33 No. 2, 20 January 2011, pages 9–10, online abrufbar unter: http://www.lrb.co.uk/v33/no2/slavoj-zizek/good-manners-in-the-age-of-wikileaks, letzter Aufruf am 3.9.2015.

23 Rudolf Lennert, Versuch über den Begriff der Taktlosigkeit, in: Neue Sammlung, 1. Jahrgang 1946, S. 659, zitiert nach: Jakob Muth, Pädagogischer Takt, Neue Schule Verlagsgesellschaft mbH, Essen, 3. Auflage, 1982, S. 22. Von Muth stammen auch, wie er in Fußnote 7 angibt, die Ergänzungen in Klammern.

24 Tobias Rapp, Lost and Sound. Berlin, Techno und der Easyjetset, Suhrkamp, Frankfurt am Main 2009, S. 145 ff.

REGISTER

#merkelstreichelt 245 f.

10/5 way 135 ff.
15 Minuten Ruhm 198 f.
»2 Broke Girls« 151
»47 Samurai« 268

Achtung 15 ff., 48 f., 52 f., 55, 66,
    68, 69, 91, 96, 102, 104 f., 135, 137,
    144, 146 f., 148, 150, 153 ff., 164,
    168, 171 ff., 175, 176 f., 209, 232,
    235, 238, 244, 247, 248, 259, 263,
    266, 275, 280 f., 287, 300, 301,
    302, 303,
Adorno, Theodor W. 297 ff.
Alford, Henry 266
Alltagsphänomene 158
Altersarmut 115
Ambrosius 261
Anglo-EU-Translation-Guide 82 ff.
Anonymität 182, 186, 188 f., 190,
    199
Anstand 8, 15, 16, 33 ff., 170, 221,
    304 f.
Ansteckungseffekte 165
Anti-Mode 65
Anwalt 75 ff., 93, 283
Anzug, formeller 69 ff., 279, 304
Araber 254
Arbeitsleistung 164

Arbeitsqualität 164
arrogant 7
Arzt 72 ff., 87, 134, 214 f.
Asserate, Asfa-Wossen 257 f.
Asterix 42 f., 82, 83
Asylsuchende 240 ff.
»Auf der Suche nach der verlore-
    nen Zeit« 258
Aufhalten der Türe 15 ff., 61, 112,
    146, 168, 209, 287, 303
Aufstehen 230
Aufstehen für Ältere 105 ff., 230 ff.
Augenbrauen 142
Augengruß 143 ff.
Augengruß 263
Augenkontakt 189, 211, 307
Augustinus 261 f.
awkward 293

Badesee 269
»Baisers volés« 299 f.
Baker, Maurice 308
Beattie, Geoffrey 211
Beckham, David 112
Begrüßung 42 ff., 80, 142 ff., 147,
    158, 208, 210, 213, 218, 230, 245,
    248, 281,
Beobachtung ohne Bewertung
    93 ff.
Berghain 306, 307

Bergpredigt 226 f.
Bernhard, Thomas 194
Blondine 111
Blue Collar 159
Bond, James 70
Bonnefon, Jean-François 86
Bradshaw, Carrie 177
Brockhaus 15 f.
Brown, Penelope 49, 91, 132, 266
Bundestag, Deutscher 7 f.
Burkell, Jacquie 189
Bush, George W. 215
Business-Etikette 158 f.

Campingbus 26 f.
Cäsar, Gaius Julius 42
Castiglione, Baldassar 27, 269, 289
Catholic League 225
Charlie Hebdo 223 f.
Chefärzte 87
Chenier, Elice 114, 129
Chevrolet 211, 213
chivalry (s. a. Ritterlichkeit) 114,
    116, 127, 129
Christ & Welt 182 f.
Christen 182, 235
Chronemik 253, 256
Clemente, Deirdre 65
Clooney, George 175 f.
Code Red 23 ff.
Comte-Sponville, André 169,
    170 f., 172, 174 f.
Cooper, Sheldon 151, 171 ff.
Crew 85 f.
Crew Ressource Managment
    (CRM) 89 ff.
Cruise, Tom 23
Curtis, Valery 209 f., 217 ff., 222

Dame 28 ff.
Danke 155 f.
Das trägt man nicht 67
Dates, gleichgeschlechtliche 119
»De civilitate morum puerilium«
    221
Demutsgeste 144 f.
»Der Anständige« 33 ff.
»Der Prozeß der Zivilisation« 220 f.
Deutsche Bank 76
Deutsches Ledermuseum
    Offenbach 273
»Die Tante Jolesch« 99, 102 f.
Dietz, Simone 41, 44
Diskriminierung 122 f., 127, 266
Distanzierung 41, 101 f.
Dozenten 70
Duzen 96 f., 101 ff.

E-Coli-Roulette 203
Eibl-Eibesfeld, Irenäus 143 ff.
Eierravioli 21
»Eine Frage der Ehre« 23 ff.
Einen schönen Tag noch 147 f.
Einige (some) 88 f.
Elias, Norbert 220
Elisabeth II. 137 f., 292 ff., 304
E-Mail 57, 167, 177, 183, 186, 281 f.
Entlarvung 274
Erasmus von Rotterdam 221
Ethos der Grazie 291 f.
Etikette 107
Europäische Union 79
Europaparlament 78
Excel-Tabelle 248 f.

face threatening acts (FTA) (s. a.
    Gesichtsbedrohende Akte) 49 f.
Fahrradreifen 128 f.

Fäkalkeime 203, 205
Feuerwehr 87, 89 f.
Fidancheva, Ida 106
Firnis 188
Fischer, Joschka 173 f., 279 f.
Fist-Bump 215
Florin, Christiane 183
Flüchtlinge 240 ff.
Form 169, 174
Frack 22, 61
Frankfurter Allgemeine Sonntags-
    zeitung 191 f.
Franz Joseph I. 10 f.
Franziskus, Papst 223 ff., 229
Freud, Sigmund 185, 190 f.
Frisur, neue 46 ff., 53 ff., 56
Fußball 232 f.
Fussell, Paul 151 f.

Gabel 18 ff.
Galanterie 113, 116 ff., 121, 124, 125,
    127, 130
Gauck, Joachim 292 ff., 304
Gautsch, Baron 99 f.
Geld 9, 10, 57, 88, 111, 114, 115, 150,
    159
Geldscheine 205
Gemeinschaft 54, 98, 102 ff.
Gemüse 19 f.
Gender 121, 129, 131
Gender Pay Gap 115
Gender Studies 27 ff.
Gendermainstreaming 131
Geschenk 42, 47, 57 ff., 154, 249 f.,
    292 f., 294
Geschlechterklischee 111
Gesicht 49 ff.
Gesicht, negatives 50
Gesicht, positives 50

Gesichtsbedrohende Akte (s. a.
    face threatening acts) 49 f.,
    52 ff., 86, 88, 92 f., 132, 162, 168,
    251, 266
Gesichtswahrung 49 ff., 55, 85,
    90 f., 251 ff.
Goffman, Erving 49, 129
Grauzonen 41, 44
Guermantes, Herzogin von 258
Gysi, Gregor 7 f.

Habsburger-Monarchie 26
Haimerl, Kathrin 272
Hall, Edward T. 253 ff.
Hallo 142, 281 ff.
Haltegriffe 207
Händedruck 72, 201 ff.
Handschuh 210
Harakiri (Seppuku) 268
Hate poetry 184
Have a nice day 147 f.
Heesters, Johannes 124
Henscheid, Eckhard 35
Herzmanvsky-Orlando, Fritz von
    99 f.
heucheln 170
High Fives 201 f.
Hilfegebot 106
Himmler, Heinrich 34 f.
Hochachtungsvoll 281, 286
Hochzeit, kirchliche 229 f.
Höflichkeit, Definition der 15 ff.
Höflichkeit, negative 50
Höflichkeit, positive 50
Höflichkeit, Ränder der 14
Höflichkeit, repressive 265 f.
Höflichkeitsform 97
Hofzeremoniell, spanisches 25 f.
»Homo ludens« 77

Hornscheidt, Lann 277 ff.
Hosseini, Khaled 48
House 305
Huizinga, Johan 77

Individualität 118
Infektionen 214, 216, 222
Institution, totale 136
interkulturell 247 f.
Internet 181 ff., 246, 249, 277,
    279
Intersextoiletten 131
Ironie 172, 294

JAMA, Journal der American
    Medical Association 214
Janusköpfigkeit 167 f.
Japan 143, 247 f., 256, 259, 266 ff.
Jesuit 226
Jillette, Penn 237 f.
Jogginghose 20

Karriere 9, 10, 159 ff., 167, 178 ff.
Kartoffeln 18, 20 f.
Kategorisieren 106
Kavalier alter Schule 124
»Kehraus« 157
Kittel, weißer 68, 72 ff.
Klee, Paul 10 f.
Kleidung 75, 77, 78 f., 80, 217, 218,
    221, 272, 273, 280, 290
Knausgård, Karl-Ove 148 ff.
Kniefall 232 f.
Knigge, Adolph Freiherr von 27,
    269
Knödel 18
Kodex 263, 268
Kollision 259 f., 291, 295
Kollisionsregeln 261

Kommentare im Internet 183 ff.,
    189, 196
Kommunikation 280, 300 ff., 307
Kommunikation, gewaltfreie 91 ff.
Kommunikation, interkulturelle
    253
Kompliment 37 ff., 45, 127, 153,
    173, 200, 289, 301
König 22, 97, 150
König, Ralf 246 f.
Konventionen 15 ff., 41, 154, 172 ff.,
    178, 250, 251, 253, 257, 260, 262,
    263, 268, 284, 298 ff.
Konzentrationsfähigkeit 164
Körperflüssigkeiten 218
Kotau 233
Kramer, Lady 249
Krankenhaus 87
Kränkung, digitale 190 ff.
Krawatte 61, 69, 271, 279, 290, 303
Kretzenbacher, Heinz Leonhard
    100
Kritik 52 ff., 91, 265
Kunden 147 f., 150, 152, 165 ff., 212

Lapa, Vanessa 33 ff.
Laridschani, Ali 78
Leggins 78
Lehrer 32, 156, 172, 219, 248
Levinson, Stephen C. 49, 91, 132,
    266
Liebespaar 111
Linde, Charlotte 86
Lobo, Sascha 186, 190 ff., 193
Löffel 20
Luxushotel 135

Mahlzeit 157 ff.
»Manieren« 257

Marcuse, Herbert 265
Masken 73
McLuhan, Marshall 198 f.
Medizinmänner 73
Mendel, Herr 102 f.
Merkel, Angela 7 f., 241, 242, 243,
    245 ff.
Messer 18 ff., 39
Meteorologie 121 f.
Mimik 142
»Minima Moralia« 297 ff.
Mink, Dorothea 60
Mio, Moto 267 f.
Mislabeling 106
Missionieren 236 f.
Mit freundlichen Grüßen 281
Mittlerer Osten 254
Mode 21, 60 ff., 69, 80
monitoring / challenging error 85 f.
mores 262
Muff von 1000 Jahren 271
Musik, elektronische 305
Muth, Jakob 295 f.
Mutter 227

Namaste-Geste 214
National Transportation Safety
    Board 85
Nationalsozialismus 33, 35, 170, 284
Nerd 111
Nettigkeit 162
Nice guys finish last 160 ff.
Nichols, Shaun 220 ff.
Nicholson, Jack 23 f.
Nicken 142 f.
Noll, Peter 76, 77
Normbruch 274
Nuhr, Dieter 197 f.
Nutzen 60, 91, 167, 179, 251

Obama, Barack 69, 184, 215
O'Conell, Marc 184 f.
Omnibus 27
Orkan Wiebke 121 f.

Panoramabar 306
Paradefall 28
Paris, Rainer 274 ff., 279
Patient 72 f., 88, 132, 136, 214
Peymann, Claus 194
Pilati von Thassul zu Daxberg,
    Eustachius Graf 18 ff., 21
Pinker, Steven 51
Platon 187, 188
Plenarsaal 7 f.
Plessner, Helmuth 46 f., 288, 291,
    296 f., 300 f.
Plüschtiere 242
»politeia« 187
Polt, Gerhard 157 f.
Porath, Christine 163 ff.
Porno-Outfit 62 ff., 80
Pörtner, Peter 267
Posener Rede 34 ff.
Posting 181 ff., 195 f., 278 f.
Post-it 177
Privatheit 255
probably – wahrscheinlich 88
Profx. 130, 277 ff.
Protokollabteilung 250
Proust, Marcel 258
Provokation 79 f., 185, 194, 260,
    264 ff., 280, 281, 283, 285
Proxemik 253 f.
Purell 215

Rammstein 112
Rand, Ayn 30 f.
Rapp, Tobias 306

Raum, öffentlicher 255
Reagle, Joseph M. 184
Refugees welcome 242
Regierungsbank 7 f.
Reichtum 9
Reiner, Rob 23
Respekt 23 ff., 30 ff., 66, 71, 77 ff.,
    94, 118, 123, 125, 130 f., 137 f.,
    144 f., 227 ff., 234 ff., 252, 275,
    285, 296
Rhinoviren-Roulette 205
Richter 75 ff., 283 ff.
Ring des Gyges 187 f., 190, 199
Ritterlichkeit (s. a. chivalry) 116
Ritz-Carlton-Hotel 135
Robe 73, 75 ff.,
Roda Roda, Alexander 37, 44, 46
Roll, Evelyn 208
Rollenbilder 119
Rollenverteilung 114
Rollstuhlfahrer 28 ff.
Rosenberg, Marshall B. 92
Rotz-Bingo 205
Rucksack 78
Rücksichtnahme 15 f.

Salonlöwentum 288
Sandalen 67
Schaake, Marietje 78 ff.
Schein 169
Schimpansen 144
Schlabberlook 65 f., 69, 80 f.
Schmierinfektion 204
Schmierstoff 10, 11
Schubladendenken 107
Schuhe 259
Schüler 32, 100, 156, 230, 268
Schuttelfrust 207 ff.
Schweigen, verdammendes 95

Schwerbeladener 29
Sehr geehrter 281
Selbstbewusstsein 47, 54 f.
Selbstwahrnehmung 70, 150
Sex 9 f., 110 f., 112, 116
»Sex and the City« 177
Sexismus, wohlwollender 125 ff.
Shit Bang 203
Siezen 96 f.
Sitzplatz in der U-Bahn 105 f.
Smiley-Literatur 155
Sommerbekleidung 66
Soziologie 52, 80
Spiel 38 ff., 130, 153
Spielregeln 40, 42, 153, 301 f.
Spielverderber 46 f.
Sprezzatura 189 f.
Stahlmesser 19
Statussymbol 72
Steiner, Peter 187
Stereotypen 118, 126
Stücklen, Richard 173
Studenten 70 ff., 114, 116, 165, 189,
    227, 271, 273, 279, 283
Suler, John 189

TAANSTAAFL-Prinzip 118
Taiwan 249
Takt 287 f., 295 ff.
Taktgefühl 295, 296
Tanz 45, 219, 292 ff., 304
Tanzfläche 305
Tanzverbot 235
Techno 305
Teflon-Höflichkeit 169
Telefonbuch 249
Teufel, Fritz 283 ff.
»The Big Bang Theory« 109, 151,
    171 f., 174

The New Yorker 184 f., 187
Tischsitten 18, 61
Todestrieb 185
Toilettenschüssel 203
Toleranz, repressive 265 f.
Torberg, Friedrich 99, 102 f.
Traumprinz 56
Traumprinzessin 56
Treating 115 f.
Trinkgeld 119, 249
Truffaut, François 299, 301
Türgriffe 206
Turnschuh-Minister 272
T-V-distinction 97 f.

Übergriffe, sexuelle 116, 278
Uderzo, Albert 42 f.
Ü30 104 f.
Uhrzeit 50 f.
Umgangstugend 178, 262
Unhöflichkeit 8, 10, 13, 45, 46, 56,
    79, 87, 101 f., 104, 160, 163 ff.,
    189 f., 193, 199, 217, 228, 239,
    259
Unhöflichkeit, Geste der 217
Unhöflichkeitsform 99 f.
»Up in the Air« 175 ff.

Varoufakis, Giannis 243 f.
Vaseline High Five Pranks 201 f.
Vatikan 264
Verärgerung 166
Verbeugen 214
Verbeugung 141 ff.
Vergewaltigung 116
Verhalten am Hof 15, 22, 25 ff., 270
Verkehrsmittel, öffentliche 105
Verneigung 144, 233
Verschenken von Uhren 249 f.

Versorger 114
Verträglichkeit 161
Vertrauenswürdigkeit 70
Vorankommen, eigenes 168
Vorstellungsgespräch 69, 70

Warhol, Andy 198 f.
Wartezimmer 132
Watzlawick, Paul 13
Web 2.0 192 f., 198
Wege, Carla 121
Weidenholzer, Josef 78 ff.
Weinrich, Harald 82, 286
Wenn's der Wahrheitsfindung
    dient 283 ff.
Wesel, Uwe 284
Wetterverbraucher 123
When in Rome, do as the Romans
    do 261
White Collar 159
Wilhelm II. 10 f.
Winken 214
Wohlergehen des Anderen 263
Wolf, Armin 195
Workplace Etiquette 166 f.
wysiwyg 278

Yau-Fai Ho, David 251
Yücel, Deniz 224 f.

Zahnpastatube 92
Zeichen 140 f.
Zeitkulturen 256
Zensur 196
Žižek, Slavoj 299 ff.
Zolger, Ivan Ritter von 26
Zopfschere 285
Zuchthaus 20
Zugtoiletten 206